U0123622

突擊精選系列 **2**

國共內戰

護國與解放

序

　　國共內戰是中國國民黨與中國共產黨在中國大陸全境爆發的戰爭，自1927年到1949年間。國共內戰的形成有多方面的原因，首先，國、共兩黨的建國目標完全不同，其次，中國國民黨由蔣介石接任黨主席，因為與共產黨的權力爭奪及理念不同，決定進行「清黨」以及「剿共」，繼而產生許多衝突和戰事。1945年8月對日抗戰勝利後，國共雙方因為對淪陷區的「受降」、「接收」問題有相當多的衝突和齟齬，加上雙方皆以外國勢力為依靠，中國共產黨不斷的擴張版圖，終至再度發生衝突。

　　1927年至1937年間的第一階段國共內戰，共產黨稱之為「土地革命」、「十年內戰」或「第二次國內革命戰爭」，而國民黨則稱之為「剿匪」或「第一次抗共護國戰爭」。共產黨自認為進行革命的目的是透過將沒收的地主資產分發給農村的貧雇農，從而改變農村貧富極度懸殊的經濟狀況而產生的戰爭。

　　自1930年開始，國民革命軍先後動用優勢兵力對共產黨位於江西、湖南的根據地實行五次「圍剿」，前四次遭到失敗，但在最後一次「圍剿」中，國民革命軍在德國顧問建議下步步為營，採取持久作戰和堡壘主義的方式擊敗中央紅軍，迫使其進行二萬五千里長征(國民黨稱之為「流竄」)。紅軍在從江西瑞金戰略轉移至陝西延安的過程中，損失慘重。

　　美國馬歇爾奉命前來進行調停工作，雖曾達成國共雙方共組政府的協議，但在國民黨不願分享權力，共產黨不願放棄武力的情況下，短暫的合作再度破裂，內戰再次爆發。

　　1946年6月，中國共產黨軍隊易名為「人民解放軍」，並以「鄉村包圍城市」的策略搭配蜂擁而起的學潮，開始進行全面的國共鬥爭；而國民黨方面則

由蔣介石帶領國民革命軍,與共產黨展開大規模的內戰。

　　在三年半的戰役中,歷經了遼瀋、平津、徐蚌(淮海)三大戰役後,國民黨軍隊實力快速縮減,節節敗退。到了1949年,蔣介石宣佈下野,代總統李宗仁試圖求和,但其後遭到蔣介石拒絕。中國共產黨軍隊渡過長江後,國民政府經廣州、重慶、成都直至遷往臺北。

　　1945年8月至1949年9月的第二階段內戰,中國共產黨稱之為「解放戰爭」,也稱「第二次國共內戰」,中國國民黨稱這段時期為「戡亂」或「第二次抗共護國戰爭」。戰爭的結果是中國共產黨取得勝利,共產黨宣稱共計殲滅國民革命軍約807萬,並於1949年10月1日在北京建立中華人民共和國。中華民國政府於1949年在中國大陸戰敗後撤往臺灣。1950年韓戰爆發,美國第七艦隊駛入台灣海峽,並積極維持海峽中立化之戰略政策,中華民國政府得以穩定維持。從此,兩岸分裂的局面就此形成。

　　綜觀國共的分裂,是革命路線的分裂,而不是對革命的背叛。國共的合作方式也是雙方分裂的原因之一。1927年,共產黨發動了南昌起義(國民黨稱之為「南昌暴動」),建立了自己的軍事力量「中國工農紅軍」,而原本的國民革命軍,大多數被國民黨控制,繼續北伐統一全國。從此,軍隊為黨的事業而戰,國共兩黨都有了開戰的資本。

　　國共內戰是國共兩黨因為政見上的分爭,而引發的戰爭。和以往不同的是雙方的軍隊都是黨控制的軍隊。軍隊成了黨的政治工具,為黨的理想互相廝殺。黨能夠有控制軍隊的行為或職能,起源就在於蘇聯的十月革命模式和孫中山的「聯俄容共」政策。如果沒有黨對軍隊的控制,就不會有國共內戰;然而,如果沒有黨對軍隊的控制,也不太可能會出現北伐的勝利。不管怎麼說國共內戰給中國人民造成了巨大損失,無論結局如何雙方都對戰爭負有責任。

目　錄

古寧頭大捷導讀

　　國共內戰期間，國軍主力部隊在三大戰役中幾乎全數耗盡，共軍渡江取南京、克上海後，稍事休整，嗣於1949年7月上旬入閩，由第三野戰軍（三野）第十兵團負責。第十兵團司令為葉飛（福建人），先後發動了福州戰役、平潭島戰役、漳廈戰役、金門之戰（古寧頭戰役）各場華南地區戰役。

　　民國38年10月24日晚上九時，共軍第一梯次三個團分別在澳頭、大嶝、蓮河登船完畢，25日約凌晨1時30分抵達壠口、後沙、古寧頭一帶。為了掩護登陸，共軍砲兵開始從大、小嶝砲擊金門北岸官澳、西園、觀音亭山、古寧頭等地猛烈射擊。共軍隔岸砲擊火力有限，最先在壠口登陸的共軍二四四團死傷慘重，二五一團在古寧頭突破登陸，二五三團在在湖尾登陸，突破防線，共軍葉飛接到登陸成功報告，以為勝利在望，但是由於不熟悉潮汐漲退的關係，結果造成了搶灘船隻全部因為退潮所以全陷在沙灘上動彈不得。

　　國軍海軍掃雷202艇與南安二艇於3時左右在古寧頭西北海面，猛烈轟擊擱淺的共軍船隊。天亮後，一百多艘共軍船隊無一返回，25日，共軍二四四團一度佔領雙乳山，國軍則配合有「金門之熊」美譽的M5A1型戰車裝甲部隊及海、空軍支援，全力反擊共軍，共軍遭國軍裝甲部隊反擊退敗。在湖尾登陸的解放軍二五三團佔領觀音山和湖尾高地，25日中午被迫撤退，共軍二五一團衝出包圍前進到古寧頭，固守林厝，被國軍14師和118師強力反攻，國軍團長李光前不幸陣亡，而負

責反攻古寧頭的14師也是傷亡慘重。

118師是18軍的主力部隊之一，在胡璉將軍〈四平部隊〉的領導下，曾經在「南麻」之役等剿共戰役中，屢次擊破中共陳毅、林彪、賀龍等嫡系部隊；但是「徐蚌會戰」中不幸在雙堆集失利，突圍而出後，幹部遂在江西黎川、南城、臨川縣招兵、成立「352」團〈英雄團〉、「353團」〈青年團〉，「354」團〈威武團〉。在名將李樹蘭訓練精練之下，118師的新兵在由江西經福建、赴汕頭的戰鬥行軍之中，一有休息時間，即立起人頭靶練劈刺、練瞄準，一遇叛軍就打，在「以戰練兵」之下，已漸漸的練成一身戰技，成為勁旅。

在18軍高魁元軍長的部署下，國軍在瓊林迅速的完成了作戰整備，並進行許多次反擊案、逆襲案的操演，二十二兵團司令官李良榮中將、福州綏靖公署代主任湯恩伯上將、高魁元軍長均親臨督導，使118師和擔任總預備隊的戰車營，以及其他友軍部隊取得了很多的「步戰協同」的作戰觀念。

共軍的登陸點原定於嚨口、湖尾間，對古寧頭則作佯攻，但東北季風卻將共軍吹至古寧頭，建制被打亂，裝備、武器亦均分散。已經上岸的第一波登陸梯隊三個加強團，共軍

在戰前曾大加菜、發餉，然後乘二百多艘木船、浮水載具犯金。

　　湯恩伯動用118師總預備隊，指示由18軍軍長高魁元〈金東守備區指揮官〉為總指揮官，指揮118師、19軍之14師羅錫疇部、18師尹俊部展開逆擊，以擊破共軍之作戰計劃，衝入觀音亭山，威脅瓊林、雙乳山間之金門腰部，將金門切斷，再堵住金東之18軍，另以二團席捲金西。

　　高魁元軍長受命後，即將太武山之軍指揮所移至本師瓊林之指揮所，斷然反擊，他的戰略決策正確，戰術部署適當，戰術運用良好，果斷的作為迅速改變了戰局。

　　26日凌晨，共軍二四六團團長孫玉秀率該團的兩個連和共軍第八十五師的兩個連增援。二四六團在湖尾登陸；另兩連在古寧頭登陸。二四六團的兩連，天亮時突破包圍，在古寧頭和據守該地共軍會合。

　　清晨6時30分，國軍高魁元軍長指揮反擊，118師從浦頭以北海岸線向林厝攻擊。林厝戰況激烈是因為共軍據永久工事還擊。9時多，國軍空軍輪番炸射。共軍採取巷戰，雙方戰況慘烈，至中午國軍攻下林厝，15時拿下南山。

　　27日1時，三五三團大破共軍，一部分共軍突圍至海岸，為三五四團殲俘。四時，118師沿海掃蕩，焚燒共軍船隻，並擊斃頑抗之共軍四百多人，俘虜九百多人，而於10時前將共軍全部肅清，國軍獲得了完全的大勝利。

　　古寧頭之役，於56小時的激戰中，共殲俘了共軍近萬餘人，渡海來犯之敵無一逸脫，是國民革命軍第一次把共軍打得全軍覆沒的真正殲滅戰，不僅逆轉了反共局勢，使台澎之安全得以確保，也遏阻了中蘇共黨向太平洋地氾濫漫延。

古寧頭大捷

☆作者　周明

前言

古寧頭戰役是國共內戰中共軍編制損失最大的一次戰鬥，長期以來由於種種原因，很少有詳細具體的報導。

古寧頭戰役，在戰史上的地位，實際只是一次「師規模」的登陸作戰，還談不上戰役規模，確切的說是在進軍福建期間漳廈金戰役中的一次戰鬥。那就讓我們從進軍福建說起，以便給讀者一個比較清晰的發展脈絡。

進軍福建

根據中共中央軍委賦予第三野戰軍「解放和經營」東南諸省的戰略任務，第三野戰軍副司令兼第二副政委粟裕於1949年5月22日（上海戰役期間）就向軍委建議，鑑於國軍已全線潰退，福建守軍不多，入閩部隊能否早日出動，但具體時間請軍委決定。一個戰役還在進行之中，就已開始醞釀下一個戰役，這可是粟裕的一貫作風。次日軍委覆電，應當迅速準備提早入閩，爭取於六、七月內佔領福州、泉州、漳州及其他要點，並準備相機奪取廈門。入閩部隊只待上海解決即可出動。而指揮進軍福建的人選，軍委考慮到葉飛是福建人，又有長期在福建開展遊擊作戰的經驗，對福建情況比較熟悉，所以選定了葉

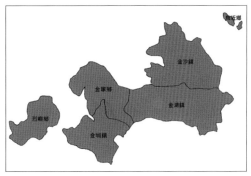

■金門地形圖。

飛，因此這一作戰任務也就自然落在了葉飛擔任司令的第10兵團身上。

根據中央5月23日的指示，粟裕於5月27日電令第10兵團立即撤離上海，開始著手進行入閩準備。葉飛接到這一電令後，認為第10兵團在上海戰役中歷經苦戰，傷亡較大，部隊相當疲勞，急需休整補充，加上進軍福建準備工作各項事物尤較繁雜，所以建議推遲一個月再開始進軍福建。

中共華東局同意了葉飛的這一建議，並於5月29日回覆中共中央軍委，擬以葉飛兵團三個軍休整一個月後於7月初入閩。中共中央軍委於6月2日覆電，行動時間如能提前至6月下旬更好。後又來電補充，如果準備工作沒有就緒，進軍時間推遲至7月上旬也可。

進軍福建的決策確定後，第10兵團隨即撤出上海，在蘇州、常熟、嘉興等地集結，開始進行軍福建的準備。準備工作主要有：首先補充了近4萬名中共兵員，充實

金門地圖

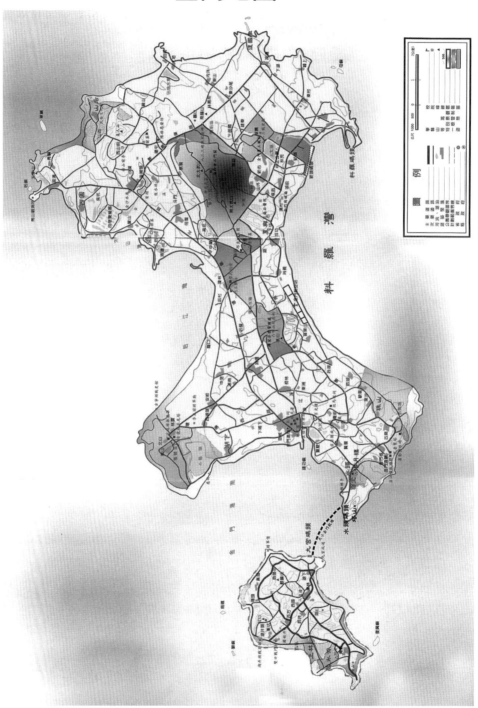

粟裕簡介（解放軍）

食少事繁諸葛公
輕裘緩帶羊叔子

粟裕在解放軍中是與林彪齊名的"常勝將軍"，但卻從未進過軍校，而是真正從普通士卒出身的將領。

1907年8月10日生於湖南會同縣伏龍鄉楓木腳村的耕讀世家，侗族，其父是個落第秀才，早年讀過私塾、會同縣高小，1925年考入常德湖南省立第二師範，就是在第二師範粟裕接受了共產主義思想，並於次年加入共產主義青年團。1927年4月四一二事變後，第二師範被勒令解散，粟裕隨即前往武漢，參加葉挺的國民革命軍第24師教導隊，開始一生的戎馬生涯。1927年8月追隨葉挺參加南昌起義，時任班長。南昌起義部隊在南下潮汕途中遭到嚴重失敗，僅餘800人在朱德、陳毅指揮下縮編為一個團，粟裕任連指導員。1928年南昌起義餘部上井岡山與毛澤東部會師，合編為紅軍第4軍，粟裕任28團5連指導員。後歷任連長、營長、支隊長、紅64師師長、紅四軍參謀長、紅七軍團參謀長、紅十軍團參謀長等職。1935年1月紅十軍團在懷玉山全軍覆沒，任軍團參謀長的粟裕僅率數百人突圍，隨後以這數百人為基礎組建挺進師，粟裕任師長，在浙西南地區堅持遊擊戰，逐漸成為紅軍主力長征後在浙西南活動的紅軍餘部最高軍事指揮。抗戰爆發後，南方各省遊擊隊改編為國民革命軍新編第四軍，粟裕所部整編為新四軍第二支隊第4團3營，粟裕任第二支隊副司令員。不久任新四軍先遣支隊司令員，率部進入蘇南。戰衛崗，襲當塗，攻陶吳，兵鋒甚至一度逼近南京，遂聲名大噪。1939年率部挺進江北，任新四軍蘇北指揮部副指揮。1940年黃橋一戰中以上千疲兵擊破江蘇省主席韓德勤部三萬之眾，使新四軍在蘇北站住了腳。皖南事變後，新四軍整編為七個師，粟裕任第1師師長，蘇中、蘇浙軍區司令員兼政委，全面負責蘇中、浙西地區軍事指揮之責。日本投降後，粟裕任華中軍區副司令員、華中野戰軍司令員。1946年6月，國共內戰爆發，粟裕集中華中野戰軍主力3萬，迎擊國軍5個整編師約12萬人，在一個半月中七戰七捷，殲敵53000餘人。毛澤東聞訊親自起草電報，將此戰作為「集中絕對優勢兵力打敵一部"的範例通報全軍。

1946年10月，華中野戰軍與山東野戰軍合編為華東野戰軍，粟裕任華東野戰軍副司令員(陳毅任司令)，具體負責軍事指揮，先後指揮宿北戰役、魯南戰役、萊蕪戰役和孟良崮戰役。陳毅說：「粟裕將軍的戰役指導一貫保持其常勝紀錄，愈出愈奇，愈打愈妙」。1947年7月，陳毅、粟裕率部進軍魯西南，與劉(伯承)鄧(小平)大軍、陳(賡)謝(富治)大軍構成"品"字形經略中原。1948年5月，粟裕任華東野戰軍代司令員。6月指揮豫東戰役，先克開封，又圍援敵，共殲敵9萬餘。9月指揮濟南戰役，僅8晝夜便攻克十萬大軍堅守的濟南。1948年11月粟裕指揮華野大軍南下，發起淮海戰役(即徐蚌會戰)，為戰役五人總前委之一。此戰華野單獨圍殲黃百韜兵團，協同中野圍殲黃維兵團，最後圍殲杜聿明部三個兵團。

1949年2月，華東野戰軍改編為第三野戰軍，粟裕任副司令。4月參與指揮渡江戰役，負責指揮以三野組成的中、東大兩集團，於20、21日突破長江防線，23日解放南京。5月指揮上海戰役。上海戰役結束後任南京市市長兼軍管會主任、華東軍政委員會副主席，主要負責指揮肅清閩、浙殘敵，衛戍華東。

中共建國後，歷任中國人民解放軍副總參謀長、總參謀長、軍事科學院副院長、國防部副部長等

職。1955年被授予大將軍銜，在十大大將中授銜順序第一，但仍有不少人認為以粟裕的戰功未授元帥而為其鳴不平。1966年任中央軍委常委，1968年起受到批判而賦閑，直到1975年再次擔任中央軍委常委，後任全國人大副委員長。1984年2月5日，因爆發性肺炎在北京去逝，享年76歲。著有《戰時三謀工作》、《對未來反侵略戰爭初期作戰方法幾個問題的探討》等論文和戰爭回憶錄。

粟裕從普通士兵逐漸成長為野戰軍副司令，身經百戰，以精於運籌，善於用兵，尤其是擅長指揮大兵團作戰而聞名，內戰時解放區有民謠曰：「毛主席當家家家旺，粟司令打仗仗仗勝。」劉伯承評價他：「粟裕將軍百戰百勝，是解放軍最優秀的將領之一。」曾任華東野戰軍參謀長，後任中央軍委副主席張震上將說：「粟裕作為一代名將，他用兵的最大特點，是深思熟慮，機斷專行，在謀略上出奇謀，用奇兵，建奇功。」

粟裕戎馬一生，六次負傷，其中頭部兩次，左手殘廢。長期戰爭生涯也使粟裕平生最愛手槍和地圖，他能左右開弓，槍法出眾。地圖更是粟裕的最愛，每到一地，首要就是掛地圖看地圖，指揮作戰時更是常常幾小時甚至幾天站在地圖前深思，而在他的司令部裏一條不成文的戒律就是在他看地圖時嚴禁喧嘩。即便在建國後，也在辦公室、臥室牆上掛滿地圖，有空就看。據說其女兒曾以地圖上偏僻地名考他，粟裕一一答來無一錯誤，謂「不諳地圖，勿以為宿將」，端得是一派元戎本色。

整頓各級組織；其次根據福建地形特點，調整裝備，加強山地作戰的訓練；後勤方面準備事項最多：第三野戰軍後勤部下發三個月的經費；蘇南支前司令部在江西江山為進軍福建部隊準備了150萬公斤大米；三個軍各成立了1500人、300副擔架的擔架隊，兵團成立了500人、250副擔架的擔架隊；為入閩部隊準備了重武器10個基數、輕武器4.25個基數的彈藥；為各軍增配12輛汽車；為部隊配齊單軍衣、鞋帽、水壺、蚊帳、藥品等物資；在江山、玉山、古田設立兵站，負責物資轉運。同時針對部隊滿足現狀不願意繼續進軍、害怕困難甚至出現逃亡的情況，進行細緻的思想政治教育和動員。

6月上旬，兵團組織了400人的先遣隊先期入閩，對福建地區的敵情、地形、道路等進行偵察，並會同福建地方黨籌集糧草，搶修道路，為主力入閩創造條件。6月14日，先遣隊到達福建建甌與中共閩浙贛省委會合，閩浙贛省委立即全力投入迎接共軍入閩

和支前工作，搶修道路，籌集糧草，組織民工。

6月19日，中共中央決定成立「福建省委」，由張鼎丞任書記，從各地抽調了600多幹部，加上從上海招收的2000知識青年，隨軍南下，作為建立各級地方政權的骨幹。7月下旬，福建省委到達建甌與閩浙贛省委會合，7月25日福建省委正式開始工作，閩浙贛省委隨即宣告結束。

第10兵團完成各項準備之後，葉飛和兵團政委韋國清於6月27日發佈進軍福建命令，7月2日，所屬各部開始行動，兵團部和第29軍、第31軍從蘇南地區乘火車抵達江山，再徒步經浦城、建陽向古田、建甌開進，第29軍則乘火車到達上饒，再徒步經崇安、建陽向南平開進。至7月26日，各部抵達建甌、南平。隨即開始戰前準備，葉飛決定分兩個階段解放福建，首先圍殲福州地區國軍，控制閩中地區，再南下泉州、漳州、廈門，解放福建全境。

葉飛簡介（解放軍）

　　葉飛是解放軍開國將帥中唯一的雙重國籍，1914年出生於菲律賓奎松省地亞望鎮，故有菲律賓國籍。生母麥爾卡托，是具有西班牙血統的菲律賓人。祖籍福建南安，原名葉啟亨，菲律賓名字叫西思托·麥爾卡托·迪翁戈。1918年隨父歸國，1925年考入廈門中山中學，1928年加入共產主義青年團，經短期培訓後任廈門團區委書記，負責工人運動。1930年7月被捕入獄，以「共黨嫌疑」罪名(無確切證據)判刑一年，1931年12月刑滿獲釋後任福州團市委書記，1933年5月組織「霍童暴動」，組建閩東工農遊擊第三支隊，後任閩東獨立師政委、閩東特委書記、閩東蘇區軍政委員會主席，領導閩東地區的三年遊擊戰。1937年抗戰爆發，南方各省紅軍遊擊隊改編為國民革命軍新編第四軍，葉飛所部改編為第三支隊第六團，葉任團長。1938年葉率部挺進蘇南，1939年5月改稱江南抗日義勇軍(即江抗)直出京滬路東，夜襲滸墅關，火燒虹橋機場，一時間震動京滬。隨後北渡長江，所部整編為蘇北指揮部第一縱隊，葉任司令兼政委。從此開始直接在粟裕麾下指揮，與王必成、陶勇並稱葉王陶，為粟裕心腹大將。

　　皖南事變後蘇北一縱整編為新四軍第一師第一旅，葉任旅長兼政委。1945年3月率部南下浙西，任蘇浙軍區副司令員。

　　抗戰勝利後，根據《雙十協定》中共撤離浙西，蘇浙軍區部隊北上山東，1945年11月組建成新四軍第一縱隊，葉飛任司令。1946年1月改稱山東野戰軍第一縱隊，轉戰魯南淮北。1947年2月山東野戰軍和華中野戰軍合為華東野戰軍，山東野戰軍一縱改稱華東野戰軍第一縱隊，葉飛任司令兼政委。華野一縱一直是華東野戰軍的頭等主力，先後參加孟良崮戰役、豫東戰役、淮海戰役。葉飛人稱「小葉挺」，以善戰、多謀、常勝聞名，更以驍勇善戰著稱，被稱為"悍將"，名揚三軍。1949年2月，解放軍全軍整編，葉飛任第三野戰軍第10兵團司令。

　　中共建國後任福建軍區司令員，中共福建省委第一書記，福建省省長，中共中央華東局書記處書記，南京軍區副司令員兼福建省軍區司令員、第一政治委員，福州軍區司令員、第一政治委員，中華人民共和國交通部部長，中國人民解放軍海軍司令員、第一政治委員。1955年被授予上將軍銜。1999年4月去世，享年80歲。

　　葉飛與金門很有淵源，除了1949年10月金門登陸戰外，50年代台海之爭中兩次砲打金門都與葉飛有關，1954年第一次金門砲戰時，葉飛任福建軍區司令，自然是負指揮之責。1958年八二三砲戰時，葉飛時任福建省委第一書記兼福州軍區第一政委，主管地方工作，但毛澤東欽點葉飛負責指揮。

　　葉飛年少得志，20歲任閩東蘇區軍政委員會主席、歷任旅長、師長、縱隊司令、兵團司令、軍區司令、省委第一書記、交通部長、海軍司令，數十年全是正職，直到臨離休前，才當了個副職，全國人大副委員長。因此，是那種下級見了怕、同級合不來、說東不西固執已見的「一把牛脾氣」。1948年1月因部隊擅自搬運物資而捆綁副旅長，三軍凜然。

　　葉飛一生最為驚險的要數1939年12月獅子頭渡口，當時他在福安城外獅子頭渡口的客店裏與地下黨接頭時，突遭槍擊，頭部、胸部和手臂連中數槍，倒在血泊中整整昏死了10個小時。擊中頭部的子彈從左耳前射入，碰到骨頭而往下偏去，從臉部中間穿過，留在右臉龐下，這就是右臉彈痕的由來。如果子彈遇到骨頭是往上偏，那就穿入腦部必死無疑。而射入胸部的那顆子彈當時無法取出，就一直留在體內，直到去世後火化時才取出。葉飛回憶說：「在我一生的戰鬥生涯中幾經生死，1933年冬天那一次，幾乎已經到了死神的懷抱，但最終還是掙脫出來了。」

國府方面認為福建地區出海口較多，便於接受美國援助，又有大量近海島嶼可以利用，蔣介石就曾說過：「臺灣是頭顱的話，福建就是手足，沒有福建，無以確保臺灣！」然而1949年5月，福建地區的國軍單位繁多，番號複雜，而且多受到過共軍的打擊，部隊殘破，重武器幾乎損失殆盡，兵員缺額嚴重，戰鬥力相當薄弱。因此國府於1949年5月對福建地區的部隊進行了整編，整編之後國軍在福建地區兵力情況如下：福建省主席兼福州綏靖公署主任朱紹良部10個軍27個師約12萬人防守福建沿海地區；第六兵團李延年部5個軍13個師約6萬人，防守福州地區；第八兵團劉汝明部2個軍6個師約3萬人，防守漳州地區；第二十二兵團李良榮部3個軍8個師約3萬人，防守泉州、廈門地區，以上部隊共計30萬人，由東南軍政長官陳誠（7月18日正式任命）統一指揮。

此外國府還採取了一系列措施，如成立東南區點驗整編委員會，對各部隊進行點驗，核實部隊員額；福州綏靖公署徵集調配人力物力，加緊修築各地工事；聯勤總部將儲存於臺灣高雄的2個師的國械裝備補充第六兵團；馬尾彈藥庫所儲存的國械彈藥，迅速下發各部；臺灣補給區給福建美械部隊補足3個基數的彈藥。原準備在7月對福建部隊進行第二次整編，因共軍入閩戰事開啟而未能進行。

第10兵團7月下旬召開作戰會議，研究進攻福州作戰方案，最後決定兵分三路，迂迴鉗擊福州守軍，計劃於8月9日開始行動，15日發起戰鬥。

國軍發現共軍即將進攻福州的徵兆，隨即開始收縮防禦，葉飛察覺這一情況，果斷下令提前開始行動。

8月6日，各部開始進擊。戰鬥於8月11日開始，右路共軍第29軍先後攻佔永泰、福清、長樂，切斷守軍南逃之路；左路第31軍先後攻佔三都澳、丹陽、閩安、連江、馬尾，控制閩江北岸，切斷守軍海上逃路；正面第28軍先後攻佔閩清、雪峰、大湖、小北嶺、徐家村，至此完成對福州的合圍之勢。共軍於17日進佔福州。葉飛隨即令29軍阻擊南撤之國軍，28軍、31軍銜尾急追，至23日守軍僅小部逃至平潭島。

福州陷共後，第10兵團繼續向南發展進攻，以擴張戰果。至9月中旬，相繼解放莆田、惠安、泉州、晉江、南頭、水頭、圍頭等城鎮以及湄洲島、南日島、大小練島、平潭島等沿海島嶼。

福州戰役後，第10兵團除以部分兵力擔負城市警備和剿匪，主力繼續南下，以實現第二階段作戰目標，殲滅閩南地區國軍，佔領福建全境。

閩南地區不僅是福建工商農漁密集的富庶之地，而且廈門、金門正扼海上要衝，對於臺灣安危關係重大，因此國軍對該地區非常重視，7月下旬後，蔣介石親自來到廈門主持防禦部署，並重新調整指揮體系，由湯恩伯接替朱紹良擔任福州綏靖公署代主任兼福建省政府主席，統一指揮第8、第22兵團防禦漳州、廈門、金門地區。

第10兵團根據閩南地形和國軍防禦情況，決定實施漳廈金戰役，首先攻取以漳州為中心的閩南大陸，再進行登陸作戰，奪取廈門、金門。

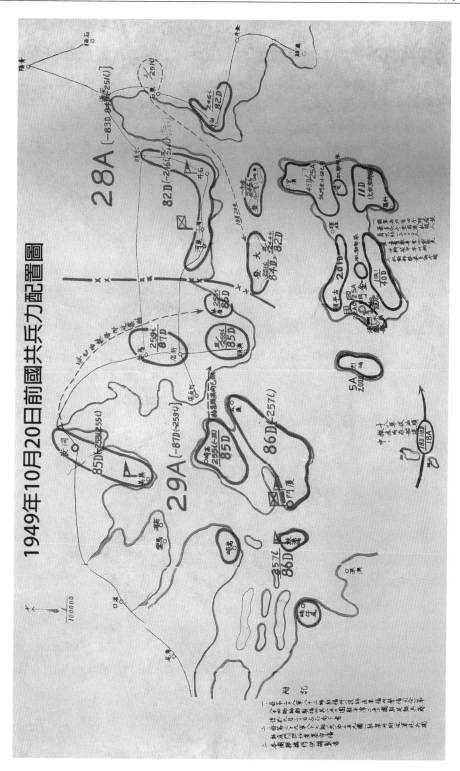

1949年10月20日前國共兵力配置圖

9月19日，第29軍、31軍以正面攻擊與兩翼迂迴相結合的戰法向漳州發起攻擊，經過短暫戰鬥，29軍於20日佔領漳州，主力繼續挾勝南下，於23日進佔集美。

第31軍也向廈門方向攻擊前進，31軍91師20日猛攻嵩嶼，遭國軍第55軍頑強阻擊，攻擊受挫。隨即重新進行組織，並集中全師砲火，於24日再次發起攻擊，經過激戰攻佔嵩嶼。31軍93師22日攻佔嶼仔尾，共軍控制嶼仔尾後，其火砲射程可覆蓋廈門島，對國軍威脅甚大，所以國軍立即調集部隊在飛機、軍艦掩護下向嶼仔尾反擊，一度奪回嶼仔尾。共軍再組織反擊，終於24日再佔嶼仔尾。

至9月25日，共軍順利實現第一階段作戰目標，解放以漳州為中心的閩南大陸，廈門、金門直接暴露在共軍攻擊矛頭之下。9月28日，第28軍主力到達集美東北石井。

9月26日，第10兵團在泉州召開作戰會議，參戰部隊師以上主要指揮員出席會議。會上討論了廈門、金門作戰方案，當時提出了三種方案，分別是「金廈並舉」、「

陳誠簡介（國軍）

陳誠 1898.1.4—1965·3·5國民黨軍高級將領。字辭修。浙江青田人。1922年畢業於保定陸軍軍官學校，後在浙軍、粵軍中任排、連長。1924年入黃埔軍校，歷任特別官佐、砲兵營連長、營長等職。先後參加兩次東征陳炯明和平定滇、桂軍閥楊希閔、劉震寰叛亂。1926年7月參加北伐戰爭，任國民革命軍總司令部參謀、第21師團長。1927年4月任第21師師長。1928年7月任第11師副師長，次年率第11師參加蔣桂、蔣唐(生智)等戰爭，竭力為蔣介石效命。1930年在蔣馮閻戰爭中，任蔣軍第2軍副軍長，率第11師解曲阜之圍與搶佔濟南有功，升任第18軍軍長。1931年5月任追擊軍第2路總指揮，參加對中共革命根據地的第三次「圍剿」，企圖尋紅軍主力決戰未遂。1933年2月任贛粵閩邊區「剿共」軍中路總指揮，率11個師參加第四次「圍剿」遭慘敗，被殲滅近3個師。7月任贛粵閩湘鄂北路「剿共」軍軍官訓練團團長，分期訓練中下級軍官，以後，蔣介石多次在廬山等地舉辦訓練團，陳均充任副團長或教育長。(見廬山軍官訓練團)陳嚴於治軍，強調「精神教育」，有實幹家與戰術家之稱，深受蔣介石寵信。9月任北路「剿共」軍前敵總指揮兼第3路軍總指揮，對紅軍進行第五次「圍剿」，採用步步為營、逐段推進戰法，佔領江西廣昌、石城、瑞金等重鎮。1936年3月任「剿共」第1路總指揮，率部入山西，阻止紅軍東進抗日。5月任晉陝綏寧四省邊區「剿共」總指揮·進攻陝北紅軍。6月，李宗仁、陳濟棠反蔣，遂離晉率重兵進駐衡陽，威懾李、陳。西安事變後，任第4集團軍總司令，屯兵渭南，改編了張學良、楊虎城的部隊。抗日戰爭期間，主張抗日，先後任第三戰區前敵總指揮、武漢衛戍總司令、第九、第六戰區司令長官和軍政部長等職，指揮所部參加湘滬、武漢、宜昌諸戰役。1946年5月任參謀總長兼海軍總司令，力主內戰，曾稱在3至6個月內消滅人民解放軍主力，協助蔣介石指揮國民黨軍同解放區發動全面進攻，被挫敗。1947年2月晉陸軍一級上將。8月兼任東北行轅主任，試圖集中14個軍的優勢兵力與東北民主聯軍決戰，又遭失敗。1948年5月被免職，10月去臺灣。歷任臺灣省主席兼警備總司令、行政院院長、副總統、國民黨副總裁等職。

先廈後金」和「先金後廈」，三種方案各有利弊，經過認真討論和分析，最後決定採取「金廈並舉」，以第31軍3個師和第29軍2個師攻廈門，以第28軍4個團和第29軍2個團攻金門，並將作戰方案上報三野。

三野對此方案進行研究，於10月11日覆電指示：同意戰役部署。如果條件成熟，可以同時發起攻擊。否則以一部牽制金門，首先殲滅廈門守軍，此方案比較穩妥。究竟如何，由你們按照實際情況自行決定。

第10兵團根據這一指示，對作戰準備進行全面檢查，發現總共只搜集到一次運載4個團的船隻，而且多為平底江船，根本無法同時攻擊廈門和金門。因此改為先廈後金，以29軍和31軍攻擊廈門，28軍則攻佔大、小嶝島，保障廈門作戰的安全，並牽制金門守軍。

10月9日夜，28軍84師1個加強團和29軍87師1個團在砲火掩護下，利用退潮徒涉過海向大嶝島發起攻擊，經一天的戰鬥完全佔領大嶝島。隨即於11日和15日接連攻佔小嶝島和角嶼。

10月15日下午，共軍開始對廈門實施砲火準備，天黑後，31軍4個營分兩路向鼓浪嶼發起攻擊，由於運載登陸部隊的船隊在航行途中遭遇大風，船隻損害嚴重，大部被吹回大陸，一部遭到國軍砲火攔截射擊，只有少數船隻在鼓浪嶼零星登陸，深夜，31軍再次派出3個營，結果仍只有極少數船隻在鼓浪嶼登陸。兩次登上鼓浪嶼的部隊約數百人，在沒有後援的情況下頑強作戰，最終幾乎全部陣亡。但在鼓浪嶼的激烈戰鬥使國軍以為共軍的主攻方向是鼓浪嶼，將預備隊調往廈門南部，這就為共軍在廈門北部的主攻創造了條件。

當晚，29軍85師、86師和31軍92師登

湯恩伯簡介（國軍）

湯恩伯 1900.9.20－1954.6.29國民黨軍高級將領，名克勤，字恩伯。浙江武義人。1920年入援閩浙軍講武堂，畢業後任浙軍第1師排長，1925年入日本陸軍士官學校。1928年任中央陸軍軍官學校軍事教官，繼任學生總隊大隊長，在校期間著《步兵中隊(連)教練之研究》，博得蔣介石賞識。1931年起，任第2師師長、第13軍軍長等職，1937年「七七」盧溝橋抗戰爆發後，指揮所部在南口地區抗擊日軍進攻，於敵重創。10月任第20軍團軍團長。翌年3月率部參加台兒莊會戰。6月任第31集團軍總司令，先後參加武漢保衛戰、隨棗會戰。1942年任第一戰區副司令長官兼魯蘇皖豫邊區總司令。1944年4月在豫中會戰中所部潰敗，受撤職留任處分，9月調任黔桂邊區總司令。1945年3月任陸軍第3方面軍司令官，率部參加桂柳追擊戰，1945年12月任徐州綏靖公署副主任，1946年5月任首都衛戍司令。6月任陸軍副總司令。1947年春兼第1兵團司令，率部參加對山東解放區的重點進攻，5月所部整編第74師被全殲。1948年8月任衢州綏靖公署主任。1949年1月任京滬杭警備總司令，奉蔣介石之命憑藉長江天險固守寧滬杭地區。4－5月，所部主力在人民解放軍發動的渡江戰役、上海戰役中被殲。殘部潰退廈門。10月由金門去臺灣，任戰略顧問委員會戰略顧問等職。病逝後被追晉陸軍上將。

陸，於16日凌晨突破國軍前沿防線，並攻佔廈門北部重要的支撐點高崎，建立了鞏固的灘頭陣地。天亮後，突擊部隊開始向縱深發展，後續部隊也源源登陸，於中午前後佔領廈門北部地區，國軍這才察覺共軍主攻方向是在北部，急忙組織部隊反撲，激戰至黃昏，共軍擊退了國軍反撲，兵分兩路向廈門市區推進，負責指揮廈門防禦的湯恩伯見大勢已去，便率領殘部向海灘撤退，並用報話機呼叫軍艦靠岸接應，然而此時正值退潮，軍艦無法靠岸，湯恩伯在海灘上急得團團轉！葉飛在報話機裏聽到這一情況，立即命令部隊全速向海灘進擊，可惜攻擊部隊正忙於作戰沒有打開報話機，失去了活捉湯恩伯的大好戰機，使他在漲潮後迅速登上軍艦逃離。

17日清晨，31軍91師再次對鼓浪嶼發起攻擊，此時廈門已危在旦夕，鼓浪嶼守軍無心戀戰，正在集結撤退，92師順利登陸，追

高魁元簡介（國軍）

　　高魁元:陸軍第二軍團司令、總政治部作戰部主任（1961.1-1965.9）、陸軍總司令（1965.9-1967.6）、參謀總長。參謀總長（1967.6-1970.6）、總統府參軍長、國防部部長。

周至柔簡介（國軍）

　　周至柔(空軍):國防部兵工委員會主任委員、臺灣省政府主席兼臺灣保安司令、總統府參軍長。參謀總長(1950.3-1954.7)兼空軍總司令(1946.5-1952,3)。1933年蔣介石為了發展空軍，重新制訂空軍官銜，空軍官銜比陸軍高兩個官銜，沒有空軍二級上將軍銜，空軍少將相當於陸軍二級上將。他晉升時候是空軍少將總司令。

殲了未及逃跑的國軍後衛部隊1400餘人。

17日上午8時，鼓浪嶼陷共。11時許，廈門全部陷共。

金門血戰

廈門陷共以後，福建省基本上已全部被共軍佔領，共軍的下一個攻擊矛頭自然就是毗鄰大陸，正扼廈門出海口的金門島了。

金門地區實際上是指大金門島、小金門島、大擔、二擔、東碇等十二個島嶼，本文所提及的金門則特指金門地區的主島大金門島，大金門島位於廈門島以東約10公里，北面與福建大陸的距離也是約10公里，面積約124平方公里，全島形如啞鈴，東西寬約16公里，最窄處為島中部蜂腰地帶，僅3公里，南北長約13公里，金門縣城位於島西部。島東半部為山地，山高岸陡，又多礁石，不易登陸；西半部則是相對較為平坦的丘陵地帶，尤其是西北部海岸是泥沙質海灘，是登陸的理想地區。

在1949年6月以前，國軍根本未在金門島上設防，甚至沒有部署一兵一卒。直到6月中旬，國府廈門要塞司令部才成立金門要塞總台，由從上海吳淞要塞撤下來的殘部配備10門57公釐戰防砲、10具探照燈擔負防禦，從這時起才開始在島上構築工事鋪設通信線路。不久，又增加了20門25公釐機關砲。

1949年8月起，隨著福建戰事的發展，國軍開始逐漸增強金門防禦。首先於8月初第22兵團司令李良榮率領所部進駐金門地區，其中兵團部、第25軍軍部及第45師守

大金門，第5軍軍部和第200師守小金門，第40師守大嶝島。

8月27日，國軍戰車第3團第1營的第1、3連從臺灣船運金門，共計有22輛美製M5A1輕型戰車，該型戰車全重16.5噸，1門37公釐主砲，1挺7.62公釐防空機槍和2挺7.62機槍，乘員4人。

9月3日，國軍青年軍第201師師部及第601團、602團（603團調往福建馬尾）也從臺灣抵達金門。上述兩支部隊在離台開赴金門前，蔣緯國和蔣介石都曾親臨部隊駐地視察訓示。因為蔣介石非常重視金門，他一直認為無金門則無台澎，曾於10月22日嚴詞電示負責金門地區防務的湯恩伯：「金門不能再失，必須就地督戰，負責盡職，不能請辭易將，否則軍法論處！」

9月12日，國府東南軍政長官陳誠抵達金門視察。此時，國軍在金門地區的總兵力約2萬人，其中在大金門島約1.7萬人，具體部署是第45師防禦島東北部，第201師防禦島西北部。儘管熟悉國軍的人從部隊番號可以看出，第5軍、第25軍和第201師都是國軍的嫡系精銳，但此時除了第201師，其他部隊都是重建的，新兵占70%，戰鬥力與昔日的王牌部隊已不可同日而語。而第201師儘管沒有遭到過共軍的殲滅性打擊，但缺乏實戰經驗，戰鬥力也非常脆弱。

國軍也意識到金門地區部隊戰鬥力並不足以擔負起防禦重任，便將最後一個主力兵團第12兵團從潮汕地區調往金門地區。該兵團司令是有著「猛如虎，狡如狐」之稱的原12兵團副司令胡璉，胡璉1907年出生，陝西華縣人，黃埔軍校第四期畢業（與林彪

同期），在陳誠的土木系部隊中歷任連長、營長、團長，抗戰後歷任旅長、副師長、師長，1943年升任嫡系王牌部隊18軍軍長，後又升任第12集團軍副司令。國共內戰時期任整編第11師師長和18軍軍長、第12兵團副司令，在淮海戰役中殺出重圍，於1949年3月出任第二編練司令部司令，在江西以收容的原12兵團零散官兵五六千人為骨幹，加上招募的新兵4萬人重建新12兵團，下轄第18軍、19軍和67軍。胡璉沿用國軍五大王牌之一18軍的練兵方法，僅經半年整訓，就使新12兵團成為國軍殘餘部隊中較有戰鬥力的主力兵團。

10月9日，第18軍軍長高魁元率領第11師、第118師從汕頭抵達金門，這兩個師都是下轄4個團的加強師，共計2萬餘人。其中第11師的31團進駐大嶝島，第11師33團進駐小金門，主力全部進駐大金門，統歸第22兵團司令李良榮指揮。

10月22日，古寧頭戰役前夕，國軍守備情況如下：大金門島東部由18軍軍長高魁元指揮18軍11師主力和25軍45師防禦；大金門島西部由25軍軍長沈向奎指揮25軍40師殘部（從大嶝島逃出）和201師防禦；小金門島由第5軍軍長李運成指揮第200師和第18軍11師33團以及從廈門逃出的第166師殘部防禦；第18軍118師（位於瓊林地區）和戰車營2個連為機動部隊。所有金門地區部隊由第22兵團司令李良榮統一指揮，福州綏靖公署主任湯恩伯則將從廈門逃出的綏靖公署總部一分為二，一半在金門海域的船上，一半在大金門島西南海岸的水頭村。

國軍海軍廈門巡防處也於廈門失守後撤

至金門，改稱金門巡防處，共有中榮號、楚觀號、聯錚號、淮安號、南安號、掃202號、掃203號、砲15號、砲16號等9艘艦艇，負責大金門西側海域巡邏警戒。

駐屏東的國軍空軍第8大隊，擁有25架B—24轟炸機，和台中公館第1大隊的60架蚊式戰鬥轟炸機，負責對金門地區的空中支援。

國軍判斷共軍如果進攻金門地區，大金門島最有可能首當其衝，而又以大金門島西北部古寧頭至壟口段最有可能。因此防禦計劃是以大金門島西部為重點防禦地區，加強構築工事，並控制有力的機動部隊隨時策應。根據這一計劃，國軍在海岸地區特別是西北部，在原有工事基礎上，大力加修野戰工事，布設大量障礙物，並在水際灘頭布設了7000餘枚地雷和800餘枚水雷。在修築工事中由於金門島缺乏木料、水泥等建築原料，國軍大量徵用民間的門板，甚至墓碑，所有徵用物資，國軍均開具借條，言明日後反攻大陸成功後由福建省政府賠償，後於一九八〇年代由國防部向有借條的每戶居民賠償新臺幣一百五十萬元。

10月17日，廈門失守後，東南軍政長官陳誠立即命令已撤離潮汕地區正海運增援舟山地區的第12兵團主力改航金門，接替第22兵團的防務。

10月22日晚，第12兵團部和第19軍3個師已到達大金門島南部的料羅灣，由於風大浪高，運輸船無法靠岸，只好在海上拋錨避風。23日黃昏才開始靠岸登陸，至24日晚（即古寧頭戰役開始之時）上岸的部隊已有5個團。——第12兵團司令胡璉於26日上午10時上岸，於11時半接過指揮權。

共軍攻佔廈門後，第10兵團部就從泉州移至廈門，兵團領導認為廈門是海外通商口岸的大城市，又多海外僑胞僑屬，如果出現紕漏，影響很大，而金門基本沒有堅固的防禦工事，守軍只有2萬多人，又多是戰鬥力較弱的殘兵敗將，其防禦根本不能與擁有大量堅固永備工事和兵力充足的廈門相比，攻取金門不在話下，因此主要忙於主持城市接管，只是10月18日向28軍下達了攻擊命令，沒有召開過一次作戰研究會議（而攻擊廈門前，第10兵團召開過三次作戰會議）。

第28軍軍長朱紹清因病在上海治療，政

李良榮簡介（國軍）

李良榮黃埔一期學生，前福建省政府主席，國軍前第二十二兵團司令官李良榮將軍，是民國三十八年（一九四九)八至十月指揮金門保街戰大獲全勝的名將之一。古寧頭大捷，是國軍退守臺灣以後，與共軍作戰的一次決定性的大勝利；它奠定了自由中國復興的基礎，鼓舞起失敗的民心，振奮起消沉的士氣。可以說，沒有金門的一戰，也就沒有今天國富民強的自由中國臺灣。民國四十二年(一九五三)李將軍以中將退役，參加競選臺灣省議員以高票當選。民國四十四年(一九五五)赴南洋考察工業，在馬來西亞與閩籍華僑合作籌辦水泥廠，採用國產機器，為臺灣整廠輸出在海外成功建設工業之先驅。民國五十六年(一九六七)六月二日不幸因車禍逝世，享年六十歲。

委陳美藻在福州負責城市接管,參謀長吳肅則剛剛調職,新參謀長尚未到任,因此以28軍副軍長肖鋒和政治部主任李曼村組成前線指揮部,統一指揮該軍82師全部、84師251團、29軍85師253團和29軍87師259團共6個團攻取大金門。實際負責指揮的是28軍副軍長肖鋒,1916年出生,江西泰和人,1927年參加革命,歷任遊擊隊分隊長、中隊長、大隊長、獨立團團長、紅一軍團第1師第3團政委,參加長征(肖鋒有寫日記的傳統,他在革命鬥爭中所寫的日記一直保存到解放後,成為寶貴的歷史文物,就是根據他日記裏的記載,累加出紅軍長征的行軍總路程為二萬五千里,這也就是二萬五千里長征一說的出處),抗日戰爭中任八路軍115師騎兵團政委、晉察冀軍區一分區第3團政委、第5團團長,國共內戰時期任渤海軍區警備第6旅旅長兼第二軍分區司令、山東野戰軍第7師副師長、華東野戰軍第11師師長、共軍第28軍副軍長。中共建後任華東軍區特種兵縱隊副司令、裝甲兵副司令、裝甲兵第一訓練基地司令、第三裝甲學校校長、北京軍區裝甲兵副司令。1955年被授予大校軍銜,1961年晉升為少將,1981年離休,享受副兵團級待遇,1991年去世。

原計劃以31軍92師同時攻擊小金門,後因船隻不足,所以第10兵團決定免除31軍攻擊小金門的任務,集中所有船隻保障28軍攻擊大金門,在得手之後再攻擊小金門。第10兵團要求28軍於20日發起攻擊。——第28軍,前身是抗戰時期山東渤海軍區部隊(特務第1、第2團、警備第6旅第11團、警備第7旅第13團、第14團、警備第8旅第17

團),抗戰結束後在上述6個團基礎組建山東野戰軍第7師和第11師,最後於1947年2月整編為華東野戰軍第10縱隊,首任縱隊司令員就是以擅守著稱的宋時輪,因此第10縱隊也就成為華野防禦作戰的頭等主力,在國軍中流傳著「 排砲不動,必是十縱」的評價。在國共內戰中先後參加過萊蕪戰役、孟良崮戰役、沙土集戰役、豫東戰役、濟南戰役、淮海戰役、渡江戰役和上海戰役,1949年2月全軍整編時改稱第28軍,全軍下轄第82、83、84師3個師,總兵力3.4萬人。而在金門戰鬥前夕,由於作戰中的大量繳獲,28軍單兵武器和營團重武器基本已實現美械化。

28軍領受作戰任務後,即將軍前指前移至蓮河,隨即下達作戰部署命令,計劃以82師長鍾賢文統一指揮82師244團、84師251團和85師253團為第一梯隊,244團為左翼,在壟口至後沙之間登陸,攻佔後半山、雙乳山,警戒金門島東部,掩護251團和253團;251團為中路,在西保至古寧頭之間登陸,攻佔湖南、榜林,協同253團攻擊金門縣城;253團為右翼,在古寧頭登陸,佔領林厝、埔頭後攻擊金門縣城,殲滅島西部守軍。在解決西半部守軍之後,投入第二梯隊82師245團、246團和87師259團,從雙乳山兵分兩路,南北夾擊消滅東半部守軍,預計三天解決戰鬥。計劃上報第10兵團,並開始戰前準備,但是由於船隻大多已被國軍帶往金門,而當地剛解放,船民擔心共軍為作戰而徵用船隻會導致船隻損壞,所以並不配合,很多人隱藏船隻,甚至故意損毀船隻。因此船隻搜集非常困難,到20日總共才搜集

到100多條船，遠遠不能滿足一次運送6個團的要求。在這樣情況下，兵團同意了28軍的請求，將攻擊發起時間推遲到23日。

10月21日，第10兵團察覺國軍第12兵團一部已抵達金門，該兵團主力也已離開潮汕地區登船啟運，但去向不明。其實28軍早在10月9日攻佔大嶝島戰鬥中已俘虜了12兵團18軍11師31團的官兵，並報告第10兵團，但兵團認為是國軍謊報，根本未予置信。

22日，葉飛與肖鋒通電話，告訴肖鋒胡璉兵團已乘船離開潮汕，目前正在海上徘徊，究竟要到哪裏還不清楚，因此必須搶在胡璉兵團登陸金門之前發起戰鬥。23日，又獲悉第12兵團18軍118師已抵達金門，後續部隊正在海運途中，判斷第12兵團有到金門增防或換防的可能，因此必須集中目前所有船隻，立即組織登陸，搶在第12兵團到達之前，攻取金門島。為了進一步做好戰前準備，第10兵團決定再推遲一天，於10月24日晚發起攻擊，以目前全部船隻運載3個團登陸，然後返回大陸扣除一些損耗至少還能運送2個團，這樣就能有5個團，足以消滅島上守軍。

10月24日上午，共軍28軍前指召集參戰各部師、團長舉行攻擊金門前的最後一次作戰會議，會議內容主要是通報目前敵情，檢查落實戰備情況，此時總共有300多艘船隻，可以一次運送3個團，參戰第一梯隊部隊已準備好了三天的糧彈。與會者提出一些問題，主要還是船隻不足，以及船工不可靠，因為當地是新區，又是說閩南話，共軍很難與之溝通，甚至在攻擊平潭島戰鬥中出現過船工在航行途中跳海逃命的事例，（在私下裏82師師長鍾賢文、85師師長朱雲謙、251團團長劉天祥都預感到此戰凶多吉少，對作戰提出異議，朱雲謙甚至去廈門直接找葉飛彙報情況）但是最終還是決定於本晚發起攻擊，爭取搶在胡璉兵團上岸前解決戰鬥，預計付出四五千人的傷亡。

上至華野、第10兵團，下至28軍，各級指揮員絕大多數都沒有經過系統嚴格的軍事理論學習，根本不知道登陸作戰是戰爭樣式

肖峰簡介（解放軍）

肖峰（1916－1991），1916年出生，江西泰和人，1972年參加革命，歷任遊擊隊分隊長、中隊長、大隊長、獨立團團長、紅一軍團第1師第3團政委，參加長征(肖峰有寫日記的傳統，他在革命鬥爭中所寫的日記一直保存到解放後，成為寶貴的歷史文物，就是根據他日記裏的記載，累加出紅軍長征的行軍總路程為二萬五千里，這也就是二萬五千里長征一說的出處)，抗日戰爭中任八路軍115師騎兵團政委、晉察冀軍區一分區第3團政委、第5團團長，解放戰爭時期任渤海軍區警備第6旅旅長兼第二軍分區司令、山東野戰軍第7自師副師長、華東野戰軍第11師師長、解放軍第28軍副軍長。中共建國後任華東軍區特種兵縱隊副司令、裝甲兵副司令、裝甲兵第一訓練基地司令、第三坦克學校校長、北京軍區裝甲兵副司令。1955年被授予大校軍銜，1961年晉升為少將，1981年離休，享受副兵團級待遇，1991年去世。

中最複雜的，尤其是28軍以平潭島、大小嶝島登陸作戰的勝利，認為渡海登陸作戰不過如此。而廈門登陸作戰中暴露出的問題也淹沒在勝利的歡呼中，沒有得到應有的重視。對大登陸作戰最有研究的美國軍隊來說，不僅有專門的登陸作戰理論體系，還有強化訓練專門用以登陸戰的海軍陸戰隊。美軍認為登陸作戰要想取得勝利，首先必須掌握天氣、潮汐和敵情三方面的詳細準確資料，其次必須隱蔽登陸戰企圖（登陸方具有主動性，可根據具體情況選擇登陸時間與地點），而保證勝利的關鍵三要素是登陸地域兵力佔優勢、絕對優勢的海空火力支援和足夠的運輸船隻（在著名的諾曼第登陸中，盟軍就因為登陸艇數量不足而多次推遲登陸時間）。反觀此次金門登陸，共軍在所有決定作戰勝負的天氣、潮汐、敵情、登陸戰企圖、兵力佔優勢、海空火力支援和運輸船隻等七方面全無一點勝算，可以說，登陸作戰還未打響，戰敗就已經註定了。

就在24日上午28軍召開作戰會議的同時，無獨有偶，國軍第22兵團司令李良榮也召開了軍事會議，湯恩伯與會。會上根據金門島北太武山觀察所連日觀察到的情況，進行了分析討論，認為共軍的登陸作戰將在一兩天內開始，會上還決定擔負重點區域島西部防禦的201師和機動任務的118師及戰車營當天下午在古寧頭至壟口地段進行聯合演習，演習的內容就是守備部隊如何和機動部隊配合，協同進行抗登陸作戰。演習於下午19時許結束，次日凌晨，共軍就在此地段登陸，金門國軍後來的反擊作戰，據說與此次演習幾乎如出一轍。

演習結束後，戰車第3連1排長楊展之的

李曼村簡介（解放軍）

（1917－1996.8)男，山東省章丘市普集鎮萬山村人。1932年考入濟南山東省立第一鄉村師範學校。在校期間，受到共產黨人趙健民、王文軒、姚仲明等人的影響，積極投入抗日救亡運動，參加民先讀書會等。1936年至濟寧農村畢業實習。1937年2月回家鄉，受聘於天尊院小學任教。「七七」事變日軍南侵後，於當年底與宋樂生、方子成等人成立章丘人民抗日救國同盟。1938年2月在章丘長白山三山峪舉行抗日武裝起義，被推舉為章丘人民抗日救國軍司令。3月，加入中國共產黨，率所部編入山東人民抗日救國軍第五軍，任六支隊二十一中隊中隊長。後歷任八路軍山東人民抗日遊擊縱隊第三支隊連長、營教導員，八路軍山東縱隊第三支隊特務團政治處主任、政委，山東縱隊第三旅營教導員、團政委，清河軍區清西獨立團政委，渤海軍區第六軍分區政委等職，率部在清河平原開展遊擊戰爭。解放戰爭時期，先後任渤海軍區第三軍分區政委兼警備七旅政委兼中共清河地委書記，山東軍區第十師政委、第十一師政委，第三野戰軍二十八軍八十三師政委、二十八軍政治部主任等職，率部參加了周村、張店、鄒平、齊東、萊蕪、泰安、濟南、淮海、渡江、湘滬、福州等戰役、戰鬥。中共建國後，歷任中國人民解放軍軍副政委，華東軍區第三政治幹部學校、政治師範學校、第二政治學校校長兼政委，解放軍總政治部宣傳部副部長、部長，軍事學院政治部副主任、副政委，國防大學副政委。1955年被授予少將軍銜。1985年9月在中國共產黨全國代表會議上增選為中央紀律檢查委員會委員。1988年3月任第七屆全國政協委員。1996年8月25日在北京逝世。

戰車在觀音亭山以北海灘履帶脫落，由於缺乏維修工具，連長周名琴派了1排的其他2輛戰車來拖帶，可是非常邪門，連拖帶戰車的履帶也脫落了，反反覆覆幾次，一直搞到半夜十一、二點也沒搞定，見士兵筋疲力盡，楊排長便命令全排就地休息，明日天亮再回部隊駐地。自己駕車先返回駐地，一是向連長報告情況，二是順便帶回可以便於將戰車拖出沙灘的鐵絲墊板。幾個小時後，共軍244團就在這一海灘登陸，結果在缺乏反戰車武器的共軍面前，這3輛戰車並不猛烈的火力竟然對共軍造成極大的殺傷力。——此事被國軍喻為古寧頭戰役勝利的「冥冥天意」。

10月24日上午9時，共軍參戰部隊開始進行登船準備，各部分發彈藥和作為識別標誌的袖套（一面紅一面白，白天用紅色一面，夜晚用白色一面），每個戰士攜帶200發子彈、12顆手榴彈、三天的乾糧、一條三角巾和兩個急救包。

晚18時，天色已經全黑下來，攻擊部隊第一梯隊開始登船，由於國軍飛機的轟炸，共軍登陸部隊的船隻無法集中在一起，只能分散在三個地方，所以部隊也是在三個地方分別登船。

第一梯隊共10個營約8500人，其中82師244團3個營在蓮河登船；配屬該團的82師246團3營，在大嶝島陽塘登船；84師251團3個營在大嶝島東蔡登船；29軍85師253團3個營在汪厝登船，由於船隻數量不足，各團都有少量部隊（一至兩個連）無法登船而留在大陸，244團團長邢永生因船隻不足，為了多運戰鬥部隊，甚至將原計劃運載82師

師長鍾賢文的指揮船都要走了，鍾賢文認為並沒有規定師指揮部必須隨第一梯隊行動，而且歷來戰鬥中師指揮部都是隨第二梯隊行動，最多不過晚幾個小時上島，便讓出了船。金門戰鬥的最高指揮官28軍副軍長肖鋒也親自來到蓮河海邊檢查部隊登船。

20時許，兵團指揮部電話通知肖鋒據確切情報，胡璉第12兵團已在大金門登陸1個團，在小金門登陸1個團（實際情況是已有5個團登陸）。肖鋒一聽，覺得本來把握就不大，現在就更難打了，因此向老上級第10兵團政治部主任劉培善提出推遲發起登陸作戰，但劉培善明確表示兵團已經對此情況進行了研究，按原計劃執行，作戰決心不變。

胡璉兵團2個團已在金門登陸的情況被傳達到團級幹部，以文武雙全軍政兼優著稱的244團團長邢永生立刻意識到登陸行動凶多吉少，在出發前最後一次給師長鍾賢文打電話就說：「再見了師長，我們可能再也見不到了，我們回不來了！」誰知此話竟一語言中。

此時肖鋒也沒意識到登陸作戰的複雜與艱巨，認為友鄰部隊連連奏捷的情況下，一再提出推遲作戰（金門登陸已推遲兩次），影響不好，雖然敵情有了變化，但最多不過多付出一些傷亡，戰鬥時間延長一些，還是能打下金門的，所以並沒有堅持推遲作戰，而是於21時30分下令起航。

運載登陸部隊的船隊先在大嶝島海面會合，再向金門航行。起初，航行還是較為有序，隨著海上逐漸刮起三四級大風，而船隻又是臨時編組，船工也多來自福州、泉州，對金門航道不熟悉，加上通訊聯絡不暢（只

有各團團部配有1部美製V－101型報話機，海上航行時的聯繫主要依靠燈光），船隻隊形逐漸開始紊亂，各部只能各自為戰，以船為單位，向金門駛去。

金門島北太武山觀察所24日晚報告，天黑後大陸沿海未見一絲燈光，聯想到當日白天沿海船隻全部停止活動，金門地區國軍研判共軍極可能在24日晚或25日凌晨開始攻擊，因此李良榮下令各部加強警戒。

10月25日凌晨1時許，駐守大金門島西北部的國軍201師601團中尉排長卞立乾查哨途中，誤觸埋設在海灘上的地雷，寂靜深夜裏的一聲爆炸，頓時將第一線的守軍驚醒，防禦工事裏的探照燈也迅速打開，耀眼的光柱掃向黑茫茫的大海——第五連哨兵龔上賢借著燈光，看到海面上風帆搖曳，數十艘帆船正向海灘駛來！立即鳴槍三聲，揭開了古寧頭戰役的序幕！國軍輕重武器按照前一日演習的標定目標猛烈開火，僅一個機槍班在短短幾分鐘裏發射了5000發子彈！金門要塞和201師的師屬砲兵也隨即開火。

凌晨1時半，共軍244團見已被發現，遂將偷襲改為強攻，團長兼政委邢永生用報話機向前指報告：「　距敵5里，請求砲火支援！」同時，按照預先規定發射三發紅色信號彈，呼叫砲火掩護。肖鋒立即命令由軍、師砲團組成的砲群開火，共軍擔負砲火掩護的共有80門105公釐美製榴彈砲和75公釐山砲，榴彈砲部署在沃頭，山砲部署在大嶝島，立即開砲，但是由於夜間隔海射擊，效果很不理想。

■ 人民解放軍砲兵某部在砲轟金門前表示決心。

2時，244團報告部隊已開始登陸，請求砲火延伸射擊。接著253團團長徐博報告部隊正在航行中，還未登陸，肖鋒命令253團加快行進，強行登陸。但是與251團始終聯繫不上。

由於登陸時東北風正盛，大多數船隻的登陸位置都比預定地點偏西，而且因為船隻各自為戰，隊形散亂，根本無法成建制地集中登陸。

244團於1時40分左右在後沙、壟口至觀音亭山一線登陸，其中只有1營、3營和團部雖然登陸點偏西，但至少還在團登陸地區內，而2營則大大偏離預定登陸點，在古寧頭以東的林厝、安歧一帶登陸。

244團前身是1945年9月由山東渤海軍區武裝組建的特務第1團，1946年改編為山東野戰軍第7師第1團，1947年為第10縱隊28師82團，1949年3月改稱28軍82師244團，是28軍的建軍團，在28軍裏屬於頭等主力團。登陸時，建制已完全打亂，各部均根據戰前「有幾個人打幾個人的仗，不等待，

不猶豫，向裏猛插」的戰術思想指導下，奮勇向縱深突擊，團部所在的船在登陸前被國軍砲火擊中，參謀長朱斐然重傷，僅有的2個參謀1死1傷，邢永生上岸後就在海灘上的地堡裏建立團指揮所，1營主力在觀音亭山附近登陸，迅疾佔領了觀音亭山和湖尾鄉高地。天還未亮，國軍機動部隊118師354團便開始向觀音亭山反擊，雙方激戰近兩個小時，1營是登陸部隊中戰鬥力較強的部隊，利用地形和工事頑強阻擊，頂住了國軍的反擊，天亮後，國軍354團得到了8輛戰車的支援，由於共軍沒有反裝甲武器，無法阻止戰車的衝擊，倉促構築的一些火力點和工事都被戰車碾壓而毀，接著步兵蜂擁而上，展開了短兵相接的鏖戰，1營營長耿守安和代理營長李道三先後陣亡，教導員郭元福不甘被俘而自盡，1營傷亡慘重，餘部且戰且走向安歧、林厝轉移。至上午8時許，觀音亭山和湖尾鄉高地均被國軍奪回。3營登陸後迅速佔領壟口，營長劉忠義收攏部隊準備向縱深突擊，此時國軍剛到金門的18軍18師師長尹俊（淮海戰役中他率數百人從雙堆集殺出重圍）親率52團和師警衛營向壟口反擊，國軍連續三次攻擊均被擊退，第四次攻擊時，國軍得到了從觀音亭山趕來的戰車支援，一舉攻入村內，共軍又在村內與國軍進行了一個多小時的巷戰，劉營長重傷身亡，部隊傷亡慘重，在優勢國軍連續猛攻下，餘部被迫向西撤退。

隨後國軍乘勢向海灘進擊，244團團部和直屬隊沒有戰鬥部隊掩護，很快就被打散，邢永生團長負傷被俘，原已受傷的團參謀長朱斐然因無法行動也在團部被俘。海灘上的團部人員和第1、3營的餘部，分為兩部分，一部分向東進入金門島東部山區，在山區堅持戰鬥到28日；一部分向西退到古寧頭。

244團2營在團政治部主任孫樹亮、營長董玉福指揮下，只集合起50多人，而且登陸地點是在古寧頭以東的林厝、安歧一帶，大大偏離預定地點，由於團部失去聯繫，便就近接受251團指揮。

配屬244團的246團3營由該團副團長劉漢斌、營長王軍率領，與2營情況相似，登陸地點在林厝、安歧一帶，該營登陸後參加了251團對安歧的進攻，在戰鬥中傷亡慘重，副團長劉漢斌、營長王軍先後陣亡，餘部後退入古寧頭。

至中午前後，244團就基本無成建制部隊在戰鬥了，擁有4個營的244團在登陸作戰擔負著攻佔金門島中部雙乳山制高點，阻擊島東部國軍屏障島西部共軍作戰的戰術，卻是團級戰鬥單位中第一個遭到覆滅性失利，給以後的作戰帶了嚴重不利影響，國軍機動部隊和後援部隊可以從容投入對島西部的攻擊。

在244團登陸後不久，251團也開始登陸了。該團前身是1945年10月組建的山東渤海軍區警備第6旅11團，1946年11月編入山東野戰軍第11師，1947年編為華東野戰軍第10縱隊29師86團，1949年3月改稱第28軍84師251團，該團是84師的建師團，也是84師的尖刀團。古寧頭戰役時作為登陸部隊的中路，搶佔湖南和榜林地區，協同253團攻打金門縣城。

251團的一梯隊第1、3營在金門島西北部安

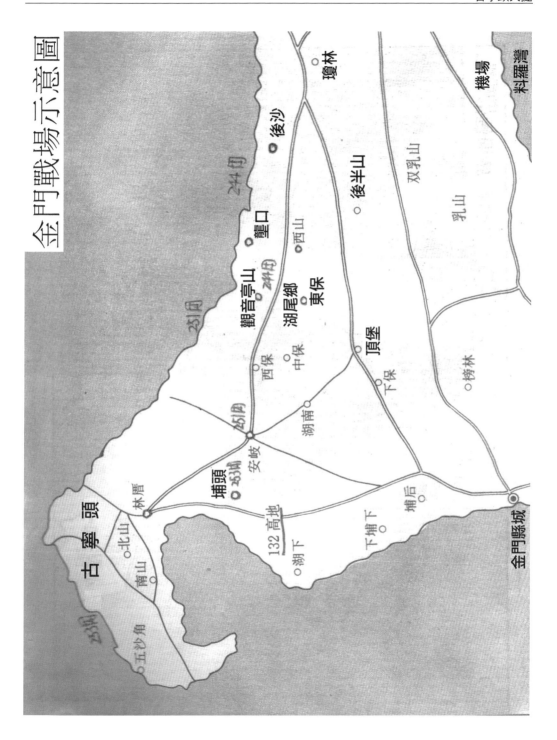

金門戰場示意圖

料羅灣

機場

瓊林

雙乳山

乳山

後沙

後半山

244例

231例

西山

聖口

觀音亭山 244例

湖尾鄉 東保

西保 中保 頂堡 榜林

231例 湖南 下保

安岐 埔后

231例 埔頭 263例 132高地 埔后

林厝 下埔下

古寧頭 北山 湖下

231例 南山 金門縣城

五沙角

歧以北、林厝以東順利登陸，雖然由於船隻分散，部隊登陸比較分散，但傷亡並不大。而二梯隊第2營在登陸時遭到猛烈砲火攔阻（其中國軍3輛在海灘的戰車發揮了很大作用）很多船隻中彈沈沒，還未登陸全營傷亡就幾近三分之一，很多彈藥都隨船沈沒。第1、3營登陸後，集合起來的人大約2個連，在3營長劉德升的指揮下，向安歧猛攻，並攻入村內，與據守安歧的國軍展開激烈巷戰，雙方都付出很大代價，共軍終於基本控制了安歧。但天剛亮，國軍就向安歧大舉反撲，村內村外到處都在戰鬥。8時過後，國軍機動部隊在解決了244團後也從觀音亭山、湖尾鄉趕來，對安歧形成了包圍，共軍在村內苦戰兩個多小時，終因力量懸殊太大而退出安歧，依託村北的小山組織防禦。

中午過後，國軍在戰車支援下連續發起攻擊，共軍沒有反裝甲武器，無法抵擋步戰協同攻擊，下午4時許，251團團長劉天祥決定主力向西撤退，與253團會合，副團長馬紹堂指揮1營餘部堅守林厝，掩護主力撤退，連續擊退國軍7次衝擊之後，馬紹堂率僅餘的2個班撤至古寧頭。

253團是三個團中登陸最晚，但堅持時間最長的。該團是抗戰時期由葉飛、傅秋濤率領的堅持三年南方遊擊戰的紅軍遊擊隊為基礎組建的蘇中軍區部隊，最早是由新四軍第1師第1旅傷癒的戰鬥骨幹組成的特務連，後逐步擴編為特務營、特務團，1945年11月改編為華中野戰軍第7縱隊55團，1947年1月改稱華東野戰軍第11縱隊31旅55團，1949年3月改稱29軍85師253團，是29軍的建軍團，戰鬥力在29軍裏首屈一指，尤其是該團2營在渡江作戰中表現突出被授予「渡江戰鬥模範營」。

25日凌晨2時許，253團在金門島西北部古寧頭五沙角至林厝一線登陸，由於登陸地帶比較狹窄，所以部隊不像另兩個團那麼分散，相對比較集中。登陸後在團長徐博的指揮下，迅速將當面守軍201師601團擊潰，俘敵近千人，並佔領古寧頭的北山和南山。隨後留下3營鞏固登陸灘頭，主力繼續向縱深發展進攻，於3時10分佔領林厝，控制了古寧頭通往金門島腹地的要道，團的先頭部隊2營進展神速，4時30分攻佔埔頭和132高地，並繼續向金門縣城推進。

■ 古寧頭。

132高地位於古寧頭與金門縣城之間，是島西部的重要制高點。253團進展神速，佔領132高地後，國軍還不清楚這一情況，19軍軍長劉雲瀚和25軍軍長沈向奎同乘一輛吉普車，準備前去組織部隊反擊，就在駛近132高地時，突然遭到共軍機槍掃射，車身中彈，這才明白132高地已落入共軍之手，慌不即調頭，才得以脫離。

6時許，253團2營已推進到東坑一帶，遭到國軍14師和118師各一部阻擊，經過激烈交戰，共軍且戰且退，於6時30分放棄132高地。

徐博團長隨即用報話機向後方報告戰況，並請求砲火轟擊132高地，同時他積極組織力量，準備發動新的進攻。10時30分，253團重新組織力量從埔頭發起攻擊，正遇上國軍反擊，此時天色已大亮，國軍不僅在132高地建立砲兵陣地向埔頭猛轟，還出動飛機臨空掃射轟炸，在國軍陸空協同攻擊下，共軍竭盡全力堅持到午後，終因力量不繼，在埔頭地區失利，主力退往林厝，少數人還在埔頭村裏堅持戰鬥，還有少數人則向南突擊，最遠打到距離金門縣城僅1公里的下埔。

林厝村的戰鬥從凌晨開始，林厝位於古寧頭東端，是從古寧頭進入金門島腹地的唯一通道，253團2營一部在林厝以東高地與反擊的國軍353團展開激烈的爭奪，中午後，共軍進攻埔頭的部隊退回林厝，加強了林厝的防禦力量，共軍利用村內原有的防禦工事和堅固的石頭建築，頑強抵擋，與國軍反覆爭奪，使國軍在該地區付出了相當大的代價，該團副團長俞望曾重傷，3個營長1死

2傷，戰況之激烈可見一斑。

國軍19軍14師在攻下埔頭後也繼續北上，從南面攻擊林厝。與共軍展開激戰，42團團長李光前也在戰鬥中殉職，成為古寧頭戰役中國軍陣亡的最高職務的軍官。

肖鋒得知82師師指揮所沒有隨第一梯隊登陸，而目前又沒有船隻能將師指揮所送過海，為了便於統一指揮金門島部隊，透過報話機指定由251團團長劉天祥統一所有島上部隊。

戰鬥開始後，國軍從最初的混亂中清醒過來後，李良榮根據金門島東部和小金門都未發現共軍進攻，判斷共軍目前攻擊範圍只是在壟口至古寧頭一線，便決定投入機動部隊實施反擊。凌晨3時下達反擊部署：18軍軍長高魁元指揮118師的352、354團和19軍18師52團配屬戰車第3連的2個排6輛戰車，從瓊林向觀音亭山、湖尾鄉反擊，這3個團兵分兩路，一路352、354團團從觀音亭山向湖尾鄉、安歧攻擊，一路52團從瓊林、後沙沿海岸向西，側擊共軍登陸灘頭；第19軍軍長劉雲瀚和25軍軍長沈向奎共同指揮14師41團、42團、13師39團以及25軍40師從金門縣城北上，迎擊攻勢正盛的253團；戰車營營長陳建威指揮2個排6輛戰車在瓊林作為預備隊待命。海軍方面，也於25日清晨緊急出動，中榮號、南安號、淮安號、掃202號等軍艦從古寧頭西測海域對共軍因退潮擱淺的船隻，進行猛烈轟擊。空軍第一大隊從上午8時起大舉出動，一部分飛機對大陸蓮河、陽塘、圍頭等地進行密集轟炸，另一部分飛機則在金門島上空為地面部隊提供空中支援，當天國軍空軍總司令周至柔親

自乘座飛機飛臨金門上空觀察戰況。

24日晚19軍的13師38團、14師的40團和18師的53團、54團都在金門外海的運輸船上，凌晨被密集槍砲聲驚醒後，很快就接到18師師長尹俊的緊急命令，要求他們迅速駛入金門島南部的料羅灣，立即登島參戰。因此運輸船便頂風急駛入料羅灣，但是風浪太大，一直到中午都無法靠岸。在尹俊的一再催促下，54團於當天下午

■ 在古寧頭大顯身手的M541坦克。

15時登島參戰，而40團25日晚才登陸，38團更晚，登岸時島上戰鬥已基本結束，而53團則駛往小金門島，增強小金門的防禦力量。

至下午，共軍244團主力已遭國軍殲滅，僅餘700人，251團也損失慘重，還剩1200人，只有253團實力尚在，但登陸之初所取得大部分戰果均已丟失，各部退守林厝以東以及古寧頭，等待後援。黃昏前後，251團也恢復了下午3時許與後方中斷的報話機聯繫，要求第二梯隊乘夜間在古寧頭登陸。

天黑前，國軍深知夜戰乃是共軍所長，便停止進攻，收攏部隊調整部署，從臺灣起飛的飛機則不斷在金門島上空盤旋，並不時投下照明彈，監視金門島與大陸之間的海域。

如果戰況僅僅只是這樣，那還不算太糟，最糟的是由於登陸時間是農曆九月初三，正是天文高潮，而且共軍又多是平底帆船，搶灘之後，儘管事先佈置在每艘船有1個幹部和1個戰士負責押船，但這些人並不熟悉水情，也沒有統一的船隻調度的組織機構，未能及時督促船工乘高潮迅速返航，而

是留在岸邊無謂等待，因此錯過了潮汐，結果所有船隻全部擱淺。天亮後，國軍飛機、軍艦、大砲和戰車以燃燒彈猛烈轟擊，幾乎將所有船隻全部焚毀在海灘上，致使返航接運第二梯隊的計劃徹底落空，也使島上的部隊陷入孤立無援的絕境。

在大陸的肖鋒，從望遠鏡裏清楚地看到金門島海灘上船隻爆炸、起火的場面，五內俱焚，心如刀絞。82師師長鍾賢文急怒攻心，一病不起。由於國軍掌握制空權和制海權，白天渡海根本無可能，便命令第二梯隊全力搜集船隻，準備夜間渡海增援，同時請求第10兵團從廈門徵集船隻。第10兵團立即下令在沿海地區緊急徵集船隻，徵集到6艘可以運載2個團的機帆船，但是這6艘船在駛往蓮河途中，船工懼怕參戰，有5艘船被故意損壞而無法使用。

此時，28軍指揮所對於增援金門島也有不同意見，有的認為根據情報金門島國軍兵力已達7個師，再增援一兩個營，根本於事無補，只有白白增加傷亡；還有的人認為與其增援一兩個營，還不如組織船隻接應島上部隊撤離，能撤回多少算多少。肖鋒不敢決

斷，一面命令82師246團作好增援準備，一面向兵團請示，葉飛回答：「只要有一線希望，就要堅決派兵增援，同敵人打到底！」

根據這一指示，246團團長孫雲秀率領82師246團第1營第2連、團迫擊砲連第1排全部和第2排一部以及從全團抽調的30多名戰鬥骨幹，共300多人，全部配備自動武器，乘坐竭盡全力才搜集到的3艘船，於21時從大嶝島出發，臨行前孫團長對28軍偵察科長張憲章說：「這次我算革命成功了！」把自己的手錶和鋼筆送給張憲章，還請他轉告妻子，如果自己回不來，願意隨軍就隨軍，願意回家就回家。由於夜色的掩護，加上船少目標小，航行途中未被發現，26日凌晨在古寧頭以東海灘順利登陸，沒有任何傷亡，上島後迅速與島上部隊會合。

同時，在沃頭的29軍87師259團千方百計搜集到幾條帆船，由3營代理營長梅鶴年帶領從全營挑選出的200名戰鬥骨幹，都是來自陷共區的老兵（不是徵集兵員），多帶彈藥，天黑後從沃頭起航，由於風向有1艘船折回，其他船隻上的100多人順利登陸，與島上部隊會合。

這兩批援軍，使島上部隊知道大陸的主力仍在竭盡全力組織增援，但是也看到大陸方面是有兵無船，增援杯水車薪！

在第二梯隊登陸前，251團不顧連日苦戰的疲勞，抓住國軍飛機、戰車夜間無法活動的有利機會，在出動小部隊襲擾的同時，組織主力發起反擊，在天亮前曾一度推進到埔頭一線。

26日凌晨2時許，國軍海軍駐澎湖列島馬公港的第一艦隊司令黎玉璽親自指揮旗艦太平號冒著大風大浪抵達金門海域，立即駛入古寧頭西北海域，猛轟大嶝島共軍砲兵陣

■ 古寧頭村口建築的累累彈痕說明了當年戰鬥的激烈。

■ 國軍俘虜大批共軍。

地。

26日早晨，共軍控制著古寧頭半島包括林厝、南山、北山三個村莊和四塊無名高地，總共約1.8平方公里範圍的地區。

經過一夜的休整和調整，第18軍軍長高魁元仔細觀察地形，發現可以從湖下涉水過海灣，攻擊共軍據守的林厝側後，便決定出奇兵實施突擊，攻擊前曾組織人員徒涉，因地形不熟未成，後經向湖下居民詢問，才知道只有低潮時從特定地點才可徒涉。經過精心準備，7時30分國軍開始攻擊，第14師41團第1營、第201師601團第1營和第3營8連，共兩個營又一個連乘低潮從湖下出發徒涉雙鯉湖，在林厝側後的東鰭尾登陸，共軍沒有想到國軍竟會越過海灣攻擊，被打了個措手不及，急忙倉促調集部隊前往南山依託有利地形進行阻擊，雙方在南山附近展開戰鬥，經過激戰國軍於10時攻佔南山，共軍退守北山。南山一失，林厝就陷入了腹背守敵的險境。

上午8時，天色大亮，國軍飛機飛臨古寧頭，進行轟炸掃射，為地面部隊提供航空火力支援。9時許，國軍54團在右，354團居中，352團在左，三團並列，在戰車掩護下從南面進攻林厝，共軍憑藉林厝村裏堅固的石質建築頑強防守，與國軍展開逐屋爭奪，巷戰的戰況殊為慘烈，不斷發生白刃格鬥。11時30分，國軍佔領大半個林厝，共軍除少數人還在個別據點堅持外，主力退往海灘。

11時許，國軍第12兵團司令胡璉登上金門島，他剛一上島就立即與18軍軍長高魁元通電話，瞭解戰況，半小時後胡璉正式接過金門島作戰指揮權，作出以下部署：18軍軍長高魁元統一指揮118師、19軍18師54團和14師41團，進攻古寧頭；19軍軍長劉雲瀚指揮所部在湖尾高地、湖南高地和132高地一線佈防，阻止共軍從古寧頭突圍。

中午先後，蔣經國乘飛機抵達金門島，飛機在金門島上空時，俯瞰全島，慘烈戰況令他觸目淒涼。一下飛機就驅車直奔湯恩伯在水頭村的指揮部，一路上更見屍橫遍野，

血肉模糊，其狀慘不忍睹。湯恩伯不僅沒有安排蔣經國與胡璉見面，反而聲稱戰鬥已基本結束，蔣經國便未與在前線督戰的胡璉會面，隨即慰問了附近官兵之後便返回臺灣。湯恩伯此舉的目的無非是把古寧頭戰役的功勞記在自己帳上，但是畢竟爭不過胡璉，因為古寧頭戰役的主力部隊是胡璉的12兵團，此戰後，湯恩伯就在蔣介石面前失寵，並逐漸淡出軍政界。與湯恩伯形成鮮明對照的，胡璉在戰後的祝捷會上神色淡然，絲毫沒有欣喜之色，部屬不解，問之，答曰：「　八百萬國軍都被人家消滅了，我們在一個小島才消滅人家九千人，有什麼值得慶賀的？」

就在蔣經國來到金門島的同時，共軍第10兵團政治部主任劉培善來到蓮河的28軍軍部，迎接他的肖鋒和李曼村，三人面面相覷，心亂如麻，此時有兵無船，毫無良策。劉培善用電話命令29軍85師師長朱雲謙準備渡海上島指揮作戰。後來因沒有船隻，加之島上戰鬥已近尾聲，劉培善又取消了這一命令。

午後，國軍在胡璉親自指揮下，向古寧頭發起攻擊。國軍在戰車掩護下，步步推進，戰車衝進村落和攜帶火箭筒的步兵一起逐個轟擊共軍據守的石頭建築，牆倒屋塌後步兵再衝進建築逐屋搜索。共軍死戰不退，幾乎每個建築的得失都經過激烈爭奪。

肖鋒和李曼村於午後致電金門島上各團指揮員，高度讚揚了他們的英勇戰鬥，要求目前活著的同志繼續戰鬥，為了保存力量，利用島上一切工具想法越海撤回大陸。

15時20分，253團報告：「　敵人三面進攻，情況十分危急」報話機裏可以清晰地聽到槍砲聲，突然一聲爆炸，共軍登陸部隊與大陸的無線電聯繫徹底中斷！

17時30分，國軍354團經過血戰攻佔北山，此時金門海岸線除古寧頭附近一小段外已全被國軍攻佔，共軍餘部只佔據著古寧頭村和鄰近的幾個碉堡。

天黑後，共軍在島上的五位最高指揮：251團團長劉天祥、251團政委田志春、253團團長徐博、253團政委陳利華和246團團長孫雲秀在北山古洋樓的一處民房裏舉行作戰會議，商討如何應對嚴峻的局面，最後一致決定分成幾股打遊擊，並利用一切工具設法渡海撤回大陸。

22時，各團領導率領各團的殘餘人員，利用夜暗向北突圍，在海邊找船未果，便向東突圍，一些沒接到通知的戰士則繼續在古寧頭堅持戰鬥。

拂曉時分，共軍29軍87師259團1營2連約30名戰鬥骨幹在營教導員李風池率領下乘著1艘汽艇來到古寧頭海灘，接應傷員後撤，結果上船的人太多，又逢低潮，船隻擱淺動彈不得，天亮後國軍佔領古寧頭村並很

■ 解放軍俘虜。

■ 解放軍俘虜在基隆下船。

軍，便迅速派出掃202號和南安號兩艘吃水較淺的軍艦駕駛近古寧頭，用艦砲進行抵近射擊，給予共軍重大殺傷。在國軍海陸協同夾擊下，古寧頭地區的共軍傷亡慘重，非死即俘，至上午10時，古寧頭地區大的戰鬥已基本結束。

數百名共軍乘夜色衝出包圍，進入金門島東部山區，下午國軍搜索部隊在雙乳山地區發現共軍一部，經短暫戰鬥後，共軍餘部繼續移動。

快湧到海灘，李風池和眾多傷員全部被俘。

27日，古寧頭村雖被國軍佔領，但各地仍有共軍餘部在堅持戰鬥，因此古寧頭地區終日槍聲不絕，戰鬥不斷。國軍海軍發現在古寧頭沿岸崖下地面砲火死角聚集不少共

28日起國軍開始在全島進行搜捕，上午，由251團團長劉天祥和政委田志春率領的數十人在沙頭地區遭到包圍，劉天祥受傷被俘，其餘人也同時被俘。

經過一夜戰鬥，246團團長孫雲秀身邊只剩下12人，不久也被國軍

■ 古寧頭戰史館的塑像。

搜索部隊發現，孫雲秀高聲大喊：「朋友，過來吧，我是團長！」國軍端著刺刀衝了過來，孫雲秀連開數槍，隨即將最後一發子彈射進自己的頭顱！餘部大多被俘。

27日中午，國軍東南軍長長官陳誠抵達金門視察，下午他乘車經過132高地附近，近百名共軍突然衝出，令陳誠飽受一驚，隨行的警衛部隊立即展開戰鬥隊形，一面還擊一面喊話，此時這些共軍餘部已經糧盡彈絕，精疲力竭，又見大勢已去，便繳械就俘。這才使陳誠有驚無險，平安而歸。

金門島上的戰鬥直到28日才逐漸平息，但零星戰鬥持續更長。在金門島上堅持戰鬥時間最長的莫過於253團團長徐博，他在26日晚突出重圍進入東部山區後，就一直隱蔽在北太武山的山洞中，靠挖食地瓜等植物充饑，孤身活動等待第二次登陸！直到1950年1月，即金門戰鬥結束三個月後才被國軍發現俘虜，被俘之時他衣衫襤褸，鬚髮皆長，形同野人。

傷亡情況

古寧頭戰役，共軍共有三批登陸，第一批為10月24日晚的28軍82師244團、28軍84師251團、29軍85師253團和28軍82師246團3營，共10個建制營；第二批是10月25日晚28軍82師246團1營2連和兩個機砲排以及從全團抽調的30多名戰鬥骨幹（共300多人）、29軍87師259團3營的200多名戰鬥骨幹（實際上島100多人）；第三批是10月26晚29軍87師259團1營2連的30多名戰鬥骨幹（接應傷員撤退），合計9086人，

其中船工、民夫約350人。但筆者認為，每艘船上至少要三到五名船工，因此船工總數應在900至1500左右，而350人應是隨軍民工。

共軍戰史稱登陸部隊官兵大部犧牲，一部被俘。

國軍戰史稱俘虜7364人，具體情況是201師俘虜1495人，118師俘虜3204人，11師俘虜735人，18師俘虜995人，14師俘虜935人。

另根據國府「中央日報」報導，由「啟興」、「海黔」、「海津」號輪船和「中字108」號登陸艦運到臺灣的共軍俘虜共有4889人，算上在金門就地補入國軍（後泅渡回大陸251團1營醫助胡清河就是被補入金門守軍的，因此就地補入金門部隊的情況確實存在，主要是共軍俘虜中曾經是國軍的）和在運往臺灣途中有不少共軍俘虜跳海，俘虜人數在7000左右應是可信的。因此筆者認為，古寧頭戰役共軍的傷亡情況估計是陣亡2000人，被俘7000人（其中傷3500人）。

國軍傷亡人數共軍戰史稱斃傷9000人，國府軍戰史稱陣亡1267人，陣亡最高職務的是19軍14師42團團長李光前上校，傷1982人，共3249人。但是1953年國府金門地區陣亡將士公墓收斂金門、大二擔、南日島三次戰鬥的陣亡及病故人員共4500具屍體，其中大二擔、南日島戰鬥的規模遠遠遜於古寧頭戰役，可以粗略估算古寧頭戰役國軍陣亡人數約在3500以上（結合國軍自己公佈的數位1267人，加上就地補入金門守軍的共軍俘虜2000，大致相當）。負傷者

估計在5000以上。

國軍宣稱繳獲山砲1門、化學砲1門、步兵砲1門、重迫擊砲4門、81公釐迫擊砲11門、82公釐迫擊砲9門、六〇砲59門、火箭筒36支、擲彈筒57具、重機槍55挺、輕機槍230挺、自動步槍88支、衝鋒槍245支、卡賓槍30支、步槍1895支、手槍15支。

10月28日，負責古寧頭戰役指揮的28軍副軍長肖鋒和政治部主任李曼村來到10兵團司令部，兩人一見到葉飛就失聲痛哭，葉飛隨即說：「哭什麼，哭解決不了問題，現在你們應該鼓勵士氣，準備再攻金門。此次失利，我作為兵團司令，由我負責，你們先回去吧。」兩人走後，葉飛即向三野起草報告：「我們檢討造成此次金門作戰之慘重損失原因，主要是急躁，被勝利衝昏頭腦、盲目樂觀。」三野隨即覆電：「查此次損失為國共內戰以來最大者，其主要原因是輕敵與急躁所致。」並要求10兵團將此次經驗教訓加以檢討。

10月29日，中共中央軍委向各野戰軍、各大軍區發出《關於攻擊金門失利教訓的通報》，指出當此國共內戰結束之期已不再遙遠之時，各級領導幹部主要是軍以上幹部中容易發生輕敵思想及急躁情緒，必須以金門事件引為深戒。對於尚在作戰的兵團進行教育，務必力戒輕敵急躁，穩步有計劃地殲滅殘敵，解放全國，是為至要。

同日，中共華東局致電10兵團，金門作戰的失利僅系局部問題，並不能改變全局勝利，希望10兵團總結戰鬥經驗，鼓勵士氣，積極準備，在條件成熟時再攻金門。

根據中共中央軍委、三野和華東局的計劃，10兵團於10月31日至11月2日在廈門老虎山洞召開10兵團黨委擴大會議，10兵團司令葉飛、福建省委第一書記張鼎丞、兵團政委韋國清、28軍政委陳美藻、副軍長肖鋒、政治部主任李曼村、29軍軍長胡炳雲、政委黃火星、31軍軍長周志堅、政委陳華堂到會。肖鋒第一個發言，首先檢討了自己的種種不正確觀念，請求處分，同時由於內心激憤與悔恨交織，也對兵團領導提出批評，言辭比較激烈與尖銳。肖鋒發言一完，全場一片沈默。隨後葉飛發言，他作了自我批評，表示承擔作戰失利的主要責任，並請求上級給予處分。

會議對古寧頭戰役進行了總結，決定以5個師的兵力進行再攻金門的準備。

1950年6月，韓戰爆發，美國第七艦隊進入臺灣海峽，中共中央軍委隨即解除了10兵團再攻金門的任務。

失利原因

關於古寧頭戰役失利的原因，以葉飛的回憶錄為代表，主要認為有這麼幾種原因：一，船隻不足；二，指揮不統一，具體說沒有師級指揮員上島；三，沒有鞏固灘頭。

然而筆者經過仔細研究，認為這三個原因，都是強調了客觀條件，沒有真正發掘到深層次的主觀原因。

關於指揮不統一，雖然早就有金門登陸作戰由82師師長鍾賢文統一指揮的規定，但是從戰前準備開始，所有的指揮和組織都是由28軍前指直接領導，歷次作戰會議都是由28軍副軍長肖鋒主持召開，鍾賢文與參戰的

其他部隊團級指揮沒有直接的溝通，所謂82師統一指揮實際上是一紙空文，真正的統一指揮都是由28軍前指來承擔的。如果仔細分析古寧頭戰役的情況，可以發現雖然參戰部隊來自兩個軍三個師的三個團，但是全部都是所在軍、師的尖刀部隊，都是各自部隊的絕對頭等主力，這三個團的戰鬥力肯定要超過一個師建制的三個團，而部隊在金門島上，各團基本都在預定地區登陸，並按照預定作戰計劃向縱深發展，而且28軍軍部一直都透過報話機對各團實施直接指揮，並先後指定251團團長劉天祥和246團團長孫雲秀統一指揮島上部隊。即便在失去與軍部報話機聯繫後，島上的五位團級指揮員還在26日晚舉行聯席會議，一起研究戰局討論下一步行動。完全可以說，即使投入一個整師的三個團，或許還沒有這三個尖刀團打得好呢！再者說，即使一個師長上島，就能改變戰鬥的局面嗎？所以，沒有師級指揮上島指揮，或者說沒有統一指揮，根本不能作為古寧頭戰役失利的原因。

關於鞏固灘頭，首先在作戰計劃中就沒有留置有力部隊鞏固灘頭的規定，而是「有幾個人打幾個人的仗，不等待，不猶豫，向裏猛插」！253團以一個營的部隊鞏固灘頭完全是團長徐博出於謹慎用兵的思想而留下的。退一步說，即使三個團都留下部分部隊鞏固灘頭，設想一下，在國軍優勢海空火力掩護（特別是國軍軍艦可以從海上，也就是灘頭的側後開火）、步裝砲協同進攻下，就靠登陸部隊自己攜帶的輕火器（登陸共軍最大口徑的火砲是1門75公釐山砲），要在平坦的海灘頂住兵力、火力都占絕對優勢的國軍，不要說留下三分之一的部隊，就是留下二分之一甚至更多的部隊都很難堅持較長的時間，而253團古寧頭灘頭之所以能堅持較長的時間，其根本原因不是留下了一個營的部隊，而是古寧頭實際上是個半島地形，必須通過林厝和古寧頭兩個村莊才能進入海灘，而這兩個村莊裏大量的石質建築成為共軍組織防禦的最理想的依託。

船隻不足似乎是最大的原因，但這只是表面的客觀原因，冷靜想想，共軍搜集到的這些船隻能運送多少人，葉飛也好，肖鋒也好，心裏都應該一清二楚的，那明知船隻不足，為什麼還要發起攻擊？——這才是失利的真正原因——輕敵與急躁！

所謂輕敵，因為共軍認為金門守軍只不過是二萬殘兵敗將，戰鬥力不堪一擊，根據平潭島、廈門和大小嶝島等島嶼作戰的勝利經驗，只要登島六個團，就能輕而易舉消滅島上守軍。在共軍看來金門不要說無法與臺灣比，就是與廈門比也差得遠：守金門的是李良榮兵團，都是重建的部隊，戰鬥力弱。守廈門的湯恩伯部隊戰鬥力強。金門沒有永久性工事，廈門有永久性工事；金門只是個小縣，廈門是座大城。既然廈門已克，那金門自是指日可下。1949年10月在泉州召開的作戰會議上，葉飛意氣奮發地說了四個字：「此役必勝！」據說葉飛在老虎洞宴請廈門地方領導，席間用筷子指菜盤，說：「金門就是這盤菜，想什麼時候夾就什麼時候夾。」言畢大笑，傲氣溢於言表。還有一個細節，葉飛一到廈門，就把母親從家鄉接來，這反映出他心裏已經認為大局已定，再無大戰。而且他對廈門的接管工

作遠遠超過對金門作戰的關注，準備金門作戰之時，葉飛最關心的卻是廈門的糧食供應，他令兵團後勤部在10月底前籌措大米四百萬斤、柴草六百萬斤，供應廈門市。同時，責成泉州、漳州兩地全力支援廈門。期間還任命了一批地方幹部，包括金門縣長，這位縣長的「任命」直到今天依然有效。所以在金門作戰前，10兵團沒有召開過一次有關的軍事會議！10月底28軍向兵團呈報了作戰計劃，葉飛忙於處理地方事務，竟沒有看上一遍，便提筆批准。葉飛如此，前敵指揮的肖鋒也好不到哪裏，10兵團的老人都講：肖鋒甚至比葉飛還輕敵。葉飛主要是在戰略上輕視敵人，肖鋒則在戰略上和戰術上全都輕敵。首先看看這次進攻部隊的安排：第一梯隊的三個團隸屬三個師，很多人都不明白肖鋒怎麼是出於什麼原因這樣安排？據28軍一位老人的話道破天機：肖鋒認為此戰必勝，勝利後必有繳獲，所以他的指導思想是「照顧本位，最後抓一把」，讓各部隊都能在最後的勝利中分到點好處，大家有份。肖鋒自己也是做好了慶功準備的，他在指揮所裏準備了酒菜，接到第一梯隊登陸成功的報告後，他連飲三大杯，豪情萬丈地用報話機遙祝：「同志們奮勇前進！」事實也確實如此，共軍首批登陸部隊僅三個團就將國軍的25軍40師和201師衝了個稀哩嘩啦，如果第二梯隊能按計劃上島，如果沒有增援的胡璉兵團，原先的金門守軍確實堅持不了一天！所以共軍計劃第一梯隊部隊登陸後，船隻迅速返航，立即運送第二梯隊，並在每艘船上配備了一個班排級幹部和一個戰士負責押船，肖鋒還特意派出了兩個軍部參

謀負責統一指揮船隻返航。共軍戰前估計就是在登陸作戰中有所損失，至少還能有運送兩個團的船隻，這真是一手如意一手算盤，根本沒有估計到登陸作戰組織工作複雜與艱巨！船隻到達金門島後，非常分散，兩個負責指揮船隻的參謀沒有有效的通信工具，在混亂的海灘上怎麼指揮船隻返航，而具體押船的幹部戰士又不明就裡，就在海灘邊等待，直到錯過了潮汐，致使船隻全部擱淺，無一返航！不要說英美等國在登陸作戰時專門設置有海灘勤務主任，負責統一指揮調度海灘上登陸船隻、人員和車輛，就是在共軍的渡江戰役中，所有的船工都明白自己的任務，送完第一船根本就不等待指令，立即調頭返航接著運送第二船、第三船！因為輕敵，所以準備工作極不周密，金門失利後，先怨潮汐，再怨船少，那麼為什麼戰前就不瞭解下潮汐？船少也是準備不周所致，因為實際上福建地區船並不少。當時一位縣委書記就說：「福建這麼大，籌一千條船也能籌到。」一個船工也說：「什麼沒船？我住的那灣子裏就有一百多條哩。」再退一步，就是在船隻嚴重不足的情況下。第一波有些船上居然裝了很多不該裝的東西，主攻團有幾條船上都裝了大量新印製的人民幣，據說是準備用來慶功時大把花銷的，被國軍繳獲時許多鈔票連褶印都沒有。另一個團的船上裝了豬，自然也是準備慶功宴時用的。更可笑的是，居然有的船上還載著辦公桌椅，是準備給金門的「新政權使用」。最後看28軍的作戰方案：「火力壓制，多點登陸，一處撕破，四面開花，隔絕阻塞，各個擊破。」一腔霸氣橫溢，滿紙有我無敵。在許多不同

部隊的作戰命令中不約而同地出現了相同的字句：「登陸就是勝利。」主攻團的作戰計劃還有這樣一條：「每人攜帶熟給養三餐，準備苦戰一天。」助攻團的計劃裏則是「在金門縣城吃中午飯」。即便是頭腦最清醒的主攻團244團團長兼政委邢永生，也不過是決心用三天時間解決戰鬥的，他在給妻子的信中說：「三天，只用三天，我一定回來！」

所謂急躁，早在10月10日攻佔大小嶝島的戰鬥中，就已在俘虜中發現胡璉第十二兵團18軍11師的官兵，28軍將這一情報上報兵團，但葉飛等兵團領導認為是俘虜的謊報，並不相信。而在10月20日，共軍第10兵團又通過無線電偵聽，發現胡璉兵團已離開潮汕地區，在海運途中向蔣介石請示去向。就在攻擊部隊登船之時，第10兵團已經確切知道胡璉兵團已在大金門登陸1個團，在小金門登陸1個團（實際情況是已有5個團登陸），雖然時間晚了一些，具體情況也有些出入，但是胡璉兵團開始增援金門已是不爭的事實！就在這樣情況下，暫停發起攻擊，等到搜集更多的船隻，進行更充分的準備之後，再發起攻擊，也還是來得及的，這樣就完全可以避免部隊的慘重損失。但是共軍第10兵團卻擔心胡璉兵團增援金門後，增加作戰困難而執意要求按照原計劃發起攻擊，企圖搶在胡璉兵團主力登島前攻取金

■ 古寧頭紀念陣亡國軍第14師42團團長李光前將軍的寺廟。

門。

所以古寧頭戰役失利的真正原因真如三野所稱，是指揮上的輕敵與急躁，正是輕敵與急躁，才促成28軍在船隻準備嚴重不足（不僅船隻數量不足，而且船工都是臨時徵集的，船工不瞭解所駕駛的船隻，很多船工是泉州、福州人，不熟悉航道與潮汐，船隻與船隻之間也相互不熟悉，部隊與船工之間就更談不上默契）、火力不足（雖然有80門105公釐美製榴彈砲和75公釐山砲，但是距離遠射擊準度差，再加上戰鬥打響後國軍空軍的轟炸壓制，充其量只能作為象徵性的火力支援，真正作用微乎其微！）、潮汐不明、敵情不清的情況下就倉促發起攻擊，豈有不敗之理？

國軍方面認為，共軍失利的原因第一是運力不足，不僅船隻數量不能滿足需要，第二梯隊全靠第一梯隊的船隻往返接運，一旦出現問題便無船可用，空有數萬雄師卻只能隔海相望，鞭長莫及！而且所有船隻絕大部分是以風力為動力的木質船，連稍具現代化色彩的機帆船都少得可憐，更不用說專門用於登陸作戰的登陸艦艇了，因此船隻受潮汐和風浪影響極大，航行途中就因各船速度不一而導致航行隊形混亂，不少船隻無法在預定地點登陸，即使在預定地點登陸也是時間不一，部隊建制難以保證，對於作戰影響較大。第二是火力不足，美軍在登陸作戰中非常重視火力準備，在太平洋戰爭的歷次登陸作戰中，每次登陸火力準備的海空火力投射彈藥都在數萬噸以上，而共軍此戰只有80門75公釐和105公釐火砲，隔海擔負火力支援，口徑小，射程遠，觀測和通信都很落

後，難以發揮作用，而伴隨登陸部隊的重武器更是屈指可數，面對國軍的戰車便一籌莫展，竟使老舊的M5A1戰車成為古寧頭戰役的明星，被譽為「金門之熊」！第三是登陸時間、地點不當，10月25日一年中的大潮之日，當天最高潮在凌晨2時零4分，而共軍登陸時間恰恰在凌晨2時左右，雖然可以利用高潮使船隻儘量靠近海灘搶灘，但卻埋下了如果不及時返航一旦退潮之後就會擱淺的巨大隱患！登陸地點是金門島最適宜登陸的西部和西北部地區，這一選擇固然沒錯，但是這一地區也正是國軍的重點設防之處，在兵力火力均處於絕對劣勢的情況下，恐怕並非是明智之選，國軍一直最擔心共軍在其他方向實施第二登陸，所以始終對東北部海灘非常警惕，夜間出動飛機、艦艇進行整夜巡邏警戒，不斷投擲照明彈，後見共軍集中於西北部地區，才放心地向西部地區投入主力，要是共軍能有充足的船隻，在東北部再進行一次登陸，那戰局就難說了。

兩大疑團

在古寧頭戰役的研究中，有兩個問題流傳甚廣，在缺乏真實歷史根據的情況下幾乎成為定論，因此筆者在此進行一些說明。

首先是粟裕的「三不打」之說，即第一以金門原守敵20000人計算，只要其增加一個團，不打；第二沒有一次載運6個團的船隻，不打；第三蘇北或山東老解放區徵集6000名久經考驗的船工南下，船工不到不

打。

這「三不打」似乎頗有先見之明，似乎在遭到嚴重失利的情況下依然反映出粟裕指揮藝術的高明。但是仔細查閱有關資料，這一說法只見於發表在《大江南北》雜誌上，其他權威性史料均未有記載，而葉飛、肖鋒等主要前線指揮都沒有在回憶中談及這一情況。

再深入分析，存在不小疑點，其一葉飛作為粟裕的嫡系將領，對他在軍事指揮上的指示不會置若罔聞，甚至不加貫徹。而粟裕對自己下達的命令也不會不加檢查落實，就不聞不問，這可不是粟裕的一貫作風。其二作為戰鬥的實際指揮者肖鋒，對於發起金門作戰一直存有不同看法，曾幾次要求推遲發起攻擊時間，直到部隊開始上船時（也就是

兵團通報胡璉兵團有兩個團已在金門登陸時）還提出了推遲作戰的請求，要是真有粟裕的三不打指示，那將是支援肖鋒推遲作戰的觀點最有利的理由，但是肖鋒始終沒有提到三不打，可見，這一說法純屬以訛傳訛。因此，粟裕自己也曾表示，古寧頭戰役失利主要責任是三野前委背上了上海這一大包袱，精力主要集中在解決上海解放後的一系列問題，放鬆了對10兵團進軍福建的關注。

其次是電報誘敵之說，之所以10兵團要求28軍在準備尚不充分情況下迅速發起戰鬥，原因是10兵團10月23日截獲撤出潮汕地區正在海上徘徊的胡璉兵團發往臺灣的電報，電文被破譯後是請示兵團去向。10兵團擔心胡璉兵團增援金門，所以要求28軍務必搶在胡璉兵團到達金門之前，攻取金門。更有人認為該電文是國軍方面的誘敵之計，是故意誘使共軍在準備不足的情況下倉促發起攻擊，以贏得可貴的

■古寧頭。

一場勝利！

事實怎樣呢？國軍12兵團下轄第18軍、19軍和67軍，1949年9月駐防在廣東潮汕地區。此時，國軍在浙江舟山、福建廈門金門和廣東三處地區同時告急，廣州的薛岳則要求12兵團迅速就近調往廣州，國軍負責浙江、福建和臺灣方面軍政事務的東南軍政長官陳誠（也就是12兵團起家部隊18軍的老軍長，胡璉的老上級）希望當時最具有戰鬥力的12兵團調往舟山和金門，陳誠派東南軍政長官公署副長官羅卓英到汕頭向胡璉要兵，並派參謀長李樹正赴臺灣向蔣介石說明調兵增援金門的必要性。而胡璉是陳誠的舊部，又是陳誠土木系的嫡系，自然對薛岳的要求陰奉陽違，並立即派出18軍增援金門，所以18軍早在10月8日就從潮汕起航，10月9日抵達金門。

10月15日，東南軍政長官公署發表命令，明確將胡璉12兵團劃歸其指揮，並命令12兵團立即增援舟山。胡璉隨即將尚在潮汕地區的兵團主力分為兩部分，67軍為第一梯隊，兵團部和19軍為第二梯隊，開赴舟山，自己則飛赴臺北，向陳誠當面請示。

10月17日，廈門解放，金門危在旦夕。國軍立即更改人事部署，胡璉兼任福建省主席，陳誠並命令胡璉兵團的第二梯隊改航金門，接替原金門守軍22兵團的防務，還特意派羅卓英和胡璉同去金門，監督部隊交接，而67軍則按照原計劃增援舟山。

10月19日，胡璉兵團陸續從潮汕起航，兵團部和19軍是21日離開潮汕，22日晚8時許到達金門島南部料羅灣，由於當時海面上風大浪急，船隻無法靠岸，便只好停留在金門海域，直到23日黃昏風浪平息後才開始靠岸登陸，至24晚登上金門的部隊計有19軍13師的兩個團、14師的兩個團和18師的一個團，共五個團，其餘部隊則在船上過夜，準備次日天亮後再登島。——就在25日凌晨，古寧頭戰役打響了！

因此從上述情況看，關於胡璉兵團的去向，一開始就是非常明確的，增援舟山，其後因廈門解放，金門告急才分兵一半增援金門，根本不存在在海上徘徊向臺灣請示行止的說法。而從國軍在金門作戰情況看，也不存在早有準備，設下圈套的跡象，再說此時國軍先前連連失利，各部隊建制殘破，裝備缺乏，士氣低落，能頂住共軍的攻擊，守住現有地盤，已是上上大吉，哪還有設下圈套誘使共軍來攻的膽量和實力？因此電報誘敵之說，純屬謠傳。但是共軍情報不準，確實也是失利的原因之一。

戰俘結局

共軍在古寧頭戰役中有數千人被俘，這些戰俘的命運可謂是歷經坎坷。戰鬥結束後，一些原來是從國軍俘虜過去的，特別是進軍福建之後被俘虜的，便立即被補入金門的國軍守軍，其他俘虜則被運到臺灣，在內湖「新生營」裏集中關押。1950年7月起，國軍將戰俘中年齡較大、受過傷的黨員幹部和一些堅決要求返回大陸的戰士分批遣返，先後於7月、10月和11月遣返三批，約600人。

這些遣返回大陸的戰俘、戰士立即復員，連以上幹部集中在南京、杭州和福州由

南京軍區組織學習審查，先是形勢教育、氣節教育，再是自我交代被俘前後的表現，自我批判，然後是相互幫助，也就是相互揭發批判，最後由領導作結論，南京軍區軍法處根據個人情況進行處罰，幾乎全被開除黨籍、軍籍，其中大部分人被判處2至15年不等的有期徒刑。這其中還有插曲，244團政治部主任孫樹亮利用學習隊副隊長的身份，透過誣陷他人來洗脫自己，結果很多歸來人員都被判處徒刑，連被國府稱為「最頑固分子」的251團副團長馬紹堂也被判處5年徒刑，而孫樹亮卻沒有受到任何懲處，這激起了歸來人員的公憤，紛紛檢舉孫樹亮的行為，結果孫樹亮也被判處5年徒刑，這也是人性醜陋的一面。

在服刑期滿後，也都回到原籍務農。這

共軍參戰部隊團級幹部

244團	團長兼政委邢永生，傷重被俘， 參謀長朱斐然，傷重被俘， 政治部主任孫樹亮，被俘， 1950年10月被遣返大陸， 後被判處5年有期徒刑。
246團	團長孫雲秀，自盡。 副團長兼參謀長劉漢斌，陣亡。
251團	團長劉天祥，傷重被俘， 政委田志春，被俘， 副團長馬紹堂，被俘，1950年 10月被遣返大陸，後被判處5 年有期徒刑。 參謀長郝越三，陣亡， 政治部主任王學元，陣亡。
253團	團長徐博，隱藏近90天後被俘， 政委陳利華，下落不明，據說後 進入國軍，官至上校，身份暴露 後被槍決。 參謀長王劍秋，被俘。

共計13名團職幹部，陣亡3人，自盡1人，被俘7人，失蹤1人。其中2人遭返返回大陸。
參謀部隊還有37名營職幹部，陣亡7人，自盡2人，被俘6人，失蹤2人。其中6人遭返返回大陸。

些人的原籍大都是貧困的中共控制區（244團、246團、251團創建於山東老根據地，253團創建於蘇北老根據地）。有的人在三年自然災害時期病餓而死，有的在「文革」中被當作「叛徒」揪鬥而死。

直到1983年9月15日，中央下發了《中辦發字（1983）74號文》，對金門被俘歸來人員進行復查處理，要求根據復查結果恢復黨籍、團籍和軍籍，改為復員軍人，補發復員費，營級以上幹部還享受了離休待遇。被判過刑的也大都撤消了原判，或改為免於刑事處分，恢復了黨籍、軍籍。

但是此時，不少歸來人員已經去世，尚在人世的歸來人員也都散佈在原籍，加上一些具體經辦人員工作並不認真，復查工作進展緩慢，有的直到90年代才得到落實。

而更令人難以相信的是，當時沒有歸來的被俘人員，在改革開放後以「臺灣同胞」的身份回鄉探親，其中不乏經營有方而事業有成的，他們在家鄉受到了當地領導的熱情接待！這與堅決要求返回大陸的歸來人員遭遇相比，簡直是天壤之別！甚至還有一被俘人員被迫到臺灣後數十年在自己微薄的收入中按月積蓄「黨費」，當改革開放後來到大陸，第一件事情就是上繳這積攢了幾十年的黨費，並請求黨組織恢復起組織關係，實在令人悵然。

而在眾多戰俘中，有兩個人的遭遇最為傳奇，第一人是28軍84師251團2營6連衛生員胡清河，他在被俘後被編入金門的國軍18軍118師，從被俘之後他就想方設法返回

共軍參戰部隊序列	
第10兵團	葉飛
金門戰鬥前線指揮部	第28軍副軍長肖鋒
82師	師長鍾賢文
244團	團長兼政委邢永生
246團	團長孫雲秀（第3營、第1營2連及全團抽調的戰鬥骨幹上島）
84師251團	團長劉天祥 政委田志春
29軍85師253團	團長徐博 政委陳利華

大陸，所以很早就開始準備，首先利用一切機會瞭解金門潮汐的規律，其次積極考慮漂浮器材準備，他經過仔細研究分析決定採用籃球球膽，而且為保證安全必須要兩個球膽，同時嚴格保密不到有十足把握不輕舉妄動。

1950年8月3日，輪到他負責保管連隊的籃球，又恰好大潮，趁著開晚飯的混亂時刻，他隱蔽跑到海邊，吹起球膽迅速下海，經過整整十二小時的漂遊，終於在廈門東南部登上大陸，被擔負海防的31軍哨兵發現，回到大陸後，胡清河先回到老部隊，1955年5月復員回鄉，在老家山東陵縣邊鎮衛生所當醫生，直到1980年8月退休。

胡清河被保衛部門足足審查了三個月，儘管沒有查出任何變節行為，組織還是作出了如下結論：因對該同志被俘後的情況不十分清楚，暫保留原職級，留黨察看，停止黨內生活，待查明情況後再作處理。這留黨察看處分一背就是30多年，「文革」期間，還被打成叛徒、特務、反革命，開除公職，備受凌辱，直到1985年落實有關政策時才恢復黨籍。

第二人則是29軍85師253團政委陳利華，據說他在被俘後身份沒有暴露，也被補入國軍，化名陳開中，後來他考取國軍的軍校（那時，教育不普及，軍隊中有文化的人不多，以陳在共軍中所學到的基本軍事知識和學識，想來考取軍校應是不成問題的），畢業後從少尉一直升至國防部保密局上校，並試圖透過香港與大陸情報機關取得聯繫，1981年被同鄉陳瑞林告發，陳利華隨即被捕，在獄中才將自己的大陸原籍及家人的詳細情況告訴在臺灣的妻兒，1981年11月陳利華以「匪諜罪」被處決。——改革開放以後，陳利華的兒子到廣東老家探訪，據見到陳的兒子的人云，相貌酷似其父。

陳利華，廣東梅縣人，1920年生，1935年參加革命，1940年參加新四軍，文武雙全，多才多藝，擅長寫詩和散文，還會「演戲」。

古寧頭戰役還有一位回歸大陸的，是福建同安縣新店鎮蓮河村船工吳德成，他也隨同共軍一起被俘，後尋機逃出，由於他是當地人，穿著口音都與當地人無異，而且與金門島上的居民也有認識，因此國軍在島上遇到他也不加盤查，直到1950年7月才在熟人的幫助下乘漁船出海，在接近雙方分界線附近跳下海泅渡回大陸。

深遠影響

古寧頭戰役，規模並不大，只是師級規模，在國共內戰眾多的戰役戰鬥中，完全是因為共軍遭到了最大的建制損失才逐漸為人

所知，但是其深遠的影響，卻遠非普通的一場師級規模戰鬥可比。

正因為古寧頭戰役的慘重失利，加上幾天以後（11月3日）的登步島登陸作戰失利，使共軍對登陸戰的艱鉅有了切膚瞭解，對計劃中的臺灣登陸備加小心謹慎，並向蘇聯請求派出海空軍支援人員掩護進攻臺灣的共軍，但史達林不願與美國發生直接對抗，所以只同意派出教員培訓中共的海空軍而不願意直接派海空軍參戰。

1950年1月5日，杜魯門代表美國政府發表《關於臺灣問題的聲明》，聲明美國不干涉中國內政，確認聯合國大會於1949年12月8日通過決議中所重申的對中國的原則：尊重中國領土完整，要求一切國家避免在中國領土內獲得勢力範圍或建立外力控制的政權，或謀求特權，並稱上述原則「在目前局勢下對臺灣特別適用」。聲明還表示美國對台將採取「三無二不」政策，即美國對臺灣或其他中國領土沒有掠奪性的意圖，美國目前無意在臺灣獲取特權或建立基地，美國亦無意使用中國武裝力量干預現在局勢，美國政府將不對在臺灣的中國軍隊提供軍事援助或軍事上支援的意見。——這明確表明了美國對臺灣的態度，使史達林底氣大增，促成蘇聯向中國派出空軍部隊（總數達到11個航空師），但是蘇聯強調派駐中國的空軍只擔負防空任務，不直接參與對臺灣的作戰。此時的國際形勢，對於進攻臺灣非常有利。

然而正是鑒於金門的慘痛教訓，共軍積極加強海空力量建設，而再不敢像過去那樣無知無畏地單靠陸軍發起登陸作戰，而海空

國軍參戰部隊序列

第二十二兵團	司令官李良榮（10月26日前前線總指揮）
第25軍	軍長沈向奎（負責金門西部防禦）
第201師	師長鄭果（金門西北部海岸防禦）
第601團	團長雷開宣（古寧頭海岸）
第602團	團長傅伊仁（湖尾鄉海岸）
第45師	（駐防金門東北，未參戰）
第十二兵團	司令官胡璉（10月26日午後前線總指揮）
第18軍	軍長高魁元
第11師	師長劉鼎漢（金門東部防禦，未參戰）
第31團	團長陳以惠（沿金門北部海岸向西反擊）
第118師	師長李樹蘭（指揮觀音亭山、湖尾、安歧等戰鬥）
第352團	團長唐俊賢（安歧戰鬥）
第353團	團長楊書田（湖尾、林厝戰鬥）
第354團	團長林書橋（觀音亭山、西山、安歧戰鬥）
第19軍	軍長劉雲翰
第13師	師長吳垂昆（金門縣城防禦）
第14師	師長羅錫疇（古寧頭戰鬥）
第40團	（戰鬥結束才登島，未參戰）
第41團	團長廖先鴻（埔頭、林厝戰鬥）
第42團	團長李光前（陣亡，埔頭、林厝戰鬥）
第18師	師長尹俊（古寧頭戰鬥）
第52團	團長孫竹筠（古寧頭戰鬥）
第53團	（在小金門島登陸，未參戰）
第54團	團長文立徽（古寧頭戰鬥）

軍建設可不是一朝一夕的，需要長期的積累，而此時時間確是非常寶貴的。

1950年5月，共軍佔領海南島，下一個攻擊目標直指舟山群島和臺灣。面對危急的形勢，蔣介石果斷決定放棄舟山群島，於5月13日至16日將駐守舟山的國軍12萬人秘密全部撤回到臺灣，這就使共軍在舟山群島等臺灣週邊島嶼殲滅國軍部分主力，減輕進攻臺灣本島壓力的計劃落空。

這樣一來，臺灣本島上增加了由海南島撤回的7萬殘部和舟山群島撤回的12萬人及全部海空軍，總兵力達到40萬人。國府還從日本招募了傭軍五六千人，使臺灣的防禦力量進一步得到加強。而隨著1950年4月中共臺灣省工作委員會工委書記蔡孝乾被捕輸誠，其領導下的1800多名共諜被捕，中共在臺灣的地下組織幾乎被破滅怠盡（1952年4月25日重建的中共臺灣地下黨組織再遭破獲，主要領導人被捕，計400餘人被捕。）在國共內戰期間建立下赫赫功勞的第二戰線在臺灣登陸中難以發揮配合作用。

而且當時共軍掌握的船隻僅夠裝運4個加強師，數量還不足計劃第一梯隊的一半。因此，5月17日臺灣登陸作戰的總指揮粟裕建議將第一梯隊由4個軍增加為6個軍，同時認為「攻台作戰如無絕對把握，不僅不應輕易發起，而且寧願再推遲一些時間」。6月23日，三野前委再次向中共中央軍委提議，請求從其他野戰軍抽調3至4個軍，將原計劃參戰攻台的12個軍增加到16個軍以上。

兩天後6月25日，韓戰爆發，美國總統

杜魯門立即召開緊急會議，討論朝鮮半島局勢。會議上，國防部長詹森不談朝鮮半島戰局，卻大談臺灣的重要戰略地位，參謀長聯席會議主席布萊德雷上將甚至表示，軍方認為臺灣比朝鮮更重要！因為「在朝鮮的進攻可能是一次佯動，目的是轉移我們對共產黨進攻臺灣的注意」。隨後，國務卿艾奇遜提出將第七艦隊調往臺灣海峽以阻止中共進攻臺灣，同時也阻止國府從臺灣反攻大陸。於是，6月27日杜魯門發表聲明「命令美國第七艦隊阻止中共對臺灣之任何攻擊」。根據這一命令，同年6月29日美國海軍第七艦隊的2艘巡洋艦、6艘驅逐艦和1艘運輸艦從日本佐世保基地駛入臺灣海峽。8月4日，美國空軍第十三航空軍最先進的F-104戰機也進駐臺灣桃園基地。接著，美國政府根據美國國會1949年通過的共同防務援助法，主動與在台灣的中華民國政府以換文形式簽訂了所謂《美台聯防協定》。

國際形勢和臺灣海峽的急劇變化，迫使毛澤東不得不暫時中止進攻臺灣的計劃。6月30日，周恩來向海軍司令員蕭勁光不無遺憾地傳達了中央的意見：「形勢的變化給我們打臺灣增添了麻煩，因為有美國在臺灣擋著。但也有好處，因為我們自己還沒有準備好。現在我們軍隊的打算是：陸軍繼續復員，加強海、空軍建設，打臺灣的時間往後推延。」

8月8日，主持華東局工作的陳毅向毛澤東和中共中央軍委建議1951年不發起對臺灣的進攻，獲得中共中央軍委的批准，接著中共中央軍委解除了三野第9兵團進攻臺

國軍各部隊繳獲及俘虜詳表

	俘虜	山砲	化學砲	步兵砲	重迫擊砲	迫擊砲	小鋼砲	六零砲	火箭筒
第201師	1495	1			2	8	2	29	12
第118師	3204			1	2	5		15	4
第11師	735					3		6	6
第18師	995		1			4		7	14
第14師	935							2	
戰車營									
總計	7364	1	1	1	4	20	2	59	36

	擲彈筒	重機槍	輕機槍	自動步槍	衝鋒槍	卡賓槍	步槍	手槍
第201師	35	21	71	28	49	10	511	
第118師	5	12	58	27	108	15	553	11
第11師	10	10	17	13	28	1	218	
第18師	6	10	70	20	42	2	532	5
第14師	1	2	14		18	2	61	1
戰車營							20	
總計	57	55	230	88	245	30	1895	17

灣、第10兵團進攻金門的任務。進犯臺灣由此被長期擱置起來。

朝鮮停戰後，1954年12月，美國又與臺灣簽訂《美台共同防禦條約》，將臺灣置於美國「西太平洋第一島鏈」的保護之下。

因此，縱觀國共內戰歷史的發展由來，中共在古寧頭戰役的失利確實是緩攻臺灣的重要因素之一。

而金門由於距離大陸只有1萬公尺左右，成為台海兩岸最直接的交流與對話特殊平臺，1958年「八二三砲戰」開始的「砲打金門」，更是反映出了雙方微妙的政治角力，金門也從一個幾乎無人知曉的荒蠻小島成為冷戰期間的熱點之一。

參考書目：

《中國人民解放軍全國解放戰爭史　第五卷》軍事科學出版社

《中國人民解放軍歷史上的70個軍》天津人民出版社

《回顧金門登陸戰》 人民出版社

《橫槊東海：國共台海戰事紀實》 百花洲文藝出版社

《國民黨軍隊興衰實錄5：反攻夢滅》 軍事科學出版社

塔山之役導讀

遼瀋戰役，國民黨方面稱為「遼西會戰」，是國共內戰的「三大戰役」之一，自1948年9月12日開始，至同年11月2日結束，共歷時52天。

至於「塔山之役」屬於沈遼會戰第一階段的一場局部戰役，其之所以在國共內戰史上佔有舉足輕重的地位，係該場戰役不僅是共軍佔據東北全境的前哨戰，也在是役中暴露了國軍的戰略部署和內部軍系矛盾等問題，導致發生「不該戰敗卻戰敗」的結局。

由林彪、羅榮桓所指揮的中共東北野戰軍約70萬人以傷亡6.9萬人的代價，消滅及改編了國民革命軍東北勦共總司令衛立煌所帶領的1個剿匪總司令部、4個兵團部、11個軍部、33個師，以及國軍空軍各型飛機143架，海軍作戰艦艇26艘。共47.2萬人。

1948年8月，解放軍東北野戰軍在東北有12個步兵縱隊、1個砲兵縱隊、1個鐵道縱隊、15個獨立師、3個騎兵師，共54個師70萬人，已控制了東北97%的土地和86%的人口。

國軍有4個兵團14個軍44個師和旅，加上地方保安團隊共約55萬人，但被分割壓縮在瀋陽、長春、錦州三個互不相連的地區內。

戰史學者對於遼瀋會戰其各場戰役的得失評析，卻有一致的評論與註記，不因各戰役的局部戰場條件不同而互異，更凸顯國軍在整個勘亂期間的戰略失衡和失焦。

國軍在1948年3~6月間，未能將東北駐軍主力南移與華北戰場結合，失盡地利之便，係屬於戰略佈局的失當。其次，未及時掌握時機對共軍發動攻其不備的攻勢，進行對共軍左右夾擊，屬於戰場戰術的誤判。

再者，國軍以55萬總兵力卻未能突破防線，導致東西兵團無法合力，是指揮高參的缺失。總括來說，「兵力分散」，將各處「次要戰場」當成「主要戰場」，是國軍未能汲取抗戰時期侵華日軍的教訓，才是戰局失利的原因。

塔山阻擊
——血火鏖戰鑄奇蹟

引言

如果這是一場兵棋推演的圖上演習，單從雙方兵力、火力和地形等情況來看，結果幾乎沒有任何質疑。但事實卻完全出人意料，甚至有人在說起「塔山阻擊」時還滿懷敬意地稱為「不可思議的奇蹟！」

如果評選國共內戰中最著名的阻擊戰，那麼塔山之戰將毫無爭議的贏取這份榮譽。不要說深諳戰史的專家和軍事迷，就是對國共內戰稍有瞭解的人，只要提起塔山就都會聯想到「巍然屹立」、「堅不可摧」這一類形容詞。

如果對黑土地上的決勝之戰——遼瀋戰役進行「翻盤」，綜觀整個戰役過程，可以說國軍如果要有什麼翻盤可能的話，唯一的機會那就只有在塔山，但最終還是沒能抓住這稍縱即逝的機會。

拉開決戰的序幕

1948年9月東北，國軍在東北已陷入困境，雖然總兵力還有50萬之眾，但被分割在長春、瀋陽、錦州三個地區，所控制的面積還不到東北總面積的3%，士氣低落，補給困難。國民黨高層對東北如此不利態勢是戰是撤還在舉棋不定的猶豫之機。

共產黨方面，以毛澤東為核心的中央

■ 中央軍委與東野最終確立了在東北發動決戰的作戰方針。

線咽喉要地錦州地區的國軍共約14個師，由東北剿共總部總部副司令兼錦州指揮所主任范漢傑統一指揮。他以6個師守錦州，以1個師守義縣，1個師守高橋，3個師守錦西、葫蘆島、興城，3個師守山海關、綏中。

林彪認為北寧路作戰的關鍵是孤立錦州之國軍，特別是阻止錦西的第54軍退入錦州，因為該軍是蔣介石嫡系，戰鬥力較強，退入錦州將給以後的作戰帶來很大困難，然後再集中兵力攻佔錦州。因此他先以第11縱隊、3個獨立師、騎兵師、砲兵旅等部組成先頭部隊，首先奔襲灤縣至興城一線，吸引第54軍主力向南。再以第2、3、4、8、9縱隊及砲兵包圍義縣，並切斷錦西與錦州的聯繫。

軍委與東北野戰軍（以下簡稱「東野」）司令林彪經過幾個月的電報往來商討，最終確立了在東北發動決戰的作戰方針，7月20日林彪決定主力南下北寧路（北平到瀋陽的鐵路線），封閉東北國軍退路，爭取在東北就地消滅之。這一方案上報中央軍委後，毛澤東隨即回電提出作戰設想，第一步攻佔錦州、山海關等地，切斷國軍撤回關內的陸上道路。第二步確立打前所未有的大殲滅戰的決心，消滅增援錦州的瀋陽國軍主力。第三步乘勝奪取瀋陽、長春。如果瀋陽國軍不來增援，第二步就分兵兩路，一路出關威逼平、津，迫使蔣介石調動瀋陽主力增援；另一路則乘虛奪取瀋陽、長春。

9月12日，東野主力開始南下北寧路，以5個縱隊攻錦州，以1個縱隊又3個獨立師對付錦西、葫蘆島之國軍，以6個縱隊對付瀋陽增援。

北寧路南至北平（今北京）北到瀋陽，全長700餘公里，是東北國軍的唯一陸上通道，被認為是東北國軍的生命線。位於北寧

范漢傑見共軍大舉進攻，為避免被各個擊破立即收縮兵力，將高橋的暫編第54師撤回錦州，錦州的暫編第62師調到錦西加強防禦，再以錦州的暫編第22師主力2個團增援義縣。就在國軍倉促調動中，9月25日共軍8縱、9縱消滅了馳援錦州的暫編第22師2個團，並佔領錦州週邊的一些陣地。9月27日7縱佔領高橋。9月28日共軍以砲火封鎖了錦州機場，切斷了錦州的空中通道，同日，3個獨立師攻佔綏中。9月29日4縱攻佔興城。至此共軍已包圍義縣，孤立錦州，達到戰役初步目的。林彪認為錦州守軍7個師，多是新兵，戰鬥力較弱。而且地形上共軍居

■ 10月1日，解放軍攻克義縣。

衛立煌提出了由瀋陽增援錦州的作戰方案。該方案將瀋陽部隊分為守備兵團和西進兵團兩部分，守備兵團由第8兵團司令周福成指揮，下轄6個師又2個旅，擔負瀋陽及周圍地區的防守，並掩護西進兵團的補給線和後方聯繫。西進兵團由第9兵團司令廖耀湘指揮，下轄11個師又4個旅，包括重砲、戰車等重裝備部隊。先攻擊彰武、新立屯，策應長春守軍突圍，再直取義縣，協同東進兵團在錦州地區與共軍決戰。

錦州頓時成為決戰的焦點。

來了兩桌的客

高臨下，便於隨後攻擊瀋陽來援之國軍。加上錦州還是重要的戰略據點，一旦將其佔領，將打亂東北國軍整個防禦體系。錦西守軍雖只有4個師，卻是國軍的精銳部隊，戰鬥力較強，估計攻錦西的戰鬥時間不會比打錦州短，還不易轉兵打擊瀋陽來援之國軍。所以決定先打錦州，再攻錦西。中央軍委同意該計劃，並強調只要迅速攻佔錦州，就能取得戰役主動權。

10月1日，共軍攻克義縣。國民政府方面意識到東北決戰已經揭開序幕，蔣介石飛赴北平與華北剿共總部總司令傅作義緊急磋商，決定從華北抽調第17兵團的2個軍和獨立第95師，從煙臺抽調第39軍，儘快海運葫蘆島，連同錦西地區的4個師，組成東進兵團，由第17兵團司令侯鏡如統一指揮，自錦西經塔山，增援錦州。

10月2日，蔣介石飛赴瀋陽，召集軍以上將領會議，親自督促瀋陽主力出兵增援錦州。在蔣的壓力下，東北剿共總部總部司令

國軍方面的兵力調動隨即開始，根據原來計劃是調駐紮在山海關和秦皇島地區的第86軍去葫蘆島，而以駐冀東的第62軍接替86軍防務。但當62軍到達秦皇島後，86軍軍長劉雲翰就以部隊剛從新編第5軍改編過來，人員裝備兩缺，要求免調東北。10月3日華北剿共總部便令62軍直接登船海運葫蘆島，當時東北情況誰都清楚，華北國軍普遍都不希望調往東北，所以62軍軍長林偉儔對此變更極為不滿，藉口冬裝未到請求免調，但未獲批准。就這樣62軍接替86軍從10月5日開始陸續海運葫蘆島。而從開戰前的這一小插曲就可看出國軍對於東北作戰的悲觀心

■ 東北"剿總"司令衛立煌。

■ 從上至下：東北野戰軍司令員林彪、政治委員羅榮桓、參謀長劉亞樓。

態，其高級將領恐戰厭戰之心也可見一斑。

而華北方面增援東北的另一個軍第92軍也遇到了問題，華北剿共總部一直不派部隊接替該軍在冀東防務，對10月1日確定的增兵計劃陰奉陽違，第17兵團司令侯鏡如一直等到10月8日都無法起程，最後只能退而求其次，率該軍21師開赴葫蘆島。

煙臺方面的第39軍也遲遲無法起程，該軍到達葫蘆島時已是10月15日，塔山之戰的關鍵時刻早已過去。這些援軍的拖延不僅直接影響塔山方面的兵力集結，錯過了最有利的戰機，而且暴露出國軍內部矛盾加劇，這也是決定戰役勝負的內因之一。

10月2日蔣介石徵求錦州指揮所主任范漢傑對於錦州是撤是守的意見，此時共軍尚未截斷錦州錦西之間交通，錦州部隊還是有可能撤至錦西。蔣認為棄錦州而守錦西更為有利，一來可將兩錦兵力集中起來，二來背靠海港葫蘆島進可攻退可守。范漢傑認為以錦州吸引共軍主力，從瀋陽和錦西組織兩支強大兵團來援，在錦州與共軍決戰更為有利。東北剿共總部總部司令衛立煌也支援這一計劃，因此國軍最後確立了堅守錦州兩路馳援的作戰計劃。

東野最初估計，錦西方面4個師的國軍最多抽出2個師增援錦州，因此只部署第11縱隊和3個獨立師進行阻援，而將阻援的重點放在瀋陽之國軍上。林彪擔心華北方面從天津、秦皇島抽兵增援錦州，特意要求中央軍委令華北共軍第2兵團主力出唐山、灤縣，吸引牽制華北之國軍無暇來援。但中央軍委隨即複電，華北第2兵團正在平張線作戰

■ 4縱在開赴塔山的途中。

長春，不僅徹底改變了整個戰役的決策計劃，而且對部隊士氣也有影響。在羅、劉兩人的力勸下，林彪終於堅定了打錦州的決心，於3日9時再電中央軍委「我們擬仍攻錦州。」並隨即開始調整部署，以第4、第11縱隊和熱河第4、第6獨立師，共2個縱隊又2個師的兵力由東野第2兵團統一指揮，阻擊錦西之國軍；以6個縱隊攻擊錦州；以4個縱隊阻擊瀋陽增援之國軍。

無法脫身，要求東野依靠自己力量對付華北之援國軍，並強調戰役關鍵是取決於能否迅速攻克錦州。

10月2日，東野獲悉情報國軍將向葫蘆島增兵4個師，這樣錦西方面之國軍就達到8個師，至少可出動6個師增援錦州。而且錦西距離錦州還不足50公里，沿途是一片無險可守的丘陵平原，東野一時又抽不出足夠的阻援兵力，因此其威脅程度甚至超過了瀋陽之國軍！林彪不由擔心起來，並說了一句日後流傳很廣的話：「準備的是一桌菜，來了兩桌客，怎麼辦？」出於這種考慮，林彪於22時向中央軍委上報兩個方案，一是繼續打錦州，二是回師打長春，請軍委考慮。實際上林彪是委婉而又清楚地表示了自己的新想法，那就是回師打長春。由於這份電報林彪未與東野政委羅榮桓和參謀長劉亞樓商量就以林羅劉3人的名義發出，羅榮桓和劉亞樓知道後都立即表示反對，認為目前東野主力已經南下，而且錦州週邊部分陣地也已肅清，部隊攻擊準備基本就緒，現在再回師打

就在22時至次日9時林彪作戰決心動搖的幾個小時裏，中央軍委連發兩電堅持攻打錦州方案。在接到東野重新決心打錦州電報後，欣慰地回電「你們決心攻錦州，甚好甚慰。調整部署是完全正確的。」筆者之所以提到了這一節，就是說明錦西葫蘆島方向的變化，可以影響動搖林彪之作戰決心，可見小小塔山對於錦州乃至整個決戰戰役的重要影響。

10月5日，林彪、羅榮桓和劉亞樓率東野前線指揮所到達錦州西北20公里的大牛屯，開始全面指揮錦州之戰。對於錦西方向，首先急電正在興城地區休整待命的第4縱隊立即開赴高橋塔山地區，阻擊葫蘆島方向之國軍。林彪在電令裏特別指出，兩錦之間國軍相距僅30餘公里，因此決不能採取運動防禦，而必須在高橋塔山地區部署頑強的防線，在此線死守不退！

小小塔山終於在波瀾壯闊的國共內戰中凸顯其重要價值來。

關乎全局的塔山

塔山，北距錦州約40公里，南距錦西約10公里，既無塔也無山，只是因為在百十戶人家的塔山村（也叫塔山堡）裏有個明朝天啟年間的烽火臺（當地人稱之為「東樓臺」）而得名，東臨渤海，海岸邊是打魚山，退潮時與大陸相連，漲潮時則成為孤島，海岸邊有兩個小的居民點，一叫高家灘、一喚亮窩棚；村南是寬約30公尺的飲馬河，河上有北寧路的鐵路橋，再往南是大東山、小東山、影碑山等高地（此時這些高地全在國軍控制下）；塔山村向西地勢漸高，這一地區的制高點海拔261公尺的白臺山就在此，再往西就是虹螺山（也叫虹螺峴山）和大片連綿丘陵，地勢平坦的塔山村就處在丘陵山地之中的狹長走廊上，公路從村中穿過，北寧鐵路在村東約1公里處與公路平行而過。從錦西到錦州走塔山要比走高家屯、虹螺山近約20公里，是要道捷徑，而且越向北地形越平坦，因此可以說塔山是連接錦州錦西的咽喉要衝。從作戰角度來看，塔山北距錦州週邊國軍陣地不到20公里，南距錦西國軍前沿陣地只有2000公尺，而且完全處於對手部署在大東山、小東山、影碑山等高地的砲火射程內，既無縱深又無制高，毫無地利可言。整個防線正面也不過12.5公里，從打魚山到白臺山正面只有8000公尺，地形狹窄這點對於攻方更為不利些，因為在這樣狹窄的正面即便擁有數萬大軍也無法同時

■ 東北野戰軍第2兵團司令員程子華

展開，但是如此狹窄的防線同時又將預示著只要戰端一開，就必將是一場針尖對麥芒的慘烈之戰！

10月6日，4縱先頭部隊就趕到了塔山地區。次日主力相繼到達，連夜開始構築工事積極備戰。

8日一早，東野第2兵團司令程子華親自來到塔山，帶著縱隊、軍、師、團各級主官到前沿察看地形。首先決定將原來計劃的防禦前沿從高家灘、無名橋北側、58高地、塔山村北側高地、泉眼溝一線前推到塔山村、塔山橋一線，以擴大防禦縱深，隨後又在現場確定採取集中兵力、重點防禦、控制強有力預備隊的防禦原則，具體部署是以4縱12師和11師32團為一梯隊，在從東起打魚山西至白臺山的8000公尺正面組織防禦，以鐵路橋、塔山村和白臺山為核心陣地。其中12師34團守備打魚山、塔山村、紅旗營子；36團（欠第3營）守備塔山村以西、楊家窪子東北高地、白臺山；11師32團守備北山、李家窩棚，左接12師右臨11縱；一線部隊都要保持一定兵力（三分之一到三分之二）作機動力量，保證有足夠力量以反擊對抗國軍之攻擊，所以實際第一線擔負防禦的部隊約為5個營。12師35團、36團3營和師警衛

營為一梯隊預備隊，分別配置在張家屯、潘家屯和白臺山北側高地。12師師部位於潘家屯東側高地。

第10師和第11師31團、33團為二梯隊，分別配置在一梯隊側後的紅旗營子東側高地、朱家屯、王善屯、顏家屯、吳家屯一線。縱隊指揮部位於王善屯北側高地，縱隊前進指揮所位於排路溝西北高地。

火力部署也是煞費苦心，採取分散部署集中使用的原則，對所有配屬火砲按照「兩群三線」進行部署，當時配屬4縱的砲兵除縱隊砲兵團外還有加強該縱的第2兵團砲兵旅一部，實力相當雄厚，不包括60砲（4縱每個步兵連均編有1個轄3門60砲的砲排），共有火砲119門！其中56門92步兵砲為第一線，由團掌握；28門75公釐山砲為第二線，由師掌握；26門榴彈砲和9門高射砲為第三線，由縱隊掌握。第三線的火砲又分為兩群，4縱砲兵團在潘家宅以西高地佔領陣地，負責支援塔山村以西部隊；砲兵旅則在王善屯、排路溝地區佔領陣地，負責支援塔山村以東部隊。此外師團各級還統一組織對空警戒和部署高射機槍擔負對空火力掩護。

東野第2兵團其他部隊第11縱隊位於4縱右翼槐樹溝、王家屯，也是分為二線配置，32師和33師為一梯隊，在124高地、寺兒

堡一線組織防禦，31師為二梯隊；熱河獨立第4、第6師位於錦西以南，向葫蘆島錦西之間交通線積極活動牽制錦西之國軍。

4縱到達塔山後，作為以攻堅野戰見長的部隊對轉入防禦自然頗有微詞，一些老戰士甚至對挖工事也很消極抵觸。因此4縱立即開展了全面政治動員，縱隊黨委發出了《告全縱指戰員書》和《告全縱黨員信》，要求堅決貫徹上級精神，在緊急關頭不負黨和人民囑託，堅決完成任務。4縱還提出了「死守陣地」、「寸土必爭」、「與陣地共存亡」等三大口號，號召各單位開展殺國軍競賽和紅旗競賽，全縱隊普遍進行了陣地宣誓，像12師師長江燮元、10師政委李丙令都當著部隊的面指定了自己指揮位置，表示決不後退的決心，使各級指戰員受到很大鼓舞。同時部隊投入了緊張的戰前準備，各部隊按照先主陣地後次陣地先前沿後縱深的原則，積極搜集器材原料全力趕修，12師政委

■ 塔山，既無塔又無山。

塔山阻擊戰態勢圖

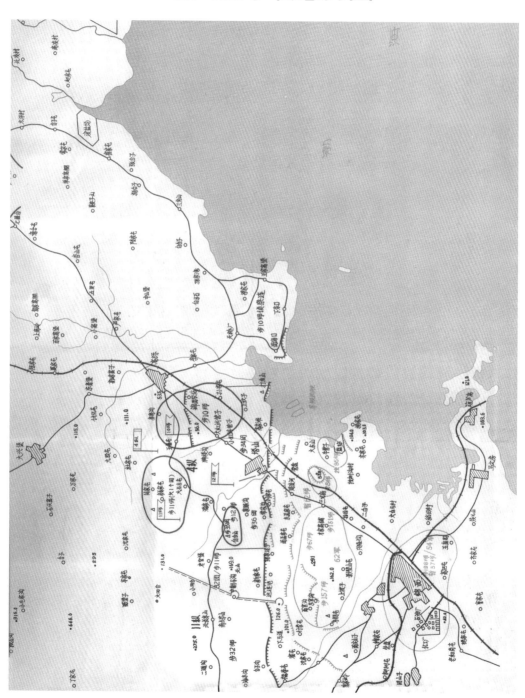

潘壽才甚至率領機關人員也參加構築工事。在不到三天時間裏，共構築各種掩體2600餘個，挖掘交通壕9500公尺，反戰車壕6000公尺，並在重點地段設置了鐵絲網、鹿砦、地雷等障礙。至8日，塔山村、鐵路橋和高家灘陣地都初具規模。

鑒於防禦戰對於彈藥的巨大消耗，上至東野下到4縱，對此都做了充分準備，4縱在戰役開始前下發到各部隊的各種子彈就達21萬發，砲彈4萬發。

9日一早，程子華和4縱司令吳克華、副司令胡奇才、參謀長李福澤再次來到前沿視察作戰準備，發現12師認為塔山村地勢低，又處在國軍火力控制下，部隊難以運動，所以只在村裏佈置了1個連，而將防禦重點放在村北小山上。但是經過仔細觀察，一致認為應以塔山村為防禦重點，因為塔山村地勢雖低，但村前有30公尺寬的飲馬河可作天然屏障，有利於發揚火力，而且公路又從村中經過，鐵路也在村內陣地的直接威脅下，反觀村北小山地勢雖高但位置孤立，一旦塔山村失守，國軍軍可以置小山於不顧沿村內公路繞山而過。但要是國軍拿不下塔山村，那麼大部隊就會因為公路被截而根本無法展開通過，所以塔山村是整個塔山防禦的鎖鑰。最後決定在村內部署1個戰鬥力最強的營——12師立即派34團1營防守塔山村，該營在1000公尺正面部署16挺重機槍、49挺輕機槍、9門60砲，形成了綿密火力。以後的戰鬥實際證明這步棋確實高明，可以說是一著決定勝負的關鍵之舉。

無山無塔的塔山，在4縱手裏終將成為塔，成為山。

初戰顯神威

就在共軍方面積極備戰的同時，國軍也在積極準備。10月6日蔣介石從塘沽乘「重慶號」重巡洋艦來到葫蘆島，在54軍軍部召集團以上軍官講話：「此次作戰集中美械裝備優勢部隊，還有大量空軍和海軍協同，所有彈藥糧食海運、空運補給，前方你們安心作戰，後方由我負責。這次戰役的勝敗關係到整個東北存亡，各級官長必須要親臨前線指揮。」並催促62軍迅速開赴葫蘆島。

10月8日錦州週邊戰全面開始，猛烈稠密的砲聲遠至葫蘆島都清晰可聞，錦州范漢傑迭電求援，因此葫蘆島方面在侯鏡如沒來前代理指揮的54軍軍長闕漢騫主張9日開始攻擊，62軍軍長林偉儔則表示目前部隊還未全部到達，對當面情況地形都不瞭解，倉促攻擊並不合適，所以9日沒有發起進攻。

同一天，一直對塔山放心不下的東野司令林彪以異常嚴厲的口吻指示第2兵團司令程子華、4縱司令吳克華：「塔山阻擊戰完全是一場正規戰，絕對反對遊擊習氣，必須死打硬拼，不應以本身傷亡與繳獲計算勝利，而應以完成整個戰役任務來看勝利。」這無異是下了死命令，就是部隊拼光了也不能後退一步！為了消除林彪的擔心，加強4縱指揮員的信心和決心，打好這場艱巨的阻擊戰，東野政委羅榮桓主動建議派參謀處長蘇靜去4縱協助指揮。經林彪同意後，羅榮桓把蘇靜找來，親自交代任務：「蘇靜同志，決定派你去4縱，那裏將有一場惡戰。4縱、11縱和2個獨立師的任務就是

到底是誰提出堅守塔山村的

以塔山村為防禦重點是整個塔山作戰中最為點睛的一筆，這個功勞應該算在誰的頭上？莫文驊在回憶錄中說是4縱的一致意見，也有資料說是程子華，還有說是吳克華，後來意見較為集中為胡奇才。但是胡奇才在一次座談會上（九一三事件之後）曾經這樣說："在塔山戰役中，林彪指揮的很正確、很及時、很具體，這是歷史，也是事實。"在當時那種政治氣候下，胡奇才說出這樣的話來確實要有些勇氣才行。這三個"很"頗為耐人回味，80年代後期有人提出那是林彪的意見，據說林彪曾專門發電給4縱，明確指出必須堅守塔山村！為此4縱首長專門到塔山村實地察看，這才看出塔山村的價值所在，這才有了將塔山村作為防禦重點的部署。不過由於資料所限，無法找到這份電報，只能作為一家之言供讀者參考。

■ 從上至下：東野參謀處長蘇靜、4縱司令員吳克華、4縱政委莫文驊。

把國軍隔在錦州以西，保證我們能夠順利攻下錦州。4縱的任務可能更艱巨，你的任務就是當參謀，出主意，協助4縱首長指揮部隊死守塔山，叫國軍屍骨成山，血流成河，不能前進一步。要告訴吳克華司令員、莫文驊政委，指揮員不要怕犧牲，不惜代價，任何情況下都不能動搖。總部的戰略意圖你是清楚的，但部隊一時不一定能理解得了。你要向指揮員多次、反復解釋總部的意圖，一定要頂

■ 從上至下：4縱副司令胡奇才、4縱參謀長李福澤。

住國軍，頂住了就是勝利。」

然而不知是什麼原因，蘇靜到塔山後，卻給4縱留下了「監軍」的印象。4縱政委莫文驊回憶說：「塔山戰鬥開始的第五天，總部派來了一位處長到縱隊當聯絡員，其任務是上通下達，加強聯繫。總部聯絡員可參加縱隊的黨委會（只聽不表態），總部給他或他發給總部的電報，我們不能過問。個別同志私下開玩笑稱聯絡員是『監軍』，縱隊主要領導對此做法也有反感。不管上邊出於什?意圖，這種作法會引起下邊的考慮，甚至影響到作戰情緒。疑人不用，用人不疑嘛！」好在4縱領導人黨性很強，莫文驊的

10月10日作戰示意圖

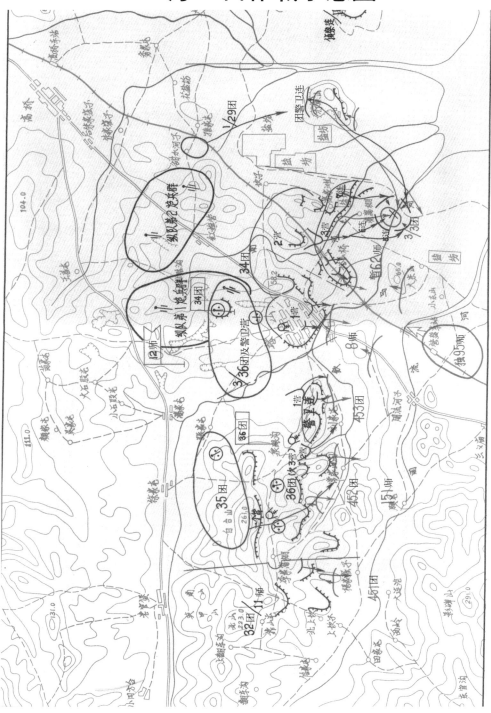

胡奇才（1914-1997）

湖北省黃安（今紅安）人。1929年參加革命。1930年參加中國工農紅軍。土地革命戰爭時期，歷任紅四方面軍軍委警衛營班長、排長，紅四軍第11師32團連政治指導員、營政治教導員，33團、35團政治委員，第11、12師政治委員。參加了長征。抗日戰爭時期，任八路軍129師385旅770團副團長、中國人民抗日軍政大學第三大隊第六分隊隊長、延安赴山東幹部大隊大隊長、山東縱隊第八支隊副司令員、第四支隊政治委員、第一支隊司令員兼第二軍分區司令員、山東縱隊第1旅副旅長、魯中軍區司令部參謀處處長、山東軍區第3師副師長。解放戰爭時期，任東北民主聯軍遼東軍區第3縱隊司令員、第4縱隊副司令員。建國後任遼東軍區司令員、瀋陽軍區空軍副司令員、遼西軍區司令員，赴朝參觀團團長並代20兵團副軍長、中國人民解放軍工程兵副司令員、顧問組長。1955年被授予中將軍銜。中國人民政治協商會議第一屆全國委員會候補委員、第四屆全國人民代表大會代表。

很強，莫文驊的思想政治工作又很出色，很快將可能的矛盾化解於萌芽。

9日塔山週邊戰漸入高潮，范漢傑求援更急。當天下午國軍第62軍的最後一批部隊67師到達葫蘆島，至此62軍3個師總算全部到齊。闕漢騫不顧部隊在海上遭遇風浪官兵暈船體力尚未恢復，決定次日拂曉開始攻擊。計劃以62軍151師攻擊白臺山，沿鐵路公路左側向錦州推進；54軍第8師攻擊塔山，沿鐵路公路推進；暫編62師以一部迂迴攻擊鐵路橋，主力在第8師後跟進，為總預備隊。54軍第198師和暫編57師留守葫蘆島和錦西。9日黃昏攻擊部隊陸續進入指定出擊位置。

10日拂曉，

國軍對塔山的全線攻擊這才姍姍開始。3時30分，首先是由暫編62師乘退潮偷襲打魚山，擔負該地區守備的共軍34團沒有按照命令在島上部署1個連，只派了1個班，而這個班又不瞭解潮汐情況，突遭襲擊且兵力薄弱打魚山遂告失守，偷襲得手的暫編62師又乘機進佔岸邊的高家灘陣地。吳克華聞訊立即命令12師堅決組織反擊奪回陣地，必須在第

■ 晨霧中隱約可見的山頭就是當年激烈爭奪的白臺山。

一回合就把國軍攻勢壓下去。12師34團隨即組織2個連在2門火砲掩護下同時從兩翼反擊,以凌厲的鉗形攻勢一舉收復高家灘陣地。

4時,國軍第一輪總攻開始了,由於不清楚當面共軍實力,又盲目相信美械裝備優勢,居然沒有與空軍聯繫(下午才有飛機7架趕來助戰),而海軍艦隊此時也不在附近海域,所以全無海空火力支援,只是由各部隊軍、師直屬砲火進行了半小時砲火準備後便發起了攻擊。

利用潮汐偷襲打魚山得手的暫編62師有些得意忘形,在攻擊前將部隊部署在海灘上,結果正逢漲潮,百多人連人帶槍被海水沖走,其他人也在1公尺多深的海水裏艱難跋涉,成為共軍輕重武器的活靶子,被打倒一片。正所謂成也潮汐敗也潮汐。暫62師進攻還未開始就遭此挫敗,銳氣頓挫,當天的攻擊也就相對疲軟了。

擔負主攻的國軍第8師、第151師分別向塔山村、白臺山發起猛攻,從上午到下午,連續進行多次集團衝擊,第8師一度突入塔山村,旋又被共軍反擊逐出,第151師連續8次衝鋒都被擊退。隨後又改以砲擊與衝擊交替戰術,企圖先以砲火摧毀工事殺傷守備人員再以步兵衝擊奪取陣地。4縱

一線守備部隊發揚頑強的戰鬥精神,以手榴彈、刺刀與國軍反復拼殺,擊退國軍之猛攻,守住了陣地。

戰鬥中,共軍的砲兵部隊發揮了巨大作用,不僅以砲火轟擊國軍衝鋒隊形,封鎖國軍預備隊,還對國軍砲火進行壓制。國軍第8師副師長施有仁感慨地回憶到:「(共軍)砲火之猛烈,是我對共軍作戰以來所僅見。我們從來是靠火力壓制國軍,以絕對優勢砲火開道。現在第一次遇到我方砲火處於劣勢,部隊士氣受到極大震撼!」

16時許,4縱組織預備隊第10師及一線部隊的師、團預備隊,在前沿部隊配合下,從幾個方向同時發起強力反衝擊。10師29團1個營和34團預備隊收復打魚山,29團隨即接過打魚山防務。在白臺山方向,12師預備隊35團1個營在反擊後接替36團右翼陣地,以加強防禦力量。

第一天戰鬥4縱陣地未失一寸,國軍付

■ 塔山村後的小山。

■ 打漁灘。

工事便成為守備部隊自覺的行為。入夜後12師還組織若干小分隊滲透到國軍軍陣地進行偵察襲擾。而國軍不黯夜戰，天黑後就待在陣地，更無發動夜間攻擊。

11日拂曉前，國軍151師453團借助夜色掩護襲佔白臺山207高地，但腳跟還未站熱，就被共軍猛烈反擊趕了下來。

出1100餘人的傷亡毫無所獲，4縱傷亡319人。戰鬥結束後，4縱要求各部總結經驗，調整守備力量，加修工事，嚴密組織火力，並將縱隊砲兵團主力前移至紅旗營子西北高地。通過一天戰鬥，戰士們普遍感到工事太薄弱，也真切明白了「平時多流汗，戰時少流血」的教訓，從此後白天作戰夜晚加修

清晨，國軍即以62軍151師、157師、54軍第8和暫編62師等4個師採取兩翼策應中央突破戰術發起大舉進攻。進攻前首先進行了密集砲火準備，30分鐘內就發射砲彈3000發。國軍海軍「重慶號」巡洋艦和「太康號」護航艦在海軍總司令桂永清和第3艦隊司令馬季壯的指揮下抵近塔山海域進行艦砲支援，但是「重慶號」艦長鄧兆祥不願參加內戰，藉口軍艦吃水較深無法靠近，軍艦便遠離海岸在視距以外開砲，由於雙方地面部隊陣地交錯，遠距離砲擊又沒有準確的陸海火力協同，桂永清見砲擊效果並不理想又擔心誤擊己方部隊，沒開幾砲就下令停止砲擊，所謂的海軍支援就這樣草草收場。

戰鬥剛開始，東野司

■ 從塔山村中穿過的公路。

10月11日作戰示意圖

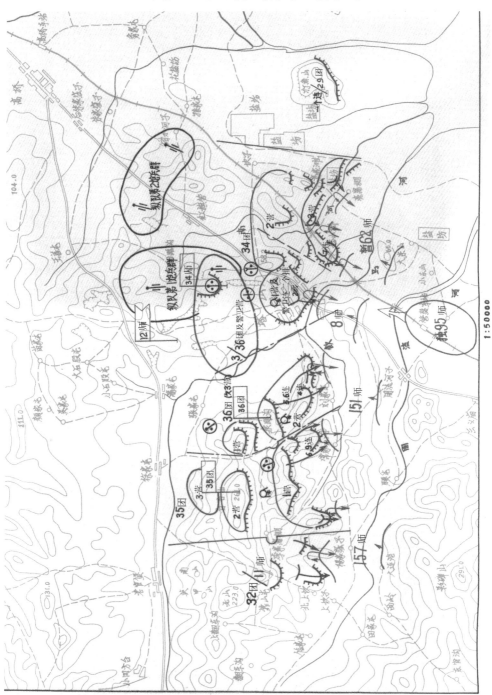

■ 塔山村前一馬平川的平原。

復原有陣地。緊接著第8師又在砲火掩護下成營成連實施集團衝擊，12師果斷將師預備隊警衛營投入戰鬥，協同守備部隊將國軍擊退。戰至中午，督戰的第62軍軍長林偉儔看出部隊已經到了氣衰力竭的地步，估計再難取得進展，只不過迫於軍令仍在勉強擺出攻擊的陣勢。

令林彪就給4縱發來急電，點名要求4縱副司令胡奇才立即趕到12師協助一線指揮。像這樣林彪專門發電報點將下一線指揮，可是前所未有的，可見林彪對塔山的重視。胡奇才接到電報不敢怠慢立即冒著砲火從縱隊指揮部趕到塔山。

砲火轟擊之後擔負主攻的第8師在兩翼部隊配合下向塔山村猛攻，首當其衝的塔山村戰鬥至為激烈，守備部隊在工事大部被毀人員遭受較大傷亡情況下仍頑強抗擊，34團1連全連傷亡逾百人，連長劉景山組織文書、炊事員等勤雜人員堅持戰鬥，死守突破口附近一個院落。當村邊三處房屋被國軍所佔後，國軍8師123團乘勢湧向村內，形勢岌岌可危，一直從望遠鏡裏觀戰的4縱政委莫文驊親自打電話給34團團長焦玉山：「迅速組織反擊，由你親自指揮，一定要頂住！」焦玉山放下電話就組織預備隊34團1營乘其立足未穩立即發動反擊，將其擊退恢

共軍12師也看出國軍漸顯疲態，並不單純被動防禦，果斷乘勢組織師團預備隊在砲火掩護下，向威脅最大的國軍攻擊出發陣地主動發起反擊，在共軍強力反擊下國軍開始後退，有些部隊甚至一直潰退到在督戰的闕漢騫和林偉儔雞籠山前進指揮所門口。這一出其不意的反衝擊完全打亂了國軍的部署，迫使其推遲了下午的進攻，對鞏固防禦起到了很大作用。

在塔山西北高地的4縱砲兵團與國軍砲兵展開激烈的砲戰，準確摧毀國軍砲兵觀察所，還直接摧毀國軍5門榴彈砲、7門山砲。在壓制住國軍砲火後迅速轉移目標將砲火傾瀉到國軍後續梯隊集結地域，有力支援了守備部隊。

15時，第8師經過整頓再次發起攻擊。在4縱直接指揮下，第一梯隊預備隊盡數投入戰鬥，在縱深砲火支援和前沿守備部隊密切配合下，在不同方向實施反擊，終迫國軍

■ 東野炮兵陣地。

不支敗退。

這天,鐵路橋、白臺山和北山各陣地守備部隊也頑強抗擊當面之國軍的進攻,國軍戰鬥意志也與往常大不一樣,每次均由軍官帶頭衝鋒,151師451團正副團長就這樣均在陣前被擊斃。各處戰鬥都非常激烈,塔山村、鐵路橋和白臺山3個主陣地都一度被突破,到黃昏時分除泉眼溝被國軍151師攻佔外,其餘一度被國軍突破的個別陣地均被預備隊反擊所恢復。全天激戰中,國軍在陣地前遺留重傷員和死屍就1200多,被共軍俘虜20人,而4縱傷亡也高達563人。

當日下午,侯鏡如率第17兵團部和第92軍21師到達葫蘆島,隨即從闕漢騫手裏接過錦西地區國軍指揮權。晚上便召集各部師長、軍長和參謀長在錦西縣城中學開會,分析兩天的戰況,討論以後作戰方案。昨天(10日)率獨立第95師到達的總統府戰地督察官羅奇也參加了會議。會上54軍參謀長楊中藩提議繞過共軍塔山堅固陣地,從塔山和白臺山之間防禦相對薄弱地區突破。17兵團參謀長張伯權則認為錦州守軍求援甚急,

還是應沿公路突破以儘快推進,而且塔山地勢較低,便於發揚火力。經過一番討論,最後決定還是採納張伯權的進攻方案。隨後根據各路部隊陸續到達的情況重新分配攻擊兵力,以獨立95師為主攻;以62軍攻擊白臺山;以54軍8師攻擊鐵路橋;以92軍21師和暫編62師為總預備隊,在獨立95師後跟進;其餘部隊守備葫蘆島和錦西。所有攻擊部隊由林偉儔統一指揮,各部隊砲兵集中使用,由54軍砲兵指揮官統一指揮。本來決定次日拂曉開始攻擊,但羅奇認為各部剛剛海運到達,士兵們經過風浪顛簸需要休整,同時新到部隊對地形也不熟悉,所以決定12日休息一天,攻擊部隊軍官則到前沿觀察地形,13日全面進攻。羅奇以督戰官的身份盛氣凌人,在錦

羅奇（1904-1975）

字振西,廣西容縣人。黃埔軍校第一期畢業。歷任學兵連排長、入伍生隊區隊長、第2師6團參謀、第27軍3團營長、獨立第15旅1團團長、獨立第30旅副旅長、第2師6旅旅長、第95師師長、第37軍副軍長、軍長、第2集訓處副處長、陸軍總司令部特科參謀、軍委會高參、第10軍官總隊隊長、北平警備副司令、京滬杭警備副總司令、陸軍副總司令。逃台後任「國防會議」秘書長、「中央評議」委員。1975年11月18日病逝臺北。

西被呼為「羅千歲」，其意見侯鏡如、闕漢騫、林偉儔等都不得不聽，12日休息一天，實際是極其不智的決定，這給了4縱至為寶貴的休整時間。羅奇之所以要把前線指揮權交給剛從華北調來的林偉儔而不是已在錦西指揮多日熟悉情況的闕漢騫，因為林偉儔和羅奇是廣東同鄉，特別是羅奇曾擔任過獨立95師的師長，將這支部隊視為私產，而95師也曾一度歸62軍建制，現在將其歸林偉儔指揮，是希望倚重林偉儔的62軍和獨立95師打下塔山，好為自己贏得晉身之階。休息一天和將指揮權交給林偉儔這兩個臭主意都反映出羅奇的輕國軍思想，認為攻下塔山是不成問題的，還做著13日一天攻下塔山的美夢，甚至連這一「功勞」歸誰都安排好了。而在54軍內部，照理闕漢騫應以生力軍198師替換連續作戰兩天已有相當傷亡的8師作為主攻部隊，因為198師是闕漢騫的基本部隊（陳誠系統），而8師則原屬胡宗南系統，加上8師師長周文韜和副師長施有仁又都是范漢傑的老部下，正好用救援老長官的藉口來保存自己嫡系部隊的實力。從這兩件事上就可以看出，國軍上層指揮在這樣關鍵的決戰關頭，還在各自打著自己的小算盤，焉有不敗之理？

入夜後，國

軍退回原防，4縱則一面搶修工事，一面進行思想動員和戰後總結，準備再戰。司令員吳克華親自到第一線視察，看望守備部隊，極大鼓舞了部隊士氣。第2兵團判斷國軍將以塔山為主攻方向，指示11縱的二梯隊31師隨時準備投入塔山方向作戰。守備部隊也根據兩天來的戰鬥情況，加修工事，在要點前沿設置障礙物，調整火力部署。

12日，國軍各部隊連以上軍官都陸續來到前沿觀察地形，羅奇還親自向獨立95師排以上軍官講話打氣。當天國軍只是以4個團的部隊在砲火掩護下進行試探性攻擊外，不斷組織砲火轟擊共軍縱深陣地。4縱也發現當面國軍軍調動頻繁，還有軍官在前沿觀察地形，判斷國軍正在積極備戰，估計明後天將是一場惡戰，為了迎擊國軍之進攻，也抓緊這一戰鬥間隙調整部署加強防禦力量：第10師28團接替34團在鐵路橋及其以東陣地，使34團集中全力守備塔山村，36團守備白臺山，35團守備常家溝以北陣地，以11

■ 國民黨軍第17兵團部舊址，現為錦西中學校舍。

師31團配屬12師部署在潘家屯，作為一梯隊預備隊。10師29團和30團為縱隊預備隊。第2兵團也作了相應調整，命11縱33師接替4縱11師32團北山防務，將該團調至王善屯，作為4縱預備隊，還向4縱增派了1個砲兵團。同時要求各部搶修工事，補充武器，囤積彈藥，調配幹部，宣傳鼓動，評功授獎，總結經驗，積極做好迎接大仗惡仗的準備。當晚，4縱一線各部都派出小分隊深入國軍陣，偵察襲擾。其中34團偵察連班長紀仁祥所帶領的小分隊俘虜92軍21師63團副團長高錄臻，經審問掌握了次日國軍攻擊部署和計劃。

為策應4縱在塔山正面作戰，第2兵團司令程子華命令11縱33師向寺兒堡出擊，33師98團經三小時激戰，攻佔寺兒堡，有力策應了塔山方向作戰。

當天東北剿共總部司令衛立煌乘飛機到葫蘆島視察，但是這位戰區主帥到來非但沒有激勵士氣，反而私下對侯鏡如表示東進兵團解錦州之圍並與西進兵團夾擊共軍主力是不可能辦到，要求侯鏡如慎重行事。

10日到12日的戰鬥雖然已經非常激烈，但僅僅只是整個塔山之戰的序幕，更為慘烈的鏖戰已如黑雲壓城迫在眉睫。

我只要塔山

13日，凌晨4時30分國軍就開始向塔山進行砲火準備。7時許，空軍、海軍艦砲都加入到火力準備中，整個塔山地區完全被硝煙籠罩，塔山村、鐵路橋等處更是成為集中轟擊的重點，遍地彈坑，4縱通往前沿的電話線路全部被炸斷，工事大半被毀。

是日最為激烈的戰鬥當屬塔山村以東至鐵路橋地段，攻擊部隊為獨立95師和8師1個團，獨立95師原是粵軍底子，素以強橫剽悍的戰鬥作風見長，在抗戰中也是一支鐵軍雄師，戰績不俗，據說從未曾丟過1挺機槍。在1941年大校閱時成績名列榜首，被稱為「當陽部隊」（即有趙子龍勇武戰當陽的意思），所以該師後來也就以「趙子龍師」而聞名。而共軍守備鐵路橋的10師28團是4縱頭等主力團，其前身是膠東軍區6師16團，也是久歷戰陣的虎賁雄師。28團在鐵路橋600公尺寬的陣地上，僅重武器就配置了8挺重機槍、11挺輕機槍、9門60砲、4具火箭筒、2門戰防砲和1門機關砲，如此密度的火力配系自然將對國軍營團規模的集團衝鋒造成大量殺傷。單從兩支部隊資歷、兵力和火力對比上就可預見到這場王牌之間強硬對話的激烈程度。

獨立95師果然不一般，一上來就是以營為單位實施波浪式攻擊，1個營為一波，1個團為三波，波波相連持續不斷。輕重機槍集中火力壓制，步兵帶足手榴彈進行集團衝鋒，而且營團軍官全部帶頭衝鋒，作風相當兇悍。28團一線守備部隊頑強抵抗，多處發生慘烈的近戰肉搏。28團及時投入預備隊進行強力反擊，擊退國軍多次營單位的集團衝擊。獨立95師隨即改變戰術，先以小分隊攻擊，組織多梯隊跟進，以後續梯隊迎擊國軍預備隊反擊。攻擊中甚至用死屍壘成活動工事，向國軍陣地步步推進。用第10師師長蔡正國的話說，其兇猛程度是國共內戰以來從未見到過的。28團在共軍連續猛烈攻擊

10月12日作戰示意圖

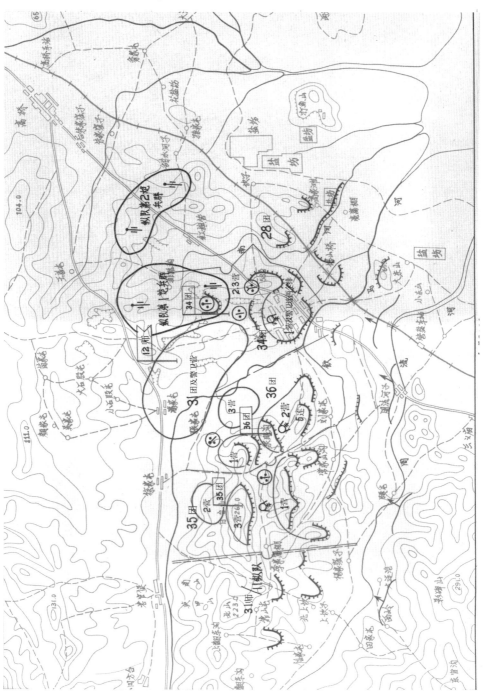

下，也付出了巨大代價，團預備隊已全部投入戰鬥。親臨前線指揮的胡奇才一面命令10師投入師預備隊，一面要求砲火集中轟擊鐵路橋正面，這才將共軍擊退。

獨立95師報告部隊幾度衝到陣地前，都被密集火力所阻，傷亡很大，已經陷入膠著，進退兩難。62軍也報告在白臺山方向的攻擊

■ 當年戰鬥最激烈的鐵路橋。

接連受挫，營以下官兵傷亡很大，陣地前死屍沒人抬，傷員沒人救，非常影響士氣。羅奇這時才著急起來，要求95師不惜一切代價，必須在天黑前拿下塔山。

17時30分，獨立95師以每人50萬金圓券的重賞組織敢死隊，全部脫光上衣，人手一挺輕機槍或衝鋒槍，向鐵路橋衝擊。此時28團團、營、連之間的電話線路已全部被砲火打斷，各陣地完全是發揮獨立作戰精神各自為戰。如堅守橋頭小營盤陣地的1營2連1排，此時連傷員在內只剩下7人，彈藥耗盡又與上級、友鄰斷絕聯絡的不利情況下，仍在指導員程遠茂的帶領下用石塊、鐵鍬、刺刀與國軍浴血苦戰，一直堅持到預備隊3營8連趕來。再如2營6連中午反擊時因衝出陣地較遠，失去依託掩護，遭到很大傷亡。機槍班長紀守法帶著2名戰士被困在國軍陣縱深無法撤回，紀守法就主動帶著2人在對國軍陣地活動，不斷從側後用機槍和手榴彈襲擊國軍進攻部隊。

面對95師這次最後的攻勢，4縱組織10師預備隊29團、12師預備隊31團以及一梯隊所有預備隊，在全部砲火掩護下發起反衝擊，終在各陣地守備部隊配合下粉碎了95師的最後進攻。

在獨立95師猛攻塔山之時，62軍的151師和157師同時向35團常家溝陣地、36團白臺山陣地發動了連續攻擊，36團2營5連據守的白臺山7號陣地戰鬥殊為激烈，該連頑強抗擊國軍之多次進攻，陣地上最後只剩下連長焦連九一人，他仍帶傷苦戰一直堅持到預備隊36團趕到。12師為徹底粉碎國軍對白臺山一線攻勢，以36團3營和1營1連向白臺山兩翼，35團6連、8連向常家溝同時發起反擊。36團3營因反擊時機與方向選擇不當，傷亡較大反擊受挫。而1連則行動果敢，大膽插入國軍縱深，搗毀國軍團指揮所，迫其失去指揮而潰退。

10月13日作戰示意圖

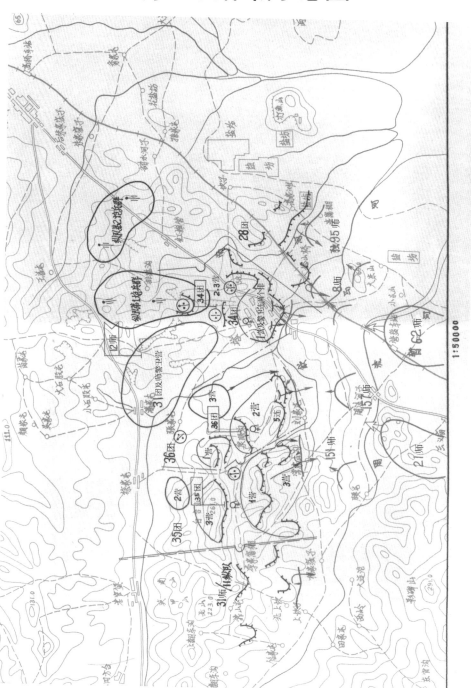

解放軍東野第4縱隊

東北野戰軍第4縱隊是由抗日戰爭時期中國共產黨在膠東地區創建的幾支地方武裝發展起來的。1937年12月，中共膠東特委書記理琪等以堅持昆嵛山鬥爭的紅軍遊擊隊為骨幹，在山東文登縣天福山發動抗日武裝起義，成立了山東人民抗日救國軍第3軍。1938年9月，第3軍與掖縣抗日遊擊隊整編為八路軍山東抗日遊擊隊第5支隊，高錦純任司令員，宋澄任政治委員，吳克華任副司令員，下轄6個團，共7000餘人（12月，歸山東縱隊建制）。1940年9月，第5支隊改稱第5旅，吳克華任旅長，高錦純任政治委員；同時成立新第5支隊，下轄第1、第2、第3團。1942年7月，膠東軍區成立，新第5支隊整編為第16、第17團，與第5旅同歸膠東軍區領導。

1943年3月，膠東軍區部隊整編，取消第5旅番號，軍區直轄第13、第14、第16團；第15、第17團分別編入各軍分區。1945年9月，膠東軍區部隊在對敵大反攻中擴編為山東解放軍第5、第6師和警備第3、第4旅。1945年10月，山東解放軍第5、6師共1萬餘人從海路挺進東北，編為東北人民自治軍第2縱隊。1946年2月，東北人民自治軍第2、第3縱隊，合編為東北民主聯軍第4縱隊，吳克華任司令員，彭嘉慶任政治委員，胡奇才任副司令員，歐陽文任副政治委員兼政治部主任，蔡正國任參謀長。下轄由第2縱隊第1旅改編的第10旅、由第2縱隊第2旅改編的第11旅、由第3縱隊改編的第12旅，全縱隊共2.3萬餘人，隸屬遼東（南滿）軍區。第4縱隊成立後，參加3次保衛本溪作戰。5月，發起鞍海戰役，攻克鞍山、海城，殲國民黨軍第60軍184師大部，並迫使其師長潘朔端率師部及第552團起義。7月，縱隊所屬各旅改稱師。10至11月，進行新開嶺戰役，全殲國民黨軍嫡系、美式機械化裝備的第52軍第25師8900餘人，首創東北民主聯軍在一次戰役中殲敵1個整師的戰果，榮獲毛澤東主席、中共中央、中央軍委電令嘉獎。延安《解放日報》於11月5日發表題為《第二十五師的毀滅》的社論，予以祝賀。12月至1947年4月，與第3縱隊一起參加四保臨江戰役，擊退國民黨軍數次進犯，保衛了臨江、長白山根據地。5月至1948年初，參加東北夏季、秋季、冬季3次攻勢作戰，攻克梅河口、遼陽、鞍山、營口等。

1948年1月，東北民主聯軍第4縱隊改稱東北人民解放軍第4縱隊，屬東北野戰軍建制。3至8月，進行新式整軍運動和軍事練兵，提高了軍事、政治素質。9至11月，參加遼瀋戰役，與第11縱隊等部一起擔負扼守山海關通向錦州的交通要隘塔山、白臺山陣地，阻擊由錦西向錦州增援的國民黨這"東進兵團"的作戰任務。經6晝夜艱苦卓絕的戰鬥，擊退了有海、空軍配合的國民黨軍9個師的輪番進攻，殲敵6000餘人，保證了錦州戰役的勝利。戰後，第4縱隊第12師第34團榮獲「塔山英雄團」、第10師第28團榮獲「守備英雄團」、第12師第36團榮獲「白臺山英雄團」、縱隊炮兵團榮獲「威震敵膽炮團」的光榮稱號。有20名指戰員榮獲「毛澤東獎章」。

1948年11月，根據中央軍委關於統一全軍編制及部隊番號的命令，第4縱隊改稱中國人民解放軍第41軍，歸東北野戰軍建制。吳克華任軍長，莫文驊任政治委員，胡奇才任副軍長，歐陽文任副政治委員兼政治部主任，李福澤任參謀長。所轄第10師改稱第121師，蔡正國任師長，李丙令任政治委員；第11師改稱第122師，田維揚任師長，吳保山任政治委員；第12師改稱第123師，江燮元任師長，張秀川任政治委員。東北人民解放軍獨立第2師調歸該軍建制改稱步兵第154師，左葉任師長，曹傳贊任政治委員。全軍共計6.4萬餘人。12月，第41軍參加平津戰役，配合華北野戰軍攻克康莊、懷來、張家口等縣市，切斷國民黨軍傅作義集團西退綏遠（今內蒙古自治區西南部）之道路。1949年1月，參加包圍北平（今北京）。和平解放北平後，擔負北平市的警備任務。同時，奉命改編傅作義起義部隊的第104軍第209師。9至10月，參加進軍華南的中路軍，在衡寶戰役中，擔負正面突擊任務，殲國民黨軍5000餘人，俘第7軍副軍長凌雲上。11至12月，參加廣西戰役，先後攻克全州、興安、桂林、靈川、荔浦、蒙山等縣市，殲國民黨軍8600餘人，俘第3兵團副司令官兼第7軍軍長李本一。

1950年1月，第154師調歸廣西軍區建制。2月，該軍又改歸第四野戰軍第15兵團建制。奉命由廣西容縣地區開赴廣東省淡水、高要、惠陽、黃崗等地執行剿匪作戰任務，並解放了南澳島。1951年1月，進駐潮汕地區執行保衛海防的任務。

中國人民解放軍第41軍在全國解放戰爭中，從東北一直轉戰到兩廣，經歷主要戰役、戰鬥440余次，解放縣以上城市30余座，湧現出「塔山英雄團」等英雄部隊和鮑仁川、程遠茂等一批英模人物。

吳克華（1913-1987）

江西弋陽人，1929年參加紅軍，土地革命戰爭時期，歷任紅十軍第1團排長、連長、大隊長，紅七軍團20師60團營長、紅五軍團13師37團團長，參加了長征。抗日戰爭時期任八路軍山東縱隊第五支隊副司令、第二支隊司令、第五旅旅長、山東軍區第5師師長、膠東軍區副司令。解放戰爭時期，任東北民主聯軍第4縱隊司令、遼東軍區副司令、第四野戰軍41軍軍長。建國後任第15兵團副司令、華南軍區參謀長、海南軍區司令、濟南軍區第一副司令、炮兵司令員、鐵道兵司令員、成都軍區司令、烏魯木齊軍區司令、廣州軍區司令。1955年被授予中將軍銜。第三屆國防委員會委員，第三、五屆全國人民代表大會代表，中國共產黨第十一屆候補中央委員。

4縱為了應付國軍之連續集團衝擊，也對縱深兵力部署進行調整，以31師接替11師223高地防務，抽出11師作為縱隊的總預備隊，同時將第二、三梯隊部隊前移，隨時準備投入作戰。

是日，為整個塔山阻擊戰中國軍投入兵力最多、火力最猛烈、進攻最兇悍、戰鬥最激烈的一天，也是基本打掉國軍之銳氣的一天。因此4縱政委莫文驊後來在回憶錄?埤N13日的戰鬥稱之為「是對塔山存亡具有決定意義的驚天動地的一天」。4縱共斃傷和俘國軍1245人，自己傷亡1048人，是整個塔山之戰傷亡最慘重的一天。尤其是首當獨立95師衝擊的28團，傷亡超過800人，很多連隊傷亡減員都在百人以上。但是團長鞠文儀和政委張繼璜卻只報告傷亡500人，還

國軍獨立第95師

該師最早的前身是1933年10月由河北保安團、35師2個團和新20師1個團合編而成的剿匪軍第1縱隊。1933年11月正式被授予國民革命軍第95師番號，首任師長唐俊德。隨後該師駐豫鄂邊區參與圍剿紅軍。1935年5月該師下轄程子宜、徐中嶽2個旅。

1936年2月李鐵軍接任師長。西安事變時該師由「討逆軍」總指揮部直轄。

抗戰爆發後師長由羅奇接任，同時該師被編入第8軍序列參加淞滬會戰。1938年2月第8軍番號撤銷後該師改隸92軍（該軍為1938年2月成立，下轄21師和95師）。

1941年師長羅奇升任37軍副軍長（仍兼任師長）時該師改隸37軍。因羅奇以「帶兵之要領，必須身先之勞之，始克有濟」的方針訓練部隊，故在1941年戰區大校閱時成績名列榜首，被贊為「當陽部隊」（意為趙子龍在當陽長阪坡之神勇），因此該師也被稱作「趙子龍」師。

1942年9月何旭初接任師長。抗戰中該師參加過徐州會戰、第2、3次長沙會戰、浙贛會戰、常德會戰和桂柳會戰，都有不俗表現。

1945年4月37軍番號撤銷後該師改隸62軍。1945年10月開赴臺灣接受日軍投降，受降結束後該師隨62軍又返回大陸，隸屬保定綏靖公署。1946年5月62軍改編為整編第62師時，95師也隨之被改編為整編第95旅，旅長段沄。1948年夏整編62師恢復62軍番號後，該旅也恢復95師番號，此時師長為易郭棟。

1948年9月該師隨62軍一起轉隸17兵團建制，但兵團部成立後95師卻脫離62軍序列而直屬兵團部（故有獨立95師之說），師長由朱致一接任。之後該師參加了進攻塔山的戰鬥，戰後經塘沽撤往上海，被編入75軍序列，參加上海戰役。1949年5月該師在上海被殲滅大部，殘部由師長朱致一率領撤往舟山。

1949年6月舟山防衛司令部成立後，將該師殘部編入87軍序列，不久朱致一升任軍長仍兼任該師師長。1950年5月該師隨87軍撤往臺灣，在1951年臺灣整軍時被裁撤。

95師從建師之時起就不固定隸屬於任何軍，因此才有獨立95師之說。另，獨立XX之前的「獨立」只在該師直屬於集團軍或軍團、兵團、XX司令部時才能冠以，如隸屬於某軍的話，則取消「獨立」字樣，直接稱為95師。這點完全不同與「暫編」、「新編」師。「暫編」師為戰時臨時組建的部隊，在抗戰結束後就要被裁撤。「新編」師也是在抗戰中臨時組建的部隊，但可以獲得正規師的番號，而免遭裁撤。

望能繼續戰鬥在第一線。不過張繼璜也知道部隊經過這天鏖戰已是異常疲乏，所以建議晚上撤下陣地由其他部隊來加固工事，明天再上陣地繼續守備。部隊旺盛的求戰精神可見一斑。4縱完全瞭解這天的戰鬥情況，為了保持一線足夠的戰鬥力，決定由30團接替28團，將28團撤至朱家窪子作為師預備隊。4縱同時利用夜間國軍暫停攻擊的間隙，要求各部認真總結防禦經驗，特別是預備隊反衝擊、步砲協同和獨立堅守的經驗，並組織力量修復加固工事。東野總部於當晚對10師及28團的英勇頑強作戰予以通報嘉獎：「此次錦西守備戰中，由於打援部隊的英勇奮戰，保證了錦州週邊殲滅戰的完全勝利，並在守備中給予『蔣軍』嚴重殺傷，使國軍受挫，為我軍繼續包圍錦州及殲國軍創造了有利條件。我10師特別是28團全體指戰員之英勇抵抗阻國軍，尤其值得宏揚。全軍要繼續發揚這種優良的戰鬥作風，繼續完成戰鬥任務。」

　　林彪對塔山始終是牽腸掛肚，除了要求4縱每天早、中、晚三次報告戰況外，還不時主動打電話詢問最新情況，並叮囑4縱如有困難和要求必須及時提出，保證予以解決。在戰鬥最激烈的13日就先後打了12個電話！當晚程子華報告全天塔山戰況，提到部隊傷亡數位時，林彪立即打斷話頭，乾脆地說到：「我不要傷亡數位，我只要塔山！」話是這麼說，一向用兵謹慎的林彪還是做了最壞的準備，將東野總預備隊第1縱隊調到高橋，進可直接支援塔山4縱作戰，退可在塔山失守後以野戰手段阻國軍。1縱到達的當晚就根據4縱的要求向塔山緊急運

送各種口徑砲彈數卡車，以補充白天作戰的大量消耗。

　　天黑後，國軍方面也在對白天作戰進行總結，侯鏡如召集各軍、師長在62軍軍部開會，獨立95師師長朱致一首先發言：「偵察地形時，沒看到塔山有什麼動靜，以為塔山守軍兵力不多，陣地構築也很簡陋。攻擊開始後，砲兵集中對塔山猛轟，也沒有發現目標。但當砲火延伸後，步兵前進到守軍有效射程裏突然遭到密集火力射擊，打得部隊抬不起頭來，而陣地前的障礙物砲火也未破壞，以至於我軍無法前進，只有白白犧牲。」接著其他各軍、師長也紛紛叫苦。這時羅奇厲聲說到：「會前剛剛接到總統電令，現在錦州戰事非常激烈，要東進兵團堅決執行命令，這一戰關係到黨國存亡。我代表總統前來督戰，如有執行命令不力者，將予嚴辦！」會上決定次日6時在海空火力支援下，各部按原兵力部署再向塔山發動猛攻。羅奇表示將要求北平空軍明天多派飛機助戰，海軍「重慶號」巡洋艦等軍艦也將協同地面砲兵轟擊塔山，並催調戰車部隊來葫蘆島。此外羅奇還認為重賞之下必有勇夫，決定以重金懸賞的辦法刺激士氣，對首先突破共軍陣地的部隊給予每人50萬金圓券再加三個月薪餉的重賞，林偉儔擔心這麼多錢從何而出，羅奇立即說只要打下塔山，我去向總統要。——因為羅奇深知，國軍內部腐敗嚴重，不少將領把領到的部隊薪餉後並不及時發放，而是換成金條利用幣值一日數貶的通貨膨脹，壓上一周半月再出售，獲利數倍然後再發放給官兵，導致下層官兵怨聲載道，甚至公然表示「你給多少錢就打多少

10月14日作戰示意圖

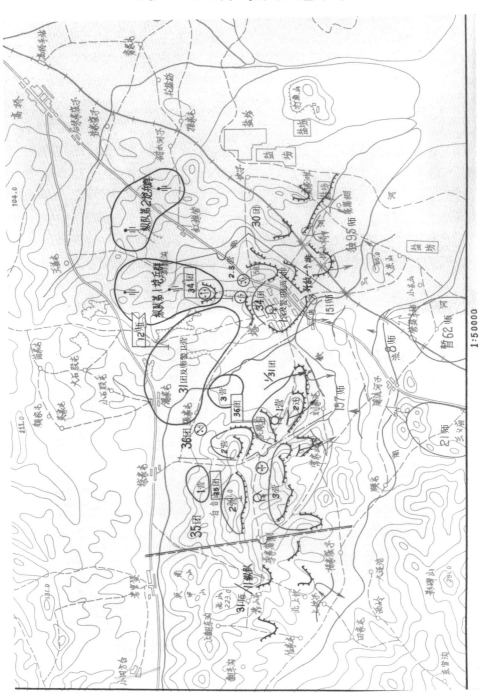

■ 東野主力向錦州發起總攻。

95師的攻擊鋒芒，英勇頑強，並多次與湧入陣地的國軍展開白刃肉搏，很多戰士負傷不退裹傷再戰，先後擊退國軍2次大規模集團衝擊、8次波浪式連續衝擊，陣地歸然不動。

錢的仗！」他想用這一辦法來激勵軍心，但終究還是無法如願。

14日5時根據蔣介石「拂曉拿下塔山，中午進佔高橋，黃昏到達錦州」的嚴令，東進兵團投入第151師、157師、8師和獨立95師全線發起攻擊。主攻方向為塔山村，151師3個團傾全力猛攻，8師在後跟進。獨立95師和157師則分別對塔山村以東及鐵路橋、白臺山展開攻勢，策應151師。國軍還是採取火力掩護，「敢死隊」為前導的集團輪番衝擊戰術。常常是一個營的衝擊還未結束第二個營又緊跟著衝了上來，戰鬥異常激烈，塔山村、鐵路橋和白臺山3處，國軍先後9次突入共軍陣地，但隨即都被共軍各團預備隊在守備部隊配合下的反衝擊所逐退。當第8師和獨立95師突破塔山村和鐵路橋後，曾要求總預備隊21師投入戰鬥，但是突破部隊很快就被趕了出來。21師疲於奔命，忽而急進忽而停止，加劇了其指揮混亂。是日鐵路橋飲馬河南岸橋頭堡4號陣地戰鬥最為激烈，在此據守的30團2營4連首當獨立

10時錦州地區共軍向錦州發起總攻，消息傳到塔山，4縱各部大受鼓舞，士氣益振，12師投入師預備隊31團發起強力反擊，一舉擊退攻擊之國軍，並迫國軍1個排在陣前繳械。

見攻擊數度受挫，國軍遂改變戰術，以小部隊實施攻擊，誘使共軍反擊，待反擊部隊脫離陣地後即以火力殺傷，再乘反擊部隊回撤時以大部隊發動衝擊。4縱首長隨即識別了這一伎倆，隨即指示各部不要輕易投入大部隊進行反擊，必須先依託工事發揚火力殺傷進攻之國軍，再視情況以小部隊短促突擊粉碎國軍之進攻。

黃昏前後，國軍見新戰術並未能奏效，便再生一計，在共軍陣地前構築工事企圖以蠶食手段營造攻擊出發陣地，縮短衝擊距離。為粉碎國軍這一企圖，4縱果斷組織一梯隊預備隊，在強大火力掩護下實施了猛烈反擊，乘國軍立足未穩將其逐退至原出發陣地。

當晚，4縱一面調整部署以10師29團接

10月15日作戰示意圖

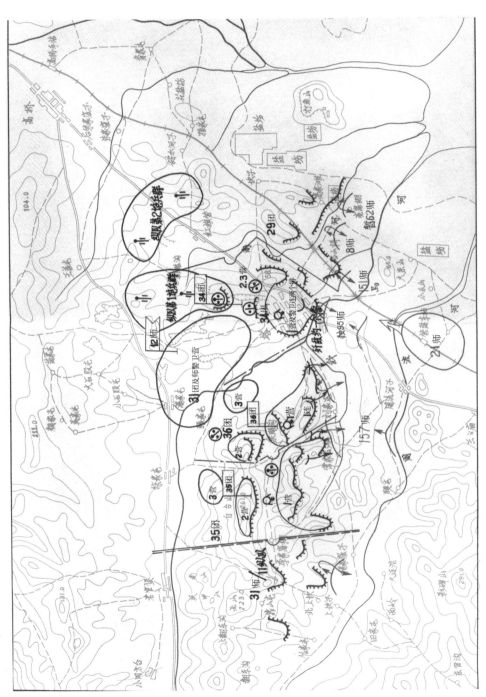

替30團，一面繼續進行戰場動員，強調杜絕自滿鬆懈情緒。這天，國軍傷亡約1200人，共軍傷亡745人。東野總部再次向4縱發出嘉勉電，稱「這種英勇頑強的防禦戰，是模范的，值得讚揚的。」

國軍方面鑒於連日猛攻均無進展，戰地督察官羅奇於當天下午來到第8師師部聽取部隊對幾天攻擊的彙報，察看地形。隨後羅奇返回錦西召開軍事會議，各軍、師長及重點攻擊方向的團長都出席會議，會上羅奇提出塔山地區地形平坦，共軍又築有堅固工事，白天進攻不易成功，應改為夜間進攻。不過也有人表示夜間攻擊海空火力支援無法進行，美械裝備的優勢也難以發揮作用，雖有隱蔽行動之利，但同時也有指揮掌握困難之弊，而以國軍的士氣、夜戰素質來看，夜戰未必能有效果。但在羅奇的堅持下，最終還是通過了次日拂曉利用夜暗發動攻擊的方案。當晚，國軍北平戰車（戰車）部隊才剛剛海運到達葫蘆島，羅奇大為興奮，認為有了戰車打下塔山是不成問題了，要求戰車部隊指揮官明天查看地形，後天投入作戰。

15日凌晨，國軍5個師借助夜色掩護以偷襲方式實施攻擊，

其中暫編62師、第8師、151師攻擊高家灘、鐵路橋，獨立95師攻擊塔山村，157師攻擊白臺山。獨立95師強攻時相當強悍，偷襲時也非常迅速，足足2個營的部隊全部匍匐在地，從出發陣地開始就以爬行慢慢接近塔山村，這樣共軍就很難發現。塔山村34團1營戰士魏海雲從後方取子彈回來，發現交通壕裏有人在爬行，仔細一看帽子上都有帽徽，知道是國軍人員，立即扔出手榴彈！隨著手榴彈的爆炸，正在休息的戰士們驚醒過來，機槍班長嚴成興反應最快，第一個衝上陣地，此時最近的國軍兵員距離已不到10公尺！就在這千鈞一髮之際，嚴班長機槍首先開火了，緊接著戰士也紛紛進入陣地一起開火，這才將國軍擊退。而在鐵路橋橋頭堡陣地，守備的30團7連因搶修工事，忙了大半夜比較疲乏，加上警戒不嚴，被151師偷襲得手。9連立即派出2個班前來支援，雙方在

■ 今日塔山村，絲毫已不見當年激烈的痕跡。

橋頭展開激烈爭奪。隨著天色漸明，獨立95師的攻勢也越來越猛烈，30團陣地已岌岌可危，這時4縱果斷投入師預備隊，同時集中全部砲火轟擊獨立95師後續部隊，經過激戰終於恢復陣地。就在雙方反復爭奪時，獨立95師向羅奇報告已經突破塔山村，但傷亡很大，要求預備隊增援。羅奇立即命令21師前來支援，但是當21師開始向前線運動時，獨立95師就被逐出了塔山村陣地，林偉儔隨即命令21師停止前進，而只是以151師和157師攻擊塔山村兩側。戰至中午前後，國軍傷亡枕籍銳氣喪盡，不得不撤回出發陣地，獨立95師334團2個連約280人在陣地前進退不得，在火力壓迫與政治瓦解下最後全部投誠。國軍因連日受挫，傷亡慘重士氣低落，強攻不成，如今偷襲仍未得遂，加上下午錦州方向砲聲逐漸稀疏下來，而錦西方面再也聯繫不上錦州，估計錦州已經是凶多吉少，只得於黃昏時分全線後撤。是日，國軍在陣地前遺棄重傷及死屍約1200具，被俘約280人，共軍傷亡270人。

天黑前，錦州守軍79師一個副團長化裝逃到塔山國軍戰線，稱錦州已經進入巷戰，范漢傑下落不明，錦州的最後失守已是早晚問題。這一情況使東進兵團大為驚恐，各軍、師長都認為現在已經不是增援錦州的問題，而是擔心共軍會不會挾克錦州之勝全力西進錦西、葫蘆島，因此侯鏡如隨即下令各部鞏固陣地，轉攻為守。

15日18時許，錦州戰鬥全部結束，共軍攻佔錦州，斃傷國軍1.9萬，俘虜范漢傑、第6兵團司令盧浚泉以下約8萬人。在4縱、11縱英勇頑奮戰下，塔山阻擊順利達

■ 東北「剿總」副司令兼錦州指揮所主任范漢傑，錦州攻佔後被俘。

成預期任務。從10月10日至15日這六天激戰中，國軍僅在塔山陣地前遺棄屍體和重傷員就達6000以上，另有副團長以下620人被俘，共軍傷亡3774人，其中4縱傷亡3571人。

一般所說的「塔山阻擊」往往就指這六天，實際在共軍戰史上，通常將10月15之前列為塔山阻擊戰的第一階段。

撼塔山難

東野攻佔錦州後，為了下一步主力轉兵圍殲遼西國軍廖耀湘兵團，同時搶運錦州繳獲物資，東野總部仍電令4縱、11縱繼續在塔山地區阻擊錦西、葫蘆島之國軍，並從攻錦砲兵部隊中抽調4門150公釐榴彈砲、4門高射砲、12門57公釐戰防砲加強4縱砲兵力量。

16日國軍以151師1個營偷襲31師楊家窪子以北陣地，被及時發現而未果，隨即轉為強攻，連續三次衝擊均被擊退。198師593團則在十餘門火砲掩護下攻擊獨立4師在老和尚台陣地，激戰三小時仍一無所獲。

上午，蔣介石從瀋陽乘專機飛到葫蘆島，隨後在54軍軍部聽取羅奇彙報塔山連日戰況，羅奇說：「官兵是用命的，幾天來的攻擊，獨立第95師傷亡很重，現在每團都只縮編成1個營，全師不過勉強維持1個團的戰

■ 蔣介石在葫蘆島召開軍事會議的會場舊址，現為葫蘆島鋅廠招待所。

下午，從煙臺海運來的第39軍才姍姍到來，該軍其實昨天就已到達葫蘆島外海，但卻遇到冬季極其罕見的八級大風（葫蘆島即使是在多風的夏秋季節都很少出現八級大風），船隻無法靠岸，就在外海漂泊了整整一晝夜，士兵大都暈船，嘔吐不止，體力消耗很大。軍長王伯勳一上岸就滿腹牢騷「這樣拉來扯去，軍隊不要說打仗，拖就拖垮了！現在部隊暈船這個勁還沒過去，就要馬上用到戰場，豈非開玩笑，簡直把人當牛馬了。上面可以這樣下任務，我們卻沒法向下面交代。我決心這次完了後，就不再幹了。」——果然，1949年12月，已升任第19兵團副司令的王伯勳在貴州起義。

17日，因侯鏡如未能指揮東進兵團如期攻取塔山，葫蘆島錦西地區國軍再度易帥，由東北剿共總部副總司令陳鐵統一指揮。此後，錦西之國軍一直未再發動大規模攻勢，只有零星接戰。20日4縱變更部署，由11師接替12師防務，12師改為縱隊預備隊。23日第2兵團召集4縱、11縱首長會議，研究國軍情，一致認為雖然錦州已經解放，但是遼西會戰仍在進行，錦西之國軍為救援遼西之國軍，還是會進行瘋狂進攻。考慮到國軍在4縱方向進攻屢遭挫折，很可能會將主攻方向改到11縱方向，所以決定將砲兵旅野榴砲團調到11縱方向，以支援11縱作戰。同

鬥力。主要是戰車部隊和39軍到達太晚，海陸空協同不好，而共軍工事構築堅固，又有大量鐵絲網、鹿砦等障礙物。」蔣介石見小小塔山至今都沒能攻下，情緒失控，大罵54軍軍長闕漢騫「塔山如此之近，共軍怎麼能夠這樣快就修了這麼多工事？闕軍長你在葫蘆島，早就應該發現這些情況，為什麼不進行破壞！你不是黃埔生，是蝗蟲！蝗蟲！要槍斃！」見蔣介石如此盛怒，眾將領垂首立正，噤若寒蟬，大氣都不敢出。就在蔣餘怒未消時，左右遞給他一份電報，當時在旁的秦（皇島）葫（蘆島）港口副司令惠德安事後這樣回憶到「陽光照射下，但見他兩鬢霜白，面有倦容，眼框內包含著淚水，兩手捧著電文邊看邊在顫抖。看完了，惡狠狠地說，『我和他們拼了！』」

中午蔣介石沒有與眾將領共進午餐，而是就著白開水草草地吃了些點心就趕到機場飛往北平。起飛後，蔣特意關照座機在塔山上空環繞兩周，從空中俯瞰這片堵塞了數十萬將士生路的絕地，這才向北平飛去。

■ 當年的戰壕遺跡。

■ 20日起指揮錦西國民黨軍的東北「剿總」副總司令兼冀熱遼邊區司令杜聿明。

日獨立第6師到達高橋東南地區，作為第2兵團總預備隊。

20日，蔣介石第三次走馬換將，任命原徐州剿共總部副總司令杜聿明為東北剿共總部副總司令兼冀熱遼邊區司令，其司令部設在葫蘆島，統一指揮錦西、葫蘆島各部。杜聿明於21日到達葫蘆島就任，要求各部繼續進攻塔山，他總結前一階段失利教訓，修改作戰計劃，以62軍佯攻塔山，54軍沿老錦西道兩側高地攻擊前進，向塔山以東迂迴，39軍則向邢家屯、大虹螺山

■ 解放軍在此戰中繳獲的部分武器。

攻擊前進，掩護54軍側背，以92軍21師、獨立第95師為預備隊在62軍後跟進。但此時國軍從上到下無論決心還是行動，都已遠不及前一階段了，隨後幾天的戰鬥規模與激烈程度都較前遜色很多。

26日，遼西會戰進入最為緊張激烈的時刻，錦西之國軍才大舉出動，再次向塔山發起進攻，主攻方向果然改在11縱防線，守備魏家嶺陣地的33師因為缺乏經驗，一梯隊兵力比較雄厚且在國軍砲火準備時未及時將部隊撤入陣地側後隱蔽，致使部隊遭國軍砲火殺傷較大，而且二梯隊兵力部署太少，反擊力量不足，因此陣地為國軍198師所佔。

27日，國軍集中三十餘門火砲實施集火轟擊，198師以團為單位連續向劉家溝、王家屯等陣地實施集團衝擊，39軍也向寺兒堡、五嶺山陣地猛攻，均被擊退。為保障11縱防禦作戰，第2兵團急調總預備隊獨立6師連夜機動至雜木林子地區，隨時準備增援11縱作戰。

28日拂曉遼西國軍廖耀湘兵團全部就殲，塔山一線阻擊任務遂告勝利完成，4縱、11縱於28日撤出塔山一線陣地，轉至高橋東北松山灣、大

■ 塔山之戰中被解放軍俘虜的國民黨士兵。

官屯等地集結休整。

國軍見當面共軍突然不知去向，還擔心共軍是引誘其向錦州前進，然後乘虛襲取葫蘆島。62軍軍長林偉儔一面約束部隊不得冒進，一面組織人員進入共軍陣地偵察，只見塔山陣地前遍佈國軍士兵屍體，不少屍體上還插著共軍的竹籤標語「你為四大家族殉葬」、「你為什麼來這裏送死」、「你的家人在想念你」等，陣地前還有大量共軍設置的鹿砦、鐵絲網、地雷、拉發爆破筒等障礙，即使是在沒有戰鬥的情況下也很難通過。進入塔山村，村中已是空無一人，從塔山村到白臺山，沿途堡壘密布，交通壕縱橫交錯，陣地佈置嚴密。令國軍困惑不解的是，塔山地區樹木稀少，共軍怎麼能在短短幾天時間裏搜集到這麼多木料構築成這樣堅固的工事？林偉儔隨後組織排以上軍官參觀共軍陣地，有些人不由發出「撼塔山難！」的感慨，還有些人則說：「這樣的堡壘我們攻不下，將來我們照樣做出來，共軍也同樣攻不下。」

國共內戰史上空前慘烈的塔山阻擊戰至此結束，但是留給後人的經驗教訓卻還有很多。

評說塔山

塔山之戰雖說過去了近60年，卻一直都是軍史學家和軍事迷們津津樂道的熱點話題，尤其是國軍到底是什麼原因輸掉了這場原本毫無質疑的戰鬥？更是多年來眾多學者研究討論的重點。

筆者以為，此戰從戰略上講，國軍是沒有失誤的，甚至可以說是國軍在整個遼瀋戰役中惟一的機會，國民黨方面也確實抓住了這個機會，並立即投入所能投入的最大力量，我們可以設想一下如果國軍突破塔山防線後的情況，先看距離最近的錦州，錦西葫蘆島的東進兵團不要說與錦州守軍會師，只要一突破塔山，對錦州守軍無疑是一個巨大的鼓舞，其防守的意志將會大大增強，如果東進兵團進一步能推進到錦州與守軍會合，那麼不僅錦州之圍可解，而且將對一直徘徊在遼西黑山、新立屯一帶的廖耀湘西進兵團也是一個極大鼓舞，要知道西進兵團可是由11個師又4個旅並加強重砲、戰車部隊組成的絕對主力集團，清一色蔣介石中央嫡系部隊，其中新1軍和新6軍還是位列國軍五大主力的硬角色。錦州戰局的轉化，必定打消廖耀湘的擔憂，使其下決心積極地向錦州挺進，側擊東野攻錦部隊，最終形成國軍東、西兩路大軍會師錦州城下的局面，將對東野主力造成腹背夾擊之勢，如果這樣，不要說攻佔錦州解放全東北，恐怕東野主力連全身而退都不容易了。一旦三路大軍在錦州擊破東野主力之後，無論北上瀋陽，還是南進華

侯鏡如（1902-1994）

號心朗，河南永城人。1923年，河南省留學歐美預備學校英文科畢業。1924年鄭州大學理科肄業，同年進入黃埔軍校第一期並加入中國國民黨。1925年參加第一、二次東征。同年冬，經周恩來介紹，加入中國共產黨。1926年7月參加北伐，任國民革命軍第1軍第14師團參謀長，後任第17軍第3師黨代表兼政治部主任。1927年2月，遵照中共中央指示，離開北伐軍赴上海，參與組織指揮上海工人第三次武裝起義。後任武漢國民政府武漢三鎮保安總隊長。七一五事變後，離開武漢到賀龍的第20軍任教導團團長，並參加南昌起義。1931年與中共失去聯繫。1932年後，任國民黨軍第30軍第30師參謀長、第30師第89旅旅長。1935年4月，被授予陸軍少將軍銜。1937年任第91軍參謀長。抗日戰爭爆發後，任國民黨軍第92軍第21師師長，參加台兒莊會戰、武漢會戰、棗宜會戰。1943年春，升任第92軍中將軍長。抗日戰爭勝利後，兼任北平警備司令。1948年升任第17兵團司令官，後任天津塘沽防守司令、長江防務預備兵團司令、福州綏靖公署主任兼華東軍官團總團長。1949年8月率部起義。建國後任國務院參事，中華人民共和國國防委員會委員，政協北京市委員會副主席，中國國民黨革命委員會北京市委員會主任委員，北京市人民代表大會常務委員會副主任，黃埔同學會會長，政協全國委員會祖國統一聯誼委員會副主任，中國人民爭取和平與裁軍協會副會長，中國和平統一促進會會長。1989年3月至1994年任政協全國委員會副主席。是政協第二、三、四屆全國委員會委員，第五、六屆全國委員會常務委員；民革第五、六、七屆中央副主席，第八屆中央名譽主席。

北，都將一舉打破國共雙方的戰略均勢，從而徹底改變戰爭的結局。因此，塔山雖小，卻事關整個東北乃至全國，是國軍扭轉戰局的一個決定性的「賽點」，國軍雖然看到了這點，但缺最終沒能拿下這個至為重要的「賽點」。

其失利的原因首先是在指揮層面上，本來在葫蘆島就有東北剿共總部總部副司令

■ 國民黨軍西進兵團司令廖耀湘。

陳鐵負責指揮的，組成東進兵團後蔣介石又指派第17兵團司令侯鏡如來統一指揮，而侯未到之前，又臨時由54軍軍長闕漢騫代行指揮。除此三人之間還有一個不能不提的人物，總統府戰地督察組組長羅奇，宣稱代表蔣介石前來督戰，儼然以「欽差大臣」自居，對作戰指揮橫加干涉，要求所有作戰計劃必須經他批准，更使前國軍指揮一片紊亂。

其次高級將領離心離德，各懷心思。在東進兵團的高級將領中，對塔山之戰的心理狀態基本可以分為兩類，一類是輕國軍，如羅奇，自恃集中了美械裝備的優勢部隊，又有海空軍配合，拿下小小塔山是如探囊取物。正是基於這種想法，羅奇一心要把功勞留給自己的老部隊獨立95師和同鄉62軍軍長林偉儔，不顧54軍軍長闕漢騫久在葫蘆島，既有熟悉情況在前又有代侯指揮在後的

■ 解放軍步兵連骨幹重火器馬克沁重機槍。

■ 東野炮兵部隊的山炮。

姍姍來遲（實際只帶過來21師），而且還曾私下對自己的心腹說，此次塔山之戰，能打到錦州也不一定能打出來，倒不如打不進去還可以維持幾天。這樣的心態，還能指望他有什麼必勝之心？而且據侯的回憶，他早在1947年就與中共地下黨取得了聯繫，那麼他在塔山之戰中的表現就更值得懷疑了。誰都知道，輕國軍、悲觀都是統兵將領的大忌，現在這兩個都到齊了，再加上國軍固有的派系矛盾，如參加塔山之戰的54軍屬於中央嫡系，62軍則是粵系的雜牌。即使在中央嫡系中也是派系林立，54軍屬陳誠的「土木系」，但第8師卻是胡宗南系統，因此闕漢騫始終不肯把自己的基本部隊198師拉出來，一直讓8師擔任主攻。三種因素相互交錯作用，焉有不敗之理？

雙重優勢，硬是將一線指揮權交給人地兩生的林偉儔。第二類是悲觀，代表人物如東進兵團司令侯鏡如，他不僅藉口帶92軍前來而

在具體戰術上，也存在不小問題，12日休息一整天是最大的問題，這給予剛剛草草建立起防線的共軍以千載難逢的寶貴時間來進行部署調整和加固工事。夜間轉攻為守也是很值得商榷的，雖說夜戰是共軍所長，但即使不進行大規模進攻，派些小部隊進行襲擾總是可以的吧？實際是最初幾天每到黃昏便縮回原防，給了共軍放心加固工事的大好機會。反倒是共軍夜間常以小部隊滲透到國軍陣線進行襲擾偵察，有一次居然還生俘了一個副團長，得到了次日進攻部署的確切情報。進攻方向死板，也是一大問題，11日晚54軍曾提出繞過塔山，從塔山和白臺山之間防禦相對薄弱地區突破，這個計劃不失為一個變通之法，而且熟悉當地情況的54軍知道共軍防線剛剛組織起來，也就是塔山正面相對強些，繞道而行很可能會取得成功。但是因為這樣變化，位於塔山正面的62軍就將作為掩護部隊，勢必將付出較大代價，所以遭到62軍軍長林偉儔強烈反對，羅奇與林偉儔私交甚篤，自然也站在林的一邊，堅決不同意，最後還是繼續強攻塔山正面。而被很多人所指摘的集團衝鋒戰術，筆者倒以為在時間緊迫、地形狹窄的特定情況下，也是無奈之舉，可以理解。

筆者以為國軍還輸在時機上，共軍4縱10月8日才剛到塔山，雖說國軍從華北調來的第一批援軍62軍9日才全部到達，但在8日前，62軍3個師已經有2個師到了，再加上原在葫蘆島的54軍4個師，即使留下2個師守備葫蘆島錦西，也可抽出4個師發動攻勢，卻按兵不動，此為一誤戰機。11日下午，第二、三批援軍都陸續到達，兵力已達

9個師之眾，完全可以大舉攻擊，卻要在12日休整一天。此時已經打了兩天，對共軍兵力部署也有所瞭解，防禦工事也破壞了一些，趁熱打鐵正是最好的機會，卻來了個戛然而止，給了共軍寶貴的一天時間調整部署，整頓建制，修復工事，實在令人不解，此為二誤戰機。其實，在最初的三天裏是最有希望取得突破的，4縱頂過了最初的三天，已經站穩了腳跟，無論對地形的熟悉，還是戰術的運用和工事的堅固，都已經走上了軌道，再要想突破，就不容易了。

之所以很多人認為塔山之戰的結果出乎意料，是因為國軍即便存在這樣那樣的問題，但到底兵力多、裝備好、火力強，又有海空協同，然而筆者多年深入研究，卻發現情況並非如此。先說兵力，國軍東進兵團序列上赫然是11個師，而實際上39軍的3個師是16日才到達，最高潮的戰鬥根本就沒參加。仔細一數，在最為關鍵的10日至15日，葫蘆島錦西地區總共只有9個師，而其中獨立95師和21師都是10日、11日才剛剛到達的，扣除必須用以守備葫蘆島和錦西的2個師，能使用的兵力不過才7個師，而實際國軍進攻塔山同時投入兵力最多不過5個師！還要看到塔山地形狹窄，整個防線正面也不過12.5公里，從打魚山到白臺山正面只有8000公尺，縱有萬馬千軍也施展不開。再看共軍方面，塔山一線部隊為4縱、11縱和第4、第6獨立師，共8個師的兵力，這還不包括戰役期間調到高橋的1縱3個師，其中直接用在防禦上就有6個師。雙方兵力對比，差距並不很大。

裝備和戰鬥力方面，國軍的9個師中，

■ 解放軍用來轟擊重慶號的日式九一榴彈炮。

暫編第62師和暫編第57師都是新建的部隊，裝備差人員少，重武器尤缺，戰鬥力較弱。54軍第8師和第198師都是嫡系部隊中的主力，美械裝備，戰鬥力較強，54軍軍屬砲兵營有美製105公釐榴彈砲12門，8師和198師各有師屬美製76公釐山砲12門。92軍21師也是中央嫡系部隊，裝備好，戰鬥力也比較強的。62軍屬粵軍系統，但是在雜牌部隊中，無論裝備還是訓練都可算是翹楚之輩，

■ 重慶號巡洋艦的雙聯152毫米前主炮。

也有相當戰鬥力。獨立95師號稱「趙子龍師」，更是東進兵團中戰鬥力最強的師。

共軍部隊中4縱前身是原膠東部隊，屬於東野一等主力部隊，而且1948年時的4縱早已不是「小米加步槍」了，因為大量繳獲原日本關東軍裝備已經大為改善，根據1948年8月的統計，全縱隊40637人，不算縱隊砲兵團的火砲，共有長槍13728枝，短槍2716枝，衝鋒槍838枝，輕機槍990挺，重機槍172挺，60砲163門，戰鬥力頗強，只是長於野戰，阻擊戰經驗相對較為缺乏。11縱則是由冀熱遼軍區部隊改編而成，是新組建的部隊，全縱隊29668人，裝備長槍10430枝、短槍1592枝、衝鋒槍632枝、輕機槍544挺、重機槍107挺。無論兵員、裝備、戰鬥力都與4縱尚有一定距離。

兩相比較，無論是共軍4縱11縱，還是國軍東進兵團，從戰鬥力來看都是各自軍中的中上水準，相差不大。

再說海空協同，國軍雖然每天都有5-7架飛機前來助戰，但是其空中支援強度根本無法與美軍同日而語，甚至還有誤傷自己部隊的大烏龍，實際作用簡直是忽略不計的微乎其微。海軍表面上看是很賣力的，出動了包括最大軍艦「重慶號」在內的大大小小13艘軍艦，艦砲轟擊起來也是震天動地，但是「重慶號」卻藉口吃水太淺在很遠距離開砲，精準度很低，所以艦砲支援真個是雷聲響雨點小，徒有虛名而已。

重慶號巡洋艦

「重慶」號巡洋艦，1935年7月23日在樸資茅斯船廠開工建造，1936年8月20日下水，1937年11月12日完工，艦名H.M.S.Aurora，譯成中文為「曙光女神」號或「震盪」號。是英國海軍水神級巡洋艦四號艦，由於該級艦具有航速快、續航力大，尤其是具有優秀的防空能力，主要承擔為艦隊提供防空掩護的任務。「曙光女神」號系英國皇家海軍在二戰中屢建戰功的戰艦，素有「銀色幽靈」之稱，曾作為英皇座艦巡視北非。

1948年5月作為賠償二戰中在香港徵用的中國船隻交付中國國民黨政府（原來為贈送，後英國有所悔意，經過交涉最終才以賠償形式交付中國，當然這已經有半賠半送的味道了，一般巡洋艦的價值自然大大高於幾艘商船和小型艦艇），重新命名為「重慶」號。1949年2月25日起義，駛入解放區。隨即被國民黨飛機炸沉，該艦於1951年被打撈出水，參與打撈的蘇聯專家認為不可修復，因此拆掉關鍵部件後被作為廢船體處理。

主要性能：全長506英尺（154.3米），水線處長度480英尺（146米），寬51英尺（15.4米），吃水17英尺（5.2米）。滿載排水量6695噸，標準排水量5225噸。動力裝置為四台鍋爐，主機Parsons渦輪蒸汽機，最大功率64000軸馬力，4軸推進。續航力6600海?哩]15節），最大速度32.5節。

裝甲防護：艦體主裝甲帶2.75英寸（69.9毫米），彈藥庫裝甲3.38英寸-2.38英寸（85.9-25毫米），裝甲帶兩端2.38英寸-1英寸（60.5-25毫米），甲板裝甲2.38英寸-1英寸（30.5-25毫米），炮塔裝甲1英寸（25毫米），炮座裝甲0.75英寸（19毫米）。

武備：3座雙聯6英寸（152毫米）/50倍徑主炮，4座雙聯4英寸（102毫米）/45倍徑副炮，8門40.5毫米(2磅炮)/40倍徑砰砰炮，2座四聯40毫米/56倍徑高炮，10門20毫米/65倍徑 厄利孔高炮，4座三聯0.5英寸（12.7毫米）/62倍徑高射機槍，2座三聯21英寸（533毫米）魚雷發射管。

艦載機1架，編制艦員500人。

最後說說砲火，筆者以為這才是塔山之戰的關鍵，出乎很多人的意料，塔山之戰中，是共軍而不是國軍佔據了砲火優勢！4縱砲兵團連同加強的砲兵旅一部，口徑在75公釐以上的火砲就超過100門，砲彈供應也非常充足，不算戰役中間補給，僅戰前儲備就達4萬發之多！據東野砲縱司令員蘇進回憶，塔山阻擊戰中，砲兵在火力組織、射擊技術等方面也很有水準。戰前，砲兵就對陣地前沿的要點、隘口和便於集結的地段等進行了偵察、測試和試射，在8000公尺的防禦正面上構成了嚴密的火制地帶。戰鬥中，砲兵發揮了巨大作用，如戰鬥第一天的10日，12師反擊打魚山島之國軍，2門支援野砲先是各發兩發試射，均為近彈，旋即增加400公尺射程，第三發便準確命中國軍集結地，繼而每門砲以急速射連放10發，將國軍隊形打亂，迫其倉惶回竄，然後逐次修正，

實施火力追擊。34團乘勢以2個連反擊，將其大部殲滅。11日，集中30餘門火砲與國軍砲兵進行砲戰，僅半小時就摧毀國軍砲10餘門，完全壓制住國軍砲火。12日，獨立95師284團2個連運動到塔山村南小村莊，4縱砲兵以1個野砲連和1個山砲連，待國軍集結之機突然開火，實施砲火突擊，當見其欲後撤，繼而以各砲延伸射擊，封死退路。該部2個連進退兩難只得被迫投降。俘虜們心有餘悸：「你們的砲火太厲害、使我們欲進不能，欲退無路。除了投降，沒有別的辦法。」4縱砲兵同時還組織大口徑榴彈砲對海上軍艦進行射擊，迫使其駛向遠海。在戰鬥最激烈的13日，砲兵支援地面部隊連續射擊幾無空暇，中午砲兵觀察所發現國軍在塔山村前樹林展開1個山砲營，立即組織12門野、榴彈砲進行火力急襲，將其全部消滅，獲得縱隊通令嘉獎。15日，國軍157師向白

■ 重慶號巡洋艦的雙聯152毫米前主炮。

臺山陣地實施集團衝擊，當其第一梯隊運動到劉家屯及其以東河套，第二梯隊運動到腰屯和東孟家屯及其以東樹林時，共軍砲兵便以山砲6門、榴彈砲4門和野砲3門進行射擊，其中野砲和榴彈砲實施全面射擊，國軍支撐不住。4縱砲兵隨即延伸進行散佈攔射，使國軍傷亡逾千。

　　戰鬥打響的最初階段，國軍砲兵大口徑火砲只有第8師師屬砲兵12門76公釐山砲，暫編62師師屬砲兵4門120公釐重迫擊砲，54軍軍屬砲兵4門105公釐榴彈砲（54軍軍屬砲兵為105公釐榴彈砲營，但是此時第2連在錦州，第3連人員在菊花島休整，火砲在錦西，參加塔山的就只有第1連的4門火砲，砲彈約3000發。）即便後來再加上62軍的軍、師屬日式山砲，仍與共軍的砲兵力量相差懸殊。

　　共軍除了砲兵力量雄厚外，防禦戰術也是非常高明，4縱從一開始就考慮到倉促

構成的工事並不堅固，且地形狹窄難以同時展開大部隊，所以對塔山村、鐵路橋、白臺山三處採取加強火力之重點防禦，而將主力作梯次配置，縱隊、師、團各級都掌握三分之一以上的兵力作為預備隊，專門用於適時組織反衝擊。這樣的防禦策略既避免在一線投入過多部隊而遭到國軍火力殺傷，又使防禦更具有彈性和靈活性。同時非常重視對防禦工事的修復，4縱以前較少打阻擊，防禦戰經驗不多，開戰前一些老兵對挖工事也很消極抵觸，但是很快就從戰鬥中認識到堅固工事的作用，真正體會到了平時多流汗戰時少流血的真諦，不管白天戰鬥再激烈，戰士再疲憊，夜間都自覺抓緊搶修戰鬥中損毀的工事，保證第二天作戰。

　　共軍的政治工作也在塔山之戰中發揮了巨大作用，以「階級教育」和「殺敵立功」運動為兩大中心，貫穿於戰前、戰中、戰後全過程，激發了指戰員的戰鬥意志和對國軍血戰到底的想法。階級教育是在新式整軍運動的基礎上進行的，使戰士們明確「為誰而戰」。同時宣傳塔山阻擊的重要意

■ 解放軍裝備的M1915型山砲。

極分子火速入黨，結合當時東野完備詳細的記功制度組織評功、查功、補功、記功活動，及時授予各種獎賞。

4縱預見

義。從部隊開赴塔山途中就開始了爭分奪秒的戰前動員，尤其是針對部隊不願打阻擊的思想波動進行宣傳動員，到達塔山後上從縱隊下到各班排，通過政工會、幹部會、支部大會、軍人大會反復動員，使死守陣地、確保攻克錦州的口號深入到每一個指戰員的心裏，戰役期間，更是通過吸收經過考驗的積

到塔山阻擊戰將會是空前殘酷激烈，特別重視各級黨委和支部的思想工作，各師團長均明示指揮崗位，指定代理人，表現了誓死堅守陣地的決心，在12師通令記功的160人中，共產黨員達113名，佔71％，傷亡人員中黨員佔總數的40％。塔山一戰，共軍方面在軍事上確實存在不少困難，但是正如林彪

■ （左）東野炮兵縱隊司令員蘇進（中）在戰前指定指揮崗位，決心誓與陣地共存亡的解放軍4縱10師政委李丙令（右）、4縱12師師長江燮元。

解放軍在塔山炮兵使用與蘇聯紅軍炮兵使用比較

在蘇軍一直引以為範本的庫爾斯克防禦地帶，蘇軍戰前的炮兵準備情況如下：「在中央方面軍的主要防禦地段第13集團軍地帶「在建立防禦時，特別注意組織火力系統，火器在整個集團軍縱深內成梯次配置。規定了火力的機動和集中使用於受威脅方向的預案建立連隊的防區的戰鬥隊形時，我們的指導思想首先是建立一道穿不過的彈幕，以便使整個防區都是可以至於火力控制之下幾乎所有的營都準備好了不論是對陣地正面還是在營、團縱深內機槍的攔阻射擊和集中射擊火力網。」（摘自羅科索夫斯基回憶錄）

「在中央方面軍第13集團軍防禦地帶每公里火炮密度為30門，在沃羅迪日方面軍的近衛第6和第7集團軍地帶內，反坦克火炮的密度為每公里上15.6門，如果加上方面軍第二梯隊中的火炮則每公里正面上達到30門。」（摘自朱可夫回憶錄）

塔山地區東野無論是火力配置，火力組織和火力密度毫不遜色于蘇軍的防禦體系。在第二次世界大戰結束三年後，東野炮兵力量在防禦中可以說已經帶有幾分蘇軍的影子了。

抗戰中中國軍隊幾次成功的防禦作戰，無論是第10軍方先覺守衡陽，還是第57師余程萬守常德，均是以步兵火力（機槍、迫擊炮、手榴彈）構成防守火力基幹，只有第三次長沙會戰第10軍守長沙時，有重炮支持，但無論火炮數量、消耗彈藥均不能與塔山相比。

可以說塔山第一次將炮兵作為防守的基幹火力使用，而在此之前東野在防守作戰中從未組織過如此規模的炮兵作戰。這一次錦州（塔山）作戰炮兵數量之多、組織之完善、在戰場上發揮的作用之大（在東北戰場第一次處於優勢），真讓人有「東野一夜之間翅膀硬了！」的感歎。

透過這些表面資料的背後用以支撐這一炮兵作戰的人員、武器、彈藥、技術器材、技術兵種的人員培訓、組織、使用。真讓人感歎：朱瑞（東野炮兵司令）了不起！東野炮兵了不起！蘇聯教官可以為他們的學生自豪了（且不管他們上課的地方是莫斯科，還是別的地方）！

完全可以這樣說，塔山作戰開創了中國軍隊防禦火力體系從步兵火力為骨幹向炮兵火力為骨幹轉變的先河。

■ 國民黨軍炮兵最大口徑的火炮，美制M101型榴彈炮，是軍、師炮兵部隊的主力火炮。

塔山之戰解放軍4縱各部傷亡簡表

	傷	亡	其他減員	小計
10師	1057人	327人	86人	1500人
11師	281人	82人	4人	367人
12師	1318人	358人	28人	1704人
合計	2686人	767人	118人	3571人

對回到東野總部彙報戰況的特派聯絡員蘇靜所說：「沒想到他們打得這樣好，這打的是政治仗啊！」

人民的支援也不可不提，別的不說，僅捐獻給掩埋烈士的大木櫃（當地根本徵集不到那麼多棺材）就有700多口！塔山地區就那麼幾百戶貧困的老百姓，一口大木櫃，幾乎就是他們全部的家當，700多口木櫃意味著什麼？

可以說，雄厚的砲兵力量、正確的戰術原則和卓有成效的政治工作，是共軍塔山之戰勝利的三大法寶。

硝煙散去

林彪在11月8日致中央軍委的電報中稱「對當時攻擊錦州取得調整部署、與攻擊準備起了決定性的作用」，並高度評價為「震動

■ 塔山烈士陵園。

■ 陳雲題詞的塔山紀念塔。

國軍東進兵團最後結局

　　11月2日瀋陽解放後，葫蘆島錦西的國民黨軍東進兵團即開始準備撤離。杜聿明為了迷惑解放軍，在隱蔽撤退企圖上很是花費了一番心思。11月4日向各部下達登船增援營口的命令，按照62軍、92軍21師、獨立95師和39軍的順序依次登船，由54軍擔負最後掩護。直到運載部隊的船隻駛出葫蘆島後才用無線電下達補充命令，變更增援營口為南撤。11月8日杜聿明待54軍開始登船後才乘飛機從錦西機場飛往北平。等54軍最後的殿后部隊全部上船後，海軍炮艦開始轟擊葫蘆島港口設施，匆忙開了幾炮後就調頭返航，只不過是象徵性的破壞。在整個葫蘆島撤退過程，國民黨軍始終未與解放軍發生接觸。

東進兵團各部撤退情況是：

　　62軍和92軍21師撤至秦皇島，獨立95師撤至塘沽，歸還華北「剿總」序列；

　　39軍撤至浦口，後至蚌埠歸第6兵團序列，參加了淮海戰役；

　　54軍撤至上海，歸京滬警備司令部序列。

全國的防禦戰」。

　　戰後東野對參戰部隊自然是不吝褒獎，4縱12師34團（團長焦玉山，政委江民風），被授予「塔山英雄團」的光榮稱號；12師36團（團長江海，政委王淳）被授予「白臺山英雄團」稱號；10師28團（團長鞠文儀，政委張繼璜）被授予「塔山英雄守備團」稱號；4縱砲兵團（團長王一平，政委鄭戈林）被授予「威震國軍膽砲團」稱號。

■ 塔山英雄團團長焦玉山。

在一次戰役中一個縱隊就有4個團級單位獲得光榮稱號，不要說在東野，就是在整個共軍都是前所未有的殊榮。集體榮譽如此，個人立功獲獎就更多了，僅12師就有2026人立功，20人榮獲毛澤東獎章。

　　1952年，葫蘆島市在塔山西樓臺修建了一座塔山阻擊戰紀念塔。10年後，曾參加過塔山阻擊戰的幾位戰鬥英雄在重訪戰地時，發現紀念塔的位置並不在當年指揮部的地點。有關部門立即根據戰鬥英雄們的意見在當年4縱12師34團（即塔山英雄團）團部所在地塔山村（今屬葫蘆島市連山區塔山鄉），重新修建了一座紀念塔。新紀念塔在1963年10月15日，塔山之戰十五周年之際落成。

　　外軍對塔山之戰也是非常關注，九十年代來華的美國軍事代表團就曾專程到塔山看

雙方參戰部隊序列

解放軍：

東北野戰軍：司令員林彪 政委羅榮桓 參謀長劉亞樓

第2兵團：司令員程子華 政委黃克誠 副司令彭明治 參謀長黃志勇

第4縱隊：司令員吳克華 政委莫文驊 副司令胡奇才 參謀長李福澤

第10師：師長蔡正國 政委李丙令

第28團：團長鞠文儀 政委張繼璜（塔山英雄守備團）

第29團：團長盧仕勝 政委劉 凌

第30團：團長樂 軍 政委周之同

第11師：師長田維揚 政委劉善福

第31團：團長杜 彪 政委馬 傑

第32團：團長張東林 政委倪紹九

第33團：團長劉鶴田 政委鄧望林

第12師：師長江燮元 政委潘壽才

第34團：團長焦玉山 政委江民風（塔山英雄團）

第35團：團長韓複樂 政委許君誠

第36團：團長江 海 政委王 淳（白臺山英雄團）

縱隊炮兵團：團長王一平 政委鄭戈林（威震敵膽炮團）

第11縱隊：司令員賀晉年 政委陳仁麒 副司令周仁傑 參謀長舒行

第31師：師長歐治富 政委謝鎧忠

第32師：師長李光輝 政委劉祿常

第33師：師長周仁傑 政委鐘文法

獨立第4師：師長李道之 政委王曉生

獨立第6師：師長韓梅村 政委鐘 輝

國民黨軍：

東北「剿匪」總部：總司令衛立煌

東進兵團：（第17兵團）司令侯鏡如

第62軍：軍長林偉儔

第67師：師長李學正

第151師：師長陳 植

第157師：師長何寶松

第54軍：軍長闕漢騫

第8師：師長周文韜

第198師：師長張 純

暫編第57師：師長朱茂臻

暫編第62師：師長劉梓皋

第39軍：軍長王伯勳

第103師：師長曾元三

第147師：師長張家寶

獨立第95師：師長朱致一

第92軍21師：師長李荻秋

海軍總司令：桂永清

第3艦隊：司令馬季壯

重慶號巡洋艦

太康號護航驅逐艦

永勝號護航艦　永堂號護航艦

永泰號反潛艦　永興號反潛艦

永寧號掃雷艦　峨嵋號修理艦

逸仙號護航艦　美樂號登陸艦

海澄號炮艇　第103號炮艇

第104號炮艇

中基號坦克登陸艦

中建號坦克登陸艦

中鼎號坦克登陸艦

中練號坦克登陸艦

聯利號步兵登陸艇

中字第101號運輸艦

中字第102號運輸艦

中字第108號運輸艦

中字第111號運輸艦

海菲號商船　宜懷號商船

渤海號商船

空軍總司令：王叔銘

第一軍區：司令張廷孟

瀋陽基地：

第1大隊B25轟炸機6架

第4大隊P51驅逐機23架

第10大隊C47運輸機3架，C46運輸機10架

錦州基地：

第4大隊P51驅逐機4架

第10大隊C46運輸機1架

北平基地：

第8大隊B24轟炸機20架

第1大隊B25轟炸機5架，FB26攻擊機13架

第4大隊P51驅逐機15架

看這片創造了奇跡的地方。2002年6月中國國防大學外訓系高級培訓班第十期學員參觀考察團和來自孟加拉、印度、印度尼西亞、馬來西亞、緬甸、尼泊爾、巴基斯坦、斯里蘭卡、泰國、摩洛哥、波蘭、烏茲別克斯坦等12個國家的高級軍官參觀團一行55人，在國防大學外訓系外訓教研室主任紀明葵少將的陪同下，來到塔山實地教學。

國軍東進兵團各部到達葫蘆島時間表

10月5日前	54軍
10月5日，	62軍151師到達
10月7日，	62軍157師到達
10月9日，	62軍67師到達
10月10日，	獨立第95師到達
10月11日，	92軍21師到達
10月14日，	戰車部隊到達
10月15日，	39軍到達

塔山之戰大事記

9月12日，東野主力南下北甯路作戰。

10月1日，解放軍攻克義縣。

蔣介石飛赴北平，決定從華北抽調第17兵團的2個軍和獨立第95師，從煙臺抽調第39軍，海運葫蘆島，連同錦西地區的4個師，組成東進兵團，由第17兵團司令侯鏡如統一指揮，自錦西經塔山，增援錦州。

10月2日，蔣介石飛赴瀋陽，決定將瀋陽部隊分為守備兵團和西進兵團，守備兵團由第8兵團司令周福成指揮，下轄6個師又2個旅，擔負瀋陽及周圍地區的防守，並掩護西進兵團的補給線和後方聯繫。西進兵團由第9兵團司令廖耀湘指揮，下轄11個師又4個旅，包括重炮、坦克等重裝備部隊，馳援錦州。

10月3日，東野調整部署，以第4、第11縱隊和熱河第4、第6獨立師，共2個縱隊又2個師的兵力由東野第2兵團統一指揮，阻擊錦西之敵；以6個縱隊攻錦州；以4個縱隊阻擊瀋陽增援之敵。

10月5日，國民黨軍62軍151師到達葫蘆島。

10月6日，4縱先頭部隊到達塔山。

蔣介石到葫蘆島，激勵東進兵團全力增援錦州。

10月7日，4縱主力到達塔山，開始構築防禦陣地。

國民黨軍62軍157師到達葫蘆島。

10月9日，國民黨軍62軍67師到達葫蘆島。

10月10日，國民黨軍對塔山開始全線總攻，當天解放軍傷亡319人，國民黨軍傷亡1100餘人。

國民黨軍獨立第95師到達葫蘆島。

10月11日，國民黨軍繼續攻擊塔山，當天解放軍傷亡563人，國民黨軍傷亡1200餘人。

侯鏡如率第17兵團部和第92軍21師到達葫蘆島，接管東進兵團指揮權。

10月12日，塔山地區只有小規模零星戰鬥。

10月13日，這是整個塔山阻擊戰中投入兵力最多、火力最猛烈、進攻最兇悍、戰鬥最激烈的一天，解放軍傷亡1048人，國民黨軍傷亡1245人。

東野總部當晚對10師及28團的英勇頑強作戰予以通報嘉獎，總預備隊第1縱隊到達高橋。

10月14日，國民黨軍繼續攻擊塔山，解放軍傷亡745人，國民黨軍傷亡1200人。

東野總部再次向4縱發出嘉勉電。

解放軍向錦州發起總攻.

國民黨軍北平戰車（坦克）部隊到達葫蘆島。

10月15日，國民黨軍以偷襲方式攻擊塔山，當天解放軍傷亡270人，國民黨軍傷亡1500人。

解放軍攻佔錦州。

國民黨軍39軍到達葫蘆島。

10月16日，蔣介石到達葫蘆島，聽取連日來塔山戰況。

10月17日，東北「剿總」副總司令陳鐵統一指揮錦西地區國民黨軍。

10月20日，原徐州"剿總"副總司令杜聿明就任東北"剿總"副總司令兼冀熱遼邊區司令，統一指揮錦西國民黨軍。

10月26日，錦西國民黨軍再次向塔山發起大規模進攻。

10月27日，國民黨軍繼續攻擊塔山。

10月28日，遼西國民黨軍廖耀湘兵團全部就殲，解放軍4縱、11縱撤出塔山一線陣地。

塔山戰役後續發展

1948年5月23日至10月19日

長春戰役是遼瀋戰役中的一部分，共軍佔領長春等於遼瀋戰役第一階段的結束。

國軍陣容

守長春城的是國民黨軍第一兵團，司令鄭洞國，參謀長楊有梅，主要有新七軍和從永吉撤回的六十軍6萬人，以及地方部隊4萬人，共計約10萬人，下設：

新七軍，蔣介石的嫡系部隊，美國機械化裝備。軍長李鴻，副軍長史說，參謀長龍國鈞，下設3個師

三十八師 師長陳鳴人，副師長彭克立，參謀長李性常，下設3個團

五十六師 師長張炳言，參謀長劉大名，下設3個團

六十一師 師長鄧士富，副師長寧偉，參謀長曾德輝，下設3個團

六十軍，滇系部隊，軍長曾澤生，參謀長徐樹民，下設3個師

暫二十一師 師長隴耀，副師長李佐，參謀長楊肇驤，下設3個團

暫五十二師 師長李嵩，副師長歐陽午，參謀長湯啟聖，下設3個團

一八二師 師長白肇學，副師長任孝忠，參謀長楊正隆，下設五四四團，五四五團，五四六團3個團

長春的守軍以中央大街（後改稱「史達林大街」，現名「人民大街」）為界分為兩個守備區，東半部歸六十軍，西半部歸新七軍，司令部設在中央銀行大樓。以中央銀行為核心，以堅固建築物層層設防，並派新七軍的暫五十六師兩個團的兵力控制西門外的大房身機場，派六十軍的一個師防守東郊城防工事外的一些戰略高地。

共軍陣容

東北人民解放軍（後改稱「東北野戰軍」和「第四野戰軍」）第一兵團約10萬人，司令員蕭勁光，副司令員陳伯鈞，政委蕭華，政治部主任唐天際，參謀長解方，副參謀長潘朔端。

第6縱隊 司令員黃永勝，副司令員楊國夫、李作鵬，政委賴傳珠，參謀長黃一平。下設三個師：

第16師，師長李作鵬，副師長王東保，政委張池明，參謀長馮精華。

第17師，師長龍書金，副師長李培功，政委徐斌洲，參謀長陳毅齋。

第18師，師長閻捷三，副師長黃榮海，政委袁克服，參謀長周明國。

第12縱隊 司令員鐘偉，副司令員熊伯濤，政委袁昇平，參謀長王亢。下設三個師：

第34師，師長溫玉成，政委譚友林。

第35師，師長王奎先，副師長李光漢，政委栗在山。

第36師，師長沈啟賢，副師長鄭貴卿，政委王建中，參謀長席庶民。

獨立第6師，師長鄧克明，副師長金宇、馬逸飛，政委鐘人仿，參謀長劉甦。

獨立第7師，師長羅華生，副師長程啟文、餘勛光，政委邱子明，參謀長劉可天。

獨立第8師，師長王人貴，副師長蔡久，政委鄉衍。

獨立第9師，師長廖仲符，副師長羅文華，政委鐘民，參謀長冉澤。

獨立第10師，師長趙東寰，副師長鄧忠仁，政委崔國輝，參謀長王玉峰。

獨立第11師，師長王效明，副師長李德山，政委宋景華，參謀長康幹生。

最後一聲虎嘯

——萊陽戰役

☆李中凱

萊陽地處膠東半島中心，是膠東的交通樞紐，自古為兵家必爭之地！近代發生在萊陽附近的主要戰事有1861年9月和1867年6月〈清代咸豐年間〉的兩次「捻軍」大舉東進圍攻萊陽、1910年7月「曲詩文反稅」大起義、1932年9月的韓（復榘）劉（珍年）之戰、1945年2月八路軍發動的討趙（保原）戰役等。抗戰期間，國民政府膠東行署和山東政府行營也曾設在此，1939年11月，山東保安13區副司令兼山東保安第2旅長韓炳宸在率部抗擊日軍會攻萊陽的週邊作戰中

犧牲，成為膠東八年抗戰中犧牲的最高級別將領（追贈少將）。而萊陽在軍事史寫下最重要一筆的就是發生在1947年12月的國共兩軍之「萊陽戰役」。

戰役前的形勢

1947年3月，國軍對山東共軍佔領區發動重點進攻，共軍在山東戰場一直處於被動的局面，特別是7月分兵後華東野戰軍（簡稱「華野」，下同）連戰連敗，在決定山東

共軍佔領區生死存亡的南麻、臨朐戰役中，華野受到重挫。8月徹底喪失沂蒙山根據地，在這一連串空前的損失中，華野損兵折將超過五萬人，進入內戰中最困難、最黑暗的艱苦時期。國共內戰初期，山東這個全國最大的共軍佔領區很大部分人員物資供應是通過煙臺到東北的海運補給，膠東半島是連接關內、關外最重要的跳板，也是此時華野的最後一塊根據地，醫院、傷員、兵工廠、後方機關（傷員和後勤機關人員超過5萬

人）都集中在膠東。所以國軍重點進攻所確定的三大戰略目標即為佔領共軍老巢延安，佔領軍事根據地沂蒙山，佔領交通供應根據地膠東（以煙臺為最終目標）。在國軍完成前兩大目標之後，共軍在膠東壓力之大可想而知。

膠東半島位於華北大陸架東南端，北臨渤海，東面和南面瀕臨黃海，與遼東半島隔海相對，中有長山列島南北星布，形成拱衛京津和渤海之天然屏障；東與朝鮮半島遙

萊陽

萊陽地處膠東半島中心青島與煙臺之間，東臨五龍河，南臨煙青公路，東與海陽（煙臺所屬）接壤，西南與即墨（青島所屬）毗鄰，南接黃海。為膠東半島的交通樞紐，是歷來兵家必爭的戰略要地。萊陽位於膠東丘陵區的萊陽盆地東部，地形以低山丘陵和平原地形為主，較周圍低窪，地勢由北向南傾斜，海拔均在400公尺以下。目前，全市總面積1732平方公里，南端臨海，海岸線27.5公里。做為中共的早期活動基地之一，膠東第一個黨員、第一個黨支部、第一個縣委都誕生於萊陽，為中共培養了以北京軍區司令李新良上將、第二砲兵副司令潘日源中將、外交部副部長宮達非、國家統計局局長張塞等為代表的一大批人才。中共建政後因戰略地位重要，長期為第26集團軍（即原華野8縱）軍部所在地。

萊陽盛?糧食，有「膠東穀倉」之稱，又以「梨鄉」著稱，萊陽梨作為梨果中的佼佼者至今已有三百餘年的栽培歷史，號為膠東名果中的「長者」，素有「煙臺蘋果萊陽梨」之稱，明清時期作為貢品上貢朝廷。建國伊始，萊陽梨即作為史達林70壽辰祝壽的禮品！萊陽漢時昌陽縣地，後唐同光元年（923年）避皇帝李國昌諱，以地處萊山（今旌旗山）之陽，改昌陽為萊陽。萊陽人傑地靈，自古以來人才輩出，僅明、清兩代萊陽籍的進士即達183人，列全國縣級之首。1941年起，先後劃分為萊東、五龍、萊陽、萊西

南4縣，建國後萊東、五龍並為萊陽縣，1987年4月撤銷萊陽縣設立萊陽市。

遙相望，以成山角雄峙於黃海海峽。境內人口稠密，物產豐富，交通便利，有膠濟鐵路通往濟南、北京、石家莊等華北各地，併有煙臺、威海、青島等良港，是從海上進入中國北方的重要門戶，戰略地位極其重要，歷來為兵家必爭之地。

內戰開始後，煙臺與蘇軍控制下的大連航運往來頻繁，共軍在東北兵工廠製造的砲彈、炸藥、槍枝、藥品和布匹等物資，源源不斷海運煙臺，再由陸路運到華東共軍佔領區和冀魯豫共軍佔領區，支援關內國共內戰。華野從北韓採購的軍火彈藥亦從大連轉運膠東半島，膠東已成為共軍關鍵的交通要衝；其次膠東是抗戰時期就建立的共軍老巢，有良好的群眾基礎，華東野戰軍和東北野戰軍中有5個主力縱隊是由膠東子弟兵組成的，膠東十幾萬民兵組成的地方武裝是華野主要的後備兵源，加上膠東本身還設有十幾處兵工廠和被服廠（其中兵工廠9個，有工人7000名，月產迫擊砲50門左右、日式擲彈筒300多具、輕機槍和步槍300枝（挺）左右、步（機）槍子彈約30萬發、砲彈近10萬發），所以膠東成為華東共軍佔領區當時僅存的主要的兵源、軍火、醫藥、電料及各種軍需器材補給地，膠東是共軍在華東的「總後方」，當時也是中共華東局機關所在地，陳毅這樣說過「膠東為我全軍軍事供應之主要基地，如膠東被破壞迄今後戰爭供應影響至大。」

8月初鑒於當時危急形勢，按照中共中央的要求，華野分為兩個兵團：

一、西兵團，亦稱「外線兵團」，向魯西南

■1947年8月25日，毛澤東為膠東保衛戰擬定的電文手跡。

098

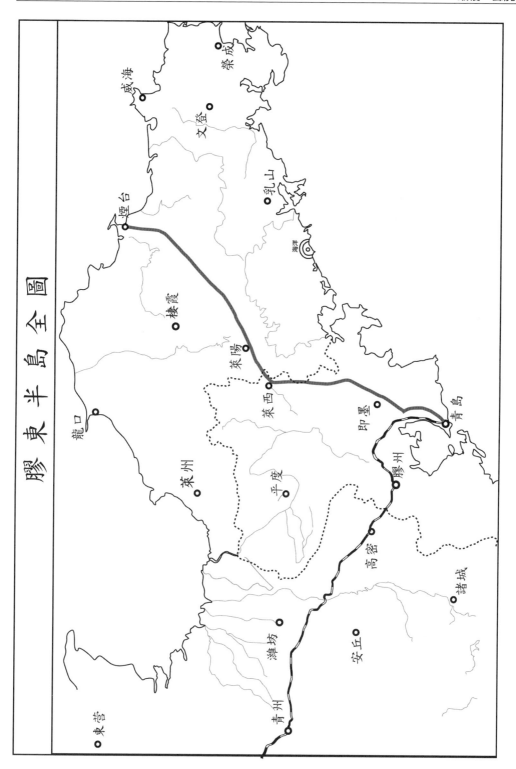

膠東半島全圖

和豫、皖、蘇邊區進軍，配合躍進大別山的劉鄧大軍執行外線作戰任務，下轄：

華東野戰軍第1縱隊(轄第1、第2、第3師)，司令員兼政治委員葉飛；

第3縱隊(轄第7、第8、第9師)，司令員何以樣、政委丁秋生；

第4縱隊(轄第10、第11、第12師)，司令員陶勇、政委王集成；

許世友（共軍）

許世友：共軍富有傳奇色彩的著名將領，河南省新縣人，1905年生。1914年至1921年在少林寺作俗家弟子並習武功（8歲學武，後有「少林將軍」、「許大和尚」之稱），1927年加入中國共產黨，同年加入紅軍，曾任紅四軍軍長，紅四方面軍騎兵司令員。參加了「長征」。後任膠東軍區司令，華野9縱司令。時任華野東線兵團司令，後任山東軍區司令，中共建政後任中國人民志願軍第三兵團司令員，華東軍區第二副司令員，中國人民解放軍副總參謀長，南京軍區司令員，國防部副部長兼南京軍區司令員，廣州軍區司令員，中共中央軍委常委。在黨內，還歷任南京軍區黨委第二書記、廣州軍區黨委第一書記、中共中央華東局書記處書記、中共江蘇省委第一書記等職。1955年被授予上將軍銜。是第一、二、三屆國防委員會委員，中國共產黨第八屆候補中央委員，第九、十、十一屆中央政治局委員。在中國共產黨中央顧問委員會第一次全體會議上被選為中央顧問委員會常務委員、副主任。

第6縱隊(轄第16、第17、第18師)，司令員王必成、政委江渭清；

第8縱隊(轄第22、第23、第24師)，司令員王建安、政委向明；

第10縱隊(轄第28、第29師)，司令員宋時輪、政委景曉村；

特種兵縱隊，司令員陳銳霆、政委張藩；

加上劃歸華東野戰軍指揮的晉冀魯豫第11縱隊。西兵團由陳毅、粟裕直接指揮，沒有組織兵團機構與任命兵團指揮員，因此，通稱為「陳粟大軍」。

二、東兵團，又稱「內線反團」，下轄：

第2縱隊(轄第4、第5、第6師)，司令員兼政委韋國清；

第7縱隊(轄第19、第20、第21師)，司令員成鈞、政委趙啟民；

第9縱隊(轄第25、第26、第27師)，司令員聶鳳智、政委劉浩天；

第13縱隊(由膠東軍區部隊組成，至8月17日才正式成立，轄第37、第38、第39師)，司令員周志堅、政委廖海光；

加上配屬的第1縱隊獨立師和第4縱隊10師。許世友任兵團司令員，譚震林兼兵團政委，任務是堅持山東內線作戰。華東局機關在饒漱石、黎玉、張雲逸、曾山的帶領下隨許世友指揮的9縱進入膠東，集結到平度招遠間的郭家店夏甸一帶與原膠東軍區部隊呼應，8月4日，譚震林率2縱、7縱、1縱獨立師和4縱10師（共22個團）向諸城轉移休整。

華野主力撤離魯中地區後，國軍立即

范漢傑（國軍）

范漢傑：1895年生，廣東大埔人，黃埔1期，1936年任第1軍少將副軍長，抗戰時期任27軍長，第34、38集團軍司令，第一戰區副司令長官兼參謀長，1945年3月升中將，內戰爆發後任東北行轅副主任，參謀本部參謀次長，陸軍副總司令兼鄭州指揮所主任，時任陸軍副總司令兼膠東兵團司令，後任冀熱遼邊區司令，東北剿總副司令兼錦州指揮所主任，1948年10月錦州城破被俘，中共建政後任政協委員，文史研究會委員等。

打通了濟南至青島的鐵路線（膠濟線），8月5日取膠縣，15日克高密，21日佔昌邑，完成了對膠東半島的包圍。蔣介石認為共軍在山東大勢已去，急於結束山東戰事，8月18日他飛到青島，部署「九月攻勢」！為完成「統帥部的第三個目標——截斷共軍國際交通線」，國軍決定以膠東為作戰目標，李彌整編第8師、王凌雲整編第9師、黃伯韜整編第25師、陳金城整編第45師、闕漢騫整編第54師、黃國梁整編第64師及重建的整編74師57旅等部共6個整編師20個旅，併配屬重砲第13團、工兵第2、第15團、裝甲砲營、戰車營、憲兵第17團及4個保安總隊，共51個團改稱「膠東兵團」，由陸軍副總司令范漢傑兼兵團司令官。在海軍第1、第2艦隊各一部、空軍第5、第27中隊等配合下，採取「錐形突進，分段攻擊，求匪主力於膠東半島尖端，予以殲滅」的方針，力爭1個月內結束膠東戰事，消滅華野內線作戰主力，切斷山東與東北的海上聯繫，摧毀共軍戰略後方，以便儘快抽兵支援其他戰場。同時，駐青島的美軍不斷以演習為名對共軍進行威脅，還於8月28日以海空軍從海上侵犯膠東共軍佔領區腹地牟平縣浪暖口、小裏島，併與共軍發生武裝衝突。

8月下旬，國軍沿膠濟鐵路東段的濰縣至膠縣地區集結完畢，9月1日，各部按預定計劃由膠濟路東段北犯。採取了齊頭併進、密集平推的「梳篦戰術」，以整45師及整64師一部據守昌邑、高密、膠縣、諸城一線為第二梯隊，以整8師、9師、25師、54師、64師大部為第一梯隊兵分三路向膠東腹地逼近。空軍於9月3日開始對萊陽、平度進行轟炸，4日、5日、8日連續轟炸煙臺、龍口、威海等海港！這是因為山東共軍佔領區此前實行過「以紅色恐怖壓倒白色恐怖」鎮壓國民黨及地主，1947年3月開始的土改複查更是愈演愈烈，把中農都列為打擊物件，「農會說了算，黨也靠邊站」，所以在國軍打回來後，地主組織的還鄉團隊伍四處清鄉，以前受害的中農和富農報仇心切，也加入進來，對來不及撤退的區鄉幹部民兵殘酷圍剿。

在膠東，共軍總共有第2、7、9縱及由膠東軍區部隊新成立的13縱及8個團左右的地方武裝，其中第2、7、9縱在南麻、臨朐戰役受到重創，部隊傷了元氣，而且損失的多是老骨幹，戰鬥力一時難以恢復（東兵團骨幹作為許世友起家部隊的9縱損失超過8000人，2縱傷亡也接近萬人）。當時華野

政治部在諸城2縱6師18團7連調查,戰前全連131人,戰後全連僅剩39人。加上作戰環境艱苦,生活非常困難,面對國軍強勢進攻,部隊情緒低落,思想相當混亂,對能否保住膠東持懷疑態度。所以面對國民黨的進攻主要由13縱和其他地方武裝打阻擊,保衛膠東只能靠節節阻擊換取時間以待國軍露出破綻相機反攻。

9月6日,整25師由南、整9師由西進犯平度,整8師一部進至平度以北的昌邑配合作戰。激戰至7日,整9師佔領平度,9日,2縱和7縱發動對諸城的攻擊,圍攻整64師156旅,因傷亡慘重而於11日放棄攻擊。戰後2縱、7縱情緒低落,譚震林甚至動了撤下膠東的9縱和13縱,南下到豫皖蘇的念頭,後經中央軍委嚴令才打消這一想法。13日整8師佔領掖縣,整54師於15日進佔靈山。16日,整54師198旅配合整25師40旅向膠東中心城市、華東局和華野東兵團機關所在地萊陽發起進攻,經週邊激戰,18日,整25師佔領萊陽,18日,9縱在招遠邊境附近的道頭對整8師實施反擊,未達目的,21日國軍佔領招遠,國軍海軍開始向煙臺、龍口砲擊至此,國軍已經佔領了膠縣、高密、平度、昌邑、掖縣、靈山、招遠、諸城、萊陽等15座縣城,平均日下一城!共軍幾乎可以用「一觸即潰」來形容,山東領導機關到膠東開會也指出「膠東可能淪陷」,「要用三四個月的時間相機改變局面」,要求各地機關和武裝區不離區,縣不離縣就地堅持遊擊,作到人不離區,槍不離人」。在勢如破竹的形勢下,范漢傑親自到萊陽祝捷,在城隍廟大擺宴席,認為「膠東勝利」的時刻到來了。

在這一階段,范漢傑徹底摸清共軍戰術,吸取李仙洲、張靈甫在萊蕪、孟良崮突出冒進之教訓,將部隊結成方陣,密集一體,嚴令不得冒進!這種首尾相連的進攻,形成了「擊首尾動,擊尾首動,擊中則首尾動」的態勢,使共軍根本沒有機會反擊,陷入極其困難的境地。

膠東三面環海,形同牛角尖,越往東地域越狹窄。由於國軍的步步推進,這時膠東根據地只剩下東西不到70公里、南北不到40公里的狹小地區,國軍的砲聲隱約於耳,失去迴旋餘地。這裏聚集了華東局和膠東軍區機關、部隊、傷病員、隨軍撤退的群?和大量軍用物資,越來越擁擠,情況糟糕危在旦夕。在這種形勢下,部隊情緒出現波動,軍心動搖,「反攻,反攻,反掉膠東」,「下海餵魚」等言論四起,共軍開始突擊掩埋兵工廠機器設備和軍用物資,疏散安插部隊家屬和傷員,很多區縣的領導機關、部隊及家屬已經開始通過海路向大連轉移。

9月情況越加惡化,9月14日華東局向中央軍委發電,決定轉移,留13縱39師協同各軍分區的4個獨立團等地方武裝繼續堅持膠東,9縱、13縱主力掩護華東局突圍。9月22日晚,部隊開始兵分兩路行動,在平度大澤山東北的道頭附近,整8師和整9師差點合圍9縱及華東局,當時情況極其危急,成敗就在一線之間,許世友親自率部拼死突圍大呼「不怕死的跟我衝,衝出去就是勝利」云云,才擊潰整9師一部,最後9縱26師終於在葛門口阻住整9師,華東局及部隊一晝夜連撤180公里才擺脫險境,簡直可以

用丟盔卸甲來形容。接著，部隊轉到了大澤山區，13縱留大澤山繼續遊擊堅持，9縱繼續向西南前進，2縱、7縱由諸城五蓮山地區迅速北上接應，10月1日在高密西北的朱陽與9縱會師，東兵團也正式成立。

范漢傑以整9師、整64師分兩路尾追共軍，其餘3個整編師繼續向膠東腹地進犯。整8師於9月26日克龍口，27日佔黃縣，30日佔蓬萊，併向文登地區掃蕩；整54師和整25師齊頭併進9月26日佔領棲霞，30日襲佔福山，10月1日攻佔煙臺！完成了戰略目標，徹底切斷東北共軍與山東共軍海上通道，煙臺作為共軍與東北戰略物資轉運樞紐，國軍繳獲巨大，整25師甚至每人分到一件皮衣！國民政府派新聞局長鄧文儀赴煙臺，邀請美軍在雙十節組織盛大海陸軍閱兵，慶祝膠東大捷！接著，國軍以整8師守煙臺，整25師繼續東進，10月4日攻佔牟平，7日整25師40旅海運佔領榮成，10月13日整25師108旅1個團海運佔領威海！至此，膠東共軍佔領區基本上全部淪陷！整25師在膠東作戰中當屬頭功，聲名鵲起！10月16日，蔣介石認為局勢已定飛臨青島，18日再赴煙臺，擬調整部署作好抽兵他用的準備。

表面看上去國軍戰果很大，佔領十幾個縣城，但是兵力本就不足又分兵把守，機動兵力大為減少，為了挽救膠東半島的危勢調動國軍回師，共軍利用這一機會集中2縱、7縱與9縱在其側後發動攻勢，由內線作戰變成內線中的外線作戰，10月2日發起膠河戰役，在范家集一帶對處於突出位置的整64師發動圍攻，雖然打成對峙，但使整9師、整45師等部回援，在一定程度上緩解了膠東局面。11月初，整9師、整25師即將調往其他戰場，為遲滯其增援中原戰場，東兵團抓緊部署，6日9縱在朱陽以西與整9師遭遇，打響膠高追擊戰，2縱、7縱加入作戰，迫使整9師在整64師、整8師支援下撤往青島，這一戰雖又打成消耗戰但打亂了敵原有部署，遲滯了整9師和整25師的他調。

11月下旬，整25師由煙臺、整9師師部率9旅從城陽海運上海投入大別山戰場使膠東的國共力量對比發生質變，國軍結束重點進攻轉入重點防禦！共軍迅速席捲膠東內地廣大農村，從而使膠東、渤海、魯中南三大區連成一片。國軍除以整8師分兵佔據北海岸的煙臺、福山、蓬萊、龍口、威海等各出海口，在南海岸以整64師、整9師76旅及74師第57旅、54師198旅等集中在青島、即墨、靈山一線，整54師主力在海陽與共軍對峙之外，膠東半島內地，只有萊陽在國軍控制之下。萊陽處於膠東腹地，與重兵設防的青島、煙臺互為犄角，是阻礙膠東根據地連成一片的最後一顆釘子，也是國民黨軍賴以牽制共軍的關鍵據點。國軍這樣的部署意圖就是控制海港，掌握腹心，以機動兵力尋共軍主力決戰。

萊陽守軍的出擊

在1947年10月中旬，整54師8旅及36旅部署於萊陽附近，以36旅106團配屬108團第1營，105公釐榴彈砲、75公釐山砲各1個連共3000餘人擔負萊陽城守備。

整編36旅的前身36師為國軍勁旅，最初由原國民政府警衛部隊改編，1936年整

編為德式師,首任師長為國軍名將宋希濂。36師參加過淞滬會戰、南京保衛戰、武漢會戰、豫東會戰,特別是1938年9月武漢週邊的富金山一戰,36師奮戰九晝夜,遲滯了日軍第2軍推進,粉碎了日軍由大別山迂迴武漢的計劃,官兵由10000多人最後打剩下800人!戰後蔣介石通令全國向36師學習,師長陳瑞河獲華冑榮譽勳章,補給整練完畢後入緬作戰更是作為遠征軍總部的直屬部隊。1942年5月,遠征軍退回雲南,106團在惠通橋一戰成名,以一團之兵阻住日軍的進攻,遏止了尾追日軍乘勝搶渡怒江併直趨昆明的企圖,穩定了滇西乃至整個大西南的戰局,此後兩年日軍未能越過怒江一步,為滇西反攻奠定了基礎。惠通橋一戰雖然規模不大但意義重大,戰後蔣介石大加褒獎。

1944年4月,36師編入54軍,歷經滇西反攻、強渡怒江、攻克騰沖等著名戰役,屢挫日軍!所部多是參加遠征軍反攻的老兵,戰場經驗極其豐富,單兵作戰能力很強,加上美式裝備,戰鬥力強勁,有「虎嘯部隊」之稱。106團團長胡翼烜,1907年生,江西南康人。黃埔6期高才生,作為36師從基層提拔起來的一代名將,在怒江反攻中即屢立戰功,內戰開始後,36師調廣東與共軍東江縱隊作戰多次,互有勝績,調入膠東戰場更是一路高歌猛進,沒有受到什麼打擊。

國軍進入萊陽不久,共軍即圍攻海陽,攻佔平度,奪取掖縣,切斷了萊陽對外的惟一命脈——煙青公路,使萊陽陷入窒息狀態,補給困難(只能靠空投),成為孤立據點。國軍為牽制襲擾共軍,頻繁以營級規模

德式師

1933年希特勒在德國大選獲勝,由於其反共的立場與蔣介石一致,加上中國為蘇聯的鄰國,可產生有效的牽制力量,所以上台後不顧凡爾賽條約的限制,公開與中國發展軍事合作,派遣大量的軍事顧問及幫助中國建立軍事工業,並提供軍事裝備。

在德國的軍事顧問中,階級最高的是第四位總顧問,前德國國防軍總司令,漢斯·馮·塞克特上將(Hans von Seeckt),再他提出的陸軍改革建議書中的計劃是先從有限資源成立示範部隊而後分階級完成60個整編的精銳之師,就是足以應付各種情況。

可惜的是尚未整編完成,中日戰爭就爆發了,真正整編完成,並完整接受德國顧問的教導的示範部隊只有中央軍校教導總隊,第36師、87師及88師,此次守萊陽的整編36旅的前身就是36師,有關德式師的戰史、武器裝備,請讀者參看抗日戰爭-氣壯山河「鐵血虎賁德式師」。

部隊四處主動出擊，據國軍記載：

11月3日，共軍膠東地方武裝中的精銳萊東警衛營500餘人夜宿萊陽西南約15華里的賢家莊，國軍獲得情報後打破常規派106團2營遠距離夜襲，於凌晨2時包圍了村莊展開突襲，共軍對此毫無防備，損失慘重，戰至拂曉，除一部分突圍而出外，傷亡達280餘人，被俘連長趙剛以下130餘人，被繳步槍153枝、輕機槍4挺、擲彈筒6具及一批彈藥器材，萊東警衛營幾乎被全殲。

11月中旬國軍為解決補給問題，經周密計劃與部署，兵分三路外出搶糧！擔任掃蕩任務的106團第2營於11月14日凌晨2時出發，經於家店直撲萊西警衛營駐地北官莊，此時萊西警衛營主力及公安局剛於前一天調走，碰巧躲過一劫，守軍1個連被全殲，死傷70餘人，被俘14人，被繳步槍34支、輕機槍1挺、擲彈筒2具。108團1營3連同時越過北官村進至桑坑附近擔任打援掩護任務，運輸隊由國軍萊陽守軍各機關部隊組成以106團1營長呂錫玲率領長途奔襲至共軍重要囤糧基地河頭店，繳獲不下10萬斤糧食。

11月28日9時，106團3營2個連（附81公釐迫擊砲2門）東出掃蕩，在上柳行附近與共軍南海獨立1團先頭部隊遭遇展開激戰，戰至13時，共軍援軍陸續趕到，3營長成立志重傷，在後方國軍榴彈砲支援下，3營順利撤離戰場，共軍受砲火襲擊傷亡較大而未追擊（國軍稱斃傷共軍300餘人），這是萊陽守軍的最後一次出擊。

另據共軍原膠東軍區軍官回憶，11月間萊陽守軍的1個營外出掃蕩時在林格莊與許世友兵團司令部遭遇，怎奈許世友的2個警衛連都是各部隊挑選的精英，清一色裝備輕機槍、衝鋒槍、卡賓槍，國軍為其兇猛火力震懾，呼叫萊陽派軍增援，兵團機關利用間隙迅速撤離，許世友對此事大為光火！

萊陽守軍的襲擾對共軍佔領區腹地和補給線構成嚴重威脅，使共軍如芒刺在背！11月15日剛剛結束膠高追擊戰的許世友不顧部隊連日作戰的疲憊和消耗，斷然於15日和19日兩次電請華東局決定攻佔萊陽。但情況發生變化：話說至10月底膠東根據地幾乎全部淪陷，僅餘海陽一地，物資、後勤、工廠等全部轉移到海陽東北的牙山老根據地中（抗戰時期即開始經營），山洞山村全部駐滿部隊及家屬，國軍四處尋找共軍主力決戰，當然很清楚這一情況！11月1日，范漢傑命令整54師8旅、36旅主力及保安第5總隊從萊陽東調向海陽攻擊，7日佔領海陽縣城。為阻止國軍繼續向山區清剿，13縱即於8日領命趕到，會合膠東軍區南海、北海獨立團將海陽城三面包圍（海陽南臨黃海）。國軍依據城東北的制高點神童山，向共軍發起衝擊，13縱全力阻擊，佔領另一個制高點玉皇頂，與國軍形成對峙。21日晨國軍以2個團的兵力向玉皇頂發起進攻，佔領了陣地。下午13縱以3個團實施反擊，到黃昏又將陣地收復。28日晚，13縱38師集中砲火猛轟神童山，接著3個團從不同方向發起攻擊。激戰至29日凌晨，佔領了神童山，拂曉又被國軍突襲奪回！至此，共軍再無力組織進攻，而國軍也在加強設防和準備海運撤回青島。雙方對峙，戰場趨於沈寂。

鑒於整54師主力在海陽被圍，范漢傑急令整54師198旅11月22日由城陽經靈山東

膠東保衛戰要圖

援。198旅剛乘火車上路，7縱、9縱即從陸路沿海邊開始平行追擊，行軍300餘華里，9縱於24日在上下仙遊、蜆子灣一帶（今萊陽南部海邊）追上198旅，將其包圍。

蜆子灣位於煙青公路東側，嶗山灣北岸、靈山東北、店集以北，地勢開闊，國軍先到，借助村莊構築了工事。當時天氣寒冷，下起了雪。9縱經過長途行軍，相當疲勞，於24日晚10時馬上投入戰鬥對蜆子灣4個營國軍展開攻擊！26師先後投入3個團輪番衝擊，但都為國軍猛烈火力所阻，止步於鹿砦之外，打了一天一夜，傷亡很大，進展甚微。

援軍被圍，范漢傑速令整9師76旅、57旅分別從靈山、即墨再次出援。27日，76旅由即墨進到南阡、北阡，向金口、仙遊攻擊前進；57旅向靈山以北攻擊前進，198旅也出擊策應。東兵團遂命9縱25師、27師及7縱19師殲滅76旅，27日中午將其包圍於南、北阡地區。12時，9縱以25師為主攻開始進攻南阡以南的臥牛山，在27師79團加入戰鬥後至28日7時才解決戰鬥，殲滅227團大部；7縱19師攻南阡未能奏效。28日14時30分9縱27師協同7縱19師再次總攻南阡，至29日淩晨再次失敗！另一方面國軍57旅卻被7縱其他部隊阻於靈山以南地區。雙方都形成了首尾不接，南北分割的情況，激烈的戰鬥又打了兩天，雙方反復爭奪陣地，結果還是誰也吃不掉對方。

利用這一機會2縱在國軍側後發起攻擊，於27日攻克高密，全殲守敵整64師的1個團和縣保安大隊共1800餘人。范漢傑見海陽之圍未解，高密被佔，又有2個旅被圍，忙調整64師由城陽和整8師42旅（即原榮譽1師）的2個團、第103旅的1個團由龍口海運來援。共軍多次強攻各點被圍之敵，但未能攻克，部隊甚為疲憊，眼看援軍漸至無法解決戰鬥，7縱、9縱只得於30日淩晨撤出戰鬥，轉移到五龍河以東休整。12月2日，198旅和76旅在金口會師，向南撤回靈山一帶。

9縱是由抗戰時期膠東軍區幾個主力團（其中13團是八路軍山東部隊的頭等主力，即當時9縱25師73團）為班底組建起來的，清一色的膠東子弟兵，是許世友的起家部隊，曾任「中央軍委副主席」兼「國防部長」的遲浩田就出自該軍，後來著名的「濰縣團」（即27師79團），「濟南第一團」（即25師73團）全出自該軍，作為華野頭等主力的9縱以3個團圍攻198旅1個多團，9縱主力27師與7縱19師圍攻76旅1個多團，居然都打成對峙，可見當時9縱戰鬥力已大幅下降。許世友12月2日在給華東局的報告中稱「此次殲敵太少而傷亡過大（傷亡5000多，其中9縱接近4000），這是個蝕本生意！」因此不得不令原本準備南返的2縱留下參加萊陽戰役。

戰後共軍總結認為蜆子灣、臥牛山戰鬥沒有打好，主要教訓是沒有集中兵力，戰略上判斷有誤，戰術上也是與敵硬拼，因此沒有達到殲滅敵軍的目的。時任9縱司令的聶鳳智將軍後來談起這些教訓說：「蜆子灣戰鬥，我們意見在即墨以東、蜆子灣以西打，先控制丘陵地，居高臨下，讓敵人來攻，當時成鈞、韋國清都有這個意見，後來兵團說來得及，敵走弓背我走弦，我們可以

李彌（國軍）

李彌早年投軍被保送入黃埔軍校四期步兵科學習。

畢業後任國民革命軍第二十軍團長、江西瑞昌縣縣長、甯都保安副司令等職。

1940年任國民革命軍第八軍榮譽第一師少將師長。

1941年4月1日軍進攻湖北，他奉命增援宜昌，以炮兵猛轟宜昌機場，燒毀日軍飛機21架，受到輿論的廣泛讚揚。

1942年6月遠征軍反攻滇西在松山受阻，他時任國民革命軍第八軍副軍長兼榮一師師長，奉命以戰地總指揮身份率部接替國民革命軍第七十軍主攻松山。

軍第八軍軍長已將近半年。

此間，他注重吸取以往攻山失敗的教訓，通過步炮空協調攻擊、組織敢死隊衝鋒和工兵掘壕爆破等手段，按規定於9月7日將松山這個被日軍稱為"東方馬其諾"的堅固防線全部攻破，打開了大反攻的前進通道。

戰鬥結束，李彌立功受獎，被提升為國民革命軍第八軍中將軍長。

1947年11月任國民革命軍整編第八軍中將軍長。

1948年春，升任國民革命軍第13兵團中將兵團司令官。

1948年9月22日正式晉升為國民革命軍陸軍中將。

1949年12月任雲南政府主席。

1950年兵撤退到緬甸金三角地區。

1954年率大部分部隊撤退臺灣。

1964年以國軍陸軍中將銜退役。

1973年12月7日病逝於臺北。

黃國梁（國軍）

1900年生，廣東增城人，雲南講武堂12期，保定軍官學校畢業，北伐時即任14師長，1936年升少將，1938年升中將，抗戰時期歷任37軍，65軍軍長，時任整64師長，1948年春升任整編第2軍軍長、第7兵團副司令，後任廣東保安司令，海南警備副司令，到台後任國防部中將高參。

闞漢騫（國軍）

闞漢騫：1902年生，黃埔4期，湖南寧遠人，1937年任14師少將旅長，後任14師長，1944年升任54軍中將副軍長、軍長，時任整54師師長，淮海戰役期間兼任第6兵團副司令，上海戰役兼任浦東兵團司令，到台後歷任台中防守司令，臺灣防衛副司令，東部防區司令，澎湖防衛司令，國防部中將高參。

先到。我算了賬，河流多、部隊疲乏，搞不好要出紕漏。結果我到時敵已先佔蜆子灣，我們又提議不去攻，採取守勢，以逸待勞讓敵來攻。但兵團命令當晚攻，攻了兩天，最後傷亡一大堆，沒有辦法，撤出戰鬥。同時我軍兵力也不集中，1個縱隊打1個師。」這一仗使9縱元氣大傷，後在萊陽戰役中僅以小部隊支援了一下打援。7縱19師在南阡攻擊戰中損失也比較大，以至於在萊陽攻城戰中提前退出戰場。

萊陽週邊及城垣作戰

兵團說來得及，敵走弓背我走弦，我們可以先到。我算了賬，河流多、部隊疲乏，搞不好要出紕漏。結果我到時敵已先佔蜆子灣，我們又提議不去攻，採取守勢，以逸待勞讓敵來攻。但兵團命令當晚攻，攻了兩天，最後傷亡一大堆，沒有辦法，撤出戰鬥。同時我軍兵力也不集中，1個縱隊打1個師。」這一仗使9縱元氣大傷，後在萊陽戰役中僅以小部隊支援了一下打援。7縱19師在南阡攻擊戰中損失也比較大，以至於在萊陽攻城戰中提前退出戰場。

12月1日，華東野戰軍東兵團司令許世友、政委譚振林對當面情況展開研究，決定攻佔萊陽，打開山東戰場的局面，徹底掌握主動權。許世友認為打下萊陽有三點意義：

1、斷敵青島通向龍口、煙臺、威海等海邊據點的陸地交通，使敵失去膠東內地的依託。

2、消除共軍佔領區心腹之患，消除國軍對我運輸補給線及共軍佔領區腹地的進攻。

3、敵人進攻膠東，控制各出海口，我彈藥後勤補給問題嚴重，只能以戰養戰，攻佔萊陽敵人倉庫，可改善我軍後勤保障。

12月2日，東兵團指揮部一面命令2、7、9縱北上萊陽，13縱繼續包圍鉗制海陽之敵。一面召集4個縱隊司令、政委開作戰會議，下達了作戰方案：

1、7縱主攻，4日黃昏進入萊陽城周圍地區，7天內必須攻克，10日拂曉前完成任務；

2、2縱和南海軍分區2個團集結五龍河兩側大野頭水溝頭一帶，阻擊即墨靈山方向北援之敵；

3、9縱因蜆子灣損失較大集結於五龍河下游左村一帶休整待命，必要時參加打援，作為戰役預備隊；

4、13縱主力仍監視海陽之敵，主力隨時準備開赴西線作戰，一夜行軍可開赴戰場打援（12月5日，兵團決定13縱除留39師監視海陽之敵，因整54師已開始由海上撤去青島，海軍總司令桂永清親自率艦隊接運，運輸順序是36旅、師直屬部隊，最後是8旅。198旅則由蜆子灣折回後直接編入援軍第1梯隊，主力西移左村地區。至11日整54師全部海運青島後，39師亦於14日進至萊陽附近左家疃地區）；

5、膠東軍區及東海、南海軍分區等地方部隊監視煙臺整8師，阻擊其可能的來援；

東兵團司令部於萊陽東南的玉泉莊直接指揮萊陽戰役。

張純（國軍）

1907年生，湖南湘鄉人，黃埔5期，中央陸軍軍官學校高級班，陸大15期，時任198旅長，1948年9月升少將，後任54軍副軍長兼參謀長，浦東兵團參謀長，到台後任54軍中將軍長，臺灣中部防守司令，東部防守部副司令，國防部聯合作戰計劃委員會委員。

陳金城（國軍）

（1901—1983）安徽全椒人，號精誠。中央軍校第二期、陸軍大學將官班甲級第一期畢業。歷任第1師見習排長、參謀、排長、第2師參謀、團附、第31軍政治部科長、第1軍獨立團團附、第26師營長、第93師團附、獨立第15旅參謀主任、第46師副師長、第109師師長、第36師副軍長、第9軍軍長、第29軍軍長、第4方面軍高參、第96軍軍長、整編第45師師長、整編第96軍軍長兼45師師長。

1948年4月27日在山東濰坊被俘。1960年11月特赦釋放後任南京國營木器廠工人、江蘇省文史館館員。1983年1月6日病逝南京。

黃百韜（國軍）

黃百韜祖籍廣東梅縣，1900年生於天津，1918年入陸軍第九混成旅學兵營，後又進江蘇軍官教育團第五期學習。歷任營長、師參謀長、副旅長、師長、軍令部高參、軍長等職。孟良崮戰役時，任第1兵團第4縱隊司令，74師被全殲，受到「撤職留任」的處分。今年，在蘇北和豫東作戰中頗為努力，博得了蔣介石的信任。9月，升為新組建的第7兵團司令，所部被解放軍包圍於碾莊地區，全軍覆沒。

日本投降後，萊陽是中共膠東黨委、膠東行署、膠東軍區領導機關所在地（併以萊陽為界成立東海、南海、西海、北海軍分區，形成了膠東地方武裝的基礎），8月分兵後華東局和華野東兵團機關也進駐萊陽，許世友長期擔任膠東軍區司令員，對萊陽縣城的情況非常熟悉，有深厚的感情（許世友夫人田普即為萊陽人）。

國軍發動九月攻勢佔領萊陽後，把這個膠東內地最大的縣城作為鍥入膠東腹地的主要堡壘和補給基地（僅儲存彈藥即達120噸），苦心經營，在防禦配置和工事構造上，守軍吸收了作為陳誠土木系部隊在防禦中的一切優點，在這個長寬都不足2公里的萊陽城周圍大肆修築工事，2個多月中在城門、城角、四關村莊和亭山等處大量設置明碉暗堡（城外每隔50米修一個地堡，大的駐一個排，小的一個班，兩地堡間挖了密集的散兵坑），主要憑藉城牆和城壕守備，形成以城防為重點的防禦體系。此外，加強了對週邊要點的控制，以子母堡構成週邊支撐點；對城關則選擇獨立廟宇、學校或開闊地，以堡群控制之，利用三四公尺高的土牆基，在城牆根修了一圈堅固的堡壘、蓋溝、外壕，外壕（即護城河，有水）前面還有設置兩至三道鹿柴、陷阱、梅花樁，城之四關和西門均有較大地堡，沿城牆一線對內有射擊設施，靠近城垣之房屋均有地堡及射擊設備；城內縱深以城隍廟為中心構築核心陣地，作為其最後支撐點，各街道口亦設有地堡，以便死守待援。在兵力、火器配備上，主要陣地均以正規部隊守備，雜牌武裝部署在子城關及城內和保護砲兵陣地；街口都設

了柵欄門，晝夜崗哨不離。各種火器可互相支援，組成密集的火網，具有較強的殺傷力。

在周邊各縣鄉已經被共軍重新佔領的情況，膠東各地還鄉團、雜牌武裝等怕在國軍進攻時欠下的血債遭共軍佔領區軍民報復，大量湧入萊陽城。

11月，因萊陽附近的整8旅及36旅大部進軍海陽，國軍為加強防務，成立城防司令部，負責統一指揮城內部隊，城外將四關各村莊的5個鄉隊200餘人，村自衛隊500餘人，有組織的還鄉團200餘人，加上在城外各地堡的少數正規部隊，組成「山東省萊陽縣第一聯防大隊」（團級建制），由青島逃回的萊陽鄉紳趙世珍（土改復查時逃往青島）任大隊長，下屬3個縱隊，每縱隊轄4個中隊。

守軍兵力的具體部署是：以108團1營守城北及城北東、西亭兒山據點。106團1營守南門至東北城角線城防及南關與城關吳格莊高地據點；2營守備西南城防及城西馬山據點；3營集結子城內，為預備隊。萊陽保安大隊守城內縣政府。還鄉團分佈於城四關和城內。留守的保安第5總隊特務連守榴彈砲陣地。106團部和還鄉團總指揮部設於城隍廟。守軍總數約5000人。

東兵團以7縱擔任攻城任務，為了加強攻城火力，配屬了兵團榴彈砲連和13縱重迫擊砲連(各4門)。縱隊指揮所和榴彈砲陣地設於萊陽城東南12里的蘆兒港。12月3日7縱逼近萊陽城，為儘快攻佔萊陽，避開守軍的逐次抗擊，決定先佔領城關，切斷城內外

雙方作戰序列：

共軍	國軍
華東野戰軍東兵團司令許世友 政委譚震林	膠東兵團司令 范漢傑
第2縱司令員兼政委韋國清	萊陽守軍：
4師師長朱紹清，政委高志榮	106團長胡翼烜，副團長易浚華、趙鶴峰
5師師長姚運良，政委方中鐸	1營長呂錫鈴
6師師長吳華奪，政委謝錫玉	2營長王敬卿
第7縱隊司令成鈞，政委趙啟民，	3營長成志立
19師長熊應堂，政委肖學林	108團1營長遊滁淵
20師長殷紹禮，政委鄧紹東	援軍：
21師長謝銳，政委何志遠	整編54師長闕漢騫
第9縱司令員聶鳳智，政委劉浩天	8旅長周文韜
25師師長肖鏡海、政委譚右銘	36旅長李志鵬
26師師長劉湧、政委張少虹	198旅長張純
27師師長孫端夫、政委劉中華	整編64師長黃國梁
第13縱司令員周志堅，政委廖海光，	156旅劉鎮湘
37師師長高銳（副師長代理師長），政委徐海珊	159旅韋德
38師師長張懷忠，政委張英勃	整編74師57旅長杜鼎
39師師長傅紹甫，政委梁輯卿。	整編8軍42旅長周開成

聯繫,然後力求在1天時間內完全肅清週邊守軍,防止守軍退入城內以減輕攻城壓力,最後用三到四天時間以交通壕對壕作業完全包圍萊陽,分散敵火力和減少傷亡(華東局明確指示對萊陽之敵要採取坑道和爆炸作業,不能強攻)。

4日黃昏,7縱對萊陽城四關發起突然攻擊,19師攻西關,20師攻南關,21師攻東關。四關的還鄉團一觸即潰,為防止共軍尾隨入城,國軍城內守軍以火力射擊潰兵,還鄉團處於兩方火力夾擊之中,大部潰散、傷亡,僅大隊長趙世珍率少數人撤進城內!攻城部隊迅速截斷了週邊守軍與城內的聯繫,然後用3天的時間,掃清了週邊的據點及四關。

共軍以絕對優勢兵力攻擊週邊據點竟耗時3天,而所有公開戰史對這三天具體戰況只字不提,原因就在於各據點少數守軍的頑強,使攻城部隊損失慘重!週邊戰鬥根據國軍資料及共軍內部戰史做對比整理後大體戰況如下:

12月4日20時,7縱21師62團1個營向南關城外1公里的吳格莊北山據點發動攻勢,此據點為重要制高點,扼萊煙萊青公路,設有一大地堡。守軍僅106團1營3連的一個排25人,22時解決戰鬥,俘敵10餘人,繳獲輕機槍1挺、步槍2枝、衝鋒槍2枝。

亭兒山距城400公尺,為萊陽城制高點,可俯瞰萊陽城四關及週邊陣地,設有兩個地堡(其中大地堡外有鹿砦兩道),工事完備,防禦堅固!為城外據點中的佼佼者!守軍為108團1營2連(內有60砲1個班)配屬重機槍1個排共150餘人守備,7縱19師57

團4日黃昏開始圍攻,6日晨3時佔領西亭山,殲敵1個排,俘敵20餘,繳輕機槍1挺、60砲1門、步槍10餘枝;57團繼續攻打東亭兒山,國軍一直守到7日晨,直到共軍攻入城內後,57團再攻東亭兒山,守軍2連連長王連升率殘部41人在城內部隊的接應下撤回核心陣地,連長王連升在最後的城隍廟作戰中也是驍勇異常,併最終突出重圍,真是百戰英雄。

城西1公里處的馬山是城西門戶,公認「守萊陽必確保馬山」。守軍是106團2營6連2個排配屬重機槍1挺和60公釐迫擊砲1門!7縱19師56團4日黃昏開始對馬山陣地展開猛攻,至6日拂曉才攻克,6連長熊紀武率少數人撤回核心陣地併最終突出萊陽!

4日黃昏19師55團1個營沿馬山埠北端越西關週邊據點,經天主堂滲入萊陽城西關街道(今萊陽拖拉機廠附近),構築工事,作為攻城的據點併切斷馬山聯繫,雙方激戰,106團最驍勇的第2營長王敬卿率部反擊被擊斃,西關大部分民房被共軍佔領。至7日,西關被佔領,該地守軍還鄉團極其頑強,與共軍拼起了手榴彈,使共軍55團傷亡甚大,僅剩不到3個連。

4日夜,21師61團1個營突入東關(今聚英大廈附近),併在民巷街道佈置工事,東門、南城牆、東大街皆為共軍控制,106團團長胡翼烜親到東門指揮作戰,5日拂曉投入預備隊3營8連和9連反擊,甚至不惜使用火攻,於5日黃昏肅清此地共軍重新控制東關,隨後以9連守東門。共軍62團1個營攻佔城東南角宮家菜園佔領大部,中午起國軍開始反撲,5日晚共軍再次進攻,至6日凌

附：萊陽城敵軍防御工事略圖

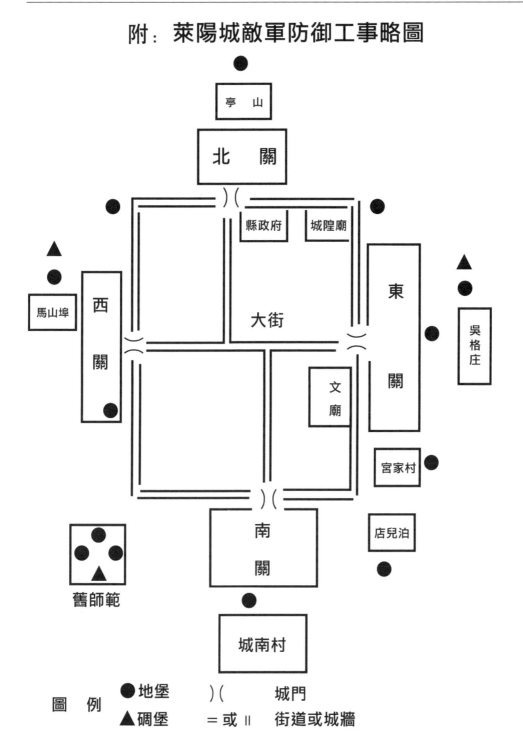

圖　例　●地堡　)(　　城門
　　　　▲碉堡　＝或‖　街道或城牆

胡翼烜（國軍）

胡翼烜，1907年生，江西南康人，黃埔6期高材生，原為蔣介石的侍從部隊，德式師成立後加入36師從基層提拔的一代名將，在滇西反攻強渡怒江等戰中即屢立戰功！抗戰勝利後36師改編為36旅，任106團團長，在萊陽戰役以5000人(含民兵部隊)抵抗解放軍4個師

一戰成名，1948年任36師少將師長，1949年升任50軍副軍長，撤台後調升54軍軍長，後任總統府中將參軍，1972年元月退役。

晨2時攻克宮家菜園，斃俘國軍40餘人，繳獲輕機槍1挺、衝鋒槍2枝、步槍2枝。但國軍在胡翼烜親自指揮下拼死反擊最終穩定東門！

同時南門（今大寺街南端，保險公司附近）也發生激戰，5日凌晨2時共軍開始攻擊，20師58團、60團各1個營及縱隊警衛營攻擊南關，至10時肅清守軍，俘敵排長以下30余人、還鄉團700餘人，繳獲重機槍2挺、輕機槍5挺、步槍20餘枝。國軍隨即反擊，雙方展開了白刃戰，最後由106團1營長呂錫玲親率援軍反復衝殺三次才穩定住局面。

北門（今惠通賓館附近），攻擊不甚激烈，108團1營及還鄉團守住了陣地。

國軍在城垣戰鬥中共斃傷共軍7縱19師57團參謀長王正明以下2000餘人，生俘142人，繳獲步槍329枝、輕重機槍15挺。7縱在12月7日晚的攻略萊陽城補給命令中公佈了3個師3天來的「輝煌戰果」：在週邊戰鬥中總共殲敵5個步兵排另1個步兵班、1個重

機槍班、1個迫擊砲班；東關爭奪戰殺傷百餘；合計敵損失約1個營。目前週邊除西關城門口尚有1個堡群（約一個班），東關東北角尚有1堡群（4個班），東亭兒山尚有1個排外，其餘已被肅清（而週邊作戰僅2天，7縱損失為21師傷亡543人，僅斃傷敵180人，俘敵130人；19師傷亡410人，斃傷敵80人，俘虜108人。傷亡對比甚至超過5：1，可見戰鬥力差距）。現城內守敵還有約3個步兵營，榴彈砲2門，山砲4門，連同保安隊等3931人，其中非武裝人員佔半數！

至8日凌晨共軍終於佔領四關！除以一部兵力繼續肅清週邊據點外（東亭兒山等敵），主力遂進行攻城準備。7縱是萊蕪戰役前組建的新部隊，由新四軍7師擴編而來，抗戰時主要在安徽打遊擊，很少攻堅作戰，這更是7縱在內戰中的首次城市攻堅戰，因為缺乏必要攻堅武器和手段，只有通過坑道爆破和炸藥包等老古董戰術攻城，這種紅軍時期打土寨的戰法費時費力併且容易暴露目標失去攻擊突然性，但實在是沒有辦法的辦法。第20、第21師於6日開始由城南、城東在城牆下進行坑道作業。守軍在7縱攻城準備階段，不斷地集中砲火輪番轟擊四關共軍的攻擊準備陣地。由於未重視工事的構築，7縱僅在攻城準備階段，傷亡即達1500人。

此時國軍援軍已開始與阻援部隊接觸！為爭取時間殲滅萊陽之敵，東兵團不待坑道全部完成，即命令提前發起攻城。7縱對攻城做如下部署：

1、20師由城南選擇3至4個突破點，1個團由南門及以東突破，突破以後以一部沿

韋國清（解放軍）

廣西東蘭人。壯族。1913年生，1929年加入紅軍，1931年加入中國共產黨。參加了「長征」。時任華東野戰軍第2縱隊司令員兼政治委員，後任蘇北兵團司令員，第三野戰軍10兵團政治委員。中共建政後，任駐越南軍事顧問團團長，廣西省省長，公安軍副司令員，中共廣西壯族自治區委員會第一書記、自治區人民委員會主席、自治區政治協商會議主席，廣西軍區第一政治委員，中共中央中南局第二書記，中共廣東省委第一書記，廣州軍區第一政治委員，1977～1982年，中國人民解放軍總政治部主任，中共中央軍委常務委員、中共中央軍委副秘書長。是第一屆全國人大常委，第四至第七屆全國人大常委會副委員長，第四、五屆全國政協副主席。1955年被授予上將軍銜。

聶鳳智（解放軍）

1913年生，湖北省大悟人，1929年參加紅軍，1933年加入中國共產業，參加了「長征」。時任9縱司令，後任27軍長。建國後任任華東軍政大學教育長，華東軍區空軍司令，中朝聯合空軍司令員，南京軍區副司令兼空軍司令員，福州軍區副司令兼空軍司令員，南京軍區司令員。中國共產黨第十一屆中央委員，第十二、十三屆中央顧問委員會委員。1955年授予中將。

城牆向東發展，主力沿大寺街兩側民房向北發展，此部之主力進至儒林街與院街之間即向東迂迴，解決文廟之敵；另一部繼續向北

周志堅（解放軍）

1916年生湖北省大悟人。1929年參加中國工農紅軍。1933年加入中國共產黨。參加了「長征」。時任華東野戰軍第13縱隊司令員，親自前線指揮萊陽攻城和阻援！中共建政後，任舟嵊要塞司令員，瀋陽軍區副參謀長，河南省軍區參謀長，南京軍區副參謀長、軍區顧問。1955年被授予中將。

發展與21師打通聯絡，以1個團由南門及以西突破，突破後沿城牆向西發展控制東街至南門之線陣地，其主力則沿永慶街以東之民房向北發展與19師打通聯絡。該師主力在完成上述任務後，敵如最後固守和平大街，該師主力則繼續向和平大街攻擊前進；敵如最後固守大寺街北段，該師主力則繼續向大寺街攻擊前進，協同19師、21師圍殲該敵。

2、21師由東門兩側選擇2至4個突破點，以一部沿城牆南北發展，其主力沿政訓大街南北向西攻擊前進，併南與20師，西與19師打通聯繫，第一步圍殲大寺街北段之敵，得手後如敵最後固守和平大街，則繼續向西攻擊前進，協同19師、20師圍殲最後固守之敵。

3、19師以1個團總攻前10分鐘以小包炸藥開闢衝鋒道路向西門佯攻。等20師、21師突破後即發起攻城。以一部沿城牆向兩側發展，主力則向和平大街攻擊前進，以1個團為第二梯隊，首先解決和平大街之敵，併南與20師，東與21師打通聯繫，得手後如敵最後固守大寺街北段則繼續向東攻擊前

進，協同21師圍殲該敵，另1個團在北門防敵突圍，對西南小廟應組織火力及部隊鉗制。

4、火力組織方面：20師以92步兵砲2門附屬山砲1門，21師附屬山砲1門及13縱重迫擊砲連（4門），19師附屬山砲1門，攻堅各方向地堡，每一地堡除指定砲兵擔任摧毀任務外，併配屬重機槍2挺，在砲兵不能完成任務時以重機槍火力掩護以爆破手摧毀之！各砲各師輕重機槍都按正面之敵地堡數目統一編號具體任務，主要地堡以輕重機槍各1挺，次要地堡以輕機槍1挺附特等射手2到3名封鎖之。東兵團附屬的榴彈砲連（砲4門），7縱山砲連（砲3門）配屬於五龍河東田格莊一帶，擔任壓制敵火砲及射擊敵縱深任務。

9日凌晨1時30分，砲兵開始火力準備，2時部隊發起總攻，20師先用坑道爆破，由於坑道未達城牆，結果沒有發揮作用，遂在火力掩護下利用人海戰術強行登城，遭守軍密集火力阻擊，傷亡枕籍。拂曉，20師60團終於由南門以東突破，隨後該師58團及21師61團及62團一部、19師55團也於拂曉前先後從東、西門突破城防，展開激烈巷戰，當時7縱已經打進去7個營，認為當天可以解決戰鬥。

9日下午，20師攻佔國軍榴彈砲陣地（今工人文化宮廣場附近），繳獲榴彈砲2門，殲榴彈砲連和第5總隊特務連。19師55團突破後於城西北角截殲敵4個排，56團於城東南角攻佔國軍山砲陣地，併於西至泊殲敵1個連。57團攻擊城北東亭兒山時，守軍在城內1個連接應下，由北門撤回城內，57團跟蹤攻入北門，併迅速向南發展，殲敵1

成鈞（解放軍）

湖北石首人，1911年生，1930年參加紅軍。1931年加入中國共產黨。參加了「長征」。時任華東野戰軍7縱司令，中共建政後，任福建軍區副司令員兼第10兵團副司令員，華東軍區防空部隊司令員，中國人民解放軍防空部隊副司令員兼華北軍區防空部隊司令員、中朝空軍聯合司令員副司令員，中國人民解放軍防空軍副司令員，空軍副司令員兼技術部部長。1955年被授予中將軍銜。

高銳（解放軍）

高銳：山東萊陽人，1919年生，1938年2月入黨。時任13縱37師長，中共建政後任蘭州軍區參謀長、副司令兼寧夏軍區司令員，寧夏區黨委第二書記，軍事科學院副院長、學術委員會主任等。1955年被授予大校軍銜，1961年晉升少將。高銳軍事素養深厚，擔任過中國軍事科學學會常務理事、中國近代軍事史學會會長、孫子兵法研究會名譽會長。

梁輯卿 （解放軍）

梁輯卿：山東萊陽人，1912年生，1933年加入中國共產黨。時任13縱隊第39師政委。中共建政後任華東軍區直屬政治部主任、華東軍區工程兵部政委，江蘇省軍區副政委、政委、安徽省軍區政委、中共安徽省委書記。1955年被授予大校軍銜，1961年晉升少將。

個排。21師62團於城東北角殲敵1個排，61團於文廟（今防疫站）殲敵1個連，師警衛營於城東關東頭殲敵1個排。各部激戰至黃昏基本掃清各股分散守軍，而國軍城防被突破後，即開始收縮兵力，除被包圍截殲者外，其他千餘人絕大部分退入城隍廟核心陣

地（防禦體系包括西南方向相鄰的縣政府，都在今天市政府附近）集中扼守。

城隍廟作戰

城隍廟是一座峭拔的大型建築，地勢較高，可瞰制全城，坐落在城東北角，東北、正北至西北均環繞有丈餘深的大水塘（這個大水塘今天已乾涸填平，舊址位於現刺繡廠大院），外岸背貼北城牆（照片上即為北城牆外面的彈孔），西隔一塊空蕩蕩的開闊地與縣政府相鄰，南隔一條寬街是磚瓦建築的民宅，東南西南也毗鄰民房，南、東南、西南雖然有民房但是距離較遠，地形開闊。國軍自9月佔領萊陽以來就以此為核心陣地，加固工事，在容易被進攻的南牆外正面和左右兩面挖了又寬又深的壕溝，壕溝中央建大碉堡，外壕內是集團堡，外壕中設有火力點併有蓋溝與集團堡聯貫，固守點內還有一個中心陣地，陣地工事較為堅固，火力組織極其嚴密，各種火器相互支援併有夜間射擊設施，各工事有相互貫通的夾壁牆、壕，築有糧食彈藥庫，併且工事內有一水井，守軍早以此做長期固守的準備。在對峙期間，每日以迫擊砲火力輪番壓制7縱進攻陣地，破壞進攻準備，戰鬥中以輕重火力突然開火，併以迫擊砲等火力側射，使攻城部隊傷亡慘重。

9日晚，共軍19師攻擊城隍廟西南面之縣政府，20師由南向北，21師由東北向西南，會攻城隍廟。經一晝夜激戰於次日拂曉佔領縣政府，萊陽縣保安大隊長葛鴻梯戰死，萊陽保安大隊及106團1個排共500餘人被

殲，此外還摧毀了城隍廟外地堡8個。至10日8時，公安局之敵和東北城根地堡群也被解決，但19師亦就此喪失戰鬥力而撤出戰場！

10日凌晨2時共軍向城隍廟發起總攻，突擊隊從街頭的民宅中躍出衝過街道，以集束手榴彈開道，一個個縱身跳入壕溝，但在暗堡火力下沒有一個人能衝過去，原來壕溝中央的大碉堡是個假目標，而在壕溝裏面四角幾座從外面無法發現的暗堡才是致命的火力點，共軍軍突擊隊全部是在這裏被殺傷。10日白天和晚10時連續攻擊，均告失利，20師因傷亡慘重喪失戰鬥力退出戰場。

11日凌晨2時，21師再度猛攻，這一次終於衝過了外壕，攻上了城隍廟的圍牆，從南和東南突入核心陣地，佔領3個地堡，拂曉前突入約1個營，經國軍反復逆襲傷亡慘重（國軍資料甚至稱7縱司令成鈞命令督戰隊用機槍堵住後退，此股共軍殘部只得投降）。成鈞眼看部隊傷亡過大，於拂曉含淚停止進攻！胡翼烜致電范漢傑：「職部雖傷亡重大，彈藥極度缺乏，但士氣甚旺，官兵咸抱與城共存亡之決心，以期不負蔣主席之厚望」，電文最後一句是有深意的，在萊陽戰役剛打響的12月5日，蔣介石給范漢傑發來電令：「萊陽為膠東半島之中心，其得失關係全國，關係民國江山」，同時直接給胡發個「死守待援」的命令，胡原是蔣的衛士，胡給范的電報既是在表功又是利用與蔣的特殊關係對范施壓。范漢傑不敢怠慢，嚴令增援部隊務必在12日佔領萊陽西南的水溝頭，逼近萊陽城。同時嚴令守軍死守待援併多次派飛機向萊陽城內空投物資。

在7縱數次總攻失利城隍廟守敵拒不投

■東關北廟南牆上的彈洞。

降，國軍援軍又快要逼近的緊急關頭，11日晨許世友對成鈞下了死命令：「晚飯前，你拿不下城隍廟，提頭來見！」成鈞又組織兵力連續發動了5次攻擊，全部失敗！對一個縱深不到300公尺的工事打到這樣，許世友大怒：「從紅軍到今天，從來沒有打過這麼窩囊的仗，這簡直是對我的侮辱！」中央軍委也電示許世友：「如無把握，應及早放棄，以期掌握機動兵力，打擊來援之敵」，這一電報明顯看出中央軍委在國軍如此堅強防守下已經喪失信心要放棄對萊陽的攻擊了。許世友本想一兩天之內解決戰鬥，打到這個地步簡直是難以想象，怎肯讓這麼個圍攻了十幾天的殘敵逃脫，決定增加攻城兵

力，迅速殲滅守敵，爾後集中兵力打擊援敵。遂調集13縱37師（在華東局及東兵團首腦機關駐萊陽城時，該部擔任萊陽城的衛戍任務，師長高銳又是萊陽人，曾任萊陽衛戍司令，對城內地形熟悉）接替7縱攻擊。許下達這個命令，成鈞惱火之下居然只能下令讓全軍排以上幹部集合組成敢死隊，自己擔任隊長，去城隍廟拼個魚死網破，這是7縱徹底被打殘的又一個例證。7縱20師60團政委謝雪疇回憶僅60團傷亡即達700餘人！（幾乎是全團戰鬥兵總數）併稱萊陽守軍極其頑強，非死即傷，極少投降被俘者！萊陽戰役後成鈞在南麻戰鬥中的舊傷被氣得復發（這是華東戰場12個縱隊級指揮員中惟一一

118

個臨陣受傷），差點要了他的命！

12日上午10時，37師接受「於當晚務必全殲殘敵」的任務，隨後許世友和高銳共同分析了敵情併命令部隊下午5時前趕到南關待命，當夜直接投入攻擊！37師所部經急行軍16時30分沿20師進攻路線由南關進入城內，19時部隊進入攻擊出發陣地！其部署是：109團從東南角，110團從西南角攻擊；111團為預備隊，配置於東關併包圍城北隅，以防敵人逃跑。零時30分，榴、野砲開始準備，109團從正東和東南角，110團從西南角，併肩攻擊，由於夜間對守軍火力沒有偵察清楚，攻擊發起後遇敵壕溝內暗堡火力封鎖和砲火攔擊，各攻擊點都沒有爆破成功，被迫停止攻擊，不久改變進攻路線發動第二次攻擊，4時2個團均突破至蓋溝附近，110團轟破據點外牆，併爆破了幾個牆內碉堡，國軍集中砲火反擊，使共軍傷亡很大，但仍拼死血戰。此戰雙方傷亡都很慘重，國軍稱這一晚血戰達到最高潮！天亮時，攻擊被迫告停，沒能完成任務。

第二次總攻是13日11時發起的。這天上午國軍空軍多次（每次1到3架）飛臨萊陽上空給守軍空投彈藥物資，但因地方狹小和共軍輕重機槍對空射擊，大部分物資落入共軍之手！國軍稱當時守軍僅剩百餘人。109團、110團從東南西南再次發動孤注

一擲的攻擊，各營機砲連連長帶火箭筒排（可見攻堅部隊裝備之精良）歸團部直接指揮，集中使用，併帶足炸藥包和燃燒彈，配合步兵連爆破手一起衝鋒。在砲火轟擊下，城隍廟外牆大部被毀，但也因此使攻擊部隊突入後全部暴露在守軍密集火力下，守軍暗火力也猛烈開火，60砲在後續部隊中成片開花！共軍遭受重大傷亡，多名連排長陣亡或重傷，109團政治部主任陳忠祥也被60砲擊傷，被迫撤回原地！然後再次組織了攻擊分隊的爆破和突擊，戰鬥持續了約兩小時，再

■（上）及（下）僅存老民房上的彈洞。

次無功而止。此戰國軍傷亡也不小，106團副團長趙鶴鋒、3營代理營長周效武陣亡（106團3營為預備隊，其營長成立志在上柳行一戰重傷未愈，乃以團新聞室主任、原該營營長周效武代理營長）。

慘烈的戰況迫使高銳冷靜下來，認真研究對暗火力點的打擊，併親自到一線觀察地形、敵情，發現東北角地形開闊，不易接近，而且守軍對這個方向的防禦也不象南面和西面那樣重視。從東北角又有利於組織火力掩護爆破和突擊。於是接受了111團從東北角攻擊的建議。決定由111團由此地突破。

在2縱阻援戰鬥連連吃緊的情況下，許世友也絕對不允許再有閃失！他命令13縱司令周志堅親率13縱山砲連到第一線支援，7縱砲兵連也配屬37師攻擊，師級幹部直接下到主攻部隊的營、連，下達了當晚必須攻殲守敵的命令！

第三次總攻在13日黃昏6時開始。城後東北和西北的共軍砲兵共40餘門火砲實施大面積覆蓋射擊，各營機砲連的上百挺輕重機槍和迫擊砲集中射擊（60公釐迫擊砲居然直接抵近平射），使用了重新捆綁的大威力炸藥包（大的有200斤），城隍廟淹沒在火海之中。半小時後37師投入了最後的預備隊111團，與109團、110團從三個方向開始突擊，各團均組織了敢死隊，全部端著上了刺刀的槍衝鋒！時任共軍109團1營營長田軍回憶說，這次攻擊突擊部隊還將辣椒粉包在手榴彈外扔進據點，嗆得敵人睜不開眼睛（這也是國軍回憶錄中以為共軍使用了毒氣彈的原因）。各營機砲連連長直接率領火箭

筒排伴隨突擊隊衝鋒，東北角果然是敵人的防禦弱點，111團首先在東北角將守敵一個集團堡炸毀，併順利通過了缺口，沖進了圍牆；接著109團從南面突入，突破外壕，摧毀了外壕內的火力點，併以外壕為依託繼續向裏面的集團工事攻擊。他們接受歷次攻擊受挫的教訓，見到壕溝就往下扔炸藥包，隨著壕溝被炸塌，暗堡裏的守軍被活埋，又比較順利的炸毀了圍牆上的射孔，炸開缺口，使突擊隊順利沖上圍牆。在兄弟團隊勝利的鼓舞下，110團也從西南角突進去了併打退了國軍的反撲。守軍雖然利用暗壕和地堡等拼命抵抗，但終究抵擋不住共軍源源不斷湧進，37師雖傷亡慘重，仍抱定決心衝鋒不止，連續作戰10餘晝夜彈盡糧絕的國軍在人海戰術下終於無力支撐。

■清水北路33號-- 37號遺留彈洞老房子外的僅存的老樹它見證了當年的血戰。

14日淩晨，戰鬥在硝煙彌漫中順利結束。胡率僅剩17人（其中軍官僅有106團3營長成志立、106團1營副營長王錦龍、108團1營長遊滌淵、108團1營1連長張道長、108團1營2連長王連升、106團2營6連長熊紀武、106團3營8連排長郭志英）殺出重圍，沿途歷經艱險於26日在太平莊與整54師援軍會合。106團2個副團長和3個營長全部戰死，聯防大隊長趙世珍被俘，萊陽縣長葛子明逃往青島，代理縣長周鳴國、海陽縣長李躍亭、棲霞縣長牟某也全都死於砲火。

共軍戰果統計：殲滅守敵正規軍整編54師36旅106團全部、108團1營、師直屬榴彈砲連、36旅直屬山砲連、國防部交通兵第1團4連、第2團9連、聯勤總部第9兵站之第42、第45分站、第14供應站派出所、後方留守處等4000餘人，殲滅敵地方部隊和機關第13專署、萊陽縣政府、萊陽保安大隊、警察大隊等2000餘人，殲滅土頑還鄉團4000餘共萬餘人（實際國軍和有組織的還鄉團武裝不超過5000人），其中生俘正規軍2500餘人，保安隊還鄉團5000餘人，斃傷正規軍1500餘，地方部隊1000餘，繳獲榴彈砲2門、山砲4門、迫擊砲5門、60砲16門、火箭筒5具、擲彈筒5具、重機槍20挺、輕機槍123挺、衝鋒槍205枝、步槍1023枝、短槍25枝、手榴彈1200枚、各種砲彈7000多發、各種子彈40多萬發、汽車20輛、電臺7部、戰馬30餘匹及其他大量軍用物資（原載1947年12月20日，膠東《大

■萊陽城原城隍廟東北民房遺留的彈洞（今清水北路33號）。

■萊陽城外壕（護城河）北關段舊址。

公報》）。

據華野東兵團戰後總結承認，攻萊陽歷經10晝夜血戰，傷亡7709人（幾乎是一個師的戰鬥兵員被消滅），7縱基本喪失戰鬥力，37師元氣大傷！（據萊陽城的老人的講，戰後共軍僅掩埋屍體就用了兩三天的時間，現在萊陽市區的古柳、五龍南路和旌旗路底下都埋滿了戰死的英魂，現在萊陽的年輕人有幾個還能知道50多年前在這裏發生的這場血戰嗎？！）

分析

萊陽之戰為何共軍以4個師之眾圍攻彈盡援絕的1團孤兵達10晝夜才告攻克，這其中原因在於：

一、在兵員素質上，守軍整36旅106團所部多為參加過抗戰滇西反攻的老兵，受過正規系統的軍事訓練，基層軍官很多都立過戰功，戰場經驗和單兵素質遠在共軍之上，入膠東作戰也未受什麼損失，心理素質較

強，敢打敢拼，特別是最後集中防守城隍廟核心據點後，火力配置得體，「團營指揮員決心堅強，固守堅決」（成鈞語），更是打出了驚人的意志，最後的突圍17人中108團1營2連長王連升和106團2營6連長熊紀武分別是萊陽週邊兩大據點亭兒山和馬山的守將，在週邊嚴重殺傷共軍後居然還能撤入核心陣地，真是驍勇異常，最終得以突圍，應是國軍中兩個最大功臣，而普通中下級士兵也能同仇敵愾打出了驚人的意志，讓我們以國軍的資料來看看106團守軍中的個例：

郭志英，整54師36旅106團3營8連中尉排長，河南陝縣人，30歲，原為副官書記出身，1944年滇西反攻，剛開始帶兵，帶兵、練兵、用兵都很出色。萊陽戰役開始時，守衛城隍廟核心據點，共軍在某日黃昏時突破，衝進幾十人並佔領南端房屋。郭排長在團長胡翼恒激勵下，手提衝鋒槍，孤身一人衝入南端房屋內。當時天還未亮，對方沒有發現他，他乘對方立足未穩之際，衝入敵群扣動扳機開火掃射，對方猝不及防，當場被打死40多人，郭排長繳獲輕機槍3挺、步槍20多支、衝鋒槍3支。郭本人頭部負重傷，水粒不能咽，突圍時將其架走，歷經千辛萬苦，才送到後方醫院，傷癒歸隊後，人皆稱之為「常山趙子龍」。

而東兵團此前在膠東保衛戰前階段三個月連續作戰，沒有後方的大範圍迂迴和運動

■攻擊萊陽縣城。

■萊陽攻城。

1.兵力運用上過於分散，分兵作戰導致被敵層層抗擊無法集中兵力突破一點，傷亡過重，滿足於包圍當面之敵，不能繼續發展以求得將敵人完全分割切斷，使敵有計劃退入核心據點造成重創。

2.步砲協同差（共軍砲兵火力遠超過國軍最後居然被國軍迫擊砲壓制），爆破與突擊等戰術動作上不熟練等。

3.沒有注意對敵砲火和側翼的防護，將近半數傷亡為非直接參戰，絕大部分傷亡是在對峙中遭敵火力(主要是迫擊砲與火箭筒)殺傷！

4.沒有對地形深入分析，缺乏攻堅經驗，猛衝猛打，隊形密集，在敵人成型防禦體系下以人海戰術傷亡慘重直至喪失戰鬥力！

7縱前身是新四軍7師，由安徽無為地區遊擊縱隊、原三支隊挺進團以及皖南事變突

使部隊減員很大，極度疲勞，思想複雜，補給的士兵成分混亂，甚至有打幹部黑槍的情況，所以在攻佔萊陽後，部隊清洗國民黨殘部和還鄉團的時候，都不直接參與，而是讓有血海深仇的貧農來「行刑」，共軍僅維持秩序，甚至用布遮臉，以免日後被報復！

二、在戰略和戰術運用上，共軍也存在較大失誤，開始擔任攻城的7縱司令員成鈞在回憶錄中承認攻城存在問題，總結為：

圍部隊組成，19師前身19旅是7縱最早成立的旅，其中56團由皖南突圍出來的新四軍特務團一部與無為縱隊4個連組成，戰鬥力較強，為起家部隊，然而萊陽戰役19師首先喪失戰鬥力，新四軍的老底子徹底打光！

戰鬥結束後共軍對胡翼烜長時間堅守極其驚訝，許世友和成鈞先後到現場，最後對國軍的防禦構成大加讚賞！據說許世友曾說；這個團長可以請到共軍軍事學院做教

官，學學他是怎麼以一個團打敗一個軍的。

戰後胡翼烜升任整編36旅少將旅長，隨後整36旅重建106團，整54師主力北調東北後恢復54軍番號。整36旅留守青島，以該旅為基礎成立新的整54師。1948年11月，整36旅恢復36師番號，胡翼烜任師長，隸屬由新整編54師改稱的50軍。1949年6月，該師從青島登船南撤海南島，後調廣東，胡升任50軍副軍長。同年10月，擔任後衛的36師在廣東陽江地區遭到共軍第43軍的沈重打擊，幾乎被全殲，師長李成忠被俘。張國英接任師長後率領36師餘部撤往海南島，11月初抵榆林，後開臺灣。1952年改稱第26師，1959年改為重裝師，成為臺灣軍隊的主力部隊之一（即後來的第226師，轄第176、第178旅）。胡翼烜抵台後於1950年10月調升54軍軍長，後任總統府中將參軍等職，1972年元月退役。

國共內戰中，54軍（整54師）沒有什麼突出戰例，36旅這次守城為整54師增色不少，106團也為36旅這支虎嘯部隊的光輝歷史寫上最後濃墨重彩的一筆，36旅在內戰中除此之外沒有重大戰役，此戰後更是銳氣喪盡，1949年10月兵敗如山倒的形勢下最後被追殲，所以萊陽戰役應該是36旅作為虎嘯勁旅最後的經典之戰！

蔣介石因其他戰場冬季戰事緊張，併且膠東各出海口控制穩定，戰後不久即令范漢傑率整編第54師主力（198旅、8旅）1.5萬餘人赴援東北錦州；整編9師76旅由青島空運武漢歸還建制；整編64師開赴蘇北戰場，至此膠東兵團的6個整編師（進入膠東的只有5個整編師，整45師一直在濰坊一帶守備

後方）已經調出了4個，僅留整8軍守煙臺、威海、龍口、福山、蓬萊等地，以整54師36旅、74師57旅守青島、即墨、靈山等地，膠東兵團名存實亡隨即解體。膠東形成了國民黨控制各大城市及出海口，轉入重點防禦，共軍粉碎國軍重點進攻，控制膠東腹地併展開反攻的形勢。

萊陽戰役是敵我雙方在膠東中心地帶的一次大規模決戰。也分別是范漢傑的膠東兵團和許世友東兵團在番號內的最後一次作戰。雙方共投入了20餘萬人，在五龍河畔、萊陽城、水溝頭、將軍頂進行了殊死搏鬥，在戰役中，范漢傑敢於以7個旅的劣勢兵力與共軍4個縱隊外加1個膠東軍區決戰（兵力比例接近1：3）併最終以較小的代價重創共軍，確實表現了非凡的膽略和戰場判斷能力。同時在兵力調度上，他又能聽取各方面意見，使國軍的兵力得到最合理的配置。可以說，在這次戰役中，范漢傑的軍事才能得到了應有的發揮。若非國軍整個兵力不足並要繼續抽兵赴其他戰場、共軍在老巢作戰，部隊補給迅速，阻援部隊的意志遠勝於國軍等原因，最終戰局難以想象！

在戰鬥中，國軍表現了較強的戰鬥力，尤其是胡翼烜以一團之兵堅守萊陽十數天之久連續挫敗共軍4個師的圍攻並使7縱喪失戰鬥力撤出戰場，遠超過共軍甚至國軍自己的預期！國軍援兵在兩個階段的攻擊中一直以整54師198旅為主攻，11月底198旅即在蜆子灣重創9縱，救援萊陽從12月8日到25日，連續攻擊層層推進達18天之久，分別在共軍重兵設防的水溝頭、將軍頂一線與2縱、13縱、9縱阻援部隊血戰，使共軍步步後退遭

遇重大損失！戰後參加萊陽攻城阻援的華野東兵團4個縱隊喪失繼續作戰能力，撤離戰場休整了兩個多月，補給人員，恢復戰力後於1948年3月改稱華東野戰軍山東兵團。膠東很多村鎮的區中隊（最基層的地方武裝，相當於民兵）甚至都直接補給到各野戰縱隊。共軍用巨大的代價換取了戰役和戰略上的勝利！戰後，許世友特以《萊陽大捷—解放膠東》為題親自寫了一篇紀念文章，大肆宣傳，渲染這來之不易的勝利和萊陽戰役的重大意義。

山東共軍佔領區作為內戰初期共軍的軍事根據地和華東總後方，在國民黨重兵圍攻下頂住了巨大壓力，堅持時間最長，付出了很大代價和犧牲，最大限度牽制了國軍部隊，有力支援了其他戰場作戰，作為全國最困難的戰場最後一個展開了反攻，萊陽戰役是膠東保衛戰的決戰，完全改變了膠東戰場的局勢，有力配合了外線兵團的進攻，使整個山東形勢發生了根本轉變，是山東共軍佔領區乃至全國遏制住國民黨進攻並轉入反攻的轉捩點。

附記：萊陽阻擊戰

水溝頭阻擊戰

當共軍開始向萊陽調集時，范漢傑即已察覺，他準備以萊陽來吸引住共軍主力，以求決戰。於是范漢傑即作如下處置：

1.守備萊陽之胡團固守萊陽，能守7天就算完成任務。

2· 命在即墨附近休整之整64師即向萊陽前進。

3· 派登陸艇將海陽之整54師接運到青島後即向萊陽前進。

4· 令整8軍（整8師於11月底擴編為整編8軍，下轄整8師和整榮譽1師）軍長李彌率軍主力從煙臺南下。

當萊陽被圍後，范漢傑即令在即墨附近之整64師師長黃國梁指揮該師156、159旅並指揮整54師198旅另配屬整9師砲兵營，戰車12輛，並由整74師57旅隨後跟進開始由靈山（以整9師76旅守備）一帶，經薑山集，沿煙（台）青（島）公路，增援萊陽城。此4個旅的援軍在青島、即墨一帶集結後，6日開始沿即（墨）萊（陽）公路北進，7日佔領薑山集，8日在保駕山、百戶屯一帶與膠東軍區西海獨立團接觸，9日，調整部署等待後續部隊，同日從龍口抽調的整8軍之增援部隊（根據軍長李彌的建議為防止主力全部調出共軍乘虛佔領煙臺，僅調原來增援蜆子灣的42旅第1、第2兩個團，整103旅309團及217團、戰車1個連、重砲2個連）也從青島沿相同路線北上到達靈山。9日從海陽乘船調往青島的整54師先頭部隊整36旅10日抵青島後，即行北上（整8旅隨後），組成增援萊陽的第二梯隊，10日開始向望城一線進攻，11日向共軍水溝頭河南主要防禦陣地進攻，攻城與打援的戰鬥，分別在萊陽城與水溝頭激烈的進行著。

水溝頭是萊陽西南一個大鎮，橫跨洙河，中扼煙青公路，南視鶴山，北望平原，離萊陽城不到50公里，是膠東大陸通往青島的交通樞紐，為通往萊陽的咽喉要道，鎮外為百公尺寬的河灘，地形開闊便於防守，道

路兩側也是丘陵起伏，便於構築野戰工事，自古即為萊陽週邊必守之重鎮！水溝頭一旦失守萊陽全境幾乎再無險可守，再無可利用之地形。九月攻勢中整54師進攻萊陽時曾經在這裏與共軍13縱展開過激戰！三個月過去了同樣還是整54師又在這裏與共軍接戰！這次對手由13縱換成了2縱，配合整54師作戰的整25師變成了整64師！阻援部隊2縱部隊以6師固守水溝頭、李家瞳一帶陣地（16團守水溝頭，17團守李家瞳，18團為師預備隊位於任家瞳），5師位於6師以東地區防禦（13團守鳳凰頂、前柳家屯，東西賢都、呂家埠地區，14團位於252高地並以警戒部隊控製平林院及其西山高地構築二線陣地），4師及南海地方武裝配置在水溝頭西北地區保障水溝頭主陣地右翼安全，並隨時準備增強水溝頭防禦！

10日，援軍以整74師57旅一部接替守備薑山集一帶，其餘繼續北進，上午7時，整198旅約5個營的兵力在6輛戰車掩護下由石城南之大、小泊分三路向東北方向的2縱5師陣地進犯，一部進攻太平山、西流泉（當即突破14團防守），主力向13團3營的鳳凰頂陣地進犯！守軍沒有打戰車的經驗，造成很大傷亡。地堡大部被戰車摧毀，戰車突入陣地達40公尺，雙方展開血戰，來回拉鋸幾次至15時國軍停止進攻！17時，5師13團14團各一部組織反擊，至太平山、西流泉一帶再無力進攻停止。13團3營喪失戰鬥力，14團派4連接替鳳凰頂13團3營防禦，主力置於252高地，將平林院陣地交由13團。

11日9時，國軍以數架飛機向水溝頭6師16團陣地轟擊並投燃燒彈，接著數十門重砲轟擊，陣地半數被毀，9時30分，國軍從田格莊出動戰車7輛掩護整54師三路出擊，198旅1個營向16團1營陣地攻擊，守軍擊退兩次進攻，迫敵退回田格莊。在向16團1營陣地攻擊同時，198旅1個團由臧家院西出發，佔領17團前哨陣地劉家院西，又以1個營佔領黃花灌，雙方混戰到黃昏，17團退守洙河北岸才穩住陣腳。11日上午，整64師2個團攻佔東西征都，1個團攻佔太平山、西流泉及以北高地。下午，9縱25師2個團配合2縱一部由東北向西南，9縱由東向西反擊，將整64師打回原防，2縱5師在這一天的激戰中損失慘重，平裏院、柳家莊一線陣地不得不交9縱27師接防。

這時援軍總指揮整64師長黃國梁接到范漢傑12日攻下水溝頭進軍萊陽的嚴令！他立了軍令狀：「攻不下水溝頭頭顱送青島」，范漢傑也調整部署，調上了2個主力旅，以整198旅為主攻，命令12日攻下水溝頭。部隊分成左右兩路，左路由整64師師長指揮156旅、159旅的5個團、整74師57旅、整54師198旅為側翼掩護奪取水溝頭，攻萊陽。右路由整54師長闕漢騫指揮整54師8旅、36旅、整9師76旅、整8師42旅擔負進攻，整76旅警戒薑山集、靈山的交通，掩護後路。

12日6時30分，國軍集中了10餘架飛機和火砲開始轟擊，40分鐘後，198旅1個團的兵力在10輛戰車掩護下由龍灣莊出發，沿煙青公路東側分數路猛撲16團2營5連陣地，至9時佔領陣地，2營以主力增援在公路西側穩住局面。9時，198旅另1個團在7輛

126

戰車掩護下由田格莊出發向公路西側16團1營陣地猛攻，一度突入陣地，旋被反衝鋒逐回田格莊。2縱4師12團火速至水溝頭洙河北岸增強防禦。12時以後，國軍又以1個團由黃花灘出發向17團陣地發動多次進攻，均被擊退。經過12日激戰，2縱在9縱27師所部配合下穩住了陣地！6師16團在主陣地水溝頭殲敵千餘人自身也傷亡慘重，幾乎打光。當日夜，損失慘重的2縱不得不調整防禦部署，緊縮陣地。以6師17團、18團接替水溝頭陣地，5師13團撤至圈子地區，以5師14團接替6師17團防守李家疃、史家疃陣地。2縱電告東兵團稱部隊減員嚴重，按當前情勢最多堅持到14日7時，許世友不得不急令13縱進入將軍頂一帶這種無險可守的地方組織第二道防線，形勢危急之下守將軍頂純屬無奈。

13日8時許，國軍集中力量向水溝頭6師第18團小籬子陣地攻擊，一直打到黃昏，第18團傷亡較大被迫後撤。國軍1個團由田格莊沿水道向右翼迂迴，南海軍分區部隊阻擊未果再次後退。15時國軍攻佔南寨、范家町。而援軍第二梯隊也已經到達水溝頭南的林泉店一帶，開始在林家莊與9縱27師接觸！2縱被迫於22時向北邊打邊撤，14團退至房家疃以北管道，小院、周格莊一線防守，13團位於周格莊一帶，交替掩護撤退！

14日拂曉兩批援軍會合後分兩路佔領水溝頭，以整64師及57旅一部守備水溝頭一線，改以整54師8旅、36旅、198旅、8師42旅為第一梯隊，由整54師師長闕漢騫指揮，以36旅、198旅、42旅為一路（198旅為主攻）沿煙青公路向東北進犯太平莊，以8旅

為另一路沿義譚店、沽河頭攻擊，11時與共軍14團接觸，14團堅守官道村至黃昏，入夜後5師全線後撤。

15日晨，國軍繼續推進與5師在上馬莊、封家泊一帶激戰終日，最後佔領上馬莊，2縱集中力量在封家泊穩定住局勢，天色將晚國軍回撤，2縱趁機脫離接觸，徹底撤出戰場。

2縱前身為新四軍2師和4師，老首長是新四軍副軍長羅炳輝，2縱4師的前身就是紅28軍，作為華東野戰軍僅有的老紅軍部隊，在阻擊戰中元氣大傷，戰鬥力最強的6師在水溝頭主陣地損失慘重。

將軍頂阻擊戰

攻克萊陽後范漢傑並不罷休，在水溝頭一帶集中了6個旅的兵力，繼續向萊陽推進，東兵團於14、15日夜間，變更部署：2縱因阻援戰鬥傷亡太大而西移休整，7縱因攻城戰鬥傷亡慘重幾乎喪失戰鬥力而撤至夏甸休整，13縱展開在萊陽城西南將軍頂一線，正面阻擊由水溝頭東犯的國軍，9縱26師移至河頭店一帶，位於13縱右翼，阻止國軍由水溝頭經河頭店迂迴萊陽（配合2縱參加阻擊的27師因傷亡大後撤休整，25師配合膠東軍區部隊迂迴敵後側擊）。共軍全部撤離萊陽城，足見許世友當時對阻擊戰和萊陽保衛戰沒有把握，將軍頂一帶坡緩谷寬，時值寒冬，遍地皆可行人走車，便於機械化大部隊展開進攻。水溝頭失守使共軍極其被動，退守這一帶，實在在沒有辦法的辦法！

13縱在進入將軍頂前，參加圍攻海陽的

一個多月戰鬥，十分疲勞，部隊減員也沒有得到補充。38師12月14日晚進駐將軍頂賀家疃，任務是「堅守將軍頂陣地，與兄弟部隊一起，死死把守住萊青公路從水溝頭到萊陽的這段青島至萊陽唯一公路，阻止敵人沿公路東犯。」39師進駐東、西小埠，前、後大埠一帶，阻止國軍由西南方向的進攻，37師則進駐薑家泊，東、西趙疃一帶，充當預備隊。

國軍在水溝頭附近各村莊進行了幾天偵察後，根據當前共軍已經撤出萊陽休整，而即使重佔萊陽後又無足夠兵力守備的情況，以整54師198旅、8旅為一線部隊，兵分兩路（198旅以將軍頂為目標正面攻擊，8旅以西小埠為目標側翼攻擊，最後會攻將軍頂）沿煙青公路及兩側向萊陽城推進，以便由此突破防禦向賀家疃、將軍頂進攻，越過白龍河以西的丘陵，由西南攻入萊陽城，引出共軍主力部隊後投入二線部隊與之決

戰！與此同時，共軍也進行了防禦戰鬥的動員和準備，其中主陣地上的38師在這之前甚至根本沒有遇到過戰車，他們把一個多月前剛從整54師手裏繳獲的幾個火箭筒配置在陣地前沿用來對付戰車，迫擊砲佈置在陣地後面，並部署了對空火力，連將軍頂上的將軍墓也利用起來構築成了機槍堡壘！面對老對手整54師，13縱決心打一場萊陽保衛戰，阻止國軍重佔萊陽。

擔任主攻的整54師是陳誠土木系的第二大骨幹部隊，其最早前身是由教導第3師改編的第14師，後擴編為54軍，霍揆彰、黃維、方天等國軍名將都擔任過該軍的軍長。著名歷史學家黃仁宇先生抗戰時也曾在該軍服役。1944年3月，原屬54軍的第14師、第50師先後調出，36師乃編入序列。內戰開始後在廣東清剿共軍東江縱隊，1946年6月海運青島，投入山東戰場，橫掃膠東無敵手！在萊陽戰役期間，改編為整編54師

■由將軍頂看萊陽城。

下轄第8旅、198旅和36旅。此時198旅、8旅作為援軍主力救援萊陽被圍的36旅！54師8旅和198旅都是美械裝備，戰鬥力較強，54師屬砲兵營有美製105公釐榴彈砲12門，8旅和198旅各有旅屬美製75公釐山砲12門，加上配屬的整9師砲兵營（12門105公釐榴彈砲）和12輛戰車，火力強大！

198旅即原來的198師，是抗戰期間由湖南地方部隊升級的，1940年編入54軍後，為平衡戰力，以14師、50師各1團與198師互換，始成為國軍勁旅！其中198師592團即為原14師42團，原團長龍天武後升新編第3軍軍長，為頭等主力團！滇西反攻時國軍名將葉佩高擔任師長，戰績卓越獲虎旗一面！由於隸屬時間已久，此時已被師長闕漢騫視為基本部隊。

第8旅即原來的第8師，是北伐時的湘系部隊賀耀祖40軍在1929年8月縮編而成，歷史悠久，朱紹良、毛炳文、陶峙岳、劉廉一等國軍名將都擔任過主官，淞滬會戰中由陝西增援上海，在蘊藻濱一帶重挫日軍。之後，日本陸空軍發動更為猛烈的攻勢，師長陶峙岳率官兵頑強抵抗，堅守陣地22天，10000餘名官兵僅存700餘人，獲各界美譽。8師先後隸屬第37、76、57軍，1945年2月華南國軍整編，教導總隊的底子編成的46師並入8師，57軍被裁撤，8師乃轉隸54軍。

12月19日拂曉，一發發砲彈開始在公路兩側爆炸起來。戰鬥首先在公路兩側打響了。整54師8旅頭先部隊在飛機大砲的掩護下，由左家泊分兩股沿公路兩側向新店、左家泊、桃源莊一線攻擊前進。8時，右路13縱39師116團2營設伏於太平莊，左路38師113團3營設伏於青埠屯，114團2營設伏於肖家瞳，由於隱蔽不利先敵開火，伏擊目的沒有達成，在國軍猛攻下被迫回撤。11時，

■賀家瞳

8旅約1個營進至桃源莊、舊店一線,向39師117團1營前大埠陣地進攻!11時30分佔去村西半部!15時117團組織4個連反衝鋒激戰至16時,將敵趕出。與此同時國軍又由左家泊增加1個營的兵力配合進攻左路前大埠(38師陣地),連續幾次攻擊,均未奏效。

20日8時30分,198旅以1個營的兵力由朱家埠兵分兩路進犯38師114團2營肖家瞳、馮格莊陣地。由於國軍火力強大,守軍防禦工事不堅固,守軍傷亡很大而告失守!國軍繼續推進,進至賀家瞳,被38師114團3營擊退。

8時許,8旅從左家泊方向集中1個加強團,進攻39師117團前後大埠陣地,激戰至11時50分前大埠失守!12時40分,後大埠失守!國軍以1個營佔領馮格莊後與佔領肖家瞳後大埠的部隊會合,以這些村莊為依託,繼續向東推進,猛攻西小埠西無名高地的39師117團1營陣地,激戰至13時佔領無名高低,無名高地是西小埠陣地的主要前沿陣地,可俯瞰整個防線,無名高地失守後國軍可居高臨下從容攻擊,西小埠主陣地不保!19時,奉命緊急趕到的37師即以109團和110團分別從中小埠南北向西小埠西高地展開反擊。經反復爭奪,凌晨2時將國軍擊潰恢復陣地仍由117團1營防守!凌晨4時,國軍複集中兵力攻擊,雙方連續拉鋸守軍終因傷亡過大,無力堅守,被迫再次放棄陣地撤回西小埠村。

賀家瞳和小埠戰鬥

21日10時許,198旅約2個營的兵力從正面向38師114團3營防守的賀家瞳陣地發起了攻擊,被密集砲火阻於陣地前沿300公尺處,一直激戰到下午3時,守軍3營9連在火力掩護下發起反突擊,將其逐回馮格莊、肖家瞳等地。

22日,國軍一部向小河崖、田家莊做試探性攻擊也遭39師阻擊,隨後國軍停止進攻調整部署。這寧靜意味著一場更激烈、更殘酷的戰鬥就要來臨了。這頭三天的戰鬥,只不過是試探性的前哨戰,守軍付出了相當的代價,失去了前沿幾處重要陣地。國軍正在重新部署,加強進攻力量。守軍清楚意識到,國軍的作戰意圖是要攻佔將軍頂,只要佔領了將軍頂,通往萊陽城的大門也就打開了。

23日上午8時許,國軍新的攻擊開始了,砲彈鋪天蓋地而來。飛機也對將軍頂陣地狂轟亂炸,以截斷守軍增援部隊。9時許,兩路國軍繼續進攻,一路198旅1個營在3輛戰車的掩護下,向38師114團3營防守的賀家瞳陣地撲來。另一路是佔後大埠和無名高地之8旅約1個營,向39師117團西小埠陣地攻擊。

賀家瞳陣地上「陳毅砲手」牟崗扛著全團唯一的火箭筒,把第一輛戰車擊毀了,3營經過激烈的反衝擊,於10時50分將國軍趕出了賀家瞳。198旅增兵至1個團的兵力,於11時複向賀家瞳陣地撲來。同時,國軍以1連兵力在3輛戰車的掩護下,由賀家瞳村南繞至村東,進行迂迴進攻,對114團3營陣地形成了包圍,激戰至12時側面之國軍1個連被擊退,正面國軍攻擊也受阻,戰鬥形成對峙下。

13時,國軍重新組織了第三次衝鋒。兩

■ 將軍頂

國軍也投入了預備隊增援，使西小埠方向兵力達到2個團，經過反復爭奪至17時共軍被迫撤出戰鬥！

賀家瞳方面，15時許，38師立即命令１１４團２連、4連和5連由將軍頂從敵右側打上去，並把全師3個團的迫擊砲、師砲兵營的迫擊砲、美式戰防砲，三八式野砲等共40餘門火砲，全部集中由師砲兵營統一指揮，全力以赴掩護步兵戰鬥，師指揮所全體人員包括勤雜人員也全部組織起來準備參戰，可見共軍當時已經是山窮水盡。

15時30分，114團副團長常建德率1營反擊賀家瞳陣地。由於連日作戰，兵力彈藥均無補充，雖然猛衝了好幾次，終未奏效，常建德也受重傷，戰鬥形成膠著狀態。最後以國軍佔村內，共軍佔村沿，結束了這一天的戰鬥（38師師長張懷忠承認對敵攻擊準備不足，賀家瞳戰鬥「我們付出的犧牲和代價之大，都是空前未有的」，戰後東兵團戰役彙編專門以此戰鬥失敗為例展開批評）。

路國軍各增兵到1個團蜂擁而來。在8旅優勢兵力和火力下13時30分西小埠陣地首先失守！另一路198旅從賀家瞳村後突入陣地，3營子彈、手榴彈全打光了，與敵展開了肉搏戰，有的連拼的只剩下二、三十個人，村外工事都被砲火擊毀，3營營長葉林海負了重傷，全營打到只剩下不到一個連！經多次拉鋸爭奪後，被迫放棄賀家瞳。

賀家瞳在將軍頂西部，西小埠在將軍頂西南部，是離主陣地最近，兩個村莊與將軍頂距離都不超過500公尺，特別是賀家瞳與將軍頂之間幾乎沒有相對海拔（西小埠與將軍頂之間有山溝阻隔，俗稱西南凹）相當於平原作戰防守極為不利，這兩處特別是賀家瞳的失守，直接威脅到將軍頂。深知此點的共軍決意拼死反擊奪回陣地！

西小埠方面，14時13縱投入預備隊37師110團1營反擊，來回拉鋸，最後因傷亡過重撤出戰鬥。15時左右，13縱投入所有可用兵力，以37師109團、110團、39師116團所有可戰之兵再次反擊，雙方展開血戰，

將軍頂戰鬥

將軍頂，是一個海拔只有96公尺的小土丘，上面有個小村莊，還有個大古墳，傳說唐代有個將軍死後葬在這裏，因此得名。

就是這?一個不引人注目的小土丘,由於它是這一丘陵地帶的最高點,也是萊青公路的咽喉,距萊陽城僅十幾華里,因此竟成為雙方激烈爭奪的要隘了。將軍頂西近平原並受西小埠賀家瞳之村莊障礙,東臨深溝(38師指揮所設在東坡的深溝),198旅佔領賀家瞳後從西打來,幾乎沒有相對海拔,無險可守,8旅佔領西小埠直接從側翼攻擊牽制,喊著「攻下將軍頂,到萊陽城去過年」的口號,完成了對將軍頂的鉗式會攻態勢,防守形勢極為不利!

24日10時許,198旅駐賀家瞳的1個團,在5輛戰車掩護下,向960高地、將軍頂陣地撲來。114團3營被迫從賀家瞳村外撤到將軍頂與2營會合阻擊敵人。駐守在960高地北側的114團3連,利用2輛戰車被擊中著火的戰機,勇猛衝殺,將敵擊退。960高地是將軍頂陣地前的一個製高點,也是守軍最後一道防線,如果失守,後果是不堪設想的。當國軍再一次向960高地發起攻擊時,6連前去支援。在全師集中的砲火的支援下,雙方在將軍頂一直激戰到下午1時30分,國軍退回賀家瞳。

為了確保將軍頂陣地,增強防禦陣地的穩固性,守軍抓緊黃昏時的作戰空際,重新調整了兵力部署。把傷亡較重的114團撤出陣地作為師預備隊,把原擔任側翼防禦的113團調上來接替114團防務。113團的1營及團特務連守備將軍頂及其南側陣地,2營接替114團1營陣地,3營接替114團2營陣地,112團接替113團原側翼防守地域。夜幕中,部隊在迅速地移防、接防、搶修工事,準備迎接明天更嚴峻的考驗。

25日,膠東保衛戰,最後也是最大的一場惡戰揭幕了。8時30分整54師集中了全師的榴彈砲、迫擊砲,猛轟將軍頂陣地。同時,國軍出動4架飛機,在整個戰區上空盤旋,轟炸,掃射,冰雹似的炸彈把不到1平方公里的陣地炸成一片火海,在彌漫的硝煙中,國軍全線出動,198旅和8旅共4個團的兵力,在密集的火力掩護下,向1營陣地發起了集團式衝鋒。由於天寒地凍,作業工具器材缺乏,陣地構築得並不堅固。兩條淺狹的塹壕和幾個地堡暴露在開闊的土崗上,經不起集中猛烈的砲火轟擊。前沿工事被擊毀。國軍利用一條自然溝,在砲火、機槍火力掩護下,一波接一波的連續衝擊。被埋在土裏的共軍迅速從打塌了的戰壕裏鑽出來,用成束的手榴彈和機槍迎擊,連續打退了國軍4次進攻。

中午時分,國軍以整營整營部隊集團衝上陣地,一時喊殺聲,刺刀撞擊聲響成一片。由於守衛前沿陣地的113團1營彈藥已經打光,人員傷亡過大,前沿陣地的3個地堡全被佔去,見此情況,38師決定把最後一個團拿上去,當即命令112團協助113團1營奪回陣地。112團副團長黃冠亭親自帶1營和團特務連從113團1連的側翼攻了上去,把立腳未穩的國軍打了下去,奪回陣地。

多次攻擊無效,國軍孤注一擲了。下午13時,他們也投入了最後的預備隊在其旅、團長親自督戰下,又以整營整營的兵力,在飛機大砲掩護下蜂擁而上,再次突破前沿陣地(112團特務連防守),並以此為依託,繼續向112團3連陣地猛烈攻擊。這時,38師集中全師所有砲火把僅剩的砲彈全

■ 將軍墳（當年解放軍最後的机搶陣地）

部發射，對國軍的進攻造成一定遲滯作用。但是，整54師仍在逐次增加兵力，依仗其人多、武器好，從將軍頂的西側迂迴到北側，企圖在正、側兩面在113團3營扼守的960高地和將軍頂陣地實行全面突破，至下午2點半，整個將軍頂陣地的周圍都在激戰，衝擊與反衝擊在狹窄的陣地內和開闊地上進行著。由於傷亡過大，有些地段已無人防守了。113團3營營長張懷金在肉搏戰中戰死，113團副政委榮育德迅速趕到3營陣地指揮戰鬥，不久也陣亡了，部隊傷亡過大又失掉了指揮，有的連最後是班長甚至衛生員在指揮作戰.。

激烈的戰鬥一直持續到黃昏，國軍佔領前沿陣地，但再也沒有力量發起進攻了。這一天是國軍投入兵力最多、火力最強、攻勢最凶的一天，38師也因傷亡慘重而喪失戰鬥力！縱隊決定由37師在黃昏後接防將軍頂，但37師剛經過攻城作戰，傷亡也很大！這個時候接替將軍頂的防禦，可見共軍已經到了

最後關頭。37師剛進入陣地，東兵團經再三考慮認為37師必難以堅守決定撤退，遂命令37師撤出將軍頂。如果明日國軍再攻，即讓其重佔萊陽（其實共軍打下萊陽後因無足夠把握堅守，僅用兩三天的時間打掃戰場後即撤至萊陽週邊）。而37師撤到萊陽城東山擔任最後的撤退掩護工作！沒有想到國軍主動撤退，守軍幸運地逃過一劫。

拂曉接到偵察報告國軍竟然撤退！後來才曉得，原來許世友在將軍頂血戰最緊張時刻，無兵可調的他只有打出最後一張牌——派出了萊陽攻城戰中喪失戰力的7縱和南海軍分區部隊，於22日西渡大沽河，經店子、古峴、夏格莊迂迴南進，24日佔領薑山鎮，隨即向國軍側翼展開襲擾，並且於25日在薑山以南截獲支援國軍的美國海軍陸戰隊吉普車1輛，斃俘美海軍陸戰隊5人。東兵團2縱和9縱也在國軍側後積極活動，對其威脅很大，同時整54師、64師等部將調其他戰場，共軍的連續阻擊有了充足的時間部署和轉

移，破壞了范既定的在萊陽與東兵團決戰的計劃，即使佔領後也沒有足夠兵力維持等原因，迫使范漢傑不得不急忙收兵。54師於26日8時由桃源莊、朱守清埠、小河源一線沿萊青公路向青島撤退。

13縱派37師111團和39師各1個營象徵性的追擊部隊，11時國軍退到水溝頭，共軍也因傷亡較大停止追擊。27日，國軍全部南撤！29日至靈山以南地區（54師撤至青島以北流亭，64師撤至青島以北城陽）。戰後13縱進入萊陽城西於家店地區休整。據筆者與將軍頂的年老村民交談，13縱撤離時因為傷亡過大，僅用了2個棺材?走了113團副政委榮育德和113團3營營長張懷金，另將100餘具屍體（估計為連排幹部）掩埋於紅土崖（後成為萊陽的烈士陵園），其餘陣亡者只能與國軍未及拉回的屍體一起在將軍頂西南與西小埠相隔的山溝即「西南凹」裏火化，屍體燒了整整一夜按整54師為主動撤離，大部分屍體肯定已經拖回，萊陽攻城戰共軍以絕對優勢兵力和砲火圍攻1個團守軍損失即達8000人，而在將軍頂的平原村落作戰中，面對整54師主力在飛機、戰車和重砲掩護下的強攻，可以想見13縱的巨大損失！

戰後東兵團戰役總結彙編也承認萊陽阻擊戰沒有打好，最後成功純屬僥倖！擇幾處重點摘錄如下：

1．賀家疃作戰中工事分散兵力單薄，工事全在村莊周圍村內沒有巷戰準備，防禦面積寬大，兵力僅一營。在聯絡中斷無增援下受到很大損失！

2．幹部責任心差未耐心研究作戰方案消極抵抗，在遭遇攻擊緊急情況下擅自逃跑。

3．對野戰築城重視不夠，工事修築水平差，防禦分散缺乏重點，無縱深配置，在敵人突破賀家疃後沒有迅速轉移兵力於將軍頂，在兵力分散射擊零亂的情況下，消耗太大作用太小，尤其在緊急情況下，主要砲火無立足之地（本來都在陣地後面，無縱深）居然脫離陣地逃跑，造成步兵損失重大！

4．首先是麻木不仁，然後是驚慌失措，在退卻中無組織潰退，損人丟槍，我軍班以上幹部缺乏責任心，沒有有序組織，交替掩護撤退！

5．戰場偵察重視不夠，措施不利，團營連通信中斷，當敵突破我陣地時團師皆不知情，錯過反擊時機，當組織發起反擊時，出擊道路選擇在居高臨下之正面，傷亡重大。

按照共軍公開戰史，萊陽戰役共殲國民黨軍整編第54師、第64師各一部及地方團隊共約1‧7萬餘人（其中俘虜7000餘人）。這一數位明顯誇大，按共軍各部自己的統計，2縱水溝頭殲敵1000餘，13縱將軍頂殲敵3600餘人（這裏面顯然已經包括了54師在水溝頭的損失，屬重復統計），7縱在萊陽殲敵4000人，13縱37師在萊陽殲敵千餘；攻城階段守軍總數不超過5000人，大部傷亡，加上還鄉團總共俘虜預計在3000左右，阻援階段共軍步步後撤，最後整54師主動撤離戰場不可能有什麼俘虜，除去誇大成分及重復統計，國軍總傷亡數絕對不超過1萬。而共軍僅攻城即損失近八千，打援作戰13縱幾乎喪失戰鬥能力，2縱元氣大傷未完成阻援任務即撤離戰場加上9縱配合13縱作戰的一些損失，共軍傷亡總數應在兩萬左右！

《冤家路窄》
——西野對馬家軍系列簡介

編者按：

　　青馬，指二十世紀初由青海甯海軍發展而來的、以馬麒、馬步芳家族領導核心的軍閥部隊，青就是其根據地所在的青海的「青」，馬自然就是其領導人的姓氏「馬」。青馬部隊之脈絡可以一直追溯到清末陝甘回變的河州馬占鼇回軍，青馬部隊長期盤踞青海和隴西，1936年，紅軍西征，青馬集中全力在河西走廊圍剿西路軍，戰爭之殘酷

令人髮指，因此青馬部隊與紅軍結下血海深仇。這也正是本系列題目「冤家路窄」的由來，國共內戰初期，青馬部隊並未與共軍直接發生接觸。1947年初，國軍決定集中兵力進佔延安，此集中了陝甘甯邊區周圍國軍部隊。隴東因而空虛，國府遂令青馬部隊進駐隴東，青馬遂調其主力整編第82師開赴隴東，就這樣走上了與共軍直接對戰的第一線。此後兩年裏，青馬部隊與以彭德懷首的西北野戰軍（即原來的西北聯防軍、陝甘甯

彭德懷

　　山高路遠坑深，大軍縱橫馳騁，誰敢橫刀立馬，唯我彭大將軍。（毛澤東詩）
　　彭德懷(1898—1974)，原名得華，湖南湘潭人。1916年進入湖南湘軍當兵。1922年考入湖南軍官講武堂，1923年畢業，任湘軍連長。1926年任營長，不久部隊改編為國民革命軍，參加北伐戰爭。1928年1月任團長，同年4月加入中國共產黨。7月與滕代遠、黃公略率部發動平江起義，成立紅軍第五軍，任軍長。11月率領紅五軍主力赴井岡山，與毛澤東、朱德領導的紅四軍會師。1930年6月任紅三軍團總指揮。1931年11月任中央革命軍事委員會副主席。他參與指揮了第一、第二、第三次反「圍剿」。1934年10月率部參加長征。1935年9月任紅軍陝甘支隊司令員，11月任西北革命軍事委員會副主席、紅軍第一方面軍司令員。1936年被補選為中共中央政治局委員，先後任抗日先鋒軍司令員、西北野戰軍司令員兼政治委員，參加指揮了東征和西征。抗日戰爭時期，任八路軍副總指揮（第十八集團軍副總司令）。1940年秋，在華北組織發動百團大戰，使日本侵略軍受到沉重打擊。1942年8月，任中共中央北方局代理書記，1943年9月回延安，協助毛澤東、朱德指揮華北敵後抗戰。1945年在中共七大一中全會上，當選為中共中央政治局委員，任中共中央軍事委員會副主席兼總參謀長。解放戰爭時期，任中國人民解放軍副總司令、西北野戰軍(後編為第一野戰軍)司令員兼政治委員。
　　新中國成立後，任中央人民政府委員、人民革命軍事委員會副主席、西北軍政委員會主席、中共中央西北局第一書記、西北軍區司令員。1950年10月，出任中國人民志願軍司令員兼政治委員，指揮中國人民志願軍抗朝鮮作戰。1952年回國主持中央軍委日常工作。1954年後任國務院副總理兼國防部長、國防委員會副主席。1955年被授予元帥軍銜。1956年在中共八屆一中全會上，當選為中共中央政治局委員。1959年7月，在廬山會議期間，受到批判，被打成「彭（彭德懷，時任中共中央政治局委員、國務院副總理兼國防部長）、黃（黃克誠，時任中共中央書記處書記、中國人民解放軍總參謀長）、張（張聞天，時任中共中央政治局候補委員、外交部副部長）、周（周小舟，時任中共中央候補委員、中共湖南省委第一書記）反黨集團」的骨幹成員，免去國防部長職務。1965年重新工作，被任命為「三線」建設委員會副主任。「文化大革命」期間，遭到殘酷迫害，多次被遊鬥。1974年11月29日逝世。1978年中共十一屆三中全會為他平反昭雪，恢復了名譽。

聯防軍、西北野戰軍團等，本文方便起見，統稱西北野戰軍，簡稱西野）多次交戰。這些戰鬥大多鮮人知，特別是西野與青馬作戰居然勝少負多，甚至還曾險些全軍被圍。直到1949年共軍第十八兵團（由華北野戰軍第一、第二、第三兵團合編而成，下轄第60、第61和第62軍，首任司令員兼政治委員徐向前。太原戰役後奉命轉用西北戰場）進軍西北後，咸陽一戰西野才贏得對青馬的第一次全勝。

青馬部隊之脈絡可以一直追溯到清末陝甘回變的河州馬占鰲回軍，這支部隊後來被清軍收編，成甘肅巡防營之一部，史稱西軍，八國聯軍入侵平津時，西軍武衛軍與侵略軍血戰北平城，戰後護駕西歸甘肅，辛亥革命前改稱精銳軍，簡稱西軍精銳軍。其一個主要分支即馬麒部駐防青海，是馬麒擔任青海屯墾使期間組建起來的，這個部隊在民初被稱甯海軍。青馬就是在甯海軍的基礎上逐漸發展壯大起來的。青馬部隊長期盤踞青海和隴西，尤其是西軍潰滅後，甯海軍繼承了其衣缽和地盤，勢力大增。抗戰時期，陝甘青地區國府抗戰之後方，借助抗戰軍興之機，青馬部隊急劇膨脹，到抗戰勝利時，擁有整編82師、騎兵第5軍兩支精銳部隊。勢力範圍囊括了了青海、隴西、河西乃至新疆大片地區。

國共內戰初期，青馬部隊並未與共軍直接交手。1947年初，國軍決集中優勢兵力進佔延安，達到此目的，需將分散於陝甘甯邊區周圍之國軍部隊收縮集結。隴東因而空虛，國府遂令青馬部隊參戰，填補此地空白。這個命令正與馬步芳父子拓展地盤之想

法不謀而合。青馬遂調集其主力——整編第82師開赴隴東參加備戰，此後兩年裏，青馬部隊與以彭德懷指揮的共軍西北野戰軍（改編野戰軍前的名稱西北聯防軍、陝甘甯聯防軍、西北野戰軍團等，本文方便起見，統稱西野）多次交戰。戰鬥之結果可能並不很多人所接受，但事實是西野勝少負多，還曾經險些全軍被圍。直到1949年全國國共內戰局勢已定，共軍第18兵團進軍西北後，於咸陽一戰西野才獲得對青馬的第一次全勝，此後共軍越戰越勇，分別在柳林、固關、蘭州諸戰役中，猶如摧枯拉朽般將青馬集團悉數掃滅。

本系列不想過多談論1949年咸陽戰鬥乃至後來的諸多戰役，因有很多文獻和資料記載了共軍這些勝利。但是對於咸陽在戰鬥之前的對西野與青馬集團之戰鬥，史料或語焉不詳、或緘口不言，令很多朋友疑竇叢生，本文就試圖重現這些戰鬥場景，因資料相當匱乏，且國共兩方面的資料還多有衝突。其間或有不正確或不確切的地方，還請讀者們理解。

全系列共分五部分：

西北野戰軍

西北野戰軍，也就是後來的第一野戰軍，是解放軍的五大野戰軍之一。是由抗日戰爭末期晉綏解放區和陝甘寧解放區的八路軍和地方武裝改編、發展而成。

晉綏野戰軍和晉綏軍區野戰縱隊是為適應抗日戰爭轉入大反攻的需要而成立的。1945年8月11日，中央軍委命令成立晉綏野戰軍，隸屬陝甘寧晉綏聯防軍建制，賀龍兼司令員，關向應兼政治委員(後李井泉)，下轄第358旅、獨立第1、第2、第3旅和以後成立的獨立第4、第5旅。8月21日，晉綏軍區從陝甘寧晉綏聯防軍建制內調出，直屬中共中央軍委領導。

1946年9月，從中原突圍的第359旅回到陝甘寧解放區，轉隸晉綏軍區建制。 1946年11月10日，中共中央軍委決定，取消晉綏野戰軍和晉北野戰軍(於1946年6月組建，屬晉綏軍區建制)番號，將兩支野戰軍部隊統一組成晉綏軍區第1、第2、第3縱隊。第1縱隊張宗遜任司令員，廖漢生任政治委員，轄第358旅和獨立第1旅；第2縱隊王震 圖1任司令員兼政治委員，轄第359旅和獨立第4旅；第3縱隊許光達任司令員，孫志遠任政治委員，轄獨立第2、第3、第5旅。

1947年2月10日，中共中央軍委決定以晉綏軍區第1縱隊和陝甘寧晉綏聯防軍所轄新編第4旅、教導旅、警備第1、第3旅，共6個旅2.8萬餘人組成陝甘寧野戰集團軍。張宗遜任司令員，習仲勳任政治委員。3月16日，中共中央軍委決定，所有駐陝甘寧解放區的野戰部隊和地方武裝，統歸中共中央軍委副主席兼總參謀長彭德懷和中共中央西北局書記習仲勳指揮。同時，成立西北野戰兵團，撤銷陝甘寧野戰集團軍番號。彭德懷兼西北野戰兵團司令員和政治委員，張宗遜任副司令員，習仲勳任副政治委員，張文舟任參謀長，徐立清任政治部主任，王政柱任副參謀長。下轄第1、第2縱隊(3月17日由晉中入陝歸建)、教導旅和新編第4旅，共2.6萬餘人。

1947年7月31日，中共中央軍委決定，西北野戰兵團正式定名為西北野戰軍，彭德懷任司令員兼政治委員，張宗遜任副司令員，習仲勳任副政治委員，張文舟任參謀長，徐立清任政治部主任，王政柱任副參謀長。下轄第1、第2縱隊、教導旅、新編第4旅。8月初，晉綏軍區第3、第4縱隊入陝撥歸西北野戰軍建制。西北野戰軍總人數達4.5萬人。9月，由警備第1、第3旅和騎兵第6l師組成西北野戰軍第4縱隊，王世泰任司令員，張仲良任政治委員。l0月，由教導旅、新編第4旅組成西北野戰軍第6縱隊，羅元發任司令員，徐立清任政治委員。至此，西北野戰軍已發展到5個縱隊和1個直屬山砲營，共7.5萬人。

1947年冬至1948年春，西北野戰軍進行以「訴苦」(訴舊社會和反動派所給予勞動人民之苦)和「三查」(查階級、查工作、查鬥志)為主要內容的新式整軍運動，並在此基礎上開展了大練兵，提高了部隊政治覺悟和戰術技術水平。毛澤東對這一創造性的整軍運動給予了高度評價（編者注新式整軍後來推廣到解放軍各部，成為解放軍提高士氣與戰力的重要方式）。

1948年7月，以晉綏軍區獨立第10、第12旅，組成西北野戰軍第7縱隊，彭紹輝任司令員，孫志遠代政治委員。以晉綏軍區第11、第14旅和騎兵旅組成西北野戰軍第8縱隊，姚任司令員。

1949年2月1日，遵照中共中央軍委1948年11月1日頒佈的《統一全軍組織及部隊番號的規定》和1949年1月15日關於各野戰軍番號改按序數排列的決定，西北野戰軍改稱中國人民解放軍第一野戰軍，彭德懷任司令員兼政治委員，張宗遜、趙壽山任副司令員，閻揆要任參謀長，甘泗淇任政治部主任，王政柱、李夫克任副參謀長，張德生任政治部副主任。所屬各縱隊依次改稱第1軍、第2軍、第3軍、第4軍、第6軍、第7軍、第8軍，騎兵第1、第2旅改稱騎兵第1、第2師，總兵力15.5萬人。第7、第8軍繼續留晉中和晉綏地區作戰。5月，第8軍與綏蒙軍區合併為綏遠軍區，隸屬華北軍區。為加速西北解放戰爭的進程，根據中共中央軍委決定，6月，十八兵團(周士第任司令員兼政治委員,轄第60軍、第61軍、第62軍)、十九兵團(楊德志任司令員，李志民任政治委員，轄第63軍、第64軍、第65軍)由晉入陝歸第一野戰軍建制。第7軍亦隨同歸建。同時，第一野戰軍原屬6個軍組成第1、第2兩個兵團。第一兵團，王震任司令員兼政治委員，轄第1、第2、第7軍；第二兵團，許光達任司令員，王世泰任政治委員，轄第3、第4、第6軍。第一野戰軍總兵力已達34.4萬人。

1949年11月30日，中共中央軍委決定，第一野戰軍與西北軍區合併，稱中國人民解放軍第一野戰軍暨西北軍區。彭德懷任司令員，習仲勳任政治委員，張宗遜、趙壽山任副司令員，甘泗淇任副政治委員兼政治部主任，閻揆要任參謀長，王政柱、韓練成任副參謀長，張德生任政治部副主任。下轄第1兵團(兼新疆軍區)、第2兵團(兼甘肅軍區)、第19兵團(兼陝西軍區)，第1軍和第65軍分別兼青海和寧夏軍區。12月下旬，新疆國民黨軍起義部隊改編為中國人民解放軍第22兵團，陶峙岳任司令員，王震兼政治委員，轄第9軍(趙錫光兼軍長，張仲瀚任政治委員)及騎兵第7、第8師。1950年元月，新疆民族軍改編為中國人民解放軍第5軍(列斯肯任軍長，頓星雲任政治委員)。1950年4月，根據中共中央軍委決定，第一野戰軍和兵團番號撤銷，所屬部隊歸西北軍區建制。

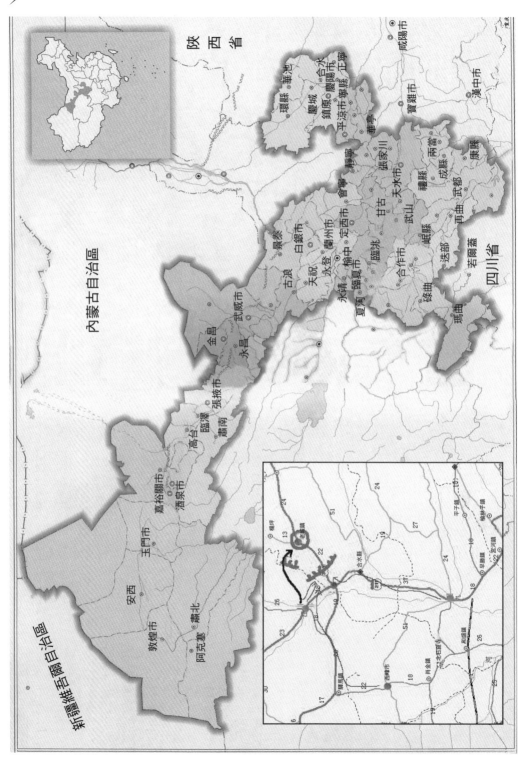

馬家軍

　　所謂馬家軍，是指清末以降在西北地區的家族性質軍閥割據武裝力量，父死子繼，兄終弟及，因其首腦均為馬姓回族，故被稱為「馬家軍」。嚴格地說，馬家軍並不是一個類似於東北軍或桂系那樣的統一的地方實力派系，只是系出同源，其具體發展非常複雜，在此謹作一簡要說明。

　　清同治二年即1863年，甘肅河州（今臨夏縣）人回族阿訇馬占鰲領導反清暴動，攻破河州。1872年，左宗棠率湘軍入甘肅鎮壓，在太子寺戰役中，馬占鰲一舉打敗了清軍三十個營。但在太子寺戰役之後，馬占鰲主張挾勝利之威投降清軍，得到了馬海晏、馬千齡的堅決支持。降清後，馬占鰲部改編為馬隊三旗，馬占鰲為三旗督幫，馬占鰲之子馬安良（原名馬七五，左宗棠賜名「安良」）為中旗正旗官，馬海晏為中旗副旗官。馬千齡也獲重賞。就這樣，馬占鰲、馬海晏、馬千齡三人步入軍政界，也開始了馬家軍的發跡因由。馬占鰲、馬海晏、馬千齡三人也被稱為「河州三馬」，成為馬家軍三大主幹系統的開山之組。

　　馬占鰲1886年死去，其職務由兒子馬安良繼任。後馬安良、馬海晏這支馬隊併入董福祥的甘軍。1895年，河湟地區（今甘肅臨夏及青海東部黃河、湟水流域）的回族、撒拉族人民發動反清起義。馬海晏所率馬隊隨清軍參與了鎮壓。馬千齡也在家鄉組織了民團「安寧軍」，參與圍剿起義軍。後馬千齡之子馬福祿、馬福祥率安寧軍輾轉到蘭州，被陝甘總督陶模收編為步騎兩營，不久，也歸入了董福祥的甘軍，馬福祿任督帶統領，馬福祥任幫統。

　　1897年，清朝大力整軍，編建中、前、左、右、後五軍，由榮祿、聶士成、馬玉昆、袁世凱、董福祥五人分別率領。不久，董福祥之後軍奉調北京附近駐防，馬海晏及馬福祿、馬福祥所部也隨軍前往。1900年八國聯軍入侵，馬海晏、馬福祿率部參加廊坊之戰，重創敵寇。八國聯軍進攻北京時，馬海晏、馬福祿等率部守衛正陽門（今前門），與八國聯軍進行過多日血戰，馬福祿親率敢死隊出擊陣亡。慈禧太后和光緒皇帝逃離北京，馬安良、馬海晏及馬福祥等率眾護駕。行至宣化，馬海晏病死，由其子馬麒接任了旗官之職。在晉南風陵渡過黃河時，馬安良、馬麒親自掌舵，護駕過河，由此博得了慈禧的賞識。慈禧和光緒到達西安後，論功行賞，馬麒升任副將銜循化營參將，駐兵甘肅紮巴鎮。馬福祥升任甘肅靖遠協副將，1904年又升任西寧鎮總兵兼阿爾泰護軍使，1910年率所部昭武軍移防寧夏。

　　辛亥革命爆發，陝西革命黨人起義響應。馬安良、馬麒組織起一支有步兵五千、騎兵一千的隊伍，編為西軍精銳軍十四營，馬安良為「西軍精銳馬步全軍軍統」並兼中軍，馬麒為前軍分統。1912年民國成立，馬安良和馬麒轉而依附北洋軍閥袁世凱，馬安良出任甘肅提督，馬麒任西寧鎮總兵，從此，西軍開始分化，馬麒離開馬安良獨樹一幟。

　　先說馬安良一支，民國成立後，馬安良加入中國國民黨，任國民黨甘肅支部長。1920年病逝，終年65歲。馬安良之子馬廷勷，1913年8月任甘涼觀察使。1914年後，任北京大總統府侍從武官。1918年後，歷任涼州鎮總兵、涼州鎮守使、北京政府將軍府勖威將軍。1926年，馬廷勷舉兵反對馮玉祥，1928年10月在甘肅河州戰敗，逃往西寧。1929年赴南京投蔣介石，蔣介石任其為討逆軍第十五路軍總指揮，令其召集舊部未成，後被撤職，又去投靠馮玉祥，結果被馮玉祥殺於鄭州（一說焦作）。馬安良一支至此結束。

　　馬海晏一支，馬麒為馬海晏長子（馬海晏生3子，次子馬麟，三子馬鳳），1912年8月出任西寧鎮總兵後，著手創建完全由自己掌握的軍隊。1915年，北洋政府裁撤青海辦事長官，改設甘邊寧海鎮守使，統轄寧、海地區軍政，馬麒出任寧海鎮守使，並組建了一支有三十六個營的

家族武裝，號稱「寧海軍」，為其家族在青海地區的軍閥統治奠定了基礎。同年，北洋政府改鎮守西寧等處總兵官為「甘邊寧海鎮守使」，改青海辦事長官為「青海蒙番宣慰使」，馬麒身兼鎮守使和宣慰使二職，取得了統治青海的軍政大權。1930年，蔣、馮「中原大戰」爆發，孫連仲奉命東下，代理甘肅省政府主席。馬麒代理青海省政府主席職務，其弟馬麟進駐蘭州，先後任甘肅省剿匪司令、保安總司令、甘肅暫編騎兵第1師師長。其子馬步芳從化隆調往西寧，任青海暫編第1師師長，後任國民軍第9師師長。同年，馮玉祥戰敗，馬麒轉而投靠蔣介石。1931年1月，南京政府任命他為代理省政府主席。經過這場軍閥大戰，國民軍勢力退出青海，馬氏家族在青海的勢力得到進一步發展。1931年，馬麒病死，其弟馬麟代理省政府主席，其子馬步芳為省政府委員。後來，隨著蔣介石與馬麟之間產生裂痕，蔣介石為繼續控制青海，遂開始扶植馬家第三代人物。1933年，任馬步芳為新編第2軍軍長兼第100師師長，任命其兄馬步青為新編騎兵第5軍軍長，馬家第三代人物迅速崛起，馬步芳與其叔父馬麟並列，成為青海兩大巨頭。隨著馬步芳羽毛豐滿，再加上南京政府的支持，馬步芳逼馬麟下臺。1937年，南京政府正式任命馬步芳為青海省政府主席，兼國民黨青海省黨部主任委員。這樣，馬步芳集黨政軍大權於一身，是為「青馬」。馬海晏這一支主要後人有子馬麒、馬麟，孫馬步芳、馬步青、馬步英（即馬仲英），曾孫馬繼援等。

馬千齡一支，馬福祥死後，馬福祥統其部眾隨護慈禧太后、光緒帝逃亡至西安，加總兵銜階。回防後，歷任甘肅莊浪、靖遠協副將，督標中協副將。1905年代理西寧鎮總兵，兼統西路巡防馬步各營。後清廷改革軍制，所部巡防軍編為昭武軍，任統領，駐防蘭州。辛亥革命後依附袁世凱，任寧夏總兵(不久，改寧夏護軍使)。1920年調任綏遠都統，由其侄馬鴻賓（馬福祿之子）代理寧夏護軍使。馬福祥於1914年將其子馬鴻逵送到北京，任袁世凱的侍從軍官。袁世凱死後，馬鴻逵又擔任黎元洪的侍從武官。1917年7月，馬鴻逵投奔段祺瑞，任討逆軍的中將參謀。段祺瑞重新上臺後，使其回寧夏擴編寧夏新軍。1919年馬鴻逵升任寧夏第5混成旅旅長。1921年第5混成旅擴編為西北陸軍第7師，馬鴻逵任師長。後投靠蔣介石，取得信任。1932年，以第十五路軍總指揮(後改第17集團軍總司令)兼任寧夏省政府主席，是為「寧馬」。馬千齡這一支主要後人有子馬福祿、馬福祥，孫馬鴻逵、馬鴻賓，曾孫馬惇靖等。

馬家軍主要指青馬、寧馬兩支，青馬部隊士兵主要來自甘青兩省交界地區的信奉伊斯蘭教的回族、撒拉族、東鄉族，由於歷史上形成的民族隔閡與仇殺，青馬士兵在對外族和外族軍隊的征戰中表現了很強的凝聚力和奮勇精神以及殘暴行為，素以頑強、兇悍、殘暴著稱。青馬起家部隊是由第100師發展而成的第82軍和由騎兵第5師發展而成的騎兵第5軍。青馬最後為解放軍徹底消滅。

寧馬戰鬥力要遜於青馬，部隊是由第35師發展而成的第81軍。可能是寧夏地區在清末以後回漢之間民族矛盾相對和緩，民性平和，寧馬家族先人歷來都「靠攏政府」。寧馬軍事活動與外部勢力之爭，與一般軍閥爭鬥性質一樣，沒涉及什麼民族矛盾，因此寧馬的地方民族意識比較弱，沒有青馬那種極強的凝聚力與奮勇精神。寧馬之81軍1949年9月起義，改編為西北獨立第2軍，1950年12月改編為寧夏獨立第1師，獨立第2軍番號撤消。

鑒於青馬反共的堅決和殘忍，歷史上與其作戰又屢次吃虧，因此中共對青馬的處理也不同於寧馬，1949年解放軍進軍西北時，中共對青馬制定的解決方針是，堅決殲滅，只接受其無條件投降，而決不接受「起義」或「改編」。

馬步芳

■馬步芳

馬步芳（1902—1975），字子香，經名胡賽尼，回族，出生於甘肅臨夏積石山縣乩藏鄉，馬麒次子。少時入寺學經，後隨父到西寧國民學校讀書。民國四年（1915）進入軍界，任甘邊寧海鎮守使署一等參謀，繼任巡防馬隊第一營幫帶（副營長）。民國八年（1919）馬麒將寧海軍擴編為20個營，馬步芳任騎兵第十五營管帶，後改編為騎兵第一營，駐防巴燕戎。民國十四年（1925），國民軍入甘，排擠甘肅八鎮地方勢力，馬麒為防國民軍，提升馬步芳為寧海軍騎兵團長。同年3月馬步芳率部開赴青海民和享堂，把守蘭州進入青海的門戶。民國十七年（1928)8月，國民軍孫連仲部進駐西寧，馬麒被迫交出軍政大權。次年孫連仲派旅長高樹勳以清鄉為名，率部赴化隆、循化，馬麒星夜派人送信，囑馬步芳謹慎應付。

馬步芳思慮再三，率領城鄉各族頭目應候，執禮甚恭，將自己所屬寧海軍兵員、槍械、彈藥、糧秫等造冊呈送處理，並送全副鞍馬100匹和鹿茸、狐皮等貴重物品。自己輕裝簡從，不分晝夜，隨侍高樹勳左右，協助清鄉，收繳土槍60餘支，刀矛300多件，取得高的信任。高樹勳返回西寧後，呈請孫連仲任命馬步芳為暫編第26師77旅旅長。民國十九年（1930），蔣、馮、閻中原大戰爆發，國民軍東下參戰，馬麒接任省主席，馬步芳由化隆調回西寧，任獨立第9混成旅旅長，隨之又任改編後的第9軍暫編第1師師長，國民軍失敗後又改編為青海暫編第1師，繼任師長。民國二十年（1931），馬步芳出兵河西，擊敗馬仲英佔領甘州，並用計誘殺馬仲英守城殘部200餘人。後馬步芳投靠蔣介石，所部改編為國民革命軍新編第9師，馬步芳任師長。民國二十三年（1934）3月，任新編第2軍軍長，並將所轄新編第9師改編為第100師。民國二十四年（1935），中國工農紅軍一、四方面軍長征途經四川、西康北部，迫近青海，蔣介石嚴令堵截。馬步芳依照蔣介石迭次電令，抽調官佐30餘人分赴各縣督修「甘青邊區碉堡封鎖線」青海段，調部分兵力和民團設防。6月青海省政府成立保安處，馬步芳任處長，著手編訓保安團隊。全省劃分15個保安區，共編組107個保安團，有團丁15萬餘人。民國二十五年（1936）8月，馬步芳代理青海省政府主席，並任西北剿匪第二防區司令。10月26日，紅四方面軍第五軍、第九軍、第三十軍等部，組成西路軍，從靖遠強渡黃河，沿河西走廊節節推進。蔣介石急電馬步芳星夜調遣大軍，配合馬步青騎五師堵擊紅軍，馬步芳當即調遣步、騎兵2.4萬餘人開赴河西走廊與紅軍展開激戰。民國二十六年（1937）5月紅軍西路軍幾乎全軍覆沒。民國二十六年（1937）新編第2軍改編為第82軍，馬步芳任軍長。抗日戰爭爆發後，馬步芳奉令派馬彪部東下抗日，在山西運城，河南淮陽，皖北的壽縣、風台等地重創日軍。民國三十二年（1943）馬步芳擠走馬步青，取得騎兵第5軍軍權，不久騎兵第5軍和82軍合編成第40集團軍，馬步芳任總司令。民國三十六年（1947）3月，馬步芳奉蔣介石之命，派馬繼援率82軍改編的整編第82師開赴隴東，進攻解放區。民國三十八年（1949）任西北軍政長官，8月蘭州戰役開始後，馬步芳攜眷逃往重慶，後逃臺灣。同年10月國民黨政府行政院第五十二次會議以馬步芳擅離職守，給予「撤職議處」處分。後任臺灣駐沙特阿拉伯大使，去職後僑居沙島地阿拉伯，1975年病逝於沙島地阿拉伯。

馬步芳素有虎狼之性，生性狡詐殘暴，與紅軍作戰時在張掖一次屠殺紅軍3000餘名被俘官兵。1948年12月25日，新華社發佈了43名國民黨戰犯的名單，名列第四十號。

馬繼援

兵出安塞

1947年是國共戰爭的分水嶺,西北戰場上胡宗南部佔領延安一座空城後,青化砭、羊馬河、蟠龍三戰,國軍損失了3個旅,三戰之後同樣疲憊不堪的西野主力集結於安塞地區休整,中共中央軍委副主席周恩來專程前來祝賀。周恩來提出利用胡宗南之國軍蝟集蟠龍、青化砭附近休整補充的時機,讓西野主力也在安塞休養一段時間,但是西野司令員彭德懷心中卻另有打算。

安塞一帶,是貧瘠的陝甘甯邊區中最貧窮的地區之一。大軍雲集,使本來就不堪重負的後勤供應雪上加霜。彭德懷司令員認西野主力應乘陝北國軍休整的契機,西出隴東,一來可以借助隴東富庶之地休養部隊,二來也可鞭擊進佔隴東三邊地區之青馬、甯馬(指甯夏地區馬鴻逵部)部隊。5月14日,周恩來致電毛澤東:「幾天來和彭、習(習仲勳)商定了六月份作戰計劃。除警七團(即警備第7團)外,全軍出隴東,殲擊青甯二馬」,正在陝北與國軍捉迷藏的毛澤東回電說:「完全同意六月作戰方針,除留警七團於現地外,全軍出隴東,先打新一旅,再打一百旅或其他頑部。」(此電文引自《中國人民解放軍第一野戰軍戰史》)

出擊隴東,彭德懷頗費了一番心思。此時的青馬整編第82師師部統轄下屬第100旅分駐西峰、甯縣;新編騎兵第8旅分駐慶陽、合水、西華池地區。騎兵第2旅在悅樂、阜城。甯馬整編第81師的第60旅在環縣、蔣台,第35旅則在羊圈山,整編第18師分駐三邊。針對國軍分佈情況,彭德懷制

定了先打騎2旅和騎8旅,再打100旅的計劃。第二天批准了該計劃的毛澤東在回電中說:「向隴東出動計劃甚好。」

1947年5月21日,彭德懷親率野戰兵團自安塞西進,以第1縱隊右路;新編第4旅中路;第2縱隊及教導旅左路(時西野第1縱隊下轄第358旅、獨立第1旅,司令員張宗遜;第2縱隊下轄獨立第4旅,第359旅,司令員王震。新編第4旅與教導旅野戰軍直轄部隊,出擊隴東時,教導旅配屬第2縱隊行動),顯然左路部隊任務最艱巨,因他們肩負的任務是圍殲青馬前突在合水的部隊並消滅可能增援的青馬之100旅。對於此點,彭德懷甚至想的更遠,在5月28日向中共中央彙報部隊動態的電報中,彭德懷、習仲勳聯名報稱:「(合水)得手後定會引起二馬調動,再集中兵力作戰。」

合水、慶陽、甯縣一帶,與陝北隔子午嶺相望。中共竊起時期〈中共稱為「大革命時期」〉,是謝子長、劉志丹領導的陝北紅軍遊擊區。中央紅軍長征抵達陝北,即在此地與陝北紅軍會師。紅軍改編國民革命軍第八路軍時,此地國府批准的八路軍防區。八路軍120師358旅駐紮此地,其中王宏坤之358旅旅部設在慶陽,張才千的770團就在合水城內。

內戰爆發後,國軍整編第48旅進佔此地,就在青馬部隊進軍隴東前一個月,整編第48旅在合水附近的西華池遭西野部隊痛擊,旅長何奇在戰鬥中重傷而亡。最初,青馬整編第82師移防隴東,原本駐紮於平涼一帶。後來青馬了確保隴東西峰、甯縣、鎮原之三角地帶,遂將82師北調此地。整編82

馬鴻逵

■馬鴻逵

馬鴻逵（1892—1970），字少雲，乳名三元，回族，甘肅臨夏縣韓集鎮陽窪山人，馬福祥長子。自幼受家庭重教習武影響，讀書習武。18歲人甘肅陸軍學堂學習，期間參與反清活動，秘密加入同盟會，被清軍逮捕入獄。經馬福祥奔走，保釋出獄。後從軍任「昭武軍」教官，騎兵中營幫帶，率部阻擊白朗。袁世凱因馬鴻逵圍剿白朗有功，授其陸軍少將銜。後來袁世凱為牽制各路軍閥，令送公子入京，馬鴻逵亦入京任侍衛武官。「昭武軍」奉袁世凱之令，改編為「寧夏新軍」，馬鴻逵任新軍分統，但仍在京擔任侍衛。袁世凱死後，馬鴻逵繼任黎元洪的侍從武官。馮國璋任代總統，馬鴻逵因其父與馮是盟兄弟，仍在京任侍從武官。曹錕任總統時，准馬福祥組建第5混成旅，馬鴻逵回寧夏任旅長，民國十年（1921）隨馬福祥駐綏遠。第二次直奉戰爭爆發，馬鴻逵所部改編為國民軍，經馮玉祥同意，第5混成旅擴編為新編第7師，馬鴻逵繼任師長，從磴口移駐石嘴子，將綏遠讓給馮玉祥部駐防。後又奉命駐防金積、靈武一帶，在此整兵經武，擴充兵源。民國十五年（1926）馮玉祥五原誓師，任命馬鴻逵為國民聯軍第四路軍司令兼第7師師長，不久又兼任西安警備司令。直魯聯軍潰敗，馬鴻逵部收繳武器裝備頗多，部隊又一次得到擴充。是年秋，奉命出兵援陝，受共產黨員劉志丹（時任馬鴻逵部政治部主任）的影響，配合北伐戰爭，取得援陝戰役勝利。民國十六年（1927）蔣介石「清黨肅軍」時，馬鴻逵派人將劉志丹護送過黃河到陝北。6月馮部國民軍改編為國民黨第2集團軍，馬鴻逵任第四路軍總指揮兼第4軍軍長。翌年第4軍又縮編為第17師。民國十八年（1929）5月，馬鴻逵隨韓複?、石友三在洛陽聯合通電反馮擁蔣，蔣介石迅即複電嘉獎，將馬鴻逵部17師擴編為討逆軍第11軍，馬鴻逵任軍長兼64師師長、鄭州警備司令、河南省政府委員。民國十九年（1930）蔣、馮、閻中原大戰，馬鴻逵攻佔山東泰安市，升任討逆軍第十五路軍總指揮兼徐州警備司令。後唐生智、石友三、韓複?密謀反蔣，韓複?以徐州為交通樞紐、軍事重鎮，且與馬鴻逵為倒馮投蔣時的契友，聯絡馬鴻逵共同倒蔣，並委派孫桐萱協商，馬鴻逵同意反蔣。韓複?派一個旅進駐徐州，以監視馬鴻逵。馬鴻逵思慮再三，深感蔣介石勢大，倒蔣難以成功，遂向蔣告密。蔣介石得知密報，即採取措施，反蔣遂告失敗。馬鴻逵得蔣信任，奉令參加圍剿紅軍。所部11軍被蔣介石縮編為第31師，師部駐信陽。民國二十一年（1932）蔣介石因馬鴻逵「剿匪」不力，大為不滿，令劉峙以優勢兵力包圍馬部駐地信陽，雙方嚴陣以待，大戰一觸即發。馬福祥聞訊抱病奔走漢口（時蔣介石在漢口）、信陽之間，為馬鴻逵說情，在漢口身染時疾，舊病復發遵醫囑轉北平途中病逝。蔣介石得報，派員慰問致祭，令劉峙撤軍。為「顧念西北宿將」，任命馬鴻逵為寧夏省政府主席兼第十五路軍總指揮，但只准帶兩個團回甘。11月馬鴻逵從信陽北上赴任。

民國二十二年（1933）夏，蔣介石任命孫殿英為青海西區屯墾督辦，又密使馬鴻逵、馬鴻賓、馬步芳拒孫。民國二十三年（1934）孫殿英率八萬之眾西進，經寧夏時馬鴻逵、馬鴻賓與馬步芳結盟拒孫，戰況甚為激烈，孫部潰退河南。民國二十四年（1935）9月，馬鴻逵接蔣介石電令，截擊北上紅軍。接電令後即向定邊調動人馬，並向蔣介石進呈《剿共意見書》，獻策乘紅軍長征初到陝北立足未穩，應立即全力「永絕根株」，蔣介石親到寧夏佈置「圍剿」紅軍。民國二十五年（1936）蔣介石授馬鴻逵陸軍中將銜。民國二十六年（1937）抗戰軍興馬鴻逵任第八戰區副司令兼第17集團軍總司令，民國三十四年（1945）任西北軍政長官公署副長官。

1947年馬鴻逵為配合胡宗南重點進攻延安，組織寧夏兵團並兼任總指揮，向鹽池、定邊、靖邊等地進攻，並二次出兵包頭，與解放軍作戰。12月底，國民黨政府准馬鴻逵「回籍養病」，其次子馬惇靜代理寧夏省主席。1948年12月25日，新華社發佈了43名國民黨戰犯的名單，名列第三十九號。1949年馬鴻逵和馬步芳在青海民和享堂會晤協商，商定互相推舉，馬步芳任西北軍政長官，馬鴻逵任甘肅省主席。並商定組建「寧青聯合兵團」，在隴東阻擊西進的解放軍。回寧夏後組織寧夏兵團，向陝西咸陽、乾縣進兵，後發覺馬步芳想讓寧夏兵團打頭陣，立即電令所部退守寧夏，青寧聯盟破裂。8月，國民黨行政院任命馬鴻逵為甘肅省主席。解放軍逼近西北，蘭州解放，馬鴻逵乘飛機去重慶，10月14日父子乘飛機逃往臺灣。10月10日，國民黨行政院以「擅自撤兵」給馬鴻逵「撤職查辦」處分。1950年10月攜眷僑居美國洛杉磯市郊。1970年1月14日馬鴻逵病歿於美國洛杉磯。

陸軍第82軍

1937年秋天，馬步芳的新編第2軍（原馬步芳的新編第9師擴編而成）被改編為陸軍第82軍。

軍長：馬步芳　　　　　　　　　　　　第1團：馬正魁
副軍長：馬步鑾（兼任，後由馬繼援接任）　第2團：韓有祿
參謀長：馬步勳　　　　　　　　　　　騎兵第2旅（後改為獨立騎兵團）
軍直屬隊：　　　　　　　　　　　　　旅長：馬忠義
特務團 團長：譚呈祥　　　　　　　　參謀長：耿得奎
野砲營　　　　　　　　　　　　　　第1團：馬元
工兵營　　　　　　　　　　　　　　第2團：韓得魁
通信營　　　　　　　　　　　　　　騎兵第3旅（後撤消）
輜重營　　　　　　　　　　　　　　旅長：馬繼援
傳令大隊　　　　　　　　　　　　　副旅長：馬登科
陸軍第100師　　　　　　　　　　　參謀長：馬仁
師長：韓起功　　　　　　　　　　　第1團：馬華榮
副師長：馬忠義（兼任）　　　　　　第2團：馬登雲
參謀長：馬騰　　　　　　　　　　　補充旅（後改為暫編第61師）
第1團：馬學融　　　　　　　　　　旅長：馬全義
第2團：韓得明　　　　　　　　　　副旅長：馬岱
第3團：高登瀛　　　　　　　　　　參謀長：陳顯達
騎兵第1旅　　　　　　　　　　　　第1團：韓心明
旅長：馬步鑾　　　　　　　　　　　第2團：馬奉先
副旅長：馬登雲　　　　　　　　　　第3團：馬進忠
參謀長：郭全梁

1943年，馬步芳所轄部隊擴編為第40集團軍，當時第82軍編制如下：

陸軍第82軍　　　　　　　　　　　　師長：韓起功
軍長：馬繼援　　　　　　　　　　　副師長：譚呈祥
副軍長：馬步鑾（兼任）　　　　　　參謀長：王敬伯
參謀長：劉呈德　　　　　　　　　　第1團：馬延福
軍直屬隊　　　　　　　　　　　　　第2團：韓得明
步兵特務團：楊修戎　　　　　　　　第3團：韓起元
騎兵獨立團：馬忠義　　　　　　　　暫編第61師
野砲營　　　　　　　　　　　　　　師長：馬全義
工兵營　　　　　　　　　　　　　　副師長：馬生龍
輜重營　　　　　　　　　　　　　　參謀長：孟全義
通信營　　　　　　　　　　　　　　第1團：馬子駿
衛士大隊　　　　　　　　　　　　　第2團：馬奉先
第100師　　　　　　　　　　　　　第3團：張彥

1946年82軍整編為整編第82師，系丙種師；1949年5月恢復為82軍，複為甲種軍，其編制如下：

第82軍　　　　　　　　　　　　　　師長：韓有祿
軍長：馬繼援　　　　　　　　　　　副師長：張錫珍
副軍長：趙遂　　　　　　　　　　　參謀長：馬成林
參謀長：馬文鼎　　　　　　　　　　第257團：韓有福
副參謀長：羅忻　　　　　　　　　　第258團：譚騰蛟
第100師　　　　　　　　　　　　　騎兵團：馬全
師長：譚呈祥　　　　　　　　　　　騎兵第8旅
副師長：馬德成　　　　　　　　　　旅長：馬英
參謀長：馬元慶　　　　　　　　　　副旅長：馬正中
第298團：馬占魁　　　　　　　　　參謀長：王奎

第299團：韓起功　　　　　　　第15團：韓起祿
騎兵團：馬成駿　　　　　　　　第16團：馬福壽
第190師　　　　　　　　　　　第25團：馬萬福
師長：馬振武　　　　　　　　　騎兵第14旅
副師長：馬子駿　　　　　　　　旅長：馬成賢
參謀長：李少白　　　　　　　　副旅長：馬福汪
第568團：馬耀武　　　　　　　參謀長：馬尚武
第569團：馬登霄　　　　　　　第1團：馬福魁
騎兵團：高登雲　　　　　　　　第2團：馬海雲
第248師

　　蘭州戰役期間第82軍軍直屬隊（包括重砲、工兵、輜重、特務、通信五個營、衛士大隊和野戰醫院）為3900人；下屬每個師直屬隊（包括迫擊砲、輜重兩個營，工兵、通信、特務、機槍4個連，搜索排、衛生隊和野戰醫院）為3500人，師下屬兩個步兵團6060人，騎兵團1700人，全師人數為11260人，全軍編制人數為35900多人。

騎兵第8旅
旅直屬（含重兵器營、特務、工兵、輜重、通信、戰防砲等5個連及衛生隊和一個情報排）為2250人，下轄三團，每個團有1700人，全旅人數為7350人。

騎兵第14旅
旅直屬隊和每團人數同騎兵第8旅，全旅人數為5650人。

附註：騎兵第八旅和騎兵第14旅在青馬出兵隴東時歸屬82軍指揮，但並未在其實際編制序列內。

隴東

　　「隴」是甘肅省的別稱，這是因為歷史上甘肅有著名的隴山（即六盤山）的緣故，不過今日六盤山主峰及部分地區屬寧夏回族自治區。有形容貪得無厭的成語「得隴望蜀」的典故就出自漢建武八年（32年），光武帝手下大將岑彭包圍了隴上地區的西城、上邽兩地，光武帝寫信給岑彭：「兩城若下（指西城、上邽），便可將兵南擊蜀虜。人苦不知足，既平隴，複望蜀。」

　　隴東，顧名思義就是指隴山以東的地區，一般而言指的是甘肅省平涼、慶陽兩地區。地理上的隴東高原，位於六盤山以東，是黃土高原之一部，原面較完整，以董志原一帶最為典型。隴東民諺曰：「八百里秦川，不如董志原的邊。」那是極言董志原之大，「原」者，特指西北黃土高原因長期流水衝刷而形成的一種四周陡峭，頂上平坦的台狀地貌，原是黃土高原上較適宜於人類生活的地域。董志原介於涇河支流蒲河與馬蓮河之間，長80公里，寬40公里，不僅面積廣袤，而且黃土沉積達200米，是黃土高原的厚度中心。

　　慶陽地區位於甘肅最東端，東南部與陝西毗鄰，西北部與寧夏和平涼接壤。全區轄西峰市及慶陽、華池、寧縣、鎮原、合水、正寧、環縣等七縣。總面積約2.7萬平方公里，人口約224萬。

　　平涼地區位於甘肅東部，陝甘寧三省區交匯處，東鄰陝西鹹陽，西連甘肅定西、白銀，南接陝西寶雞和甘肅天水，北與寧夏固原、甘肅慶陽毗鄰，是古「絲綢之路」必經重鎮，素有隴上「旱碼頭」之稱。全市轄涇川、靈台、崇信、華亭、莊浪、靜寧六縣和崆峒一區，總面積約1.1萬平方公里，總人口約222萬人。自古為屏障三秦、控馭五原之重鎮，是中原通往西域和古絲綢之路北線東端的交通和軍事要衝，不僅是西北地區的公路樞紐，而且是歐亞大陸橋第二通道的重要中轉站。

師師部及直屬隊（工兵營、通信營、山砲營、輜重連、衛士大隊、野戰醫院、特務營和新編騎兵第8旅第2團（欠一個連）駐西峰、蕭金一帶；新編騎兵第8旅旅部和直屬部隊（欠重兵器營）駐慶陽；新編騎兵第8旅重兵器營和甘肅保安步兵第2團駐合水；新編騎兵第8旅第1團駐慶陽東南赤城；獨立騎兵第5團駐正甯，整編第100旅旅部、直

屬部隊以及第1團駐甯縣，第2團駐早勝，第3團駐鎮原；青海保安騎兵第1、第2團分駐涇川和平涼。此外在平涼，整編第82師還留下了師直屬特務營一部、新編騎兵第8團2連和第四十三兵站，作整編82師留駐平涼和保衛國軍西北行轅平涼前進指揮所的兵力。

猛攻合水

　　青馬進駐隴東後，利用騎兵優勢，小股部隊分散行動，以遊擊對遊擊的戰術，經過二十多天的小規模作戰，竟將活動於隴東的中共遊擊武裝、武工隊等地方部隊擠壓到子午嶺山區內。整編82師年輕的師長，馬步芳的獨生兒子馬繼援初戰告捷，確實沒有想到共軍主力會在此時突然出現在他的面前。

　　西野之左路軍以王震指揮的第2縱隊主力，翻越子午嶺後，5月28日接近合水。2縱決定以359旅攻擊合水，獨立第4旅與教導旅打援。但是部隊剛下子午嶺就出現了意外，教導旅第1團前鋒尖刀哨前進到距離合水城約十餘千公尺的羅兒原蒿草鋪附近時，與青馬小部隊遭遇，短暫激戰後，西野一名

偵察員被青馬騎兵捉去。教導旅1團擔心會因此暴露整個部隊的行動計劃，急忙圍攻羅兒原想奪回偵察員，但是羅兒原四面懸崖陡壁易守難攻，1團攻擊未果，只好放棄作戰，趕往指定作戰位置。如此一來，共軍的行蹤便暴露了。當日下午4點，國軍駐防合水的新編騎兵第9旅重兵器營營長馬生智急電西峰整編82師師部，報告合水東山一帶出現共軍部隊，正步步逼近合水城外的前哨陣地，合水週邊警戒部隊已經與共軍交火。

　　合水，位於甘肅省的最東部，因地處馬嶺、白馬水口，因而得名合水。合水城池自西元618年建築，宋代再次擴建。城垣北面依山，其餘三面環水，形狀類似葫蘆，因而有「葫蘆城」之綽號（1947年5月的合水之戰爆發於此，現在的合水縣城是當時的西華池鎮，也就是整48旅旅長何奇陣亡之地）。青馬整編82師進駐隴東時，新編騎兵第8旅重兵器營奉命擔負此地防務。騎8旅重兵器營下轄新編騎兵第8旅直屬騎砲連、戰防砲連、重機槍連和一個通信排，總兵力約有千人，擁有馬匹一千一百多匹，該營營長馬生智。在合水另有駐防的甘肅省步兵保安第2

■ 現今合水葫蘆城。

團，這個保安團實際就是合水境內的民團，該民團最初成立於1927年，到1947年已擁有三個中隊，人員大約有三百人，團總是合水民團的團長李鴻軒。駐防合水的國軍加在一起總兵力也僅有不到一千三百人，稍令守軍安心的是重兵器營重型武器較多，儲備彈藥也較充分，相比慣於野戰突擊的新編騎兵第8旅其他部隊，重兵器營算是青馬部隊中長於防守的部隊了。也正是因如此，馬繼援才會放心大膽地將這個營放在整編82師防區

合水

　　合水，位於甘肅省東端，屬於隴東黃土高原溝壑區，東鄰陝西富縣，西傍慶城縣，南接寧縣，北靠華池縣及陝西省志丹縣。總人口約17萬人，總面積約2940平方公里。地勢山川原相間，東北高，西南低，子午嶺斜貫全境，將全縣分為東西兩部分，呈現出東水東流，西水西去之勢。嶺西川原交錯，土地肥沃；嶺東山衰巍峨，森林茂密，嶺上穿境而過的「秦直道」聞名遐邇；嶺下有「小江南」之稱的太白川植被良好，稻田如茵，綠水如鏡。縣內全年光照充足，雨量充沛，空氣清新，四季分明，氣候宜人，農業發達，是黃土高原中部的一道綠色風景線。

　　合水歷史悠久，約在20萬年前，境內已有人類活動，早在5000年前，人類在合水的生產活動就已初具規模。隋代開皇十六年（公元596年）設縣治，因地處馬嶺、白馬水口，因而得名合水，至今已有1300餘年的建制歷史。境內地下文物、古遺址蘊藏極為豐富。現已發掘出各類文物點654處，其中列為省級保護的10處；館藏各類佛像、碑碣等古石刻以其品種齊全、時代久遠、雕造精美而享譽省內外。子午嶺主脈之上的「秦直道」是秦始皇統一六國後修建的國防工程，全長80餘公里，工程之浩大，令人嘆服。沿途有歷代修建的烽墩、土橋、城障、堡寨、營房、寺廟、穆桂英點將台、教場、昭君莊及古石窟等。古道之上，樹木參天，風景秀麗。1973年在板橋鄉穆旗村馬蓮河西岸挖掘出轟動世界的第四紀早期完整的黃河劍齒象化石，更是合水考古的輝煌。

　　合水物華天寶，資源豐富，以黃花菜、黑木耳、白瓜籽、鹿茸久負盛名，譽滿中外；出產秦芃、甘草、麻黃、柴胡、遠志、杏仁等150種貴重藥材。

王震

■王震

王震(1908—1993)，湖南省瀏陽縣人。1924年任粵漢鐵路工會長岳段分工會執行委員、工人糾察隊隊長。1927年1月加入中國共產主義青年團，同年5月轉入中國共產黨。1927年參加了長沙工人暴動。1929年，參與組建中共湘鄂贛邊區特區委和遊擊隊，任特區區委書記，湘鄂贛邊區赤衛軍第六師政委。1930年後，歷任紅軍湘東獨立一師團政委、師政委、師黨委書記，紅八軍師政委、軍政治部主任、代理軍長，中共湘贛省委委員，省軍區代理司令員，是湘贛蘇區主要創始人之一。1934年8月，任紅六軍團政委，在任弼時領導下，與軍團長蕭克執行中央紅軍長征先遣隊的任務，率部西征。10月到達黔東，與賀龍、關向應率領的紅二軍團會師任中共湘鄂川黔省委委員、中央軍委分會委員、代理軍區司令員。參與創建湘鄂川黔革命根據地的工作。1935年11月，和蕭克率紅六軍團會同紅二軍團一起繼續長征，在黔西、大定、畢節建立了新的根據地。抗戰爆發後，任八路軍120師359旅旅長兼政委。1937年9月，率部進入晉西北抗日前線，配合國軍所實施的忻口戰役，參與創建晉西北抗日根據地。爾後，揮師向晉察冀邊區挺進，建立以恒山為依託的雁北抗日根據地。359旅多次重創日軍，曾被八路軍總部和邊區政府分別授予「模範黨軍」、「百戰百勝的鐵軍」稱號。1939年12月率部奉調陝北，任綏德警備區司令員。1942年，兼任中共延安地委書記，延安軍分區司令員、衛戍區司令員。1944年10月，以359旅主力組成八路軍南下支隊，任支隊司令員率部挺進華南，先創建了以鄂南為中心的湘鄂贛遊擊根據地，後又建立以衡山為依託的湘中抗日根據地。1945年8月，率部北返中原，與中原軍區李先念部會師，任中原軍區副司令員兼參謀長。1946年6月，協助李先念指揮中原突圍，率南下支隊征戰2萬餘里，途經8省，勝利返回延安，被毛澤東譽為第二次長征。1946年冬，任中共晉綏呂梁區黨委書記、軍區司令員兼政委，晉綏軍區第2縱隊司令員兼政委，後任第一野戰軍第2縱隊司令員兼政委。1949年6月，任中國人民解放軍第一兵團司令員兼政委。9月，率第一兵團第2軍，由西寧揮師北上，促使新疆和平解放。

新中國成立後，任中共中央新疆分局書記、新疆軍區代司令員兼政委。1953年調任中國人民解放軍鐵道兵司令員兼政委。1955年，任中國人民解放軍副總參謀長、國防委員會委員，被授予上將軍銜。1956年，任農墾部部長。1975年1月，被任命為國務院副總理。1976年，任國務院副總理分管國防工業，並任中共中央軍委常委。1979年後任中共中央政治局委員、中央黨校校長、中央顧問委員會副主任，1988年4月，當選為中華人民共和國副主席。是中國共產黨八、九、十、十一、十二屆中央委員，一至七屆全國人大代表。1993年3月12日在廣州逝世。

王震有著濃密的鬍子，20多歲就當上師長、軍長，他就留著鬍子以顯年長些，軍中一提「王鬍子」無人不知。在解放軍裡，王震就是軍屯的代表，他所帶的359旅就不是以戰績著稱，而是以南泥灣圖3.4開荒聞名遐邇。359旅在南泥灣開荒26萬畝，收穫糧食除可全部自給，還能上交1萬石。從此王震便以長於軍屯而名揚，1954年，王震建議將駐新疆的八個師集體轉業成立新疆軍區生產建設兵團獲得批准。1955年，帶領鐵道兵部隊數萬轉業官兵，在黑龍江北大荒建立了第一個軍墾農場。隨後，他又率領九個師的鐵道兵轉業官兵奔赴北大荒，開墾荒原。1956年，任農墾部長後更是組織十幾萬轉業官兵、大批支邊青年和工程技術人員，奔赴新疆、黑龍江、廣東、海南、雲南等地發展農墾事業。

郭鵬（1906-1977）

湖南省醴陵縣人。1927年參加湘贛邊界秋收起義。1929年參加中國工農紅軍。1930年加入中國共產黨。紅軍時期歷任班長、排長、連長、營長、團長、師長、軍參謀長，參加了長征。抗日戰爭時期，任八路軍120師359旅參謀長、副旅長，晉西北軍區第五軍分區司令員兼武裝部部長，晉綏軍區塞北軍分區副司令員，八路軍南下第一支隊幹部大隊大隊長、支隊副司令員，湖南抗日救國軍副司令員。解放戰爭時期，任中原軍區359旅旅長，晉綏野戰軍第2縱隊359旅旅長，西北野戰軍第2縱隊副司令員，第一野戰軍第2軍軍長。中華人民共和國成立後，任第一兵團第2軍軍長，南疆軍區司令員，新疆軍區副司令員，蘭州軍區副司令員、顧問。1955年被授予中將軍銜。是第三、四屆全國人民代表大會代表。

王恩茂

王恩茂（1913-2001），江西省永新縣人。1930年加入中國共產主義青年團，同年轉入中國共產黨。土地革命戰爭時期，任中共永新縣委技術書記，縣蘇維埃政府文化部部長、縣委秘書長，中共湘贛省委宣傳部幹事、秘書，中國工農紅軍第六軍團政治部宣傳幹事，中共湘鄂川黔、川滇黔省委秘書長，紅二方面軍政治部總務處處長。參加了長征。抗日戰爭時期，任八路軍120師359旅政治部宣傳部教育科科長、旅政治部副主任、旅副政治委員，八路軍南下第一支隊副政治委員，湘鄂贛軍區副政治委員。解放戰爭時期，任中原軍區359旅政治委員，呂梁軍區政治部主任，晉綏野戰軍第2縱隊政治部主任、副政治委員，第一野戰軍第2軍政治委員。中華人民共和國成立後，任南疆軍區政治委員，新疆軍區司令員兼政治委員、兼新疆生產建設兵團第一政治委員，中共中央新疆分局第一書記、新疆維吾爾自治區委員會第一書記，南京軍區副政治委員，中共吉林省委第一書記兼瀋陽軍區副政治委員，中共新疆維吾爾自治區委員會第一書記兼烏魯木齊軍區第一政治委員兼新疆軍區第一政治委員。一九五五年被授予中將軍銜，第九屆候補中央委員，第十一、十二屆中央委員。

最凸出的位置。甘肅保安第2團官兵皆當地人，地形十分熟悉。兩支部隊配合起來，倒也彌補了兵力薄弱的缺陷。

5月28日，西野左路軍前鋒教導旅與青馬警戒部隊接觸後，合水守軍急電上報，騎8旅旅長馬步鑾複電：「密切注視共軍動向，人數多少，及時電告，不得稍有疏忽。」在西峰的整編82師也迅速通知各部隊作好戰鬥準備。當日晚，馬生智自合水城內再度告急：共軍大部隊直向合水撲來，據初步偵察，來者王震之359旅及王維舟之第358旅。顯然這個情報並不很確切。當時西野部隊逼近合水城郊的部隊王震的2縱所轄359旅和獨立第4旅。

王震部署下的攻城部隊是郭鵬指揮的359旅，由獨4旅第12團配合。郭鵬以359旅第717團向合水西北進攻；718團和獨4旅第12團向合水東進攻；359旅第719團作攻城部隊的預備隊。1947年5月28日凌晨4點，向合水西北迂迴的359旅717團首先與守軍交火，城外青馬警戒部隊很快收縮到城內，並用密集火力阻擊717團靠近城垣。717團被守軍火力壓制，始終無法靠近城牆。到天亮時分，717團才發現，合水城池北部偏西方向，有一個建築在高地上的甕城，由於地處葫蘆城的北部，又突出於城垣，是整個合水城池中位置最高的地方。守軍在此部署有重機槍、迫擊砲和戰防砲，嚴密封鎖著717

解放軍120師

1937年8月，中國工農紅軍第二方面軍第6軍團和紅軍第32軍、紅軍總部特務團一部，在陝西省富平縣莊里鎮改編為國民革命軍第八路軍第120師第359旅。陳伯鈞任旅長、王震任副旅長，下轄由紅6軍團編成的第717團、由紅軍第32軍等部編成的第718團，共5000餘人。

9月3日，第359旅兵分兩路，陳伯鈞率第718團和旅直屬營一部共2900人留守陝甘寧邊區，後歸八路軍留守兵團建制。718團後改稱警備第8團。1945年6月359旅留守陝甘寧邊區的部隊，組成第18集團軍獨立第2遊擊支隊，由劉轉連任司令員、張啟龍任政治委員，南下華南。當第2遊擊支隊到達河南省新安地區時，因日本投降，遂奉命轉道開赴東北，到達關外後擴編部隊恢復359旅番號，1947年1月改編為東北民主聯軍獨立第1師，9月編入第10縱隊，改稱第28師。1949年2月，根據中央軍委關於統一全軍編制及部隊番號的命令，第10縱隊改稱中國人民解放軍第47軍，28師改稱139師。1949年4月47軍編入13兵團建制，進軍江南。10月配合二野進軍川黔。1950年1月，轉歸湖南軍區建制，執行剿匪建政任務，肅清湘西百年匪患。1951年2月入朝參戰，1954年9月回國，47軍進駐湖南，隸屬武漢軍區。武漢軍區撤銷後，該軍調至陝西，軍部駐陝西臨潼，隸屬蘭州軍區。在八十年代的精簡整編中，47軍被列為簡編集團軍。

另一部分由王震率第717團和旅直屬營一部共2100餘人，以第359旅的番號東渡黃河，開赴山西抗日前線。隨後，王震部在五台、平山（屬河北省）一帶發動群眾，擴充部隊，開闢抗日根據地，並配合國軍進行忻口、太原作戰。10月，王震任旅長兼政治委員、劉子奇任參謀長、袁任遠任政治部主任。1938年1月，第359旅進行整編，轄第717團和由河北省平山獨立團、山西省侯馬獨立團、忻州義勇軍各一部編成的第718團，以及由崞縣（今原平）獨立團、侯馬獨立團、忻州義勇軍各一部編成的第719團，共1.2萬餘人。1939年10月，359旅調至陝甘寧邊區，接替宋家川至葭縣（今佳縣）的黃河河防任務，旅部兼綏德警備司令部。

從1940年底開始，第359旅進駐南泥灣，開展大生產運動（即軍屯），這段歷史在大陸因一曲著名歌曲《南泥灣》而婦孺皆知。在大生產的同時，359旅還開展了大規模的練兵運動，據說該旅的白刃格鬥技術在八路軍中首屈一指，絲毫不比以擅長白刃格鬥的日軍遜色。

1944年10月，中共中央決定以第359旅為基礎組成第18集團軍獨立第1遊擊支隊（通稱南下支隊），王震任司令員、王首道任政治委員，南下華南。11月9日，南下支隊從延安出發，向湘粵邊挺進。1945年1月，在湖北省大悟山與新四軍第5師會師。隨後，第1遊擊支隊繼續南進。3月，改稱湖南人民抗日救國軍。7月上旬，除留一部兵力在湘北、鄂南堅持抗日鬥爭外，主力3000餘人沿湘贛邊境南下。8月下旬，到達廣東省南雄地區。後因日本投降和遭國民黨軍圍攻，隨即北返。10月回到中原地區，在湖北省黃陂縣孫家畈進行整編，恢復第359旅番號，編入中原軍區。1946年6月27日，從湖北省禮山縣宣化店地區向西突破國民黨軍的包圍，於8月29日回到陝甘寧邊區，仍歸第120師建制。11月，在山西省離石地區，與呂梁軍區機關一部、獨立第4旅組成晉綏軍區第2縱隊，王震任司令員兼政治委員，彭紹輝、馬佩勳任副司令員，羅貴波任副政治委員，張希欽任參謀長，王恩茂任政治部主任，共8600餘人。1947年3月中旬，第2縱隊由晉中經永和關西渡黃河，保衛陝甘寧邊區。7月31日，編入西北野戰軍。12月中旬，以第359旅部分幹部和部隊在山東省渤海地區擴建之教導旅回到山西省，劃歸第2縱隊，改稱獨立第6旅。

1949年2月，根據中央軍委關於統一全軍編制及部隊番號的命令，第2縱隊改稱中國人民解放軍第2軍，隸屬第一野戰軍建制。王震任軍長兼政治委員。第359旅改稱第5師，徐國賢任師長，李銓任政治委員。6月第2軍編入第一兵團。7月向甘肅、青海進軍，9月10日抵西寧與第1軍會師。接著挺進甘肅河西走廊，攻佔民樂、張掖、酒泉等縣城。10月中旬進軍新疆，至1950年3月，先後進駐南疆之喀什、疏勒、阿克蘇、焉耆等地區。第2軍兼喀什軍區，下轄喀什、阿克蘇和田等4個軍分區，擔負保衛國防，鞏固治安，參加生產建設等任務。1953年3月，第2軍番號撤銷，軍部整編為南疆軍區；第4師整編為步兵第4師；第5、第6師整編為新疆農業建設第1、第2師。

團進攻的道路。717團終於明白：要攻擊城垣，就必須先攻克這個重要火力支撐點。但是以717團自身的力量，是難以既完成進攻合水西北城垣，又佔領這個火力點任務的。359旅旅長郭鵬只得將原來做預備隊的719團調來攻擊這個甕城。

這個甕城當地叫葫蘆把。對於合水城防來說，葫蘆把的位置十分重要。明末李自成義軍曾先後四次進攻合水城，僅有一次成功就是在奇襲葫蘆把成功後才得逞。由此可見葫蘆把對合水防禦的重要性。29日中午，359旅718團和獨4旅12團先後佔領了合水東部和南部諸高地，下午，718團殺入合水東關，守軍退入城垣負隅頑抗。與此同時，719團經過緊張準備，也發起了對葫蘆把的強攻。但是葫蘆把上並不僅僅是火力強大，當攻城部隊越過城垣外深壕突入到城垣下時，守軍竟然經過暗道，運送部隊到城外，從攻擊部隊背後突然逆襲。719團和717團均遭受重大傷亡，進攻被迫停止下來。

夜戰合水

攻城陷入僵局，那麼打援又如何呢？5月29日，合水守軍遭攻擊後，整編82師師長馬繼援急令駐紮慶陽的騎8旅旅長馬步鑾，率旅直屬部隊和駐紮慶陽東南十五千公尺的赤城該旅第1團馳援。但此時共軍西野2縱獨4旅一部已經滲透到慶陽以南地區，騎8旅第1團只能退出赤城，轉道返回慶陽，與旅直屬隊會合後，再由慶陽趕往合水。

經過此番往來，騎8旅作好出發準備的時候，已經日落西山。騎8旅旅長馬步鑾對

慶陽至合水的沿途情況從未做過勘察研究，更令人不解的是出發前既沒有下達行軍部署，也不派出搜索部隊，就向合水直撲而來。

在騎8旅兩千餘騎出慶陽的時候，共軍西野教導旅第1團佔領了柏樹原，此地位於合水通向甯縣至慶陽公路的岔路附近，是進入合水的必經之路。第1團團部駐紮白家嘴，團長羅少偉將2營放置在大路北側的原上，3營則在大路南側，1營作預備隊。當晚團直屬特務營派一個排擔負警戒任務，疲憊不堪的全團官兵露天宿營。

就在這場大戰即將揭開序幕的時候，合水城的戰鬥達到了白熱化。359旅戰鬥失利，當天下午，2縱司令員王震親自趕到合水前線指揮作戰。傍晚，359旅718團和獨4旅12團佔領了合水東關，旋即開始攻擊合水南城垣。入夜時分，2縱猛攻南門，戰至午夜，共軍終於將南城門外第一道鹿砦炸開，騎8旅重兵器營當此危急時刻，緊急動員所屬後勤、政工和醫務人員，全部投入戰鬥，拼死反擊。激戰中甘肅保安第2團團總李鴻軒負傷，重兵器營死傷百餘人，帶領敢死隊反擊的段副連長在戰鬥中雙眼被槍彈貫穿。雙方在合水南城激戰兩小時，共軍718團傷亡慘重，戰鬥再次失利。

一救合水

5月30日5點左右，合水守軍被共軍壓縮到城內葫蘆把附近的時候，騎8旅救援部隊經過長途奔襲，逼近西野教導旅宿營地。教導旅第1團的警戒部隊——教導旅第1團特

務連一個排在發現來敵後沒有退縮，而是奮勇作戰，獨自抗擊著騎8旅整整一個團的重兵猛攻，教導旅第1團爭取到了寶貴的幾分鐘時間。

聞聽前方槍聲大作，團部立即吹起了調兵號，在團部北側的第3營在營長張沛然、政委邱德山指揮下迅速指揮部隊，架起機槍、迫擊砲向騎8旅密集騎兵集團射擊。在團部南側的第2營營教導員朱中新急速與營長張順國率部跑步向團部方向增援。

這一突然遭遇，也同樣出乎騎8旅旅長馬步鑾的意料。騎8旅當時正沿著一條狹長的谷地快速行進，雙方發生戰鬥後，馬步鑾當即命令部隊迅速佔領南北兩側高地，以避免陷入被動局面。騎8旅前衛連連長馬國臣接到命令後，將全連馬匹掩蔽在一個山彎後，全連輕裝爬上南原。騎8旅直屬隊和第1團則急馳上北原，擊退了教導旅第3團的反擊，開始在北原上構築臨時野戰工事。但南原的馬國臣連依然在與教導旅第1團警衛排對射。警衛排邊打邊撤，眼見不敵青馬騎兵的攻擊。教導旅第1團第2營緊急趕到，馬上對騎8旅第1團4連形成三面包圍，戰場形勢徒然轉變。

北原的青馬主力部隊眼見第4連被圍，馬步鑾焦急萬分，這時騎8旅中校附員索世俊建議，立即從旅部直屬部隊中抽調精幹小部隊救援。一個三十多人組成的小分隊匆匆集合起來，全部隊員都赤裸上身，一手拎大刀，一手持駁殼槍或衝鋒槍，在索世俊帶領下，越過峽谷，攀上南原，殺入戰陣。經這個小部隊衝擊，共軍的攻勢頓挫，第4連方

才化險夷，但此時，四百多人的第4連已經傷亡了近三分之一，連長馬國臣腿部也在戰鬥中被打斷。

這時天光大亮，預備隊使用的教導旅第1團第1營也趕到了，教導旅第2團也及時增援上來。教導旅開始集中砲火轟擊在北原上的青馬騎兵臨時工事，一時間槍砲聲震天，成群的戰馬受驚亂叫，戰場上一片混亂。共軍砲火準備後，教導旅第1團發起了反擊，南原上的青馬第4連不能招架，被共軍趕入山溝，教導旅第1團乘勢猛衝下去，繳獲了第4連兩百多匹戰馬。戰鬥中，在北原的騎8旅主力一直處在共軍的砲火轟擊下，騎8旅中校軍械主任馬文泰等十多名官兵被炸死。更糟的是騎8旅部隊側後也出現了共軍，這是奉2縱司令員王震的命令，緊急來援的獨4旅。騎8旅主力見有被包圍的危險即迅速撤退，共軍也未追趕，雙方在太陽初升的時刻脫離了接觸。一頭霧水，搞不清對面共軍形勢的馬步鑾無可奈何對自己手下的參謀們說：「目前我們受了些挫折，但幾千人的主力還在。共軍口袋雖大，恐怕也盛不下我們問題的關鍵是如果我們再深入，勢必形成膠著狀態，難分難解，稽延時日，正中共軍圍城打援的計策，合水城內的重兵器營，就有被吞噬的危險。現在唯一的有效對策，就是暫時撤回慶陽，稍加整頓，請示師長後，分兵數路救援。不管哪一路先到合水，重兵器營就會脫離危險。」眾軍官皆同意馬步鑾的意見，騎8旅遂於30日上午10點多返回慶陽。第一次救援合水就這樣虎頭蛇尾地結束了。

二救合水

馬步鑾帶領騎8旅第1團氣喘吁吁地返回慶陽後，立即通過電話向馬繼援報告了救援受挫的情況。馬繼援在電話中厲聲質問馬步鑾：「重兵器營你還要不要了？」繼而嚴厲斥責馬步鑾指揮部隊走溝不走嶺，又不設置側衛部隊的戰術錯誤，罵得馬步鑾無話以對。最後馬步鑾提出撤退途中設想的分路合擊計劃，馬繼援馬上同意，同時派遣整編82師高參馬福壽前去協助指揮（或者說監軍更合適），另派整編82師副師長馬全義和高參韓有祿率領騎8旅第2團和整編82師衛士大隊中路救援合水；在寧縣的整編82師第100旅南路；馬步鑾則指揮騎8旅第1團北路，尋找一條迂迴道路，直插葫蘆把救援合水。

馬步鑾不顧部隊疲勞，馬上命令整理隊伍補充彈藥準備出發。同時找來慶陽保安司令譚世麟及當地縣長、鎮長等，查清了從慶陽經北原柳溝通向合水葫蘆把的小路，又找了一名熟悉地形的當地向導。30日中午，剛回慶陽不到兩個小時的騎8旅第1團，又殺出慶陽，直奔合水而去。

在騎8旅第1團重新出發的時候，西野2縱緊急命令獨4旅靠攏教導旅，兩個旅在太白坳布下嚴密防線。在合水城，2縱359旅719團攻擊合水北部山地一天一夜，仍未成功。30日上午，2縱副政委王恩茂親自到359旅陣地上，與359旅旅長郭鵬等商量進攻計

■ 南泥灣開荒。

劃，有人建議先把合水城佔領，然後再攻擊葫蘆把的敵人，但郭鵬認，不打下葫蘆把，即使佔領合水城也無法立足。王震也同意先進攻北山。359旅進行了整整一天的戰鬥準備，到傍晚重新組織力量，仍以717團和719團一部繼續猛攻合水守軍主陣地，但因適逢暴雨，妨礙攻擊，因此進攻再次失利。一次次攻擊均告失利，王恩茂在他的日記中沈痛地檢討了359旅進攻中暴露出來的弱點：「攻擊敵陣地一次不成功，不另想辦法，而作無效的反復衝鋒；衝鋒到敵人工事面前受阻時，停留在敵人火網之下，不知轉移地區和做工事；衝鋒前進，挺胸，頂多屈身，而不匍匐爬行；敵人打來手榴彈不知疏散臥下；觀察不利用地形，常挨敵人冷槍射擊；砲火射擊缺乏組織和指揮，打得零亂不集中，和（步兵）配合的不好；不認真進行近迫作業。因此，傷亡甚大，而攻擊又不能成功。」能夠讓與王震一起自陝北出發，南下直達湖南，再回頭經歷中原突圍返回延安的王恩茂認「傷亡甚大」，那麼359旅攻擊部隊的傷亡看來真是很大，以致於讓這個久經沙場的老兵都感到震驚。

合水城內的騎8旅重兵器營也同樣疲憊不堪，在一天一夜的激戰中，重兵器營傷亡連排長數人，戰防砲連的正副連長均受重傷。全營官兵傷亡三百多人，協防的甘肅保安第2團團總李鴻軒也在激戰中負傷。最嚴重的是唯一的一部電臺也在激戰中被毀，與外界失去了聯繫。30日中午，國軍一架飛機自西安翩翩飛來，飛機繞著合水城懶洋洋地飛了幾圈，丟下幾枚不知道落到哪裏的炸彈下來，又翩翩飛去，這飛唯一一架飛機，也是西安胡宗南對隴東青馬部隊唯一的一個支援。

青馬二次救援合水兵分三路，救援主力西峰的騎8旅第2團和整編82師衛士大隊，人數大約在兩千人左右。此次救援合水，馬繼援派出了青馬老將，整編82師副師長、馬繼援的舅舅馬全義親自指揮，另派遣第2團的老團長，現任整編82師高參韓有祿副之。韓有祿是第2團前任團長，後被馬步鑾賞識的李文彬代替。不過第2團官兵大多韓有祿舊部，馬繼援指派韓有祿隨軍出征，其目的恐怕不僅僅是了加強第2團的指揮，更多的可能是擔心資歷甚淺的李文彬指揮不動第2團。

血戰太白坳

中路救援部隊出西峰，過驛馬關，沿慶陽至甯縣的簡易公路向合水方向奔去。馬全義了不犯馬步鑾的錯誤，越過板橋後，就命令部隊沿山嶺前進，到下午6點多，部隊抵達合水西北約十千公尺的太白坳地區，這裏地形複雜險要，清晨與青馬騎8旅第1團激戰後的西野教導旅恰好在這一帶佈防。傍晚時分，南原的教導旅第1團首先與青馬騎兵接觸，第1團在清晨遭遇戰中輕鬆戰勝對手，此時士氣高昂。第1團第3營第7連連長崔永臣指揮機槍掃射，青馬騎兵先頭部隊遭此打擊，立即後撤。在北原的教導旅第2團聞聽槍聲，也隨即包抄過來，兩個團一左一右，呈扇形擋住了中路國軍增援部隊的去路。

小心謹慎的馬全義發現太白坳東南北三面，都出現了共軍部隊，前進道路受阻，立

即命令騎8旅第2團由團長李文彬親自指揮，投入戰鬥，隨軍出戰的韓有祿也親自到火線上督戰。兩人各自負責一處，分別指揮南北兩個方向的部隊對抗共軍的進攻。

由於共軍佔據了地形優勢，同時戰鬥爆發時青馬騎兵倉促應戰，在共軍犀利進攻下，青馬騎兵邊打邊退，馬全義在危急中，親自帶衛士大隊衝上火線，向共軍進攻部隊逆襲（整編師中將副師長親自赤膊衝鋒，在國共內戰中並不多見），戰鬥中馬全義腿部中彈，衛士們急忙將其背離前線。

此時對於在太白坳的青馬騎兵來說，正是最危急的時候，在南原上被教導旅第1團第2營第7、第8兩個連夾擊的青馬騎兵眼見無路可退，遂將槍枝丟於地上，高舉雙手做投降狀。但當共軍走近準備受降的時候，這些青馬騎兵突然抽出隨身攜帶的馬刀，向共軍突然發起反衝鋒。由於事出突然，共軍根本沒有防備。不遠處正興奮地趕來看自己部隊受降的教導旅第1團團長羅少偉看到這一幕，急忙回頭招呼團部的參謀們隱蔽，突然一顆子彈飛來，不但射傷了羅少偉，還打傷了後面的第1團副團長熊光焰。羅少偉被抬下火線，半路上對教導旅旅長羅元發懊喪地對說：「這幫青馬龜兒子真狡猾，一槍打傷了我們兩個！」

北原上教導旅第2團也受到青馬騎兵假投降的欺騙。騎8旅第2團有二百多騎兵埋伏在一個廢棄的窯洞內，窯洞門口站幾個人不住地搖白旗。教導旅第2團第1連信以真，竟然全連上去受降。窯洞內的幾百青馬騎兵突然殺出，第1連旋即陷入青馬騎兵的包圍中，連長何大道等三十多名官兵陣亡，其他官兵四散。這股青馬騎兵擊潰了第1連後，馬不停蹄地向教導旅第2團的陣地撲來，正在前沿的2團政委關盛志見情勢危急，跳出戰壕大喊：「堅決反擊！誰也不准後退！」2團副政委王湜也在前沿，急忙命令第2團第2營機砲連長馬會元一定要控制好機槍，堅決堵住青馬騎兵的進攻。機砲連果然不負所望，在亂軍中鎮定自若，首先槍砲齊射，然後全連上刺刀，向青馬騎兵逆襲。白刃戰中2團8連連長李風鳴和2營機砲連連長馬會元雙雙負傷，但正是他們的反擊，才使教導旅第2團能夠重新集結起來，整個防線也免於崩潰。

青馬騎兵中路援軍穩住陣腳後，開始重新集結部隊，試圖分路突破共軍的阻擊陣地，其主要突擊方向仍然選擇在教導旅第2團方向，另外兩路則向教導旅第1團和獨4旅部隊的陣地迂迴。當青馬騎兵衝鋒上來時，教導旅第2團在政委關盛志指揮下，槍砲齊發，猛烈阻擊。但青馬騎兵不顧傷亡，依然兇猛衝鋒。戰鬥中，2團政委關盛志遭青馬騎兵狙擊手射擊，右臂負傷，匆忙趕來指揮戰鬥的教導旅旅長羅元發急忙命令將他送下去包紮。羅元發到達第2團前線的時候，也正是戰鬥最激烈時刻。教導旅第1團見2團陣地危急，由政委魏志明帶領幾個連趕來，突然從青馬騎兵進攻隊形左側殺來。青馬騎兵遭此側擊，陣腳大亂，集團衝鋒方才告停。這時天色已黑，一陣狂風過後，天降暴雨。殺得精疲力盡的雙方均無力再戰，遂在戰場上對峙下來。

這場突如其來的大雨使西野2縱總攻合水的計劃落了空，讓太白坳激戰的雙方熄了

火，還讓南邊的青馬另一個勁旅——整編第100旅停住了腳。整編第100旅是青馬集團的骨幹部隊，名義上是步兵旅，實際上可以稱之輕騎兵師。本來整編100旅分駐於甯縣、鎮原一帶，30日中午奉整編82師師長馬繼援的命令，自甯縣出發，一路北上而來，到傍晚天降暴雨，部隊在暴雨和泥濘中掙扎前進，好容易抵達距離合水還有十千公尺的板橋附近。整編100旅旅長譚呈祥聞聽太白坳方向砲聲隆隆，然而黑夜裏也搞不清楚戰場情況，命令部隊停止前進，避雨並烘烤衣服，任憑太白坳方向槍砲聲不絕，兀自充耳不聞。

中路救援部隊受阻於太白坳，南路的整編100旅止步於板橋，那麼馬步鑾的騎8旅第1團哪裡去了呢？

合水城下

騎8旅第1團這次變得聰明了，旅長馬步鑾找了一個當地向導，繞道北原柳溝，悄悄向合水北山葫蘆把襲來。到傍晚時分，這路青馬部隊經過崎嶇山路跋涉，迂迴到合水城北附近共軍的第一道防禦陣地。這裏是西野2縱獨4旅的阻擊陣地（由於資料的匱乏，筆者未能查明防守在第一道防線共軍部隊的具體番號。但根據各部隊的部署進行分析，有可能是獨4旅的兩個團中的一個，有朋友指出防守此地的共軍獨4旅第13團），共軍陣地設置的十分巧妙，安置在一個螞蟻型的腰峴上（腰峴是隴東黃土高坡上的特有地形，兩側陡峭深淵，中間黃土山嶺呈凹狀，當地人稱這種地形峴子）。馬步鑾帶領主力抵達

這裏的時候，前鋒第1團第1、第2兩個連已經隱蔽了馬匹，正向共軍陣地兩翼散開。這些青馬騎兵借助原上未收割的麥禾掩護，握槍持刀，匍匐前進。馬步鑾在前沿仔細察看了共軍的陣地，最後決定以重砲、迫擊砲等火力壓制對方火力，然後突擊部隊利用共軍陣地前一個高約四、五公尺的懸崖做掩護，待火力準備後乘勢衝擊共軍陣地。

青馬第1團第1連和第2連依照命令，悄悄爬上崖坡，隱蔽在懸崖下。當大多數官兵抵達指定位置後，整編82師師部派來協助馬步鑾指揮的馬福壽一聲令下，砲火準備停止，隱蔽在崖坡的青馬士兵突然攀上懸崖，殺入共軍的陣地。同時，後續青馬以騎兵集團迅速衝鋒，一舉突破了共軍的陣地。共軍倉促撤退，青馬騎兵窮追不捨，到天黑方才停止追擊，就地宿營休息。

攻擊合水的共軍並未休息，2縱司令員兼政委王震攻擊合水的決心依然未變。王恩茂的在這天的日記中記載，2縱當天傍晚仍在指揮359旅的三個團和獨4旅12團三面圍攻合水，但是因天降暴雨，攻擊均告失利。359旅718團本來準備在晚8點攻擊合水南城，也因暴雨推遲了計劃。騎8旅第1團逼近合水的情況，2縱司令部通報給正在太白坳阻擊騎8旅第2團的教導旅和獨4旅。教導旅在30日傍晚與獨4旅共同對青馬部隊發動了一次猛烈進攻，戰鬥一直進行到深夜。青馬騎兵漸漸不支，騎8旅第2團團長李文彬畏縮不前，作戰指揮實際由第2團的老團長韓有祿負責。韓有祿在戰鬥中發現共軍的包圍圈越來越大，於是他判斷共軍是在以進攻來掩飾撤退，並推測合水方向「情況可能有變

■ 南泥灣開荒。

「化」。果然第二天拂曉，儘管天仍然下著小雨，但共軍已經全部撤退，連一個傷兵都沒有留下。

在騎8旅第2團西邊村鎮板橋的整編100旅，舒舒服服地休息了一個晚上。31日上午10點，才向合水蹣跚而來。在太白坳，整編100旅與騎8旅第2團和整編82師衛士大隊會合，小心翼翼地向合水開去。

此時的合水城，仍然激戰中。共軍2縱359旅經過緊張準備，重新恢復了進攻。2縱司令員王震親自在合水東郊二郎山指揮所指揮359旅718團突擊合水南門。30日的攻擊，718團將南門外的鹿砦等障礙全部爆破，但爆破城門卻沒有成功。此番重新進攻，718團總結了教訓，最終成功將炸藥運到南門，終於將城垣炸開了一個缺口。718團與獨4旅12團一個營由缺口衝進城內。城內守軍騎8旅重兵器營與共軍展開激烈的巷戰和白刃戰，激戰兩小時後，殘部被迫撤到葫蘆把附近固守，雙方均傷亡慘重，共軍傷亡更甚。

對合水城發起總攻的前夕，王震打電話通知在合水西北359旅旅部的2縱副政委王恩茂返回合水東邊二郎山指揮所，就在王恩茂去東郊二郎山的途中，合水城內的戰鬥達到了白熱化，並發生了令人震驚的變化！

解圍合水

這變化就是昨天晚上潛入到合水北山附近的騎8旅第1團突然出現在合水北山葫蘆把附近，委實令2縱上下大吃一驚，正在指揮部隊圍攻合水的2縱359旅旅長郭鵬急忙從717團和719團各抽調一個連前去阻擊。因

事出突然，這兩個連臨時設置的阻擊陣地雖然也設置在一個峴子上，但遠不如第一道防線的那個峴子險要，而且還受到背後合水北葫蘆把上守軍重機槍的威脅。青馬援軍的騎兵前鋒一發起突擊，合水北山葫蘆把上的守軍就注意到了，隨即使用重機槍從背後向阻擊的共軍射擊。這兩個連的陣地隨即被突破，人員被迅猛彪悍的騎兵衝散。郭鵬急調359旅717團預備隊第3營迎頭堵截，3營接到命令後，還未運動到指定陣地，就與青馬騎兵遭遇。青馬騎兵衝入3營急行軍佇列中，一陣激戰後，3營傷亡重大，但總算阻擋住青馬騎兵向359旅旅部的衝擊。

就在3營與騎兵血戰的時候，合水城內守軍見到援軍到來，士氣大振。城頭上輕重火力齊鳴，守軍打開合水北門，以騎8旅重兵器營重機槍連殺出合水，順利與救援的青馬第一批騎兵約三百餘騎會合。郭鵬眼見青馬援軍就要打通與合水守軍的聯繫，心中十分焦急，他衝出隱蔽部，要下山親自組織部隊反擊。但剛走出指揮所，就被合水城頭飛來的子彈正中手臂。

第一批援軍迅速經合水北門縱馬殺入合水城內。援兵入城，令合水守軍士氣大振，遂開始從北城和葫蘆把向城內共軍猛烈反擊。城內共軍猝不及防傷亡慘重。而此時城外的共軍已經沒有任何預備隊，只能眼看著城內的部隊被青馬騎兵蹂躪。合水城內屍橫遍野，血流成河，攻城共軍付出了重大的代價。2縱獨4旅12團參謀長吳化民和359旅718團副參謀長吳錫在指揮部隊向城外突圍時陣亡。王恩茂在這天的日記中寫到：「合水城已我攻破，718團和12團一個營均已進

城，但退到葫蘆把的敵人反攻下來，我被迫退出城外，在退卻時，因慌亂未給敵反擊，傷亡嚴重。」

這時2縱指揮所也已偵知整編100旅已經從板橋出發，距離合水城已經不遠。在這種形勢下，2縱只得命令部隊迅速撤退轉移，當天，以獨4旅12團控制合水南部南寺原陣地，359旅718團控制二郎山陣地，掩護縱直和2縱其他部隊向合水西北撤退。共軍部隊一向以行動迅速著稱，到下午整編100旅抵達合水時，合水城池附近的共軍已經全部撤離。青馬部隊打掃了戰場，然後任命馬仲福（赫赫有名的尕司令馬仲英最小的弟弟）合水縣長兼遊擊司令。合水的城防轉由100旅第2團駐守，騎8旅則全部返回西峰一帶休整。

戰後檢討

此戰是國共戰爭期間西野主力部隊與青馬集團的第一次大規模作戰，準確來講，這場戰鬥是青馬的新編騎兵第8旅對西野2縱359旅、獨4旅和教導旅。青馬騎兵以傷亡九百多人（騎8旅重兵器營與甘肅保安第2團傷亡320多人；騎8旅第1團第一次救援合水傷亡340多人；第二次救援合水傷亡近百人；騎8旅第2團與整編82師衛士大隊傷亡160多人；合計920餘人。該傷亡數位參閱韓有祿、馬尚武的文章《國民黨第八十二軍在隴東、關中進行的反共戰爭》）的代價大獲全勝。戰後在西寧的馬步芳得知合水圍解，極力宣傳所謂的合水大捷，並派遣青海民政廳長郭學禮等人，組成了一個龐大的慰

問團，前往西峰、慶陽、合水等地勞軍。國府了表彰其功勳，向整編82師在這次戰鬥中有功官兵頒發了勳章、獎章及各種獎品。

1947年6月1日，2縱司令員王震向西野野司電報合水戰鬥失利，電報中王震沈痛地說：「彭、習：合水攻城打援均告失利，影響整個戰役，我有責任，唯青馬慣打英勇善射能戰，行動迅速膽大，實非誇大以掩過錯，亦非認識不可消滅敵人，青馬特點可供今後行動方針之資料。戰役共傷亡八百餘人，幹部傷亡嚴重，彈藥消耗特大（九旅近乎打光）必須移至一個地區整頓幾天。王震6月1日未時」

王震在這封電報裏提到的九旅就是359旅，可能因戰鬥剛結束，傷亡一時未統計準確，傷亡八百餘人是不準確的。西野司令員彭德懷在後來提交給中共中央的《陝北九個月作戰的基本總結》中寫道：「打了蟠龍後休息了十三天，即打隴東，這裏上下都犯了輕敵的錯誤，三路分兵，合水一仗我們傷亡一、二千，359旅旅長負傷，打了一個消耗戰。」《第一野戰軍》一書中明確記載：「我傷亡2500餘人，僅殲敵1520人，不得不撤出戰鬥。」

關於此戰，西野2縱副政委王恩茂在1947年5月31日的日記也記載道：「這次合水戰鬥傷亡甚大，而未取得最後勝利，影響整個隴東戰役，不能按照原定計劃發展，感到十分遺憾和不安。」6月1日王恩茂繼續在日記中沈重地檢討了合水戰鬥失利的原因：「我們在合水打的敵人是青海馬步芳的82師騎8旅2團，其特點，武器雖然不好，沒有重火器，但較頑強，能各自戰，打垮後，能

反衝鋒；因民族關係及敵欺騙和我宣傳未深入，打垮了也不容易繳槍，打甲處敵，乙處敵定來增援，而且，打垮了一次，增援接著來第二次。這次戰鬥未消滅敵人，取得完全勝利，原因甚多，客觀的：敵人頑強，有過三次增援。主觀的：瞭解敵人甚差，輕敵。這次作戰經驗，除一般的不說，我感覺深刻的是這幾點：一、與任何敵人戰鬥，均不能輕敵；二、攻擊敵人城鎮、據點，必須攻克敵主陣地，才能解決戰鬥；三、攻擊任何敵人，均須控制強大預備隊；四、砲火作用很大，但無論如何不能單純依賴砲火解決問題；五、攻佔一個陣地，必須對付敵人的反衝鋒。」

合水失利對西野有重大教訓，戰鬥結束後，2縱轉移到合水西北與西野野司靠攏，西野野司命令2縱休整十天並發動官兵檢討合水戰鬥失利的原因。王震在做合水戰鬥「2縱上下經過深刻檢討，官兵們認識到馬家軍集團部隊內宗教統治、軍官親族關係、士兵愚昧、彪悍頑強等特點，並檢討了自己對敵連續增援的戰術特點認識不足，急躁輕敵，兵分三路同時攻擊青甯兩馬，同時部隊普遍缺乏對付騎兵的實戰經驗。彭德懷在1947年10月下旬一次營以上幹部會議上檢討說：「合水之消耗戰，就全戰役的組織上講，犯了分兵的錯誤。」

5月31日，2縱在合水城下失利的消息傳到西野野司，彭德懷就改變了自己對隴東作戰的初始想法，當天他與習仲勳聯名上報中央軍委：「青馬82師甚頑強，是一支勁旅，準備集中主力先殲甯馬81師，再打82師。」半個月後，西野集中部隊攻擊環縣甯

馬整編第81師，果然大獲全勝。但打整編第82師的想法卻一拖再拖，一直拖到了1948年西府戰役後期才重新提出。不過那次打青馬，西野又摔了個跟斗，摔的比這次在合水還厲害。

西野對青馬敗仗之子午嶺篇

子午嶺，橫亙在陝甘交界，南北綿延達六、七百里。子午嶺森林茂密，人煙稀少。上世紀二、三十年代就是陝甘紅軍的根據地，隴東有歌謠唱道：
一杆杆紅旗一杆杆槍，
劉志丹的隊伍到了南梁。
子午嶺上五座峰，
五座峰上無條龍。
紅軍駐在老爺嶺，
根根紮在窮人心。

抗戰時期，子午嶺地區是陝甘寧邊區的西南屏障，陝甘寧邊區政府在此分別成立了隴東分區和關中分區。這裏地理位置十分重要，尤其關中地區，東可控制咸陽-榆林公路，西可俯瞰西安-蘭州公路，從這裏出發，兩天即可進抵西安城下。當地百姓的歌謠唱：「黑牛白肚子，就剩下寧縣這一溜子」，就是形容關中分區猶如一把匕首，嵌在渭河北國統區內的情形的。因位置重要，國共雙方都很重視，八路軍派遣了王宏坤的385旅進駐，國軍則以重兵圍困，雙方都相互懷有戒心，因此在抗戰還未結束時就經常發生摩擦。抗戰勝利後，中共將陝甘寧晉綏留守部隊進行整編，陝甘寧邊區西部邊界的三邊分區、隴東分區、關中分區分別由新11旅、警三旅和警一旅擔負防務。

西安國軍方面，把這一地區成囊形地帶，了清除這個深入到自己腹地的「囊腫」，胡宗南的整17師整48旅從正寧、寧縣到西峰的寬大正面上向子午嶺方向清剿。1947年3月5日，整48旅在合水西華池遭共軍358旅、新四旅、教二旅、警三旅四路重創，旅長何奇重傷而亡。此戰結束後，西安方面了發動對延安的重點攻勢，必須集中兵力，因此令青海馬家軍整82師進駐此地。整82師以整100旅駐紮寧縣，整騎八旅駐紮慶陽，獨騎五團（後來擴編248師）駐紮正寧，圍繞著子午嶺布下了一道嚴密的防線。

與整82師對峙的共軍部隊是西野四縱的警一旅、警三旅和騎六師（當時西北野戰軍團尚未成立第四縱隊，延安保衛戰時期，陝甘寧晉綏聯軍代司令員王世泰奉彭德懷的命令，赴隴東、關中地區統一指揮活動在此的共軍黨政部門，牽制國軍。王世泰以警一旅旅部自己的指揮機關，開始指揮警一旅、警三旅和騎六師在關中、隴東分區堅持鬥爭。這裏了方便，將王世泰指揮下的部隊統稱四縱。實際上四縱是在子午嶺戰鬥發生後2個月才成立的，這點請各位朋友理解）。四縱名義上擁有兩個旅和一個騎兵師，人員實際是支離破碎的。警一旅的第一團作關中分區堅持當地鬥爭的骨幹一直在子午嶺南端進行游擊戰，後因損失嚴重，作第三營補充進了警一旅第三團，因此警一旅實際只有兩個團；警三旅更少，該旅長期擔負隴東向北包括三邊分區部分地區的防務。

1947年初，國軍進攻延安的同時，寧馬主力出甯夏河套犯三邊，防守三邊分區的

■解放軍第一野戰軍司令兼政委彭德懷在作戰室中深思。

共軍新11旅乃起義部隊，戰鬥力不強，結果一個團被甯馬擊潰，另一個團在團長趙級三帶領下叛變投敵。三邊剩下的唯一守軍警三旅警八團在定邊暗門子被甯馬騎兵四面圍困，警八團奮力拼殺，傷亡慘重，團長王振川負傷被俘。（突圍出去的八團殘部與新11旅二團合編二.八團，留在三邊堅持鬥爭，二.八團實際是個沒有番號的部隊，這在共軍歷史中恐怕也是少見的）。警三旅下屬的警七團則在延安保衛戰前夕就被指定中共中央的掩護部隊，直接受中央軍委指揮，別說四縱司令員王世泰命令不動，就連西野司令員彭德懷也別想知道這個團在什麼位置。如此一來，此時的警三旅實際就剩下警五團這一個團（警七團在子午嶺戰鬥後奉命歸還警三旅建制，但該部隊經歷了幾個月的艱苦轉戰，已經被消耗得精疲力盡，全團大部分官兵均患上傷寒病，實際上等於喪失了戰鬥力，該團在子午嶺一帶休養，直到1947年底才重新出征）。至於騎六師，其前身是胡景鐸的起義部隊，不但不能作戰，恐怕平時就是棄之可惜食之無味。

1947年8月，國軍集中六個旅對關中分區圍剿，正在此地的西野四縱縱指和警一旅、警三旅及地方部隊和地委機關家屬迅速向北轉移。國軍果然尾隨北上，在三邊地區，四縱甩掉了追兵，再次返回關中，進駐甯縣子午嶺山區腹地的九峴一帶。

8月13日，疲憊不堪的共軍剛剛進入九峴地區，遊弋在子午嶺西部的國軍斥候就得知了情報，當天，正在西峰整82師師部的馬繼援接到報告，稱共軍約一個縱隊的兵力，有向正甯方向推進西上的模樣。兩個多月前剛指揮整82師在合水擊退共軍主力縱隊——二縱，取得所謂「 合水大捷」的整82師師長馬繼援還沈浸在勝利的喜悅中，28歲的他從心中十分看不起共軍。接到情報後，馬繼援當即調動下屬部隊整騎八旅、整100旅、獨騎五團和師直屬的四個獨立營共約八個團的兵力，由他親自指揮向子午嶺進軍。

馬繼援雖然年輕，但這個16歲就做上校副團長，20歲就去陸大將官班進修的」 少爺」 並非魯莽之人。他以馬步康之獨騎五團前衛，整100旅譚呈祥部右翼，整騎八旅馬步鑾部左翼，師直屬的四個直屬獨立營後衛，從慶陽、板橋、盤克等地分別出發。同時令整騎八旅利用騎兵快速機動的優勢，分兵沿小路向子午嶺快速迂迴，與右翼部隊形成鉗形攻勢。馬繼援計劃用24個小時完成包圍計劃，然後一舉圍殲這股共軍部隊。

然而，部隊一出發就不順利，時值深秋，連日陰雨綿綿，隴東的道路遇到天雨就如同一場災難，泥濘路滑，部隊行軍速度大受影響。在勉強行軍中，情況十分狼狽，行軍佇列中，不是馬失前蹄，就是車陷轅折，尤其是步兵行軍更是艱難。部隊掙扎了一天，才接近預定地點。

8月14日，隴東的大雨停止，青馬整82師先頭部隊獨騎五團和整100旅第二團的前哨在九峴原上金村廟和豆家梁一帶與共軍關中分區西線指揮所直屬的高學文獨立營接觸，高學文獨立營不敵，節節抵抗中向東撤退。青馬部隊推進到付家莊，又與共軍關中渭北縱隊接火，渭北縱隊的隊長姚鵬飛在戰鬥中負重傷，但他們這個小小的遊擊隊勇敢的戰鬥，掩護了中共關中地委和關中分區機關連夜撤退到北柴橋一帶。

14日傍晚，共軍的偵察人員發現青馬部隊已經抵達金村廟、牙村一帶宿營。但是對方兵力有多少，一時難以搞清楚。四縱司令員王世泰立即召集各部領導和西線指揮部的人員研究對策。王世泰此次在三邊甩開了尾隨的國軍南下，並不僅僅是帶領四縱在子午嶺進行遊擊。此時的西野野司在榆林戰役後，已經決定在運動中殲滅陝北北部的國軍一部，了達到此目的，四縱需要前突到西蘭公路，威脅國軍側後，牽制住一部分可能北上的國軍部隊。此時的王世泰本想馬上集合部隊，脫離與青馬部隊的接觸，迅速南下以完成任務。但是關中地委一些領導的看法又讓他改變了主意。

關中地委，一直肩負著保衛關中分區，對敵鬥爭的任務。在前期的遊擊戰鬥中，關中地委要求各地幹部「 縣不離縣，區不離區」 ，堅持本地鬥爭。自青馬部隊進駐隴東後，青馬騎兵利用快速機動性，經常與當地土頑結合，使用小股騎兵部隊奔襲共軍在子午嶺的遊擊武裝。在這種遊擊對遊擊的作戰中，關中地委及其指揮的各遊擊隊損失嚴重，尤其是在合水戰役後國軍對子午嶺的清剿戰中，關中地委付出了很大代價。此番主力部隊歸來，關中地委第一個想法就是想請主力部隊教訓一下青馬這個狂妄的對手。在會議上，再三要求王世泰命令部隊殲滅這股

敵人。王世泰了照顧地方上的情緒，隨即派遣了偵察員偵察敵情。到拂曉前，偵察員回來報告說敵人只有一個騎兵團。王世泰認以四縱現有的三個團加上地方部隊，對付青馬一個團應該足夠。況且共軍還有一個騎六師，儘管這個部隊不能打，但壯聲勢還是可以的。王世泰等四縱領導研究後決定，集中四縱部隊，在九峴西窪地區布陣，準備殲滅這股敵人。15日淩晨，四縱警一旅由楊家原調到西窪，警一旅三團在新莊、西窪構築工事，阻止敵人等原；警三旅五團則配置在桃樹莊一帶，準備待警一旅三團打響後，從九峴原北直插敵後，斷敵退路。騎六師則駐守九峴桃樹莊東山一帶，作四縱作戰的總預備隊。15日清晨，各部隊均抵達指定地點，部隊開始挖掘戰壕，關中地委則調集民兵組織擔架，做飯送飯，一片繁忙。

但四縱這次得到的情報很不確切，偵察員偵察到的只是青馬整82師的前衛部隊獨立騎兵第五團，後續的整100旅正在陸續抵達，整騎八旅在北面也正在迂迴前進中。因此四縱將要面對的對手不是一個團，而是青馬整82師的全部部隊，多達八個團之多。15日黎明，剛得到這個情報的中共合水縣委書記李科匆匆趕到九峴指揮所報告說「對面的敵人是馬家全部兵力」。四縱縱指十分震驚，此時天將破曉，四縱急忙命令前線部隊改變原來的計劃，將殲滅戰改阻擊戰來打，以掩護縱指和關中地委機關撤離。

15日早晨，天氣晴朗，紅日東升。站在子午嶺九峴原西窪的中共關中地委宣傳部長王秉祥向西遠望，隱約看到金村廟一帶青馬部隊頭天晚上紮下的數不清的帳篷。對方人馬湧動，正在運動兵力，作戰前準備。王秉

■ 解放軍通過荒無人煙的草原向蘭州行進。

祥，1934年參加中共的老幹部，1935年新甯附近活動的四個紅軍遊擊隊均被國軍打散，損失慘重，其中陝甘紅軍第三路指揮部第一支隊，在不到一年的時間裏竟然犧牲了六任隊長。1936年，剛滿20歲的王秉祥接任隊長，指揮遊擊隊靈活作戰，斷斷半年，把這個本已即將垮臺的遊擊隊發展成有200多人槍的部隊，一躍成在新甯縣生存下來的唯一一支紅軍武裝力量。正是有這種非凡經歷，國共內戰爆發後，身中共關中地委宣傳部長的王秉祥再次臨危受命，擔任了關中西線指揮部政委、警一旅警一團政委，兼任中共新甯縣縣委書記。此時的王秉祥身患嚴重的傷寒病，但情勢危急，他顧不得病情，掙扎著去尋找關中地委，準備領受新的艱巨任務。

青馬整82師師長馬繼援此時正在惱怒中，原來計劃中從左翼包抄子午嶺共軍的整騎八旅到現在也沒有出現，通過電臺聯繫，得知馬步鑾的騎兵在泥濘中艱難跋涉，估計到傍晚才能趕到九峴原。馬繼援等不到那個時候，於是命令馬步康指揮獨立騎兵第五團右翼，整100旅第二團左翼，整82師直屬各營和整100旅第一團預備隊，於15日上午10點開始向九峴西部共軍警一旅二團和警一旅三團的陣地發起猛烈進攻。

西野四縱在戰鬥打響前就已經認識到自己判斷的敵情有誤，改變原定作戰計劃後令各部迅速擺脫敵人。但因道路、地形限制，且青馬騎兵行動迅速，各部隊接到命令時已經無法撤出陣地，只得組織部隊原地阻擊。王世泰命警一旅二團佔領九峴鎮，三團則在九峴西坡構築工事，騎六師集中在桃樹莊西

溝內，原來計劃迂迴攻擊敵人的警三旅警五團現在臨時改做總預備隊。上午十點，青馬騎兵開始發動進攻，首先集中砲火轟擊九峴西窪紅軍陣地，然後向正面西窪西北方的共軍警一旅警三團陣地發動猛烈進攻。警一旅警三團依託工事頑強抗擊，打退了青馬騎兵多次進攻，自身傷亡很大，第三營第五連的英雄排」穆成光排」在激戰中全部陣亡。警三團一直堅守陣地到當日下午，然後奉命節節抗擊，向東撤退。撤退途中，負責在西北方掩護的一營一連部分官兵沒能及時撤離陣地，被青馬騎兵四面圍困。一連被包圍的幹部戰士與青馬騎兵展開殊死搏鬥，連長王三緒彈盡後跳崖負傷，副連長楊占奎當場戰死，其餘官兵大多陣亡。

下午四點左右，警三團撤至西窪，預備隊警五團接替警三團抗擊追擊而來的青馬騎兵。側翼的警二團和騎六師也與青馬部隊交火。各部隊交替掩護著向東撤退，逐漸與青馬部隊脫離了接觸。

本應是有組織的抗擊交替掩護，實際到執行的時候變成了一場混亂。野戰部隊只負責自己部隊的撤退，地方部隊則去掩護自己的上級機關，各部隊交錯紛雜，所謂的交替掩護實際成了各顧各。當日下午，關中地委宣傳部長王秉祥從九峴西窪去北柴橋黑風疙瘩尋找地委途中，發現青馬騎兵已經從楊家原迂迴過來，正在向地委所在地北柴橋推進中。地委機關直屬的警衛隊已經在北柴橋腰峴與這路青馬騎兵交火。與此同時，另一路青馬騎兵從木瓜原迂迴到桃樹莊，企圖切斷共軍撤退的道路，關中地委西線指揮部立即調獨立營在桃樹莊阻擊。這時候戰況緊急，

■ 第一野戰軍司令員兼政委彭德懷（左），政治部主任甘泗淇（右）在蘭州留影。

共軍野戰部隊已經交替掩護著撤出了九峴一帶，而關中地委則還在附近，有被青馬部隊圍殲的可能。王秉祥從北柴橋返回龍池途中，偶遇被青馬騎兵衝散的警一旅警三團的部隊，他們一起分析戰況，都感到形勢十分危急。正巧此時四縱縱指的撤退命令下達，命令要求所有部隊、機關於下午三點撤出戰鬥，連夜分路向東轉移。傍晚時分，關中地委、分區司令部等地方機關也跳出了包圍圈，與正在向東撤退的主力部隊會合。王世泰將部隊的傷病員交給關中地委，並通知他們主力部隊將向東南方向的赤水、旬邑方向轉移，讓關中地委下屬的各地方後勤機關以後也向他們靠攏。

共軍的迅速撤退，卻讓信心百倍的馬繼援眾生了猜忌。下午三點左右，共軍開始撤退，掩護部隊撤退的火力逐漸稀疏下來。馬繼援懷疑這是共軍的疑兵之計，也不敢貿然追擊。又過了一個多小時，對面共軍陣地依

然沒有動靜，整100旅遂組織了一支騎兵部隊向共軍陣地試探性衝擊，方才明白共軍已經向東撤退。下午六點，九峴西窪以西的共軍陣地均被青馬騎兵佔領。這時候，因大雨阻擋，經崎嶇山路長途跋涉而來的整騎八旅姍姍來遲。因整騎八旅到達九峴時間比預定計劃晚了近12個小時，致使馬繼援合圍共軍的作戰計劃落空，馬繼援很不高興。整騎八旅旅長馬步鑾到達整82師師部面見馬繼援後，一幫青馬將領緊急商議，最後決定連夜跟蹤追擊。

15日夜晚對於雙方來說，都是一個不眠之夜。入夜時分，警一旅警三團與關中地委西線指揮部一起跳出包圍圈向南轉移，而警三旅則隨大部隊沿著山溝向東撤退。這時天黑溝窄，樹木參雜，道路泥濘，最要命的是關中地委事先集中起來野戰部隊運送給養輜重的騾馬驢隊，滿載著物資和機關行李，將部隊行軍路線堵了個嚴嚴實實。部隊在夜裏

滾摸摔爬，速度十分緩慢，到第二天黎明才抵達上畛子，一夜間僅走了20公里。

共軍行軍速度慢，青馬的速度也不快。這倒不是青馬騎兵的機動性不如共軍，而是青馬部隊太過謹慎，這也是遭伏擊多了患上的神經質。青馬部隊跟蹤追擊，到午夜時分，前衛尖兵報告說前方森林密布，山溝錯綜，地形複雜，前進困難。馬繼援擔心會遭到共軍伏擊，於是下令就地休息，待天亮後繼續前進。

15日入夜，帶著中共關中分區中心縣委突圍的王秉祥，引領著自己那個小小的隊伍從九峴西窪西北面潰圍而出。這些常年遊擊於此地的當地地方幹部，對於九峴這個革命老區的一草一木是如此的熟悉，即便是閉著眼睛走路也不會迷路。第二天黎明，已經轉移到康家原北山梁上的王秉祥，遠遠注視著青馬騎兵大隊人馬向東面子午嶺方向移動，心中十分擔心主力部隊和關中地委的安危。

四縱部隊掩護著關中地委及其後勤輜重，在16日清晨方蹣跚抵達上畛子一帶。上午10點左右，行動迅捷的青馬前鋒獨騎五團第一個追上共軍轉移隊伍，並與擔任後衛的警三旅警五團發生戰鬥。槍聲一響，警三旅警五團在警三旅旅長黃羅斌的指揮下迅速展開，佔領了兩側山梁阻擊青馬部隊，掩護大部隊和關中黨政機關和輜重沿上畛子川道向東撤退。

獨騎五團與共軍部隊發生戰鬥的報告傳到正在追擊中的整82師師長馬繼援那裏後，馬繼援立即派出小股騎兵部隊擴大搜索範圍，儘快查明對面共軍之虛實。中午時分，整100旅的部隊和整騎八旅以及重火器陸續到來，馬繼援遂以整100旅主力，對共軍陣地發起猛烈進攻。開始的進攻並不順利，連續遭到共軍的頑強抗擊。馬繼援隨後命令整騎八旅第一團和獨騎五團對共軍陣地實施兩翼迂迴，另命令整騎八旅第二團繞過共軍阻擊陣地，繼續向前面正在向東撤退的共軍大隊人馬追擊前進。下午13點左右，整騎八旅第二團繞過警三旅警五團陣地，向東快速追去。同時共軍陣地兩面側翼均發現青馬騎兵正在快速迂迴中，警五團有被青馬騎兵包圍殲滅的危險。

警三旅旅長黃羅斌，是1929年就參加革命的老共產黨員，從渭北蘇區遊擊隊的一名普通的紅軍遊擊戰士一直升到警三旅旅長，儘管他曾經擔任過陝北東分區司令部司令員、陝甘甯邊區保安司令部參謀長，也曾在抗日軍政大學學習，但他卻從未參加過任何大兵團正規作戰。在此以前的戰鬥生涯中，黃羅斌更多經歷的是一種完全靈活自由的遊擊作戰，說通俗些就是「打的贏就打，打不贏就跑」。此時的黃羅斌見敵眾我寡，警五團繼續沿上畛子川道兩側抗擊已經很不利，甚至有被對方圍殲的可能，且此時青馬已經有部分兵力向東追擊而去，繼續阻擊其他敵人的作用已經不大。於是黃羅斌當機立斷，命令警五團迅速向北槐樹莊撤退。警五團撤退得很迅速，到下午4點，已經甩掉了尾隨追擊的青馬騎兵，不但整82師的青馬騎兵失去了他們追蹤的物件，連共軍四縱司令員王世泰也無法找到他們在哪裏。——這個警五團來頭大，是劉志丹、謝子長的陝甘紅軍留下的血脈，不過在黃羅斌手下已經被調教成一個純粹的遊擊隊了，其基本戰術就是

■ 解放軍攻蘭主力部隊跨過陝西渭河大石橋,追擊馬步芳殘部。

打的贏就打,打不贏就溜。這種遊擊戰術在地方遊擊戰中很不錯,但作野戰主力部隊的一分子統一行動時,其弊端就暴露無疑。子午嶺戰鬥中警五團抗擊追擊的青馬騎兵,眼看要被對方包圍,黃羅斌指揮部隊一下就撤得無影無蹤。結果追兵趕上了大部隊,打的王世泰被迫分散突圍。這點在當時還不很嚴重,到1948年的西府戰役,警三旅擔負整個西野部隊的右翼掩護,因抵抗不住裴昌會的猛攻,黃羅斌又帶著部隊跑進了麟遊山地,把整個西野的肋巴骨全露出來讓裴昌會端,要不是六縱的新四旅豁出命來頂著,彭德懷的司令部就讓裴昌會給端了。這還沒完,幾天後,西野經隴東回撤陝北,屯字鎮教導旅剛突圍,彭德懷命令警三旅負責掩護屯字鎮至蕭金一線,以保障野司和一、四、六縱通過。警三旅警五團前突到公路上,發現青馬整82師有部隊已經佔領了這個地區,警五團不請示,不進攻,自己擅自放棄了執行命令,向南撤退到太平鎮,結果野司與青馬整82師師部迎頭相遇,雙方都不摸對方的底牌,打的都很謹慎,這次假如遇到的不是馬繼援本人親自帶領的整82師師部,而是換成青馬任何一個戰鬥部隊的話,那西野野司可就真慘了!西府戰役後,彭德懷罵娘,說黃羅斌:「以你犯的錯誤,是該殺頭的!」黃羅斌也因此丟了警三旅旅長的職務,從此改做地方工作了。唉!不知道彭總知道不知道子午嶺戰鬥,要是他知道子午嶺上黃羅斌的表現,或許西府戰役期間黃羅斌就不會再

犯同樣的錯誤了。

王世泰找不到警五團，馬繼援這時候也不清楚自己的整騎八旅第二團到底追擊到什麼位置了。從上畛子前突而出的整騎八旅第二團，就是兩個多月前青馬整82師第二次救援合水城，在太白坳與共軍西野教導旅激戰的那個團。時任該團團長的李文彬與馬繼援派來協助指揮的該團老團長韓有祿關係很緊張，李文彬在太白坳戰鬥中的表現，也讓韓有祿多有詬病。合水戰鬥後，第二團的團長就換上了原來從青海新調來的馬福壽。這次戰鬥是馬福壽接管第二團後參加的第一次戰鬥，馬福壽很想在整個「團體」中表現一下自己的能力，因此不停地催促部下加快步伐追擊。果然，他們在駱駝項以西地區，再次追趕上正在撤退的四縱指揮部和關中地委機關。

這時候的王世泰掌握下的部隊只有警一旅警二團和警三團（那個騎六師不提也罷）。警三團在15日的九峴西窪戰鬥中損失很大，只有一直擔負王世泰及其指揮部安全的第二營建制比較完全；警二團則是警一旅的基幹部隊，同時它也兼負關中分區西線指揮部。在國軍開始進攻陝甘甯後，這個團就一直在子午嶺一帶堅持地方武裝鬥爭。15日九峴西窪戰鬥中，警二團掩護側翼，因此損失也不大。正在催促著部隊迅速前進的王世泰得知青馬騎兵已經追擊上來，急忙下令警二團在駱駝項的山梁上展開。警二團在駱駝項和萬家梁一帶與整騎八旅第二團激戰四小時，自身傷亡慘重，部隊被迫化整零分散轉移。

連續兩次被青馬追兵追趕上的四縱指揮部和關中地委，此時能掌握的兵力已經十分窘迫。王世泰和警一旅旅長、關中地委書記高錦純帶領警一旅警三團，警一旅、警三旅旅部和騎六師沿著萬家梁繼續撤退，試圖擺脫青馬騎兵的追擊。下午5點左右，擊潰了警一旅警二團阻擊的青馬整騎八旅第二團再次追趕上來。警三團第二營急忙迎頭上去阻擊。所幸追擊而來的青馬騎兵是整騎八旅第二團的前鋒，人數不是很多，經過激戰，這股騎兵被第二營擊退。

王世泰等帶著警三團剩下的兩個營和兩個旅部以及大批地方幹部和輜重。繼續撤退。好容易挨到天黑，一行人停下來喘了口氣，抓緊時間開了一個緊急碰頭會。會議後幾個負責人研究決定，了避免被青馬騎兵圍殲，大家分散轉移。由高錦純帶領警一旅旅部和騎六師向東南的建莊一帶轉移；王世泰和關中分區前線指揮部的高維嵩、牛書申、劉懋功帶警三團和警三旅旅部向北面正甯境內轉移。當夜，兩路人馬匆匆分手，各自繼續開始艱難的夜行軍。

高錦純帶領的警一旅旅部前往的地方位於子午嶺腹地，已經越過了子午嶺山脊，屬於陝西省宜君縣境內。這批共軍一路頗順利。但是王世泰帶領的警三旅旅部卻是一波三折。王世泰自上畛子遭遇戰後，帶領部隊向東南方向行進，分散突圍時他又拐向西南，其意圖應該是想兜一個大圈子，繞到青馬部隊的後面去。但是後面緊跟的青馬部隊緊緊咬著不松，無法擺脫。17日下午，已經兩天兩夜沒有休息的這路共軍，疲憊不堪地抵達了陝甘交界的雕翎關，但青馬騎兵也追趕到山下，王世泰見官兵們又饑又困，極度

■ 解放軍某部搶占黃河大橋，切斷馬軍退路。

佔優勢的快速機動在這種地形下無法發揮自己應該發揮出來的水平。馬繼援不敢再繼續追趕，即命令部隊收縮，同時與他遠在青海西寧但十分關心戰況的父親馬步芳通過電臺取得了聯繫。馬繼援向他經驗豐富的父親彙報了戰況，老謀深算的馬步芳聽後很著急，他教訓馬繼援說：「......快返回西峰，不要怠慢。你們已經深入到加牙（暗語，指共軍）的手掌了，這個加牙的地方，過去隔壁的尕人（暗語，指胡宗南）從來不敢去，你太冒險了！」聽完馬步芳的話，馬繼援也十分擔心起來。此刻整82師的部隊處在的位置，是中共經營了十多年的根據地，整82師孤軍深入，而陝北共軍主力自榆林戰鬥後一直杳無音訊，假如此刻他們就埋伏在附近，等待整82師前去，那後果簡直不堪設想。馬繼援越想越擔心，於是決定全軍於第二天離開子午嶺，迅速返回原防地。

整82師回撤，依然循舊道經九峴入盤克返回慶陽、合水、西峰。這樣一來，恰好又和打算繞到整82師背後北上隴東的共軍警三旅旅部狹路相逢。青馬騎兵部隊向東追擊最

疲勞，不宜久戰，就令警三團第二、第三營在正面堅持抵抗，警三團團長葛海洲則帶領第一營向北邊打邊退，才將追兵引開。17日天黑以後，王世泰等在雕翎關再次開會研究對策，最後決定牛書申、劉懋功負責聯繫在上畛子戰鬥後落在後面的警二團，一旦聯繫上該團，就帶它們與警三團會合返回關中一帶與警一旅旅部會合並進行休整。王世泰和高維嵩則帶領警三旅旅部準備返回隴東尋找警五團。

王世泰這時候認青馬主力已經追擊自己進入子午嶺山區，自己帶著警三旅旅部出子午嶺繞道九峴北上返回隴東，危險應該相對很小。但是陰差陽錯，這次王世泰失策了。

17日夜晚，指揮整82師各下屬部隊到處搜索的馬繼援有些沮喪，16日在上畛子一帶與共軍發生遭遇戰後，竟然無法再找到共軍部隊的蹤影。眼見部隊已經深入到子午嶺腹地，到處森林密布，溝壑縱橫。騎兵本應

遠的部隊整騎八旅第二團，在接到撤退的命令後，於18日下午抵達九峴桃樹莊附近，正與剛抵達此處的共軍警三旅旅部相遇。

帶著自己的小遊擊隊轉移到附近木瓜原的王秉祥，聞聽九峴桃樹莊方向傳來密集的槍聲，心中暗自吃驚。王秉祥不知道九峴方向是什?部隊又與敵人遭遇。強烈的責任心促使他拖著病軀，指揮自己的遊擊隊向槍聲方向趕去。當他們抵達高家坳的時候，看到對面山梁上數十匹馬隊順著山梁疾馳而去。過了幾天，王秉祥才知道，他們看到的這一大隊馬隊，就是他的領導王世泰和警三旅領導帶領剩下的直屬隊在轉移。原來他們在與青馬整騎八旅第二團遭遇後，急忙撤退。整騎八旅第二團的青馬騎兵已經奉命撤回，所以也未窮追，短暫交火後，雙方脫離了接觸。整騎八旅第二團當夜宿營在金村廟。假如整騎八旅第二團的新任團長馬福壽知道他剛剛遇到的那群人中有共軍在關中最大的頭頭的話，恐怕他就是剩下一個人也會追下去。

18日夜晚，電閃雷鳴，大雨傾盆，天黑得伸手不見五指。王秉祥帶著自己的隊伍翻山越嶺轉移，大家又冷又餓，又無法找到避雨的地方。情急之中，有人甚至撕下棉衣內的棉絮，蘸上槍油點燃取暖。征戰了數天的官兵極度疲倦，任憑雨水在身下流淌，依然睡得十分香甜。不知道這天晚上的大雨中，王世泰和警三旅旅部的官兵是如何渡過的。警一旅警三團的一個代理連長梁滿平帶著自己連隊剩下的官兵，在這天夜晚躲在一個破窯內度過。梁滿平是第一次單獨帶隊伍行動，此刻部隊被打散，與上級失去聯繫，他

擔心會出意外，因此晝夜不敢休息，已經熬了三天三夜沒有睡覺了。19日上午，梁滿平與王秉祥相遇，梁滿平大喜，連聲說：「哎呀！可讓人操心壞了！找到你就好了。我以後再也沒有個人主義了，再也不想當官了！」說完倒頭就睡，立時鼾聲大作。

王世泰三天後在槐樹莊找到了黃羅斌警三旅警五團，部隊集結在合水西華池一帶休整了十天。警一旅則在宜君休整，並將關中地區各地方部隊來補充警二團和警三團。兩個月後，遵照西北野戰軍團的命令，警一旅和警三旅組成了西北野戰軍第四縱隊，從此擺脫了地方部隊的帽子，成西北共軍中的正規野戰部隊。

青馬整82師在九峴西窪戰鬥中傷亡200餘人，馬50多匹。九峴西窪戰鬥後的上畛子戰鬥、雕靈關戰鬥和桃樹莊戰鬥規模均遠不如九峴西窪戰鬥，因此傷亡數位估計不會超過200人，總傷亡數位當在400人以下，這與《甯縣誌》中記載相符。但是目前能找到的其他資料中對於青馬部隊的傷亡數位差距十分大，王秉祥回憶說是「兩、三千人」，《中國人民解放軍步兵第十一師戰史》中說是「兩千餘人」，這些姑且也算是一種說法吧。

由於資料的匱乏，幾乎沒有資料談及共軍在此戰的損失。《甯縣誌》中提到共軍的損失300餘人，王世泰在他的回憶文章中說：「九峴原戰鬥，由於對敵情不明，造成我軍傷亡500餘人的損失」，乍一看，似乎共軍損失也不是很大，但是王世泰接著說：「但也予敵以重創，共斃傷敵1700左右，擊斃敵正副旅長各一人、團長兩人」，當時

青馬整82師在隴東僅有兩旅，整騎八旅旅長是馬步鑾，整100旅旅長是譚呈祥，這兩人均並沒有在此戰中陣亡，甚至連負傷都沒有，何來擊斃正副旅長各一人之說，兩相比較，王世泰提到的共軍傷亡數位令人懷疑。有一個旁例或許可以解釋此戰對共軍的損害。九峴西窪戰鬥中，警三團第一營第一營連長王三緒在掩護主力撤退時被青馬部隊四面包圍，王三緒彈盡後跳崖負傷。傷癒後王三緒歸隊，仍然擔任連長。4個月後，王三緒指揮他的連隊在陝西白水南塔梁作戰，這時他的連隊成分複雜，俘虜兵就占了百分之七十，戰鬥失利後該連撤退時，王三緒被自己連隊內的俘虜兵開槍打死，時年44歲。警三旅跟隨四縱在1947年下半年，偷襲白水，進佔黃龍，參加的唯一一次激戰就是宜川戰鬥，補充兵比例如此驚人，是否與子午嶺的減員有關聯呢？這裏存疑。至於共軍的物資損失，更是沒有頭緒可尋。

根據王秉祥的回憶和中國人民解放軍步兵第11師戰史記載，九峴西窪戰鬥後，關中地委和各部隊均徵用了大批的毛驢駄運物資，至於駄運的是什麼，我們就不知道了。在九峴西窪戰鬥打響時，這些物資似乎有部分是由騎六師負責保護的，部隊向東撤退時，他們在桃樹莊丟棄了三門山砲。還有大批物資。三門山砲被青馬整騎八旅第二團拖回，後來被作「子午嶺大捷」的戰利品送到西安展覽。丟棄的物資在幾天後，還有相當一部分被王秉祥帶領的地方武裝和老百姓揀到。由此可見當時情勢之危急。

子午嶺戰鬥，長期以來很少被人提及。這次戰鬥暴露了四縱部隊的很多缺陷，對敵情瞭解不夠，判斷不准固然是原因，但只是戰術上的失誤。通過這次戰鬥暴露出更深層的問題十分嚴重。其中最需要提及的就是警三旅警五團的撤退。誠然警五團在上畛子也頑強抗擊了青馬部隊的攻擊，在情勢危急時方才撤退。但是該團撤退後一路向北，不主動聯繫關中地委和王世泰的指揮部，自己蹲在槐樹莊達6天之久。這種遊擊思想在作遊擊隊進行騷擾戰時可以大行其道，但作野戰部隊的一分子，依然保持如此嚴重的遊擊思想。其犯錯誤就不遠了。警三旅在1948年5月西府戰役中抵擋不住國軍進攻，擅自撤退，致使西野在寶雞的主力部隊側翼洞開。隨後在西野主力撤退期間，奉命掩護屯字鎮至蕭金一線時，剛遇敵軍，即擅自將部隊撤走，險些讓西野野司被青馬部隊圍殲。這些錯誤之表現，在子午嶺戰鬥中就可以看出端倪。

《中國人民解放軍步兵第11師戰史》對此戰的總結較中肯，「由於沒有準確地偵察和正確判斷敵情，及至發現判斷有誤時，已來不及擺脫敵人，形成被動應戰局面，退卻中因前邊友鄰部隊的機關動員了許多毛驢駄運物資，不少陷入泥潭堵塞道路，嚴重影響了行軍速度，致敵追兵再度逼近，使共軍遭受了不應有的損失。」

附記

1、甯縣誌上和共軍戰史上均稱「甯縣九峴原戰鬥」或「九峴西窪戰鬥」，筆者考慮到當時戰鬥區域涉及到子午嶺腹地大片地區，並非單純在九峴原一處，所以用了「子

午嶺戰鬥」這個提法。

2、此戰共軍總損失到底有多少？時任警一旅參謀長的劉戀功拿出他專門記錄九峴原戰鬥的文章，上面寫到；「警一旅三團是主力團，在馬欄河川的上游石底子川被敵軍追上，葛海洲、曹光之帶領三團阻擊，掩護王世泰等首長撤退。從早晨一直打到晚上，戰鬥極慘烈，（劉評述因騎兵對步兵，力量太不平衡），這個幾天前兵員有2000多人的主力團，最後只剩下200餘人，過了幾天，三團長和政委來到七階石和劉參謀長會合，這時他們已收容了三團近500人，兩人一見到劉就忍不住眼淚直流，說這一仗損失太大了，劉也流淚。這個主力團45年後大大小小打了幾十仗，所向無敵，裝備了一大批美械武器。現在僅僅三天時間，就損失了四分之三，怎能不讓人撕心裂肺，痛心疾首。」

劉對戰史的不實事求是寫法和作風，和一些錯誤講法，在文章中繼續寫到；「 我認本著實事求是的精神，應該承認這是一次嚴重失利。我的看法是：1，敵軍是主動進攻，我們是倉促應戰，被動撤退，或者說是被敵人追著跑，被打的亂了套，甚至有的部隊不顧全局，擅自撤離戰場，跑掉了。2，我個人覺得，我軍傷亡500餘人這個數位不很準確。這次戰鬥除警三團損失1600餘人外，警一旅從戰前3600餘人，到戰後經過反復收容全旅（二、三團和旅直）還不足千人（實際800多人），也就是說警一旅損失2800多人，占80%，這還是反復收容的數位。3，我軍沒有俘虜敵人，沒有繳獲，相反被敵人抓去一些幹部戰士，丟了山砲和一些裝備。

因此加上警三旅和騎六師的損失，九峴原戰鬥，共軍總損失3000多人。

3、青馬騎兵的戰術實際很簡單，在戰場中一般採用中間進攻，兩翼迂迴的戰術。這與常規步兵作戰方法雷同，然而作騎兵來操作起來，騎兵的高度機動性往往使兩翼迂迴變成被包圍者的惡夢。在對付共軍尤其是西野這樣火力較弱，而且又對自己側翼極其敏感的部隊，青馬騎兵的迂迴戰術往往成制勝法寶。什麼稱之制勝法寶呢？這裏就需要說一說騎兵的基本戰鬥效用了。在當時兵器條件下，騎兵的作用不亞於今天的裝甲部隊，一個訓練有素的騎兵單兵突入三五個步兵組中，幾乎可以說是這個步兵小組的煞星到來。如果是一隊騎兵衝入步兵佇列中，首先有力的衝撞將步兵隊形衝散，馬背上騎兵迅速砍殺數名步兵然後呼嘯而去，到一定距離再回轉馬頭，集結起來進行再次突擊。一般火力不強大的步兵佇列難以抵擋敵兵的如此衝殺。但是步兵對付騎兵的要點就在於保持隊形的完整和密集性，一旦隊形被騎兵衝散，那麼繼而到來的就是滅頂之災。

此，當青馬騎兵正面部隊隱蔽好馬匹進攻當面陣地守軍時，兩翼騎兵快速迂迴對方側後。守軍側翼若有威脅，一般即放棄主陣地後撤。此時正面攻擊之青馬部隊上馬成騎兵，快速追擊上撤退的守軍，首先衝散其隊形，將大隊步兵分割若干小集團，然後圍而殲之。此時假如兩翼迂迴的騎兵再趕到的話，對於被圍的步兵來說只有死亡這一個選擇。

西野部隊不論是教導旅這樣一頂一的主

力部隊，還是別的什麼部隊，包括海固回民騎兵團，對付青馬騎兵這種戰術均力不從心。1948年5月1日，慶陽二輒轆原戰鬥，青馬獨立騎兵第五團對西野隴東遊擊兵團的13、14團、海固回民騎兵團和慶陽遊擊隊五千餘人，結果西野隴東遊擊兵團大敗，慶陽遊擊隊幾乎被全殲，慶陽縣委書記被活捉。當時獨騎五團就是使用的這種中間突破兩翼迂迴的戰術。

西野部隊唯一一次野戰對青馬騎兵的不敗戰例是在西府戰役的最後階段。1948年5月8日，西野主力沿馬蓮河川經良平向陝北撤退。四縱警三旅（就是子午嶺上被打的滿臉開花的警三旅）奉命斷後阻擊。警三旅當時有兩個團，就是警五團和警七團，不知道是誰給這兩個團出的主意——警五團全團排成一個菱形的戰陣來，團指在戰陣中央，四周輕重機槍和迫擊砲等重火器，再向外則是班、排、連單位的梯形陣形，全團就形成一個菱形陣；警七團排的則是一個四四方方的方陣，中央團指，四周重火器。這兩個團均要求官兵不要驚慌，任何時候都不得脫離方陣。兩個團一前一後，借助村莊，交替掩護撤退。青馬騎兵無論正面進攻，還是兩翼迂迴，竟然對這兩個方陣無可奈何。這兩個團順利撤到良平，依託良平鎮的土圍子，又把追擊來的青馬騎兵前鋒狂揍一通。等到後續的青馬部隊集結起來準備進攻時，這兩個團又結成方陣向東撤退了。這個方法是不錯，兩個團沒有沒打散，自然也就避免了被全殲。不過說實話，這傷亡也實在是大，尤其是那負重傷的，一旦你掉隊，就等於判決了自己死刑。不知道這個方陣的主意是不是趙壽山這個老西北軍的招數。還有，那青馬士兵不裝備手榴彈嗎？要是都像共軍一樣，每個騎兵背一簍手榴彈，那這方陣可就慘了。

更正

《冤家路窄之一——西野對青馬敗仗之合水篇》一文中，筆者將青馬整騎八旅解釋抗戰時期青馬派進中原參加抗戰的暫騎一師（後騎八師）和暫騎二師合編而成的部隊，其中第一團暫騎一師，第二團暫騎二師。關於這一點，經過筆者反復考證，屬重大失誤，與事實情況大相徑庭。

整騎八旅的前身根本沒有參加過中原抗戰，而是一直留駐於青海。它的前身是馬步芳發家根本之82軍的獨立騎兵旅。那麼青馬參加抗戰的暫騎一師和暫騎二師哪裡去了呢？

答案是被整編獨騎五團了。暫騎一師在1940年改番號騎八師後，補充兵員大部來自豫南各線。抗戰勝利後，騎八師進抵徐州，部隊中青海籍官兵屢次要求回歸故鄉。於是該師中原籍官兵復員，青海籍官兵西還。在西安，騎八師會合了暫騎二師回歸青海的官兵，一同西歸。這批官兵被整編獨騎五團，獨騎五團的番號全稱是「國防部直屬獨立騎兵第五團」，該團在1947年春天跟隨整82師進駐隴東，防守正甯。在後來的戰鬥中，損失頗大。1948年冬天番號取消，部隊官兵作第三團被補充進整騎八旅。

1949上海之戰

☆ 光亭

編者註：

　　對於1949年上海之戰，大陸由於一部《戰上海》電影，普遍給人造成了解放軍在外圍的反覆苦戰，是故意而為之，目的就是儘量與國軍在外圍作戰以減少市區作戰壓力的假象；而臺灣方面，多是把失利歸咎於解放軍的人海戰術。而這兩種報導都有悖於史實，那麼這場戰役的真實情況究竟如何？本文作者搜集了國共兩方面的大量資料，並實地走訪了當年的戰地，經過數月的嘔心瀝血，試圖還原歷史以真相，而寫成了這篇文章。

引言

　　上海這顆遠東的明珠，在20世紀裏一共遇到三次大的戰火，其中1932年的一二八事變是損失最慘的（藏書逾50萬冊的東方圖書館被日軍炸毀，除5000冊事先存於銀行保險庫的孤本善本外全部毀於戰火，其價值難以計數！）；1937年的八一三抗戰是犧牲最烈的；而1949年的上海之戰時，水不斷電不停，整個城市幾乎完好無損，堪稱戰爭史上的奇蹟。那麼這場被解放軍稱作「瓷器店裏捉老鼠」的戰役，是如何展開，又是如何進行的呢？

大進軍中的暫停

1949年4月解放軍渡過長江，由於國軍精銳主力已在此前的遼瀋、平津、淮海（即徐蚌會戰）諸戰役中損失殆盡，所以在長江以南的大進軍中，解放軍幾乎是橫掃千軍如捲席，但很少人知道其實在渡江到進攻上海之間卻是有過一個暫停，讓我們從時間和距離上來看一下：解放軍4月24日佔領南京，5月3日佔領杭州——上海在南京東南約300公里，而杭州則在上海的西南約180公里，換言之，如果是過江之後直取上海，那麼上海理應先於杭州被佔領的。而事實上，直到5月12日進攻上海的戰鬥才打響！

要知道，解放軍突破長江防線後，守備長江的國軍一路敗退，其中約4個軍退至上海，如果解放軍銜敗兵之尾乘勝進軍，完全可以乘國軍立足未穩一舉攻取上海。但是解放軍的突然叫停，給了國軍寶貴的喘息時間，使其能整頓建制調整防禦部署，這些自然會給進攻上海帶來不小的負面影響。究竟是什麼原因使解放軍寧可放過挾勝進軍的大好時機而暫停攻勢呢？

早在部署渡江戰役時，中共中央軍委就提出解放上海要「慎重、緩進」，指示「為著多有一些準備時間，不使國民黨過早退出上海、我軍倉促進入上海。請粟張（筆者註，粟為第三野戰軍副司令員粟裕，張為第三野戰軍參謀長張震，兩人為上海戰役的最高直接指揮）注意不要使我軍過於迫近上海。同時，爭取在數日內完成進駐上海的準備工作，以便在國民黨迅速退出上海時，我軍亦不至毫無準備地倉促進入。」還特意強調：「何時進駐上海，須得我們批准。」

而解放軍進入南京、杭州等大城市之後的一些情況，如對電燈、自來水感到好奇，浪費水電現象非常普遍；對城市生活和管理很不習慣等等，也使第三野戰軍（簡稱三野，下同）領導感到有必要加強城市政策教育，同時擔心由於部隊進展太快，準備工作不充分不細緻，倉促進入上海，必然會陷於被動。單就軍事來說，上海確實可以很快拿下，但就政治而言，很多準備工作都未就緒。特別上海還是當時亞洲最大的城市，中國的工業、金融、經濟中心，是擁有600萬人口的國際大都市，解放軍在上海的表現，是全世界都關注的，搞壞一件事，全世界都會知道。毛澤東就曾說過：「進入上海是中國革命的最後一個難關，是一個偉大的考驗。」因此，4月30日渡江戰役總前委（即原來的淮海戰役總前委，由第二野戰軍司令員劉伯承、第三野戰軍司令員陳毅、第二野戰軍政委鄧小平、第三野戰軍副司令員粟裕、第三野戰軍副政委譚震林組成，劉伯承、陳毅、鄧小平為常委，鄧小平為書記。1949年2月改稱渡江戰役總前委，行使領導中原和華東地區所有軍事力量、組織實施渡江作戰的最高職權，簡稱總前委，下同）請求中央軍委批准推遲進佔上海。5月3日，中央軍委同意了推遲進佔的請求「上海在5月10日前確定不要去佔領，以便有十天時間作準備。在5月10日以後，則應作兩面的計劃：一是即去佔領上海。這是假定湯恩伯在10天內由海上退走，上海成了無政府狀態，迫使你們不得不去佔領。你們的準備工作主要地應放在這點上。二是拖長時間至半個月或20天或

■ 解放軍渡江戰役總前委是上海之戰的戰略指揮機構，左起粟裕、鄧小平、劉伯承、陳毅、譚震林。

1個月再去佔領。只要湯恩伯不走，就應如此。何時佔領上海，要等候我們的命令。在準備工作中，應令軍隊學習政策和接管城市事項。」

此後，鑒於國軍正在抓緊從上海撤運物資（僅4月底至5月初從上海撤出的大宗財富就有：黃金277.5萬餘市兩、銀元1520萬元和1537萬美金），中央軍委又於5月6日指示三野：「請粟張即行部署於5月10日以後，5月15日以前數日內，先行佔領吳淞、嘉興兩點，封鎖吳淞口及乍浦海口，斷絕上海敵人逃路，使上海物資不致大批從海上運走，並迫使用和平方法解決上海問題成為可能。佔領吳淞、嘉興並不放棄推遲佔領上海的計劃。何時佔領上海，仍須按照我方準備工作完成的程度來作決定。最好再有一個月

左右的時間，充分完成準備工作。但是你們仍須準備在不可避免的情況下，早日佔領上海。你們的準備工作愈快愈好。」根據這一指示，三野隨即首先向吳淞、高橋兩個方向發起攻擊，力求封鎖上海出海口。這才是上海戰役之所以先從兩翼設防堅固的地區發起攻擊，而不是先從防禦薄弱的西南方向進攻的決定性原因，尤其是在解放軍已經掌握了國軍在上海防禦部署的情況下，這樣先攻兩翼後攻市區的目的就是斷絕海上退路，並以兵臨城下的態勢爭取和平解決，同時也不妨礙繼續進行接管準備工作。

我們可以都用一個字來歸納雙方對於上海戰役的真實目的，國軍方面是「拖」：深知三面被圍一面瀕海的上海是肯定守不住的，之所以堅守上海只是為了「拖」，拖延

盡可能長的時間來撤運物資，同時期望時間的拖延能引來英美的干涉。而解放軍主要的目的則是「全」，不是像以往那樣注重「消滅有生力量」而是盡可能完整地佔領上海。和完整地奪取上海相比，消滅守軍就是次要任務了，所以5月20日當外圍作戰進展遲緩時中央軍委甚至特意指示「如吳淞陣地不利攻擊，亦可採取攻其可殲之部分，放棄一部分不攻，任其從海上逃去。」

正所謂軍事是政治的延續，推遲進攻上海以及首攻兩翼正是政治決定軍事的典型表現。

細緻的接管準備

解放軍不惜給予國軍以重整防禦的時間而暫停進攻，原因就是為了能做好接管準備。從後來的情況來看，應該說這個暫停確實很值得，這段時間裏接管準備的各項工作都細緻完備，從而使解放軍在佔領上海後幾乎立即就恢復了這座大都市的正常秩序，而在戰火中水不斷電不停電話暢通，實在令人難以置信。

在接管上海的準備工作中，最重要的就是丹陽整訓，從5月初開始，主要分為四大內容：接管組織人事、入城政策紀律、人民生活安排和統戰政策。

接管組織人事方面，早在年初中共華東局就開始由周林、王堯山、趙毓華等組織了「南下幹部縱隊」，該縱隊是由華東局幹部、山東和蘇北解放區抽調的黨政軍幹部以及上海地下黨（編者註，大陸所謂「地下黨」就是指在國統區秘密活動的中共組織，也就是臺灣方面所說的「匪諜」）撤出的幹部，總共約5000人。5月確定了接管上海的黨政軍各系統的負責人，其人事安排主要根據原來工作系統和特長來決定，一時間丹陽

上海

上海簡稱滬，位於北緯31°14'，東經121°29'。地處長江三角洲前緣，東瀕東海，南臨杭州灣，西接江蘇、浙江兩省，北界長江入海口。平均海拔約4公尺。2004年全市總面積6340.5平方公里，戶籍人口1352.39萬人，工業總產值7450.27億元（人民幣，下同），財政收入3591.73億元。上海屬北亞熱帶季風性氣候，氣候溫和濕潤，四季分明，春秋較短，冬夏較長，日照充分，雨量充沛。2004年全年平均氣溫18.1℃，日照1929.6小時，降雨量1158.1mm。

西元751年（唐天寶十年）在吳淞江以南置華亭縣。1277年（元至元十四年）升華亭縣為華亭府，第二年改為松江府。至清代松江府轄有華亭、婁、上海、青浦、金山、奉賢、南匯7縣和川沙撫民廳。吳淞江以北於1218年（南宋嘉定十年）設嘉定縣，後又分設寶山縣。長江口的沙洲於五代初年置崇明鎮，1277年升為崇明州，1369年（明洪武二年）改為崇明縣。上海市區原是吳淞江下游的一個漁村，唐宋以降逐漸成為繁榮的港口。南宋咸淳年間（1265～1274）建上海鎮，鎮因黃浦江西的上海浦得名。1292年（至元二十九年）設上海縣，轄華亭縣東北、黃浦江東西兩岸的高昌、長人、北亭、海隅、新江等5鄉，為松江府屬縣。1927年設為上海特別市，1930年5月改稱上海市。

1949年5月27日，解放軍佔領上海，改為中央直轄市。2003年底上海市轄有黃浦、盧灣、徐匯、長寧、靜安、普陀、閘北、虹口、楊浦、寶山、閔行、嘉定、浦東新區、南匯、奉賢、松江、金山、青浦18個區和崇明縣。

1949年的上海總面積611.7平方公里，其中市區面積86.6平方公里。總人口約500萬，其中市區450萬。500萬人口中工人約50萬，職員約45萬，商業人員約65萬。全市共有23.5萬幢建築，其中15萬幢是住宅，8.4萬幢是商業用建築。工商企業約6000家，其中雇傭員工在500人以上的大企業僅100家。全市工業總產值為30.9億元，電力年產約10億度，年產鋼5200噸，棉紗約70萬件，棉布6.4億公尺。

精英匯聚，各方面的專家人才陸續趕來。小小的丹陽街頭，除了大量身著黃軍裝的軍人外，還有穿著各色便裝的各路豪傑，有的西服革履，有的長衫馬褂，成了丹陽城內異常搶眼的特殊景觀。當時在丹陽就有中共中央委員6人，候補委員2人，以及黨、政、軍、財、文各界精英3萬多人，包括潘漢年、夏衍、許滌新、盧緒章、曾山、駱耕漠、錢俊瑞、范長江、李士英、梁國斌、楊帆、周林、曹漫之等。為了配合接管，上海地下黨早就開始進行了細緻的準備工作，無論是政府機關還是重要的企業，從歷史沿革、基本概況到主要人物，都調查得一清二楚，然後按照機關、產業、部門分類，資料總量達100萬字以上，彙總編印成冊。其中最詳盡的當屬《上海概況》，總共660頁，分上中下三篇十四個專題。此外還要準備各種接管命令、接管人員任命書、接管印章以及軍事管制委員會人員的胸章臂章等等。為了這些

準備工作，丹陽城內所有能印刷的紙張都被解放軍買空，丹陽以及附近的所有刻章匠人都日夜加班趕製印章！有關接管人事方面的安排相當細緻，按行業系統從上而下都做好了相應的安排，甚至連每所學校、每家工廠都落實接管專人。

入城政策紀律由三野司令員陳毅親自負責，5月10日陳毅在丹陽的一座大廟裏對接管幹部做了入城政策紀律的報告，很多接管幹部在幾十年後仍對這場報告記憶猶新，一開場陳毅就先聲色俱厲地對發生在丹陽兩件違紀事件進行了批評，然後才將話題引到了接管上海上，開場白就是野戰軍在城市裏是不能「野」的。進入上海後講不講政策，守不守紀律，是關係到解放軍和共產黨的威信，關係到是否能得到600萬上海人民的擁護。陳毅強調入城紀律是入城政策的前提，紀律好，政策就能落實好；紀律不好，就會影響政策的推行。一切行動必須事先請示事後報告。特別提出部隊進入上海後帶給上海市民的見面禮就是絕對不進民房，當時總前委將不入民房的規定報告中央軍委，中央軍委的回電就是八個字——「很好很好很好很好」。這次報告的內容逐層傳達，各級都認真

■ 解放軍渡江戰役總前委在丹陽的辦公地點，有關上海之戰的很多決策都是從這棟不起眼的小樓裏發出的。

■解放軍事先準備的給接管上海的工作人員學習的部分文件。

■由上海地下黨搜集的有關上海各方面情況的調查材料，這是解放軍接管準備工作中最為寶貴的資料。

組織學習討論，全體接管幹部還專門就入城紀律進行了演習。

人民生活安排簡而言之就是「二白一黑」，二白就是大米和棉花，一黑就是煤炭，是當時人民生活生產的最基本物資。在進入上海前，華東局和華東軍區就從蘇北、皖南和蘇南調撥了可供應上海600萬市民三個月所需的1.2億斤大米、700萬斤食油；中南地區則準備了大量棉花；除了淮南煤礦預先準備了大量煤炭外，還在秦皇島準備了100萬噸煤炭隨時聽候調用。由於戰爭的影響，交通運輸並不很暢通，因此中央特意派呂正操來解決交通運輸問題，組織搶修津浦、隴海、淮南鐵路，還調撥數十艘船隻加強水運能力，由傅秋濤負責協調指揮水陸運輸。另外還通過地下黨發動群眾進行應變準備，讓工礦企業和市民盡量儲存「二白一黑」。

統戰方面主要是穩定民族資產階級，盡快恢復生產。這主要是由地下黨派專人向有關人士宣傳相關政策，鼓勵他們留在上海。經過動員，上海市代市長趙祖康、中紡公司總經理顧毓琇、資源委員會委員長孫越崎、吳兆洪、海關副總稅務司丁貴堂、永安公司總經理郭琳爽，著名學者茅以升、吳有訓、吳覺農、侯德榜、盧于道等都留在了上海。

此外還擬制了接管計劃和警備措施，並根據南京、杭州等地執行城市政策的情況，下發了《加強城市政策教育、嚴格執行請示報告制度》、《對外交政策及城市紀律的具體規定》、《入城紀律》、《外交紀律》等文件，組織接管人員和部隊學習。學習中還針對上海的具體情況，對執行城市政策中可能遇到的問題，逐一設想應對之策。

這樣細緻周密的城市接管準備是解放軍從來沒有過的，從中也可以看出在解放軍心目中上海的重要性。

1949上海之戰雙方作戰序列

國軍作戰序列

京滬杭警備總司令部　湯恩伯
淞滬防衛司令部　石　覺

　　37軍　羅澤闓
　　　202師　孫金銘
　　　204師　萬宅仁
　　　208師　李毓南

　　52軍　劉玉章
　　　2師　郭　永
　　　25師　李運成
　　　296師　劉梓皋

　　75軍　吳仲直
　　　6師　朱元琮
　　　16師　曹永湘
　　　95師　朱致一

　　21軍　王克俊
　　　145師　李志熙
　　　146師　李前榮
　　　230師　鄧朝彥

　　12軍　舒　榮
　　　353師　歐孝全
　　　203師　金　式
　　　324師　林道賓

　　51軍　王秉鉞（後劉昌義）
　　　113師　丁作彬
　　　41師　鄧煜南

　　54軍　闕漢騫
　　　8師　施有仁
　　　198師　楊仲藩
　　　291師　吳世英

　　123軍　顧錫九
　　　182師　王挽危
　　　308師　單　棟
　　　334師　徐繼泰
　　　暫8師　孫信學

淞滬防衛司令部直屬
　　99師　　　　鄧鵬奇
　　砲兵指揮官　邵伯昌
　　裝甲兵指揮官　郭東煬
　　工兵指揮官　傅克軍
　　通訊兵指揮官　蘇子孚
　　交警第2總隊

淞滬警備司令部　陳大慶
　　吳淞要塞總團
　　憲兵第9團
　　上海市區守備兵團　馬志超
　　　獨立裝甲第4營、獨立裝甲第5營
　　交警總局 局長　馬志超
　　　交警第5、6、11、12、15、18總隊

第1綏靖區 丁治磐
　　暫編第1軍 董繼陶

海軍第1艦隊：馬紀壯（各種艦艇約30艘）

空軍第4軍區：毛瀛初（4個大隊140架飛機）

解放軍作戰序列

第三野戰軍：司令員兼政委陳毅，副司令員兼第二副政委粟裕，參謀長張震

　　九兵團　宋時輪　郭化若
　　20軍　　劉　飛　陳時夫
　　　58師　曾如清
　　　59師　程業棠　張文碧
　　　60師　陳　挺　邱相田

　　27軍　　聶鳳智　劉浩天
　　　79師　蕭鏡海　譚佑銘
　　　80師　張至秀　張少虹
　　　81師　孫端夫　羅維道

　　30軍　　謝振華　李幹輝
　　　88師　吳大林　羅龍生
　　　89師　余光茂　王　直
　　　90師　朱國華　鄭友生

　　31軍　　周志堅　陳華堂
　　　91師　高　銳　張英勃
　　　92師　徐體山　張　英
　　　93師　傅紹甫　余　明

　　23軍　　陶　勇　盧　勝
　　　67師　杜　屏　李彬山
　　　68師　張雲龍　陳茂輝
　　　69師　譚知耕　伍洪祥

　　十兵團　葉　飛　韋國清
　　26軍　　張仁初　王一平
　　　76師　高文然　曹晉南
　　　77師　王建青　董　超
　　　78師　陳忠梅　張　健

　　28軍　　朱紹清　陳美藻
　　　82師　鍾賢文　王若傑
　　　83師　朱耀華　李曼村
　　　84師　馮鼎三　王敬群

　　29軍　　胡炳雲　張　藩
　　　85師　朱雲謙
　　　86師　張宜友　徐光友
　　　87師　張強生　許家屯

　　33軍　　張克俠　韓念龍
　　　97師　楊幹三　王　珊
　　　98師　崔振倫　曾旭清
　　　99師　傅繼澤　秦化龍

　　25軍　　成　鈞　黃火星
　　　73師　王培臣　蕭學林
　　　74師　張懷忠　鄧清和
　　　75師　謝　銳　何志遠

　　特種兵縱隊　陳銳霆　張　凱
　　砲1團～砲6團
　　工兵團
　　騎兵團
　　戰車團
　　高射機槍營

國軍的防禦部署

誰都看得出，解放軍渡江之後上海是志在必得的。在渡江前，國軍在上海守備部隊為第37軍、52軍、75軍和交警總隊。解放軍渡江後，京滬杭警備總司令湯恩伯一面將浙東的第12軍和杭州的99師調往上海，一面命令鎮江以東及寧滬線的第21軍、51軍、54軍和123軍撤至上海。就這樣，至4月底，上海的守備兵力已達8個軍25個師，連同交警總隊等部共約22萬人。

國軍確定「確保淞滬反攻基地，以待新生力量之成熟，及國際情勢之有利變化」為戰役指導戰略，採取「集中適當兵力，利用淞滬堅固工事，確實組織並發揮陸、海、空殲滅性之聯合戰力，及運用一切人力、物力、財力，保證足以抗衡任何強大之攻擊，待消耗衰竭匪之攻擊力量後，再行轉移攻勢，擊滅犯匪」的作戰方針，「若匪以主力分由寶山、浦東　兩側進攻時，以三軍協力，斷行反擊，摧毀其攻勢於陣地前。匪若以主力分沿京滬、滬杭鐵路進犯時，應依大縱深陣地之堅強抵抗，與預備兵力之機動轉用，殲滅犯匪於陣地前或陣地內」的指導要領。

上海的防禦工事早在抗戰前就已經修築了不少，抗戰中日軍又修築了一些，1948年12月起國軍在先前的基礎上開始全面修築防禦工事，到1949年4月已完成周長80公里，縱深8至10公里的防禦陣地，總共約有4200個鋼筋水泥碉堡和1萬多個野戰工事，各碉堡工事之間都有戰壕相連，防禦陣地以子母堡為核心，陣地前敷設大量鐵絲網、鹿砦、壕溝和雷區。整個上海防禦由外圍陣地、主陣地和核心陣地組成，以南翔、華漕、七寶、華涇一線為浦西外圍陣地，以川沙至北蔡為浦東外圍陣地；以吳淞以西獅子林、月浦、楊行、劉行、大場、真如、北新涇、虹橋、龍華至黃浦江一線為浦西主陣地（其中以月浦至虹橋為重點中的重點），以高橋、高行、洋涇、塘橋一線為浦東主陣地；市區蘇州河南岸國際飯店、海關大樓、匯豐銀行、永安公司、大新公司、蘭心大戲院、大滬飯店、哈同公寓等，蘇州河北岸百老匯大廈（今上海大廈）、北站大樓、國防醫院、警備司令部大樓、郵政工人公寓、大陸銀行、四行倉庫、提籃橋監獄等總共32處高大建築為核心陣地，國際飯店和百老匯大樓分

■ 今天位於上海四川北路多倫路鬧市的當年國軍京滬杭警備司令部舊址。

湯恩伯

原名克勤，1899年生於浙江武義縣，1920年入援閩浙軍講武堂，畢業後任浙軍第1師排長。1925年3月與浙軍師長陳儀義女王錦白結婚，由此得陳儀推薦並官費保送入日本陸軍士官學校砲兵科，因感陳儀的提攜取字「恩伯」，後以字行。1926年學成回國，在陳儀部任少校參謀。1927年經陳推薦任南京陸海空軍軍司令部參謀處中校參謀、作戰科長，參加北伐戰爭，得到蔣介石的賞識，南京國民政府成立後，任中央陸軍軍官學校第6期步兵第1大隊上校大隊長、第7期第1總隊少將副處長、陸海空軍司令部參謀處少將參謀、第2教導師第3旅旅長、第4師副師長兼第10旅旅長、第2師師長、第89師師長等職。1935年任第13軍軍長，抗戰爆發後歷任第20軍團軍團長、第31集團軍總司令、第一戰區副司令長官兼魯蘇皖豫邊區總司令、黔桂邊區總司令、陸軍第3方面軍司令官。

國共內戰時期歷任徐州綏靖公署副主任、首都衛戍司令、陸軍副總司令，1947年春兼任第1兵團司令，率部參加對山東解放區的重點進攻。1948年8月因戰敗而降為衢州綏靖公署主任，1949年2月任京滬杭警備總司令兼政務委員會主任委員，撤出上海後任福建省主席兼廈門警備司令，10月至臺灣任東南軍政長官公署副長官。1950年任總統府戰略顧問，1954年6月病逝於日本東京慶應大學醫院。

■ 國軍在市區也設置了大量防禦工事，這是在外灘馬路上構築的街壘。

別為蘇州河南和河北的指揮中心。

具體兵力部署是：以6個軍20個師防守浦西，其中第123軍附暫編第8師守備太倉、崑山、青浦、嘉興、平湖、金山衛一線外圍陣地，第52軍守備吳淞、寶山、月浦，第54軍守備大場、真如、北新涇，第75軍守備虹橋、莘莊、龍華，第21軍及99師守備江灣、

江碼頭，第51軍及交警第2、5、6、11、18總隊守備市區；以2個軍5個師防守浦東，其中第37軍守備浦東市區及南匯，第12軍守備高橋、高行。另以由江蘇省保安部隊整編而成的暫編第1軍駐守崇明島（當時崇明屬於江蘇省）。

4月24日京滬杭警備司令部發布命令，將8個軍根據防區劃分為3個守備兵團：滬西北區守備兵團（第52軍為核心）、滬西南區守備兵團（第75軍為核心）和浦東守備兵團（第37軍為核心），另以交警總隊和憲兵組建市區守備兵團擔負市區核心據點守備。

國軍在上海各獨立砲兵團和各軍、師砲兵部隊共有大小口徑火砲約500門，計劃每門火砲配發300發砲彈，以前沿陣地每公里

正面平均配備5門火砲，形成火制地帶。

彈藥準備方面，除各部隊配發5個基數外，另囤積重砲砲彈5萬發、山野砲砲彈10萬發、迫擊砲砲彈50萬發、六零砲砲彈10萬發、重機槍子彈500萬發、輕機槍子彈1000萬發、衝鋒槍子彈200萬發、槍榴彈50萬發、手榴彈50萬枚。

海軍參戰部隊為第1艦隊（各種艦艇約30艘），除以一部保護海上交通外，主力位於長江口，封鎖海口，支援陸軍；空軍參戰部隊為第4軍區的4個大隊140架飛機以江灣、大場機場為基地，轟炸寧滬、滬杭鐵路、公路及蕪湖至廣德（位於安徽東南皖浙交界處）間的解放軍補給線，並支援陸軍。

從這個部署可以看出，是以3個最強的軍為守備兵團的骨幹，52軍是從東北戰場惟一撤出的完整軍級單位，全副美械又富有實戰經驗；75軍和37軍都是新近重建的嫡系部隊，裝備和士氣都要比從江防前線撤下的部隊要強。而其中戰鬥力最強的52軍（也是湯恩伯系統的老部隊）則部署在吳淞、寶山，充分表現出湯恩伯正是以這樣一支既強悍又可靠的部隊來確保海上退路吳淞的安全。海上退路吳淞的安全才是湯恩伯最為關心的，因為國軍整個的防禦目的就是拖延時間搶運物資。唐文（原國軍國防部高參）曾很生動地回憶了5月初的軍事會議：國防部第三廳廳長蔡文治在會上先是指責湯恩伯在江防部署上，不聽三廳的建議，將主力集中在京滬線上，不但南京無法堅守，而且浙贛線門戶洞開，最終致使江防部隊撤退時，連機關都沒有部隊掩護。眼下幾十萬大軍退集上海，前無出路，後有大海，難道是預備跳

海嗎？我對敵人行動判斷無一不准，可是作戰指揮毫不採納，這樣的幕僚還有什麼當頭？說著就猛然扯開軍服——扣子滿天飛，全場愕然！湯隨即斥責蔡：「你這個小孩子懂什麼？」——湯曾任軍校大隊長，蔡係其學生——蔡也不甘示弱：「你還有臉擺老師的臭架子？軍校學生沒一人認你這個飯桶老師！沒有一個人承認你是軍人！」湯回曰：「軍人應該怎樣？要不要服從命令？」蔡立即抓住這點：「是啊，我一個小廳長算不得什麼，但我是以總長名義命令你，你為什麼不服從？」湯見鎮不住，只好拿出了最後的法寶：「我集結主力退守上海，是奉有總裁（即蔣介石）手令的，總長也要服從這個手令。」說著拿出了手令——大意是以陳良代理上海市長，負責將存在上海的價值約3億多銀元的黃金、銀元搶運臺灣。在未運完之前，湯恩伯應集中全部兵力死守上海。直到金銀運完，准湯部向舟山撤退。如該項金銀不能安全運到臺灣，惟湯、陳是問——這就是國軍固守上海的根本目的。

解放軍的計劃

4月底，粟裕、張震率三野前進指揮機關進駐蘇州，隨即開始籌劃上海戰役。5月2日提出了三種方案：一是久困長圍，這個方案固然可以大為減少進攻部隊的傷亡，但是由於上海有出海口，極可能圍而不死，而且上海600萬市民生活所需的吃穿用物全都依賴外埠輸入，一旦採取圍城戰術，市民生活陷入困境，加之上海又是國際大都市，國際影響將很嚴重。二是選擇國軍防禦薄弱

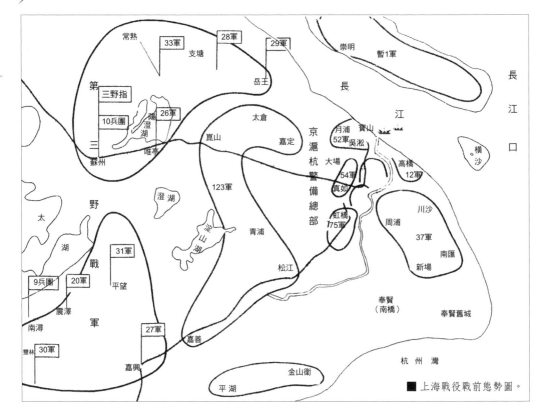

■ 上海戰役戰前態勢圖。

的虹橋、龍華一線徑取市區，這個方案由於選擇的是國軍防禦弱點，可以迅速突入市區，但是主要戰鬥勢必將在市區進行，這將使市區遭到很大破壞，這也不可取。三是先取吳淞，再攻市區。這個方案攻擊的重點是國軍惟一的海上退路，絕然是國軍的必救之所，換言之，必然是主力對主力的強硬對抗。雖然傷亡肯定比較大，但可以將戰鬥重點拖在外圍，減少在市區的戰鬥，從而減小對市區的破壞。而且一旦攻取吳淞，就可以封鎖國軍的海上退路，同時以兵臨城下的態勢爭取和平解放。因此粟裕比較傾向於第三種方案。

無獨有偶，5月5日中央軍委來電指示：「據上海報告，敵人正在搬走上海物資。我

們判斷，在短期內似難搬走很多物資，但如時間拖長則搬走的物資可能較多。在此情況下，請你們考慮是否可以在5月10日以後數日內先行佔領吳淞、嘉興兩點，切斷敵從吳淞及乍浦兩處逃路，然後從容佈置，待你們準備好了的時候，再去佔領上海。」因此陳毅粟裕當天即回電：「5日電奉悉。對於10日後先行派部隊佔領吳淞、嘉興兩點，切斷敵人兩處逃路，我們認為這樣做是有利的，並不妨礙我們的接收準備工作。而兵臨城下，反可爭取和平接收與撑主和者的腰，並使破壞者不敢放肆。請軍委決定下令實施。」這樣，6日軍委遂指示三野：「請粟張即行部署於5月10日以後，5月15日以前數日內，先行佔領吳淞、嘉興兩點。」

根據這一指示，三野立即確定了首攻兩翼鉗擊吳淞的作戰計劃。7日粟裕上報作戰部署：以29軍攻佔吳淞、寶山，以28軍控制太倉、嘉定，以30軍攻佔嘉興、乍浦、金山。預定12日發起攻擊。經軍委批准，10日粟裕正式下達《淞滬作戰命令》：「我軍為貫徹完成京滬杭作戰任務，決以九、十兵團並26軍首先包圍上海截斷敵一切逃路，封閉上海物資之竊運，進而全殲該敵或迫敵投降，求得和平解決上海，待命進入上海市區。茲將各部任務區分如下：一、十兵團（欠31軍）（編者註：十兵團原只轄28、29、31軍）並指揮26、33軍（編者註：26軍原屬八兵團，上海戰役中臨時劃歸十兵團），附特縱砲5、6團並工兵1個營，應首先以主力攻佔吳淞、寶山，封鎖黃浦江口，阻截敵之出口船隻運輸，其餘應分割殲滅崑山、安亭、太倉、嘉定地區之敵，爾後即控制該地區陣地，待命由上海西北地區協同九兵團會攻上海；二、九兵團（欠33軍）（編者註：九兵團原只轄20、27、30、33軍）並指揮31軍，附特縱砲4團，應首先以一部攻佔平湖、金山衛、奉賢、南匯、川沙沿線陣地，斷敵由滬向東南之逃路，並分割殲滅嘉善地區之敵，其餘主力相機控制青浦、松江（均不含）以西地區，爾後待命向東、南、西三面協同十兵團會攻上海。」

這樣三野最初決定投入九、十兵團共8個軍另特縱3個砲兵團會攻上海。另外第二野戰軍除留1個軍外，主力8個軍集結於浙贛線金華至東鄉（位於江西撫州）一帶休整，隨時準備應付英美可能的武裝干涉。很多人可能不知道，「紫石英」號事件（1949年4月21日，英國軍艦「紫石英」號未經允許進入解放軍渡江戰役作戰江面，遭解放軍砲兵部隊擊傷。事件發生後，英國遠東艦隊先後派「倫敦」號等三艘戰艦回擊，雙方均造成200餘人的傷亡，英遠東艦隊副司令受傷）和解放軍佔領南京後1名營長闖入美國大使司徒雷登的家，這兩件事使解放軍對美英可能的干涉非常敏感，為避免出現這一局面，中央軍委4月28日指示三野：「在攻擊上海時，我方對英美僑民及一切外國僑民和各國大使、公使、領事等外交人員，首先是英美外交人員，應著重教育部隊予以保護。」29日，再次指示三野：「必須事先嚴戒部隊，到吳淞後避免與外國軍艦發生衝突。不得中央命令，不得向外國軍艦發砲，至要至要。」5月6日第三次電示粟裕、張震：「預先告誡部隊，在佔領吳淞時極力注意避免和外國軍艦發生衝突。」而三野也在丹陽整訓時就明確了「帝國主義不向我開火，我決不開火，一般外國人都要保護。今後除了指定的外交人員外，一切同志不准再與外國人發生關係」的原則，針對1名營長闖入司徒雷登的家裏陳毅專門提到：「我們要打倒美帝，要用新的策略，不採用武裝衝突，不要給帝國主義挑撥起戰爭來。南京有個營長闖入司徒雷登的房子，這不是表示我們同志勇敢，反而是愚蠢。」而美英方面也同樣不希望直接介入與解放軍衝突，早在5月初英國海軍在吳淞口的3艘軍艦就全部撤往香港，5月16日8艘在上海的美國軍艦也相繼撤離，留在南京的美國大使司徒雷登還專門向解放軍南京軍管會外事處負責人黃華表示：吳淞口內已不再有美國軍艦。

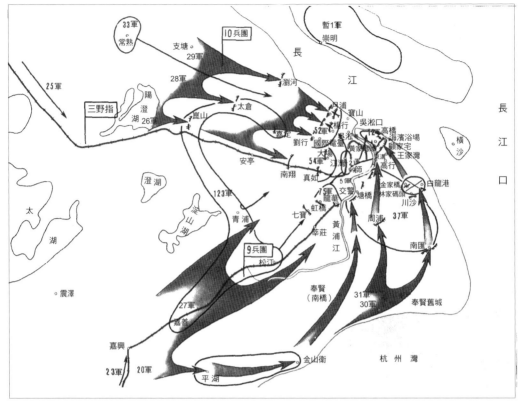

■ 上海戰役第一階段經過示意圖。

　　解放軍指揮層次也過於繁瑣，最高層指揮是由毛澤東、朱德、劉少奇、周恩來、任弼時組成的中央軍委，之下則是由劉伯承、陳毅、鄧小平、粟裕、譚震林組成的渡江戰役總前委（上海戰役是渡江戰役的一部分），然後是粟裕、張震的三野前進指揮部。而在排兵佈陣上，也是問題不少，令筆者頗為困惑。困惑之一：最初投入進攻上海的8個軍中，三野一等主力「四大天王」中只有20軍和27軍，其次是二流主力「四小天王」中的26軍、28軍和31軍，還有就是戰鬥力只能算是三流的29軍、30軍和33軍。既然上海是如此被重視的國際大都市，卻為什麼不是主力傾囊而出？如果我們套用橋牌

的牌點來計算，三野總共16個步兵軍中，一等主力軍計3分，二流計2分，其餘計1分的話，最初投入的8個軍總共只有15分，平均戰力為1.875分，只略高於三野16個軍28分的總平均1.75分。以筆者來看，就三野當時完全可以放手使用兵力的情況下，進攻上海至少應投入相當於20分的部隊；困惑之二：即使投入的2個一等主力軍，不僅沒用在關鍵的吳淞方向（27軍是在西南，20軍是在浦東），更奇怪的是在突破外圍警戒陣地之後，這2個一等主力軍卻都是止步待命；困惑之三：在最重要的吳淞、寶山方向投入的是十兵團，而該兵團4個軍中，沒有1個一等主力軍，其中33軍作為預備隊還遠在常熟，

26軍是二梯隊，位於崑山、安亭。真正第一梯隊攻擊的只有28軍和29軍，主攻的居然是更弱些的29軍，裝備和戰鬥力更強些的28軍則是側翼掩護，何況28軍能躋身二流，還是以阻擊而非攻堅野戰見長。如此部署實在有些令人匪夷所思的味道了。

血戰月浦鏖兵急

5月12日，解放軍正式發起了上海戰役（亦稱淞滬戰役）。當日10時，29軍從常熟出發直取吳淞，十兵團賦予該軍的任務是在14日0時前佔領吳淞。從常熟到吳淞約120公里，這段路程幾乎光行軍就要這些時間了，難道十兵團認為29軍是不需要戰鬥就可以在行進間佔領國軍最重要的海上退路吳淞嗎？十兵團司令員葉飛後來回憶，是因為有情報稱國軍正在準備倒戈，上海根本不用一戰就可以傳檄而定，不會有什麼戰鬥，所以才派了戰鬥力相對較弱的29軍，而且時間也限定得很少。葉飛在其回憶錄中表示對此部

署有意見，認為以兩天的時間又是沒經過多少大戰的29軍來擔負這樣的重任，似為不妥。不過張震在回憶錄中說5月10日已將地下黨得到的國軍防禦部署圖下發到兵團，但是解放軍軍、師、團級單位都沒有在戰前得到這份情報，完全是在毫不知情的情況下進軍吳淞的。那麼這個問題顯然是出在兵團，對於這個極其明顯的失責，葉飛自然是沒有提到。還應該看到當時整個三野上下，上至粟裕，下到伙夫，幾乎都認為打上海是不需要花費什麼氣力的，「打著背包就能進上海」。從渡江以後，三野官兵中就流傳著這樣的順口溜：「渡江渡江，不放一槍；追擊追擊，不堪一擊。」其輕敵大意可想而知，加之傳聞國軍正準備倒戈，和平進入上海的可能性很大，全然不知國軍正在月浦一線嚴陣以待。

12時，29軍先頭87師261團抵瀏河，經過約一小時戰鬥佔領瀏河，守軍52軍1個加強營傷亡約200人，餘部撤至羅店，261團傷亡也有100人。瀏河之戰正式揭開了上

解放軍第29軍

29軍的前身是新四軍蘇中軍區部隊，1945年11月以新四軍蘇中軍區所屬第55、57、59、61、63團組成華中野戰軍第7縱隊，姬鵬飛任司令兼政委。內戰爆發後，先後參加蘇中戰役、東台防禦戰和鹽城保衛戰。1947年1月改稱華東野戰軍第11縱隊，仍兼蘇中軍區，管文蔚任司令，姬鵬飛任政委，下轄31旅和87團、89團及第1、2、9分區，約3.1萬人。此後一直在蘇中、蘇北活動，雖然名義上是野戰軍，而實際卻一直是典型的地方部隊。同年5月以87、89團和特務團組建第32旅，8月參加鹽城戰役，12月參加鹽南戰役。

1948年3月轉隸蘇北兵團建制，4月以第2軍分區4團、第9軍分區7團和第1軍分區特務團組建第33旅。6月參加漣水戰役，12月參加淮海戰役，先是迂迴攻擊徐州以東的運河車站，再參加了對杜聿明集團的圍攻。

1949年2月根據統一全軍編制的命令，改稱第29軍，隸屬第三野戰軍第十兵團，軍長胡炳雲，政委張藩，下轄85、86、87師。4月參加渡江戰役，5月參加上海戰役，7月進軍福建，參加了福州戰役、漳廈戰役，10月85師一部也參加了金門之戰。

1950年11月29軍軍部改編為軍委鐵道公安司令部，85、87師調歸福建軍區，86師調歸空軍，29軍番號撤消。

1969年重建29軍，在1985年百萬大裁軍中被裁撤，85師歷經沿革，現在為上海警備區海防第2旅。86師兩次重建，現隸屬31集團軍。87師撤消。

海戰役的序幕。當日晚,十兵團28軍攻佔太倉、嘉定,26軍攻佔崑山,上述地區守軍123軍被俘約4700人。如此輕鬆地就拿下了外圍警戒陣地,自然進一步滋長了解放軍輕敵情緒,而久經戰陣的葉飛卻隱隱感覺到了不祥,如果是要倒戈怎麼不見來人接洽,如果不是投誠那麼連如此重要的瀏河、崑山都沒經過激烈戰鬥就放棄了?但是還來不及葉飛考慮,真正的激戰就爆發了。

13日凌晨4時,29軍87師(配屬85師253團)進抵月浦附近,隨87師行動的29軍副軍長段煥競指揮260團、253團攻擊月浦,259團攻擊葉大村,261團切入葉大村與月浦之間公路,同時發起攻擊。夜色迷茫中解放軍對地形、工事全然不知,仍是以猛衝急進的野戰攻擊姿態一頭闖入了國軍52軍在月浦一線的堅固預設工事,天亮後處境更為被動,遭到守軍52軍第2師5團密集火力的壓制,傷亡很大。戰至中午幾乎毫無進展,遂調整部署,260團從北,253團從西,261團從東北三面夾攻月浦,但此時國軍海空火力也逐漸猛烈,配屬260團的3門山砲就在國軍砲火覆蓋下損失2門。下午雨勢漸大,解放軍攻勢依舊不減,但國軍防禦也相當堅韌,至傍晚,解放軍只攻佔了月浦鎮外的部分前沿陣地,但傷亡相當慘重,僅這一天3個團的傷亡就高達1200人。入夜後由於限令將至,解放軍繼續猛攻,至14日0時也就是攻佔吳淞的限期,260團才剛剛攻入月浦北街,87師迫不及待命令253團2營也從西向北攻擊,以期協同260團一舉奪佔月浦。但2營在經過鎮北口開闊地時,遭到守軍密集火力壓制,少數衝入鎮內也隨即被國軍反擊逐出,大部分被壓制在開闊地無法撤回,只能就地構築工事,但在國軍火力下仍時有傷亡,這次毫無意義的進攻,2營傷亡約200人,直接指揮2營的253團政治部主任王里陣亡,這是解放軍在上海之戰陣亡的第一個團級幹部。

在限期前惟一的收穫就是259團攻佔了葉大村,但代價也是相當大,3營教導員陳達生陣亡,官兵傷亡近300人,幾乎失去了戰鬥力。87師隨即以該團1營和軍偵察營守備村子,而將2營和3營抽出來投入月浦。國軍方面鑒於解放軍進攻月浦甚烈,乃令江灣附近之第99師暫歸52軍指揮,以加強月浦一線兵力。

14日天明後,國軍空軍傾力出擊,一天之內出動各型飛機53架次,轟炸掃射解放軍陣地。52軍以預備隊296師888團(附戰車1個連)及99師295團(附戰車1個連),在砲火掩護下,以坦克為前導分由月浦及吳家宅以東全線反擊。29軍在三野中屬於三流部隊,裝備遠不及一流主力軍,既沒有火箭筒也沒有戰防砲,對付坦克只有炸藥包和集束手榴彈。261團陣地戰鬥尤為激烈,國軍突破解放軍防線幾乎衝到261團團部,整個陣地上幾乎到處是白刃戰,雙方均是拼死力戰,直到午後國軍才恢復了原陣地。經過短暫休整,解放軍準備再次攻擊,這次吸取了教訓,參戰各團團長都親到前沿觀察地形,佈置火力,選擇攻擊路線。18時,253團、260團、261團分別從西、北、東北三面開始攻擊,此時260團只剩下120人由副團長梅永熙、參謀長李仲年帶領,全力衝鋒,配屬該團的山砲以直瞄平射轟擊坦克,打開衝

■ 解放軍在月浦鎮與國軍展開巷戰。

及吳淞地區的重砲集中轟擊月浦，在鎮內的解放軍遭到了重大傷亡，259團團部被砲彈命中，團長胡文傑陣亡，副團長李超重傷。只得由2營營長陳博代理副團長，指揮餘部繼續作戰。砲擊之後，國軍組織全線反擊，以坦克直接掩護步兵衝擊。缺乏反坦克裝備的解放軍組織反坦克小組以集束手榴彈攻擊坦克，並在陣地前大量鋪設乾柴稻草，在坦克接近時點燃形成火障。86師258團在月浦西南的陣地戰鬥最為激烈，86師是擔負攻佔吳淞的任務，258團12日攻佔潘家橋，並向寶山推進，13日攻佔新鎮。因為87師沒能切斷月（浦）羅（店）公路，所以86師以256團、257團向東猛插，切斷月寶公路。結果86師在月浦以南與國軍展開了激戰。此後一直在月浦以南、西南與國軍對峙，向吳淞、楊行警戒，保障主攻月浦的87師側翼安全。16時許國軍突破解放軍陣地，259團在月浦的2營和3營所有營職幹部非死即傷，官兵傷亡過半，當國軍衝至團部附近時，解放軍已經將團部所有勤雜人員全部組織起來投入戰鬥，可以說是已經到了非常危急時刻。虧得253團2營5連趕來支援，才將國軍擊退。這一天，雙方在月浦鎮反覆爭奪五次，解放軍傷亡很大，好在月浦西南警戒的86師也與國軍展開了混戰，258團有大約1個營與團部失去聯繫，主動進入月浦鎮接受260團指揮，這個營絕對是雪中送炭的支援。

月浦之戰還有一個衍生物，那就是中共原本策反的上海起義因月浦戰事不利而流產——國軍聯勤總部中將視察員張權為中共委任的上海起義軍司令，他聯絡了第1暫編縱隊司令李錫佑、51軍軍長王秉鉞、123軍

鋒道路，掩護該團衝入鎮內。253團、261團也相繼突入鎮內，與守軍展開巷戰。從葉大村趕來的259團也從鎮西突入鎮內，經過大半夜激戰，於15日拂曉佔領月浦鎮，守軍則撤至鎮東南的25.32高地繼續組織防禦。月浦之戰，解放軍傷亡奇重，佔領月浦後主攻的260團只剩下62人！

入夜後為加強防守，52軍重新調整兵力部署：一、第296師（附戰車1個連）接替第2師獅子林互月浦（含）間防務；二、第2師縮短防線，固守楊行互顧十房（含）之線；三、第25師亦縮短防線，將南翼大場陣地交由第54軍接替固守，其原任大場防守之第75團，於交防後，改為軍預備隊。

15日天明後，國軍在黃浦江上的軍艦以

182師師長王挽危、砲兵51團團長劉仲權等人,計劃於5月16日發動起義。但是14日李錫佑的心腹21軍230師中校情報科長張賢向該師師長鄧朝彥告發,15日李錫佑、張權便遭逮捕,21日兩人便以銀元販子的名義在上海最繁華的路口——南京路西藏路口被槍決。張賢之所以會告發,就是因為看到解放軍在月浦戰事受挫,以為上海可保。

改變戰術添援兵

見上海外圍戰鬥進展遲緩,15日總前委指示三野:「敵目前似企圖堅守,在我鉗形攻勢之下,已難逃脫。請明確告知前線軍、師、團長,攻滬不要性急,應立於主動地位,作充分準備,大量使用炸藥,配合砲兵及坑道作業,克服敵之鋼筋水泥碉堡。」三野也於16日下達了《關於敵守備特點和我應採取對策》的戰術指示,指出目前作戰已不同於野戰,也不同於一般攻堅,而是成為濟南戰役(1948年9月)之後的大規模攻堅戰。因此對永備工事的攻擊,應慎重周密組織。選擇守軍突出部、結合部或薄弱處楔入其防線,然後由側背或由內向外,力爭撕破其防禦體系;集中火力實施壓制射擊與破壞射擊,以「軟化」鋼筋水泥工事;加強偵察,制訂步砲協同,採取火力、爆破、突擊相結合;有重點地小群多路突擊;實施土工近迫作業,以避免守軍事先測量的火力封鎖。同時一併下發了地下黨獲取的《淞滬外圍防禦工事詳細配系圖》,以供參考。

十兵團一面改變戰術,一面調整部署,增調二梯隊33軍投入作戰,以33軍98師配

張權

原名壽梦,字栩東,1899年出生於河北武強,1917年考入河北陸軍第一預備學校,後保送至日本士官學校第13期砲科。1923年學成歸國在孫傳芳部下就職,北伐戰爭中任國民革命軍第6軍19師副師長、師長。1927年四一二事變(國民黨清黨)後因主張討蔣而被降為46師上校參謀主任。抗戰爆發後,任第一戰區河南戰地警衛副司令,1938年奉命組建戰車砲兵團,在國軍中首建機械化裝甲部隊,後任戰防砲教導總隊總隊長,成為國軍戰防砲部隊的創始人。1941年升任戰車砲兵部隊中將總隊長。抗戰中開始與周恩來、董必武等中共人員接觸,並提出加入中共,但周恩來認為張權還是不入黨作用更大。
1945年入陸軍大學乙級班學習,畢業後任國防部部員。1948年任聯勤總部中將視察員,利用其檢查前線軍需補給的便利搜集大量情報通報給了中共。1949年5月開始策動上海起義,5月15日因張賢告發而被逮捕,21日被槍決於上海鬧市。

屬28軍攻擊楊行,以33軍99師配屬29軍攻擊月浦。解放軍調兵遣將的同時,國軍也在調整兵力部署,15日從市區抽調21軍、99師增援月浦。

16日86師以256團、257團向西攻擊,但苦戰一天毫無進展。直至17日256團才剛剛攻佔了吳家宅,但隨即遭到了國軍連續反擊,戰鬥再度陷入膠著。同一時間裏,配屬29軍的99師向曹宅多次攻擊均未奏效。

17日傍晚,十兵團同意了29軍增調預備隊85師254團的請求,85師師部率254團從蘇州趕來參戰。同時命令前沿各部暫停進攻,構築工事加強既得陣地,各部也將原先的急進猛衝戰術改為穩步推進,在砲火掩護下的小群突擊,逐堡攻擊,相機擴張——恰恰不是人海戰術,而是小群突擊逐步蠶食才突破了國軍防線。

28軍(欠82師師部及2個團)配屬特縱砲兵第6團及工兵1個連,任務是攻佔太倉、

■ 破除鹿砦，越過壕溝，解放軍冒雨向國軍據守的地堡攻擊。

嘉定、羅店、劉行、楊行諸點，佔領江灣、大場以北吳淞以南地區，保障29軍右翼和26軍左翼安全。12日晚，便輕鬆攻佔了太倉、嘉定、羅店等外圍地區，隨即繼續向劉行、楊行推進。

14日，28軍以83師（配屬244團）向劉行、國際電臺和楊行一線發起攻擊。244團、247團攻劉行，經一夜激戰，247團只拿下了4個地堡，244團見集團強攻難以奏效，主動改以小群攻擊，倒是連續攻取了十多個地堡，攻入劉行村內。攻擊國際電臺的248團則是白白付出了300多人的傷亡，毫無所獲。

15日，84師開始攻擊楊行，252團攻佔楊行以西的朱家宅，越過劉（行）楊（行）公路，插入楊行西南，切斷楊行與大場、江灣的聯繫，與正面的主力共同對楊行形成了包圍態勢。國軍見劉行已被突破，楊行局勢又危在旦夕，如果聽任解放軍攻擊，顯然太過被動。於是便以剛剛增援的99師向衝入防線縱深的252團實施反擊，國軍對此次反擊相當重視，空軍配合坦克前導砲火支援無不全力以赴。而252團剛剛進入國軍防線縱深，便遭到了如此猛烈的反擊，立足未穩，加之措手不及，陣地迅速被突破，國軍於18時攻佔顧十房，封閉了252團的退路，而兩天前在太倉剛剛補充的「解放戰士」（編者註，所謂解放戰士是指加入解放軍的原國軍戰俘）乘機倒戈，252團隨即陷入混亂，只得奪路撤回解放軍防線。此次反擊，國軍不

僅解了楊行之圍，而且還俘虜了近千解放軍（根據52軍軍長劉玉章回憶俘虜解放軍多達1200人），當然其中大部分是倒戈的原國軍官兵。反擊252團得手後，國軍士氣大振，繼續沿劉楊公路向248團所在的顧宅一線反擊，與248團反覆激戰至入夜。

而在劉行的83師則經苦戰於中午時分攻佔劉行，取得了28軍方向上的第一個突破。當晚，28軍將劉行方向的244團和247團全部轉去攻擊國際電臺，再加上原來的248團，以3個團會攻。不過這3個團都剛剛經過白天的戰鬥，還未及補充與休整，可能是28軍求成心切就連夜組織攻擊，結果自然是無功而返。

16日，劉行與國際電臺方向由於雙方都是迭經鏖戰，疲憊困乏，所以並無大的戰鬥，只有前沿零星小戰鬥。當天的主要戰鬥是在楊行方向，雙方互有攻守，國軍以攻為守以第25師75團及第2師5團各2個營（附戰車1個排）向顧十房、顧宅一線反擊，並由第2師師長郭永親至楊行指揮。解放軍則向楊行、保安公墓攻擊。至日落時，顧十房、顧宅一線解放軍擊退了國軍反擊，不過解放軍在楊行一線的進攻進展也相當有限，只是攻佔了上清橋、保安公墓外圍的7個地堡群。

17日以後，劉行、楊行一線戰鬥逐漸呈現膠著對峙。

18日劉行成為解放軍圍攻的焦點，戰況空前激烈。黃昏時解放軍集中火力，向國際電臺連續發射3000餘發砲彈，隨即再興攻勢但依然無功而退。同時解放軍猛攻楊行外圍的保安公墓，連續攻陷二十幾個碉堡。52軍遂以第25師75團（欠1個營）由第2師張文博副師長指揮實施反擊，國軍衝入解放軍陣地，便是慘烈的肉搏戰，雙方拼殺都非常激烈，最終國軍奪回了部分失陷陣地，進攻此地的解放軍252團則被迫退至朱家宅。

20日下午，解放軍集結劉行附近所有兵力，圍攻劉行、國際電臺及顧家宅，入夜

解放軍第28軍

28軍的前身是抗戰結束後由山東軍區所屬的渤海軍區部隊，當時渤海軍區主力進軍東北，而將留在山東的部隊特務第1、2團、警備第6旅11團、警備第7旅13團、14團、警備第8旅17團分別整編為山東解放軍第7師和第11師。1947年1月，山東野戰軍和華中野戰軍合併成華東野戰軍，第7師和11師整編為華東野戰軍第10縱隊，宋時輪任司令，下轄28師、29師和特務團，總兵力約1.6萬人，是當時各縱隊中惟一一個僅轄2個師的。10縱成立後先後參加了萊蕪戰役、泰安戰役、孟良崮戰役、沙土集戰役等，是華東野戰軍中最擅長阻擊的部隊。1948年2月改歸晉冀魯豫野戰軍指揮，挺進豫皖蘇，隨後參加了宛（河南南陽）西戰役、宛東戰役。6月歸建華東野戰軍，參加了開封戰役，就是在該戰役中10縱在杞縣桃林崗阻擊國軍五大主力之一的第5軍整5天，從此贏得了「排砲不動，必是十縱」的讚譽。

1948年9月參加濟南戰役，縱隊司令宋時輪搶得了主攻，但顯然攻堅並非是10縱之長，最後率先攻入濟南的卻是9縱。12月參加淮海戰役，先是在徐州以東阻擊增援國軍，後參加對杜聿明集團的圍攻。

1949年1月，在江蘇漣水組建第30師，直到這時10縱才擁有了3個師。2月根據統一全軍編制的命令，改稱第28軍，隸屬第三野戰軍第十兵團，軍長朱紹清，政委陳美藻，下轄82、83、84師。4月參加渡江戰役，5月參加上海戰役，7月進軍福建，在10月的金門之戰中遭到了解放軍在內戰期間最大的成建制損失。此後就駐防福建，1952年5月劃歸福建軍區。

1968年為應付蘇聯對於北方邊境的巨大威脅，由毛澤東「欽點」北上駐防山西，屏障京都西北。1998年被裁撤，所轄82師縮編為82旅，先轉隸63集團軍，後又改隸27集團軍。83師1999年改編為預備役步兵師。84師先是改編為27軍坦克旅，後遭裁撤。

■ 解放軍正向堅守劉行國際電臺的國軍發起攻擊。

後戰況益趨慘烈！雙方傷亡均十分慘重！駐守劉行的國軍第25師75團（欠1個營），李沖銘副團長以下官兵大多陣亡，遂於21日清晨棄守。

21日拂曉解放軍進佔劉行。由於劉行失守，國際電臺左翼暴露，52軍遂調整兵力部署，加強各據點守備兵力。黃昏時，解放軍集中砲火猛轟，僅1小時內便向國際電臺發射5000餘發砲彈，而後大舉向國際電臺陣地猛撲，約有2個營解放軍滲透進入國際電臺陣地內，但又被國軍預備隊反擊而擊退。此時52軍軍長劉玉章預料明天向各據點補給聯絡會備感困難，故決心放棄國際電臺以保存實力。第25師73團張晴光團長經過縝密計劃，遂在解放軍三面圍攻激戰狀態中，將第一線陣地守軍安全撤回，撤回後向國際電臺發射2000餘發迫擊砲彈，隨即除留1個加強連固守顧家宅陣地外，全團轉至廣肇山莊待命。

22日，解放軍對獅子林、月浦、楊行及老宅一帶陣地全面猛攻，守軍拼死抵抗擊退解放軍進攻，但雙方傷亡均十分慘重。

戰雲疾飛蕩浦東

解放軍在上海外圍的作戰計劃是鉗擊吳淞，所謂鉗擊自然是得有鉗子的兩個夾，其中一個就是前面所說的十兵團進攻的寶山方向，而另一個就是浦東，擔負浦東方向作戰的則是九兵團。

5月12日，20軍先後攻佔金山、奉賢，進至松江；27軍佔領青浦，進至泗涇。這兩個三野的一等主力軍，首先撕開了黃浦江右岸的外圍，但隨即就轉入就地休整，而由30軍、31軍超越攻擊，直撲高橋。國軍見解放軍向浦東大舉進攻，便調市區的51軍到川沙白龍港，屏障高橋。51軍在渡江戰役中曾遭到解放軍重創，退至上海的殘部僅6000多人，軍長王秉鉞怕如此損失遭到治罪，便虛報尚有萬人。13日51軍到達川沙，王秉鉞認為解放軍尚遠，體恤部隊疲乏，便任由部隊宿營休息。14日51軍才開始進入預定防區構築工事。而解放軍的進展卻非常迅速，30軍兼程急進於15日佔領川沙縣城，爾後主力絲毫不作停留繼續北上，切斷51軍與高橋守軍12軍的聯繫。

15日午後起，解放軍開始與51軍前哨陣地接火。16日凌晨，王秉鉞接到報告，川沙守軍正向市區撤退，而白龍港以西、以北都已出現解放軍主力，且正向北運動。王秉鉞知道自己部隊糧食彈藥都不充足，一旦與高橋的聯繫被切斷，就等於是被合圍在白龍港的狹小地區，後果不堪設想。於是決定乘夜向高橋撤退。黃昏後風雨交加，道路頓成泥濘，部隊行進自然速度很慢。半夜時分部隊進至白龍港以北約10公里顧家宅東北的公路上，突然槍聲四起——解放軍已經追至，51軍本來就是新敗之軍，此時又是在倉皇而退的半路，夜黑風高雨急，頓時一片混亂，僅僅兩個小時，51軍便四散潰敗，軍長王秉鉞也為解放軍所俘，殘部僅剩千餘人退回市區，經過收容整編為2個團，仍以51軍番號，由原第一綏靖區副司令長官劉昌義代理

軍長，駐防蘇州河北岸。

就在30軍長驅疾進的同時，31軍也從金山兼程北上，16日攻佔周浦，隨後與30軍並肩北上，直取高橋。18日拂曉，已進至高橋外圍尹家橋、黃家碼頭、顧家宅一線，切斷了高橋守軍12軍與浦東市區守軍37軍的聯繫。高橋是在黃浦江吳淞的對岸，同樣是上海海上通道的門戶，其重要性並不亞於吳淞，因此國軍立即從市區抽調75軍95師增援高橋。

從19日起，圍繞高橋雙方展開了激烈的爭奪。國軍擁有海空火力支援，高橋工事又相當堅固，而且高橋地區河流交錯，解放軍攻擊部隊難以展開，特縱的砲兵又因為道路泥濘難行，未能及時跟上為地面部隊提供砲火支援，因此解放軍攻勢頓挫，一連數日毫無進展。

從12日至19日，上海外圍戰鬥只是從吳淞和高橋兩個方向，形成鉗擊出海口的態勢。由於這兩個方向關係到上海的生命線——海上通道，因此湯恩伯不得不先後從市區抽出了3個軍（21軍和99師增援月浦，51軍和75軍95師增援浦東）增援這兩個方向，這樣一來市區的防禦自然就變薄弱，這也符合解放軍儘量與國軍在市郊決戰以避免戰火破壞市區的初衷。總前委見吳淞、高橋戰鬥都陷入膠著，進展遲緩，而接管工作則基本就緒，遂於17日指示粟裕張震：「在敵固守上海的情況下，在部署上似應由南向北實行攻擊，因蘇州河南為其防禦守備較弱地區。且多面攻擊，才能分敵之勢，使我易於奏效。」18日粟裕張震答覆總前委：「如對滬攻擊不受時間、地區限制，我們意見如

■ 解放軍31軍91師攻克周浦鎮。

■ 解放軍冒雨向高橋追擊。

電，接收上海的準備工作業已大體就緒，似此只要軍事條件許可，你們即可總攻上海。攻擊步驟以先解決上海，後解決吳淞為適宜。如吳淞陣地不利攻擊，亦可採取攻其可殲之部分，放棄一部分不攻，讓其從海上逃去。」——可以攻擊市區和允許放部分吳淞守軍逃去的指示，使三野放開了手腳，也使外圍僵持不下的局面得已打開。但是先攻擊市區和允許放部分守軍從吳淞逃去，也就是說解放軍面對國軍的頑強防禦，已經放棄了最初的鉗擊吳淞計劃。

四面八方向市區發起攻擊，北線力求楔入吳淞，而以九兵團主力先解決蘇州河南與南市之敵，爾後會攻蘇州河北。我們完全同意對淞滬全面攻擊，惟不知接管準備與其他方面是否已準備完畢？」總前委隨即回電：「我們進入上海的政治準備業已初步完成，你們攻佔上海的時間不受限制。」

20日，中央軍委也致電總前委並粟裕張震：「據鄧（小平）陳（毅）饒（漱石）

粟裕張震隨即決定抽調七兵團的23軍、八兵團的25軍和特縱主力參戰，這樣就使參戰部隊達到了10個軍30個師和特縱砲兵，總兵力達40萬。21日三野下達《淞滬戰役攻擊命令》，決定23日發起對上海的總攻。以25軍、28軍攻擊吳淞、寶山；以29軍、33軍、26軍楔入江灣、真如、大場，向吳淞突進；以20軍、23軍、27軍進攻蘇州河以南市區；30軍、31軍仍繼續攻擊高橋。為了盡量保全

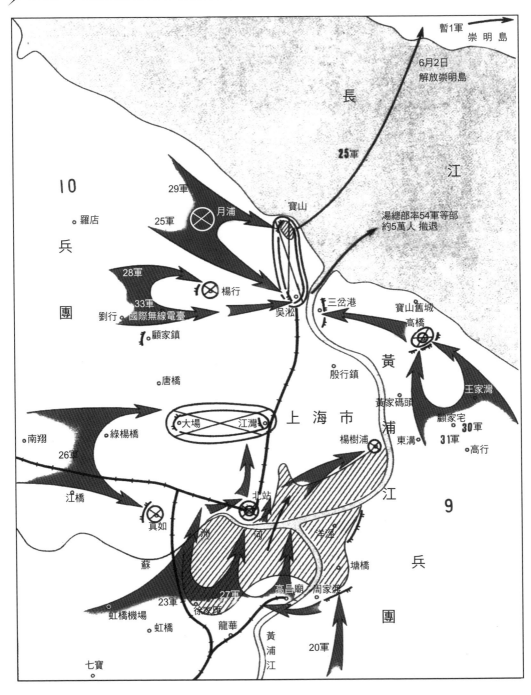

暫1軍
崇明島

6月2日
解放崇明島

長

江

25軍

湯總部率54軍等部
約5萬人 撤退

10

兵

團

29軍
25軍
⊗ 月浦
寶山

羅店

28軍
⊗ 楊行
三岔港
寶山舊城
高橋

33軍
國際無線電臺
劉行
顧家鎮
吳淞

黃家碼頭
王家灣
顧家宅
30軍
31軍
高行

唐橋
殷行鎮

黃

浦

江

南翔
綠楊橋
大場
江灣
上 海 市
楊樹浦
東溝

26軍

江橋

真如

北站

蘇

9

兵

團

洋涇

塘橋

23軍
徐家匯
虹橋機場
虹橋
龍華
黃
浦
江

27軍
高昌廟
周家渡

20軍

七寶

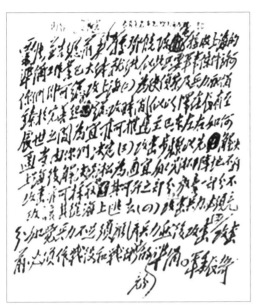

■ 5月20日毛澤東執筆以中央軍委名義發給總前委並粟裕張震的電報。

市區，特意規定市區作戰儘量不使用重武器。計劃分三階段實施，第一階段定於25日前全殲浦東守敵，以砲火封鎖出海口；27軍、23軍完成對蘇州河南市區攻擊的準備，並以積極行動牽制浦西守敵，策應浦東作戰；十兵團則完成攻擊吳淞的準備。第二階段定於27日開始，攻取寶山、吳淞和蘇州河以南市區，完成對蘇州河北守敵的包圍。第三階段最後聚殲蘇州河北地區守敵，佔領整個市區。

此時，雖然吳淞、高橋還在國軍控制下，但解放軍的重壓已經使湯恩伯意識到上海的失守只是時間問題，他已於22日登上吳淞口外的軍艦，淞滬防衛司令石覺和淞滬警備司令陳大慶都撤到了吳淞要塞，做好了隨時撤退的準備。而將第一綏靖區副司令長官劉昌義提升為淞滬警備副司令兼51軍軍長，統一指揮新近組建的北兵團（51軍、

21軍和123軍），很顯然，這個北兵團就是掩護嫡系部隊撤退的殿後之軍，51軍已是殘破不全，21軍是川軍，123軍則是蘇北民團改編的，全是可以犧牲的雜牌。

血雨屍山小高地

解放軍雖然佔領了月浦鎮，但是在月浦一線還是難以進展，因為國軍還控制著月浦東南的25.32高地，該高地略呈三角形，東、北兩面都有小河，是月浦地區的制高點，國軍在高地上築有十多個鋼筋水泥地堡，地面下還有多個可以屯兵和儲存彈藥的隱蔽部，與河東10多公尺高的小高地互為犄角，守軍為52軍296師888團的1個營。月浦為解放軍攻佔後，25.32高地不僅是國軍反擊月浦的出發陣地，還是屏障吳淞的惟一堅固支撐點，完全稱得上是月浦、吳淞一線的鎖喉之地。

20日晚，解放軍86師258團2營6連開始以土工作業迫近25.32高地——所謂土工作業就是以挖掘交通壕的方式逼近要攻擊的目標，以縮短暴露在守軍火力下衝擊的距離——21日晨，國軍發現解放軍正在以土工作業迫近，因此投入了52軍第2師的2個團兵分三路發起反擊，一路攻擊6連的土工作業陣地，一路攻擊257團1營陣地，一路攻擊配屬29軍的99師296團1營駐守的21.7高地。激戰從清晨一直持續到午後，在6連土工作業陣地上，雙方展開了三次爭奪，最終6連鞏固住了陣地；257團1營以集束手榴彈炸毀國軍2輛坦克，再以密集火力射擊步兵，將國軍反擊逐退；296團1營守備的高

地一度為國軍攻佔，但296團立即投入預備隊，與國軍反覆爭奪，終於再重新奪回高地。

21日，85師師部率254團趕到月浦，接過了253團在月浦的防務。當同日三野下達《淞滬戰役攻擊命令》後，29軍令85師附軍山砲團攻擊25.32高地，得手後再向北攻擊北曹宅、顧家宅；86師則一面配合85師攻擊北曹宅、顧家宅，一面攻擊南曹宅、孫宅。85師接到命令後決定以253團配屬師化學迫擊砲和工兵排主攻25.32高地，254團2營則在小河北側以火力壓制高地守軍，並掩護253團側翼安全。砲火支援由軍山砲團和特縱榴彈砲團1個連提供。

23日傍晚，擔負砲火支援的軍山砲團和榴彈砲連以密集火力向25.32高地實施覆蓋射擊，砲火剛一延伸，工兵排和各步兵連的爆破組對攻擊路線上的障礙物進行爆破，以開闢通路。守軍認為解放軍即將發起進攻，立即從隱蔽部裏出來進入陣地，不料解放軍砲火卻突然又覆蓋了高地的一線工事，頓時給守軍造成了重大傷亡。18時50分，253團3個營同時從西北、西、西南三面發起攻擊，迅速突破前沿工事，然後以小群多路穿插分割戰術，向各碉堡實施爆破，逐步向高地縱深推進。守軍由於遭到解放軍猛烈砲擊而傷亡過半，難以抵擋解放軍攻勢，高地隨即易手。佔領高地後，253團2營4連1排挾得勝餘威涉水過河，一舉佔領了河東的小高地。至20時，25.32高地和河東高地全都為解放軍佔領，而且此戰解放軍傷亡僅僅只有11人，可以說是整個月浦地區作戰中最為成功的一次。攻佔25.32高地後，253團以2營堅守高地（其中1個排守河東小高地），3營8連守備高地以南，1營守備高地以北並作為預備隊。

鑒於25.32高地失守，吳淞危急，為了加強月浦地區的兵力，湯恩伯將增援高橋的75軍抽調出第6師回援月浦。24日天一亮，國軍就投入4個營在8輛坦克掩護下向25.32高地反擊，先是艦砲、地面重砲的猛烈轟擊，交通壕全部被毀，整個高地泥土被砲火削去1公尺多！然後就是一波緊接一波的衝擊，雙方都是竭盡全力，戰況慘烈異常，守備高地的解放軍253團2營由於連續密集射擊，就有6挺重機槍報廢！全靠利用佔據高地的有利地形猛投手榴彈，營、團長都到一線親自指揮作戰。據當年參加過25.32高地爭奪戰的老兵回憶，高地下的小河都為鮮血染紅！其間高地多次易手，戰至黃昏，高地還在解放軍手上。

河東小高地的戰鬥更為激烈，陣地上的全部工事都被砲火所毀，守備的253團2營4連1排彈藥全部打完，就與衝上高地的國軍展開白刃戰，午後高地為國軍所佔。然後國軍又從小高地出發，渡河攻擊25.32高地，對高地威脅甚大。解放軍隨即以預備隊1營2連向小高地反擊，經過激戰才在天黑前奪回了小高地，這一天激戰，253團傷亡很大，3營僅剩70人。因此85師便以254團接替了253團的防務。

在月浦其他戰場上，解放軍86師於24日攻佔了南、北曹宅，不過87師和99師的進展甚微，戰局形成了對峙。

24日，湯恩伯乘軍艦離滬，戰局已呈逆轉之勢。25日，52軍奉令將第25師駐守

之龔宅、蘊藻濱、河口、滑宅一線以南及廟行、老宅等陣地，交由第21軍接替。午後，淞滬防衛司令部司令石覺召集駐滬各軍軍長，面示撤退機宜，並分配船隻，令各軍於25日黃昏後開始行動。劉玉章軍長獲令後，陣地上除留守少數部隊掩護及輜重外，全軍於19時一律輕裝前往海軍碼頭登船。

25日13時以後，解放軍察覺國軍欲由海上撤離，遂全力向國軍陣地發動猛攻，始終與國軍一線部隊膠著，且泗塘橋、楊行與吳淞口相距咫尺，若貿然撤出，吳淞為解放軍控扼，則國軍整個撤退計劃將完全破滅，故52軍15個連的留守部隊雖知主力撤退，仍與解放軍作最後的搏鬥。

但當時碼頭上可供撤退的船隻，僅有海輪數艘及登陸艇若干，根本不敷分配，加上登船時間迫促，解放軍砲火亦開始擾亂射擊，至23時，已是啟碇最後時限，只好忍痛離岸，碼頭仍遺有官兵約8000人。26日拂曉，撤運淞滬國軍之船舶相繼駛離吳淞口。

蘇州河畔挫兵鋒

23日解放軍獲悉國軍主力已向蘇州河北收縮，在蘇州河南市區只有5個交警總隊。有鑒於此，三野立即決定當晚發起總攻，將第一、二階段計劃合二為一同時實施。20軍、23軍、26軍和27軍分別從東、南、西三面向市區攻擊；30軍和31軍繼攻高橋；25軍、28軍、29軍和33軍繼續猛攻月浦、吳淞。

至24日，20軍攻佔了浦東市區，27軍攻佔虹橋、龍華。這兩個雪藏已久的一等主力軍一出手果然不凡，同時三野查明國軍已開始全線退卻，部分部隊已開始登船撤退，因此下令各部迅疾發起追擊，大膽楔入截殲國軍。當夜23軍和27軍從龍華、徐家匯攻入市區，由於蘇州河以南市區只有5個交警總隊，根本不堪一擊。27軍79師進入市區後，兵分兩路，一路沿中正路（今延安路）、康諾脫路（今康定路），一路沿林森路（今淮海路）並力東進，師長蕭鏡海興奮地向軍長聶鳳智報告：「我師已進入市區，馬路上的電燈還給我們照著亮呢！」25日拂曉，20軍以58師警備浦東市區，主力從高昌廟西渡黃浦江攻入市區。到25日凌晨，解放軍已完全佔領了蘇州河南的市區。

戰局發展到此時，一般人都會覺得上海之戰已經沒有多大懸念了，京滬杭警備總司令部也於24日夜開始有計劃地將正在一線的嫡系部隊撤下，在雜牌部隊掩護下登船撤退。當然這個換防是以調整部署的名義進行的，除了37軍外，月浦的52軍、大場的54軍和高橋的12軍都撤往吳淞。但是恰恰是寬不過100公尺的蘇州河，卻擋住了解放軍的腳步。

因為蘇州河防線是國軍預設的市區核心防線，早已有了精心的準備，橋上以沙包壘起工事，再在橋北側高大建築上部署機槍、步兵砲和狙擊手，可以說整個橋面就是一條直通黃泉的不歸之路。從25日上午開始27軍在外白渡橋、乍浦路橋、四川路橋、福建路橋、浙江路橋、西藏路橋、烏鎮路橋、恒豐路橋全線攻擊均遭失利，由於戰前三野曾下令市區作戰不准使用重武器，所以僅靠輕武器無法壓制住河北岸守軍的火力，衝上

劉玉章

劉玉章，字麟生。1903年出生於陝西興平縣，黃埔軍校第四期畢業後擔任北伐軍總司令部特務營第2連代理排長。1927年1月調任第3師第8團中尉排長，同年8月參加龍潭戰役，在戰鬥中因功升任上尉連長。

1928年任第2師第5旅10團連長、營附，在歷次軍閥混戰以及圍剿紅軍的作戰中，相繼升任營長、團長。抗戰中先後參加保定、漳河、台兒莊戰役，長沙會戰後任第2師步兵指揮官，不久又兼任長沙警備司令。

1942年7月，被第52軍老軍長關麟徵破格提拔為第2師師長，這一事件曾在軍中引起軒然大波，許多將領如軍少將參謀長劉平、25師少將副師長鄧士富、195師少將副師長鍾祖蔭紛紛以請假來表示對此事的反對，第2師的3個團長也聯名抗議，但都被關麟徵解決。

抗戰勝利後，率部開赴越南接受日軍投降，隨後轉赴東北。內戰全面爆發後，率部與東北解放軍作戰，不久升任第52軍副軍長，1948年2月接任52軍軍長，在遼瀋戰役後期沉著指揮部隊在海軍的幫助下，從營口撤往上海，成為東北國軍惟一完整撤出的部隊。此後先是率部增援徐蚌戰場，再撤往上海。

1949年5月指揮52軍重創主攻月浦的解放軍，被稱為國軍「十大武功」之一，但依然無法挽回整個敗局，52軍只得由海路撤往舟山，繼開臺灣。到臺灣後，歷任臺灣北部防衛副司令官、中部防衛司令官、金門防衛司令官、陸軍副總司令、陸軍預備部隊訓練司令、臺灣警備副總司令兼臺灣軍管區司令、臺灣省警備總司令、戰略顧問並晉升為陸軍一級上將。1981年4月在臺北病逝，著有《戎馬五十年》一書。

一個班轉眼就全部倒在了橋上，再上一個班也是如此，可謂是前仆後繼，在傷亡的官兵中不乏精壯之士，如在渡江戰役中第一個渡過長江登上南岸的79師235團1營3連5班，從長江一路打到上海，未折一兵一卒，此時卻在外白渡橋上全部陣亡！蘇州河沿線戰鬥，從傷亡的絕對數字來說，並不很大，但衝上去1個班轉眼之間就傷亡殆盡，再上1個班又是非死即傷，對士氣影響極大。面對眾多戰友如此英勇悲壯地犧牲，不少營團指揮員都紛紛請求使用砲火。27軍軍長聶鳳智親臨蘇州河畔觀察，看到部隊已經打紅了眼，一線部隊情緒相當激憤，便果斷下令暫停攻擊，就地召開緊急會議，會上就有人非常尖銳地提問：「到底是愛無產階級戰士的生命，還是愛資產階級的樓房？」聶鳳智的回答相當有水準：「蘇州河北岸還有數百萬人民，不開砲固然戰士會有很多傷亡，但是一旦開了砲，砲彈是不長眼睛，極可能就會有更多的人民群眾傷亡。我們既要愛惜戰士的生命，也要愛惜人民的生命，這兩者本質上是一致的，作為人民軍隊，首先要考慮的就是人民的安危，我們現在流血犧牲，正是為了解放上海人民，為了保障人民的生命財產安全。再說，現在這些樓房還在敵人手裏，但很快就會被我們奪過來，那麼它就不再屬於資產階級而是屬於人民，我們沒有權利去破壞它，而必須盡最大努力去保全它。」——不過還是有人按捺不住開了砲，那是進攻四川路橋的235團（即原9縱25師73團，著名的濟南第一團）1營開了兩砲，關於開砲的版本有幾個，有的說是用75山砲打了橋上的地堡，有的說是用60砲打了橋北側的郵政局大樓。不過聶鳳智接到1營擅自開砲的報告後，很是體諒部隊的情緒，沒有處分1營營長董萬華和砲手。這可能是解放

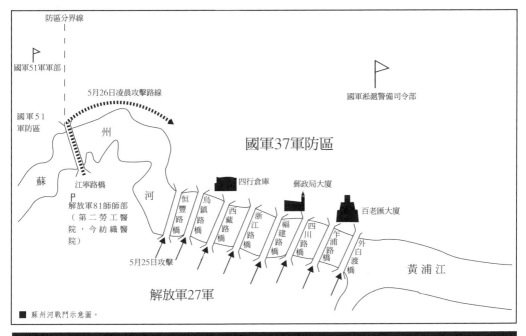

防區分界線

國軍51軍軍部

5月26日凌晨攻擊路線

國軍51
軍防區

國軍淞滬警備司令部

蘇

州

國軍37軍防區

河

江寧路橋

解放軍81師師部
（第二勞工醫
院，今紡織醫
院）

四行倉庫

郵政局大廈

恒豐路橋
烏鎮路橋
西藏路橋
浙江路橋
福建路橋
四川路橋
乍浦路橋
外白渡橋

百老匯大廈

黃浦江

5月25日攻擊

解放軍27軍

■ 蘇州河戰鬥示意圖。

解放軍第27軍

　　27軍在解放軍軍級部隊中算是後起之秀，資歷比較淺。最早的前身是抗戰時期由山東抗日武裝組成的八路軍山東人民抗日游擊隊第5支隊，隨後逐漸發展壯大，抗戰勝利後膠東軍區以老第5師13團和14團1營擴編為新的第5師（老5師其他部隊進軍東北）、以東海軍分區的6個縣獨立營組建警備第4旅（後改稱第6師）和由南海、北海軍分區獨立團組建警備第3旅。1947年1月，這三支部隊合編為華東野戰軍第9縱隊，共3.1萬餘人，司令員許世友。

　　9縱成立後先後參加了萊蕪戰役、泰蒙戰役、孟良崮戰役、南麻臨朐戰役、第二次膠東保衛戰、膠高追擊戰、萊陽保衛戰，1948年4月參加濰縣戰役，9縱27師79團最先打開突破口，戰後被授予「濰縣團」榮譽稱號。1948年9月濟南戰役中，9縱25師73團最先突破城垣攻入市區，戰後榮獲中央軍委授予「濟南第一團」榮譽稱號。

　　1948年11月參加淮海戰役，1949年2月根據中央軍委統一全軍編制的命令改編為中國人民解放軍第27軍，下轄79、80、81師，軍長聶鳳智。此後參加渡江戰役，擔負魯港至狄港一線主要突擊任務，最先突破江防。渡江以後參加郎廣戰役、上海戰役，6月起擔任上海警備。

　　1950年10月，參加中國人民志願軍入朝參戰，在1950年11月的第二次戰役中，27軍在極其困難的情況下，在新興里殲滅美軍第7師31團支隊大部（詳見突擊第2期「冰血長津湖」），創造韓戰中志願軍惟一的殲滅美軍團級建制部隊的戰例。1951年4月參加第五次戰役，1951年7月接替金城地區防禦，9月改為元山沿海地區防禦，1952年10月回國，隸屬南京軍區，駐防無錫。珍寶島事件（1969年3月，中國和蘇聯在黑龍江省珍寶島地區發生嚴重的邊境武裝衝突的事件）後劃歸北京軍區，駐防河北石家莊。

　　1985年改編為陸軍第27集團軍，編入坦克旅、砲兵旅和高砲旅。1987年參加老山輪戰（中越戰爭），表現出色。90年代中期以後，全軍編制體制進行了重大調整，屬於甲類集團軍，是全軍的戰略預備隊。該軍資歷雖淺，但擅長攻堅野戰，是三野頭等主力。

軍在進入市區後惟一一次使用火砲，數萬大軍在如此規模的戰鬥中能將不使用重武器的規定貫徹到如此地步，絕對是很不容易了。但27軍最後決定還是必須執行市區不得使用重武器的規定，不過不使用重武器根本無法壓制住蘇州河對岸的國軍，正面強攻顯然難以奏效，便準備夜間派部隊從蘇州河上游迂迴過河再向西攻擊。不少戰史資料也稱解

放軍是迂迴突破蘇州河防線的,但筆者幾經考證,既未查到迂迴攻擊部隊的番號,也找不到迂迴攻擊的具體路線。再從戰鬥進展的時間來看,25日上午進攻蘇州河防線受挫,下午聶鳳智暫停攻擊召開會議,作出迂迴決策已是臨近黃昏,而蘇州河防線被突破是在26日凌晨,這其間要將部隊從火線撤下,再向西繞開守軍防線迂迴突破,這點時間根本來不及。那麼解放軍是如何突破蘇州河防線的呢?那就是劉昌義的功勞了。

改變戰術添援兵

5月23日湯恩伯任命劉昌義為淞滬警備司令部副司令兼北兵團司令,統一指揮51軍、21軍和123軍。劉昌義很清楚這個北兵團是為湯恩伯撤退時作為「棄車保帥」的「車」,這樣的安排就是以犧牲雜牌來掩護嫡系的撤退,但是客觀上這個任命給他的倒戈創造了有利條件——劉昌義早在1948年11月就秘密參加了民革(中國國民黨革命委員會),並積極準備參與民革組織的「京滬暴動」。但「京滬暴動」事洩,劉昌義的聯繫人王葆真被捕,幸好王葆真歷經嚴刑也未吐露真情才使他沒有暴露。不過由於劉昌義當時只不過是第一綏靖區中將副司令的閒職,無職無權,難以組織兵變,戰役期間見到51軍在浦東遭到重創軍長被俘後,主動向湯恩伯請纓接任軍長,因為劉昌義抗戰期間曾是湯的部屬,而在當時情況下,確實也無人願意去接這樣一個燙手的山芋,於是劉昌義便很輕而易舉地就接任了51軍軍長,不出幾天又升為了淞滬警備司令部副司令兼北兵

聶鳳智

聶鳳智,湖北大悟人,生於1914年,1929年參加紅軍,歷任班長、排長、連長、連政治指導員、副營長、營長、營政治教導員、副團長、團長、團政委。參加了長征。抗戰時期,任中國人民抗日軍政大學教員、隊長、副團長,抗大第一分校膠東支校校長,膠東軍區第5旅13團團長、旅長、中海軍分區司令員。內戰時期,任膠東軍區第6師師長,第5師師長,華東野戰軍9縱25師師長、9縱參謀長、副司令員兼參謀長、司令員,第三野戰軍27軍軍長。中華人民共和國成立後,任華東軍政大學教育長,華東軍區空軍司令員,中朝聯合空軍代司令員,南京軍區、福州軍區空軍司令員,福州軍區副司令員兼軍區空軍司令員,南京軍區副司令員兼軍區空軍司令員,南京軍區副司令員、司令員。1955年被授予中將軍銜。

團司令,總算是掌握了兵權,只是由於民革聯繫人王葆真被捕後,他與民革的聯繫完全中斷,現在怎樣與解放軍聯繫是最大的問題。他首先派親信老部下時任51軍副官處處長的劉鳳德設法與解放軍前線指揮部聯繫,再派老部下51軍軍法處處長魏震亞去吳淞口,隨時報告湯恩伯的動向。

就在劉昌義積極尋找解放軍準備接洽倒戈的同時,上海地下黨策反委員會也在召開緊急會議,研究如何配合解放軍以政治攻勢,分化、瓦解、策反蘇州河北岸守軍。中共早就對51軍開展過策反工作,曾任51軍114師少將參謀長的解方(後任東北民主聯軍副參謀長、遼寧軍區副司令員兼參謀長、第12兵團參謀長,1955年被授予少將軍銜)

就是中共51軍委員會書記，抗戰中因身份暴露才撤至延安。而不久前51軍在江陰駐防時，華東局就曾派王中民去策動倒戈，雖然沒有成功，但已經打下一定基礎。於是策反委員會立即派人去找王中民再度聯絡51軍。巧的是，劉鳳德也在找王中民，因為兩人不僅是同鄉，而且51軍在江陰時王中民正是通過劉鳳德才與軍長王秉鉞見面。劉鳳德找到王中民後，立即告之劉昌義有倒戈的打算，希望王中民幫助聯繫解放軍。兩人隨即約定

■ 解放軍沿四川路向蘇州河北攻擊，圖左上角的大樓就是郵政局大樓。

25日一早，在造幣廠橋（即江寧路橋，因橋畔有造幣廠而得名）見面。

而魏震亞則向劉昌義報告湯恩伯已在吳淞口上船，嫡系部隊已開始登船撤退。劉昌義意識到湯恩伯已經自顧不暇，倒戈的機會來了！他立即召集副軍長王震潭與軍部人員宣布倒戈，並通知21軍和123軍派人來開會，介紹了當前的形勢，指出只有投向解放軍才有出路，21軍和123軍都表示服從劉昌義的指揮。

25日劉鳳德和王中民見面後，王中民立即隨劉鳳德來到51軍軍部，在王中民的聯絡下，劉昌義來到位於江寧路第二勞工醫院（今紡織醫院）的81師師部，劉昌義和81師政委羅維道進行了談判，雙方商定51軍於25日夜12時前（後推遲到26日4時）將蘇州河造幣廠橋以西（包括大場）的防區移交給解放軍，部隊則集中到江灣體育場；第21軍、123軍向大場集結，把蘇州河以北所有

■ 解放軍正從西藏路橋越過蘇州河向北推進，圖中的大樓就是抗戰時八百壯士所堅守的四行倉庫。

劉昌義

字彥峰，1900年生於直隸高陽縣（今河北高陽），1922年參加馮玉祥部隊，從西北軍洛陽軍官學校畢業後歷任連長、營長、團長、旅長、副師長，1930年中原大戰失敗後隱居天津。1933年參加察哈爾抗日同盟軍，任第3師師長，抗日同盟軍失敗後回家鄉高陽隱居。抗戰爆發後，在家鄉招募舊部組織抗日義勇軍於冀南地區抗擊日軍，不久所部改編為第一戰區豫北抗日游擊縱隊，劉任司令。1940年所部為日軍包圍，在突圍無望的情況下被迫接受日軍改編條件。1941年尋機反正，所部改編為暫編第15軍，劉任軍長。1945年升任第19集團軍副總司令。

抗戰勝利後任淮海綏靖區中將副司令，1947年改任第7綏靖區副司令，1949年退至上海，上海戰役期間任51軍軍長、淞滬警備司令部副司令。1948年11月秘密參加民革，因此在上海戰役中得到兵權後就主動與解放軍聯繫率部倒戈，此後被選為民革中央委員、全國政協委員、上海市民革常委等，後事不詳。

防地、倉庫、物資移交給解放軍。不過51軍只能算是投誠，只有劉昌義個人按起義將領來對待——劉昌義還以淞滬警備司令部副司令的名義指揮21軍、123軍等部一起倒戈繳械，總共有4.3萬人放下了武器，使蘇州河以北城區得以保全。

26日4時，27軍即按照約定從造幣廠橋及以西的永安橋跨過蘇州河，接防51軍陣地，然後轉兵東進，至當日下午便肅清了造幣廠橋以東至外白渡橋一線守軍，完全突破蘇州河防線，繼而向楊樹浦、江灣推進。

市區戰鬥逐漸平息，解放軍在連日進展維艱的外圍也有了突破。24日28軍攻佔了楊行外圍大部分陣地，隨後將攻佔楊行的任務轉交給33軍。25日下午起，28軍、29軍和33軍99師全力向寶山、吳淞出擊，於26日拂曉前後進佔寶山、獅子林。從26日拂曉起，十兵團二梯隊25軍也投入了進擊，沿月（浦）吳（淞）公路向東推進，該軍先頭部隊於8時許最早進抵吳淞碼頭，俘虜了碼頭

■ 劉昌義所部在江灣體育場向解放軍繳械。

■ 在外白渡橋頭站崗的解放軍士兵。

上未及登船的國軍8000餘人。中午前後，28軍、29軍等部也陸續到達吳淞。

26軍於26日開始全線進擊，拂曉連佔真如、大場，上午進佔江灣。

30日下午，25軍從吳淞登船攻取由國軍暫編第1軍駐守的崇明島（當時崇明島屬江蘇省，因此守軍不在京滬杭警備總司令部序列內），在喬鼻港、萬安港、葛隆港一線登陸，島上國軍主力已大部撤離，暫編第11師副師長劉賀田在中共江南工作委員會的策反下率所部約1900人倒戈，至6月2日25軍全部佔領崇明，殲守軍約3700人。

高橋方向，解放軍19日進抵高橋後，湯恩伯即調75軍95師增援高橋，以確保東岸出海口。20日解放軍相繼攻佔楊家宅、黃家碼頭、陳家蕩等外圍陣地，其間在高橋以西至林家宅沿江的解放軍30軍269團（90師）和262團（88師）陣地遭到5艘軍艦（其中2艘掛外國旗，3艘無旗）的猛烈砲擊，因戰前中央軍委再三告誡「避免與外國軍艦發生衝突，不得中央命令，不得向外國軍艦發砲，至要至要」，因此嚴令不准還擊，直到確認是國軍軍艦後才調特種兵縱隊重砲團還擊。同日國軍以1個營至1個師不等的兵力連續實施反擊，21日的戰況殊為激烈，連浦西的國軍都兩次東渡黃浦江向慶寧寺反擊。高橋陳家蕩陣地為國軍突破，解放軍以31軍91師272團2營迂迴反擊國軍的側背，結果反遭國軍的合擊，傷亡近半被迫撤回。22日國軍在海空火力支援、坦克掩護下，再度大舉反擊，解放軍陣地多處被突破，經反覆爭奪浴血苦戰，才恢復了陣地。23日國軍投入5個團傾力反擊，92師275團楊家宅陣地被突破，國軍一度衝到距離該團團部不到200公尺，275團副政委林風組織起團部勤雜人員和運送補給的民工投入戰鬥，經苦戰後才

將國軍擊退。

總攻開始後，在高橋地區因相持不下而止步整整5天的30軍、31軍從25日18時30分開始進攻，在30分鐘砲火準備後，30軍從高橋以東，31軍從高橋西南同時攻擊。31軍91師步砲協同相當出色，幾乎是緊隨著砲火延伸的瞬間率先攻入高橋鎮。隨後31軍92師、30軍先後都取得突破，由於國軍已開始總撤退，軍心動搖士氣低落，再無前幾天拼死反擊反覆爭奪的氣勢，一見解放軍攻入鎮內，便不支而退。至26日6時許，高橋完全為解放軍所佔。隨後，30軍、31軍

繼續向高橋西北追擊，9時30分30軍進抵三岔港，其砲火已經可以從黃浦江東岸封鎖住出海口。31軍進至煉油公司俘虜未及登船撤退的國軍約5000人，12時攻佔江心洲，俘虜守軍1200人，至此全部佔領浦東。

解放軍23日發起總攻後，市區、外圍國軍的防禦迅即瓦解，其中最主要的原因是23日京滬杭警備總司令部所下達的總撤退命令，此前十餘天的戰鬥，無論是月浦，還是高橋，國軍都成功地頂住了解放軍的進攻，使解放軍付出了很大傷亡，也使解放軍被迫放棄了最初鉗擊吳淞的方案而改以全面攻擊

■ 解放軍進入上海市區時的情形。

市區的方案。儘管為了確保月浦與高橋，國軍已將市區的守備兵力大部調出增援這兩地，但市區的兵力如主動收縮，堅守市區內核心陣地，還是能堅持一段時間的。而且如果國軍情報工作得力，能瞭解到解放軍進入市區將嚴禁使用重武器的規定後，更是可以將巷戰進行到底。然而就在這樣的大好局面下，卻因為擔心解放軍會乘虛從西南攻入市區或者擔心月浦高橋堅持不了多久，就倉促下達總撤退令，極大挫傷了軍心士氣，正是這個撤退令下達之後，留守部隊都感覺到被拋棄，是為撤退的部隊作犧牲，因此戰局迅速出現了兵敗如山倒的狀態，曾經令解放軍

多日裏足止步的月浦、高橋，都是在一夜之間就拱手相讓，其直接結果不但使上海市區轉瞬落入解放軍之手，而且使相當多的部隊來不及登船，26日在吳淞碼頭未及登船而被俘的國軍就達8000之多！完全可以說，23日的撤退命令實在是愚蠢至極！

不入民宅王師相

27日，整個上海市區只有楊樹浦地區還有國軍21軍230師餘部據守楊浦發電廠、中紡十二廠、楊樹浦煤氣廠和自來水廠，其中的發電廠、煤氣廠和自來水廠都是關係市民

■ 行進在上海鬧市西藏路上的解放軍。

■ 解放軍進入上海後，立即接管了重要的政治、經濟機關，圖為在銀行門前站崗的解放軍。

■ 蔣介石在上海東平路的住宅也被解放軍接管。

生活的重要市政基礎工廠，那是不能有一星半點的破壞，所以解放軍對其只是圍而不攻，儘量尋求和平解決。而230師也知道前有解放軍重兵，後是滔滔黃浦江，即便抵抗到底也無生路，因此士氣低落也不敢輕易開火，雙方就這樣僵持著。當陳毅聽到這個情況，立即指示去找蔣子英——現在指揮230師餘部的是副師長許照，而蔣子英正是許照

在陸軍大學的老師，兩人關係相當深厚——中共地下黨的工作效率相當高，蔣子英很快找到了，解放軍說明情況後，蔣子英便打電話給許照，見自己尊敬的師長來勸降，加上即便頑抗到底也無生路，許照遂下令放下武器，於是發電廠、煤氣廠和自來水廠都毫髮無損地保全了下來，上海之戰也至此落幕。

進入市區後，解放軍除了對重要機關、工廠、倉庫進行保護外，還對外國領事館和

解放軍有關城市紀律的規定

入城三大公約：
1、遵守軍管會及人民政府的一切法令和各種規定。
2、遵守城市政策，愛護市政建設。
3、保持革命軍人艱苦樸素的傳統作風。

入城十項守則：
1、無故不得打槍。
2、不住民房店鋪，不准打擾戲院及一切娛樂場所。
3、無事不得上街，外出要請假。
4、車馬不得在街上亂跑。
5、不准在街上吃東西，不得扶肩搭背，不准擁擠街頭。
6、買賣要公平。
7、駐地打掃清潔，大小便上廁所。
8、不准卜卦算命，賭博宿娼。
9、不准封建結合，徇私舞弊。
10、不准在牆壁上亂寫亂畫。

約法八章（1949年4月25日以《中國人民解放軍布告》的形式公布）：
1、保護全體人民的生命財產。
2、保護民族工農牧業。
3、沒收官僚資本。
4、保護一切公私學校、醫院、文化教育機關、體育場所和其他一切公益事業。
5、除怙惡不悛的戰爭罪犯和罪大惡極的反革命分子外，凡不持槍抵抗，不陰謀破壞的國民黨各級政權組織的一切人員，一律不加俘虜，不加逮捕，不加侮辱。
6、一切散兵游勇，均應向當地人民解放軍或人民政府投誠報到，交出武器。
7、有準備有步驟地廢除封建的土地所有權制度，逐步提高農業生產水平，改善人民生活。
8、保護外國僑民生命財產的安全。

僑民區妥加保護，這是吸取了佔領南京後的教訓（編者註，解放軍佔領南京後曾有1名營長闖入美國大使司徒雷登的家裏，險些釀成外交風波）。早在戰前的丹陽整訓時，就明確了「帝國主義不向我開火，我決不開火，一般外國人都要保護。今後除了指定的外交人員外，一切同志不准再與外國人發生關係」的原則，陳毅在丹陽對接管幹部的講話中專門提到：「我們要打倒美帝，要用新的策略，不採用武裝衝突，不要給帝國主義挑撥起戰爭來。南京有個營長闖入司徒雷登的房子，這不是表示我們同志勇敢，反而是愚蠢。」所以在進入上海前就專門指定了部隊擔負外國使館和僑民區的警戒。

進入市區的27軍另外還專門指定軍政治部主任仲曦東帶一個工作組，根據地下黨提供的情況對一些著名人士的住宅採取必要的安全保護措施。

其中對宋慶齡住所的保衛，還鬧了誤會。由於部隊在下達嚴格保衛要求時誤傳為：「只准出不准進」。結果當宋慶齡乘車返家時居然被擋在了門外，隨員下車說明情況，也被鐵面無私的解放軍擋了駕。宋慶齡很不高興地找陳毅告了狀，陳毅作了解釋、道歉，派人護送回家，並責令九兵團和27軍

保障全體人民維護社會安寧
上海軍管會奉命成立
陳毅粟裕兩將軍分任正副主任

■ 解放軍上海市軍事管制委員會宣告成立的布告。

解放軍的接管安排

1949年5月27日成立解放軍上海軍事管制委員會，主任陳毅，副主任粟裕。下設軍事、政務、財經、文教四個接管委員會，對國民政府的軍政警憲特機關，官僚資本的經濟機構、企業、文教事業進行全面接管。

軍事接管委員會，主任粟裕，副主任鍾亮。下設軍事部（部長陳銳霆，副部長李景瑞）、政工部（部長鍾期光，副部長陳其五）、後勤部（部長劉瑞龍，副部長余漫雲）、海軍部（部長張愛萍，副部長張元培）、空軍部（部長蔣天然，副部長林征服、張仲名）、訓練部（部長余立金，副部長張崇文）、上海警備司令部（司令宋時輪，政委郭化若）、公安部（部長陳賡，副部長梁國斌、李士英、楊帆）、外僑事務處（處長章漢夫，副處長徐永英）。

政務接管委員會，主任周林，副主任曹漫之。

財經接管委員會，主任曾山，副主任許滌新、劉少文，秘書長駱耕漠，委員龔飲冰、顧準、陳穆、徐雪寒、孫冶方、黃逸峰、吳雪之。

文教接管委員會，主任陳毅，副主任夏衍、錢俊瑞、范長江、戴百韜。

■ 守衛在發電廠的解放軍。

■ 在上海鬧市街道上站崗的解放軍。

領導登門檢討。

　　當解放軍於24日夜進入市區後，給上海市民的第一份見面禮就是不入民宅，在戰役開始前陳毅就對這條紀律有過非常明確的指示：「這一條一定要無條件執行，說不入就不准入，天王老子也不行！這是我們解放軍給上海人民的見面禮。」毛澤東在三野上報的不入民宅的規定上連批了四個「很好」！——25日一早，槍聲平息之後走出家門的上海市民驚奇地發現，在馬路兩邊潮濕的水泥地上，睡滿了身穿黃布軍服的解放軍！勝利之師在城市中露宿街頭，那可真是聞所未聞的，連見過大世面的上海人都未曾見過！以27軍為例，上至軍長下至伙夫，全部露宿街頭，連軍部都設在威海路一條弄堂的過街樓下，用雨衣搭起簡易帳篷，架上行軍床，放上電臺電話。九兵團戰後總結這樣

記載：「進入市區的部隊，雖然還在戰鬥中，但服裝均能保持清潔整齊。初入市區，部隊兩三夜均在馬路邊露宿，適逢雨季，連夜下雨，由於從軍部起幹部均能以身作則，戰士亦都有覺悟，毫無怨言。」在進入市區的部隊中，露宿街頭的最少兩夜，最多更是多達五、六天。

　　此外三野戰前就規定除擔負市區警備的20軍和27軍外，其餘參戰部隊在戰事結束後均不得進入市區，連師團級軍官都不得例外。而在市區的部隊，不但不入民宅，而且事先都對入城紀律有著極其嚴格的規定。市民慰勞品一律婉言謝絕，甚至連水都不喝一口，入城之後的解放軍，普遍三天都是吃的冷飯——都是在郊外做好後再送到市內。在幣制未公布前，一律不准在市場上採買。不要說買香煙零食，就連菜都不能買，不少部

■ 在馬路邊席地而坐吃乾糧的解放軍。

■ 進入上海後露宿街頭不入民宅的解放軍第27軍官兵。

■ 露宿街頭的27軍235團（即著名的「濟南第一團」）。

隊最初兩三天全是吃白飯或鹽水下飯。如此嚴明的軍紀，確實很難想像，直到接管工作基本就緒後，在市區的部隊才進入原國軍的營房。

第二戰線有奇勳

解放軍上海之戰最重要的目標是儘量完整地保全城市，但是從5月12日戰役發起到全部佔領上海已是27日，整整半個月之久！——要知道抗戰中1938年10月宜昌大撤退時，民生公司僅以20來艘排水量200～600噸的小輪船在40天裏就撤走了近20萬噸物資——以當時國軍在上海可使用的輪船，半個月內足可以撤走上百萬噸的物資。退一步說，就算不撤走物資，半個月的時間要對各重要機關、工廠、倉庫進行焦土戰略的破壞，那麼十個上海也早被化為廢墟了。之所以上海幾近完整地落入中共之手，這可不是解放軍在戰場的勝利，而是地下黨的殊勳，這也就是所謂的「第二戰線」。

1949年5月中共在上海的領導機構主要是中共上海局和中共上海市委，在上海各行業中都有著相當完整的組織，共下轄9個以地域劃分的區委和市政、交通、文化、婦女、警察等5個工作委員會及上海人民團體聯合會總黨組，地下黨員多達8665人（還未算市郊的800多地下黨員）！別的不用說，僅在2萬多警察中就有500多地下黨員，其滲透之強、組織之全，可想而知。

早在1949年1月，中共中央就指示上海地下黨：「發動群眾，反對國民黨破壞，保護工廠、機關、學校，配合解放軍，維護社會秩序，迅速恢復生產，接管城市。」根據這一指示，上海地下黨主要開展了四方面的工作。

其一，反破壞反搬遷。國軍原本計劃對重要工廠或搬遷或破壞，而地下黨則組織護

211

上海地下黨

　　1921年7月中國共產黨成立，同年底按照黨的綱領和章程的有關規定，建立了上海地方黨組織領導機構——中共上海地方委員會。1922年7月上海地委改為中共上海地方兼區執行委員會，其組織範圍擴大到領導江蘇、浙江兩省。1925年8月改為中共上海區執行委員會，1925年9月上海地區已建立81個支部，黨員1080人。1927年四一二事變（國民黨清黨）後，上海區委被迫從原來的半公開轉入地下，以秘密方式繼續開展工作。6月中共上海區委撤消，另成立中共江蘇省委和中共浙江省委。上海是江蘇省委所在地，由江蘇省委兼上海市委。1935年1月由於江蘇省委書記、組織部長和宣傳部長被捕，中共江蘇省級領導機構已不存在，所屬上海各區委或遭破壞、或因失掉組織聯繫而停止活動。

　　1936年底建立了中共（上海）臨時工作委員會，瞭解和整理上海各系統地下黨組織。1937年6月，中共中央委派劉曉到上海主持全面工作，重建上海地下黨組織。7月中央指示暫由劉曉、馮雪峰、王堯山組成中共上海三人團，作為上海黨的領導機構。

　　1937年11月上旬，中共江蘇省委員會在上海重新成立，負責領導上海市和江、浙兩省地下黨，至1939年底所屬黨員已發展到2310人（上海市區1610人，外縣700人）。太平洋戰爭爆發後，中共中央於1942年7月決定「秘密黨內必須取消省委、特委組織，只保留縣委或支部」，中共江蘇省委奉命轉移到新四軍淮南根據地，下屬黨組織仍留原地堅持鬥爭。1943年1月撤消江蘇省委，在中共中央華中局下設立敵區工作部，繼續領導上海及江蘇地下黨工作。抗日戰爭勝利前夕，上海地下黨員有2000餘人。

　　1947年1月，中共中央決定成立上海分局（後改稱上海局），以劉曉為書記，劉長勝為副書記，負責領導長江領域、西南地區以及平津部分地下黨，必要時可領導香港分局。

　　1947年9月成立中共上海市委員會（簡稱上海市委），張承宗為書記。上海市委主要負責領導群眾鬥爭，而上海局主要負責領導統戰、情報和策反。

　　1949年2月為迎接解放，上海地下黨進行了大規模的組織調整，將原來按行業系統垂直領導改為基本上分地區領導。市委下轄9個區委和市政、交通、文化、婦女、警察等5個工作委員會及上海人民團體聯合會總黨組，到上海解放前夕全市地下黨員已達8665人。

廠隊、糾察隊千方百計進行保護。由於工廠和工人利益密切相關，所以地下黨提出了「保住工廠就是保住飯碗」，自然很得工人支持，加上工人中的地下黨員人數多達3000人，一方面動員工人，一方面做工廠老闆和高級管理、技術人員的工作，甚至在國軍進駐工廠後，還對駐廠國軍進行統戰。結果有的國軍向工人要了便裝扔下槍就跑路，有的則乾脆向護廠的糾察隊繳械。可以說每家工廠的護廠，都是一個相當傳奇的故事。如在有「中國第一廠」之稱的江南造船廠（其前身就是1865年成立的江南製造總局），工人們將3個最重要的船塢裏放滿了水（一般只需放到肋木處）以避免破壞；將船體車間一百多台電焊機分散到全廠，完整保護下90多台；將國軍埋設的用於爆破的12桶汽油全

■ 中共中央上海局正副書記劉曉(左)、劉長勝。

■ 中共上海地下黨所組織的人民保安隊和人民宣傳隊的臂章。

軍,因此解放軍進入上海後,面對突然冒出各種各樣名號的地下武裝,只要沒有人民保安隊臂章和番號的一律將其繳械。

其二,積極搜集軍事、政治、經濟等各方面情報。上海地下黨早就開始進行了細緻的準備工作,無論是政府機關還是重要的企業,從歷史沿革、基本概況到主要人物,都調查得一清二楚,然後按照機關、產業、部門分類,資料總量達100萬字以上,彙總編印成冊。其中最詳盡的當屬《上海概況》,總共660頁,分上中下三篇十四個專題。這些上海基本情況的資料對於解放軍順利接管上海,具有非常巨大的作用。軍事方面,就獲取了《江防佈防圖》、《沿江防務圖》、《上海防區佈防圖》等機密情報。

部換成了自來水;將報廢圖紙上繳而把建廠以來全部2.6萬張設計圖全部轉移到廠外;搬遷機床時故意將底腳螺絲敲毛,不鬆螺絲而直接鋸底腳,忙了半天也拆不下來一台;將沒有多大價值的錨鏈、軋頭盤等零件裝船,即使如此在裝船時還故意凌亂堆放,以至於3000噸的船只裝了1000噸的貨5月20日,國軍只好突然關廠,在禁止工人進廠後對廠區進行了破壞,但由於不懂工廠具體情況,最為關鍵的總方棚間、氧氣車間等均未破壞,而船塢也只是被炸沉了閘門。一個半月後江南造船廠就全面恢復了正常的生產。中共中央決定不組織武裝起義,但為了保護機關、工廠,將原來零星組織的護廠隊、糾察隊、護校隊等統一整編為總數高達6萬人的人民保安隊和4萬人的宣傳隊(包括救護隊),人民保安隊分為滬東、滬西、滬北、滬南、滬中和浦東6個區隊,區隊下轄大隊、中隊、小隊,而且相當部分都有武器。地下黨還為人民保安隊設計了白底紅字的布質袖章,所有袖章及番號都事先通報了解放

其三,多方開展策反。上海地下黨專門成立了策反委員會,策反工作相當富有成效,從渡江戰役開始,除劉昌義所部倒戈外,主要還有「重慶」號巡洋艦、國防部陸軍預備幹部局代局長兼訓練團長、第一預備幹部總隊少將總隊長賈亦斌率所部、國軍傘兵第3團團長劉農駿率所部、聯勤總部第十補給區衛生處長袁重山率所部(包括100多輛汽車和8000噸汽油)、國民政府資源委員會和招商局在滬機構等的倒戈。另外1949年2月16日上海地下黨就通過在江灣軍火庫的軍械保養2營5連少尉趙聚能將這個大型軍

火庫完全炸毀，也是策反委員會的傑作。

其四，引導和配合解放軍進入市區。當5月12日戰役發起之後，上海地下黨就派出400多黨員攜帶當地詳細地圖，從進入上海的各個方向迎接解放軍，為解放軍當嚮導。24日晚，當解放軍開始進入市區，上海地下黨立即通知全市黨員、6萬人民保安隊、4萬宣傳隊全面出動，在預先計劃的各崗位配合解放軍。25日清晨，上海地下黨市委書記張承宗趕到新開河解放軍27軍軍部，與解放軍直接取得聯繫。同時，地下黨迅速控制了凱旋電臺和上海電臺，通過廣播電臺反覆播放解放軍總部布告和約法八章，以及解放軍已經進入市區的消息，以安定市民人心、瓦解國軍軍心。

毫無疑問，正是上海地下黨的努力，才是上海得以完整保全的最主要原因。

硝煙散盡話得失

上海之戰中解放軍的陣亡人數根據筆者最新的考證，約在8000以上，傷24122人，失蹤1951人，傷亡總數高達3.4萬，其中陣亡的團級幹部有259團團長胡文傑、262團副團長王體冉、278團副團長王福清、226團參謀長石峰、253團政治部主任王里等5人，陣亡的連以上幹部高達340人（29軍陣亡連以上幹部77人居各軍之首）。

解放軍擊落飛機3架、擊毀坦克11輛，繳獲各種火砲1371門、輕重機槍10774挺、長短槍70890枝、坦克49輛、裝甲車70輛、汽車1161輛、軍艦11艘。

國軍傷亡14941人，被俘94516人，倒

■ 解放軍剛進入市區，上海地下黨就派人在市中心升起了紅旗，圖中背景的大樓就是著名的國際飯店。

戈43786人，合計15.3萬人。

從這些冷冰冰的數字裏可以看出解放軍的傷亡甚至超過了國軍的傷亡，戰鬥的殘酷可見一斑。這樣的傷亡對比，是解放軍渡過長江後極其罕見的。國軍損失的兵員中，被俘和倒戈的佔到了90%，而這些損失的兵員幾乎都是在戰役的最後三四天裏發生的。

客觀而言，國軍在最初的十天裏打得非常出色，成功遏止了解放軍的猛烈攻勢，不但迫使解放軍不得不放棄了最先的「鉗擊吳淞」戰術，而且還迫使解放軍增加了2個軍的兵力來投入戰役。最令筆者感到困惑的是，在成功頂住了解放軍連續十天的猛攻之後，國軍卻突然莫名其妙地下達了總撤退令。到底是什麼原因會使湯恩伯於23日下令撤退，筆者可以說是百思不得其解。當時儘

■ 解放軍能如此順利進入上海，地下黨功不可沒。

管由於連日苦戰，為了確保吳淞和高橋，不得不先後從市區抽出了3個軍（21、51、75軍）增援這兩個方向，固然使市區尤其是西南方向的防禦洞開，但畢竟還沒到最後關頭，如果說只是因為有了失敗的端倪，也為時太早。而這個撤退命令更愚蠢的是，在如此緊張的時刻還不忘派系，特意將雜牌部隊以換防的名義替下了在一線的嫡系，結果知道了真相的雜牌自然對這種當替死鬼的差事相當不滿，士氣頓時落到了谷底，於是有的倒戈有的繳械有的棄戰，整個戰線在頃刻間土崩瓦解，也正因為擔負掩護重任的雜牌如此迅速地潰敗，使解放軍得以迅速突破，直接導致了相當部分嫡系部隊來不及登船而在碼頭被俘，最後登船撤至舟山的僅5萬餘人。

如果繼續堅守月浦、高橋兩翼，同時放棄西南外圍，而集中兵力以市區堅固高大建築為依託實施巷戰，尤其是堅守蘇州河防線的話，上海之戰絕不會是這樣的結局，至少還可以多堅持幾天。而且解放軍有進入市區後不得使用重武器的規定，這樣的巷戰肯定將大大有利於國軍。當然這樣的巷戰也勢必將使上海化為廢墟瓦礫了。

如果要評說解放軍方面，首先筆者以為解放軍此戰的頭功顯然要屬上海的地下黨，不要說戰役期間大上海不停電不停水，保全了絕大部分機關、工廠，更難得的是，對國軍部隊的策反相當有效，不僅有多起千人以上的大宗倒戈，還有劉昌義率4.3萬人倒戈開放蘇州河防線，如果不是這些策反工作，解放軍的傷亡必然還要加大。其次解放軍前期受挫的主要原因是輕敵，三野高層輕敵，將攻佔吳淞的重要任務交給了戰鬥力平平又缺乏大戰經驗的29軍，給予的時間也相當

■ 圖為解放軍在上海之戰中繳獲的武器裝備。

■ 解放軍佔領上海後舉行了盛大的入城儀式，圖為入城儀式上的解放軍坦克，不過這些坦克卻未在外圍的苦戰中一顯身手。

緊；軍、師、團也輕敵，沒有組織戰前偵察，就匆匆上陣；受幹部影響，普通士兵也同樣輕敵，當時解放軍士兵流傳著「打起背包進上海」，完全是一派走馬取上海的輕鬆想法。而這一輕敵思想，雖經月浦的血戰，還是沒有根除，一直要到五個月後的金門之戰（詳見突擊第1期）才以更為慘重的失敗而畫上句號。

國共一江山戰役

☆張利行

緣起大背景

一江山島之戰，國共雙方投入的兵力加在一起不過萬人，作戰地域也不過是個不足2平方公里的彈丸小島，但是此戰的緣由以及戰後的激蕩餘波，卻是十足的「世界波」。

1950年6月韓戰一爆發，中共中央軍委（以下簡稱中央軍委）立即決定推遲原定1951年發起的進攻臺灣作戰，轉而全力支援北韓。11月中共志願軍開赴北韓參戰之後，又決定全面停止東南沿海地區的渡海作戰。就這樣將軍事重心從東南沿海轉到了東北，直至1953年7月南北韓停戰協定簽署。停戰協定墨跡方乾，軍事重心便自然又轉回了東南沿海，1953年秋中共華東軍區（以下簡稱華東軍區）就計劃實施金門登陸戰，但考慮到韓戰剛剛結束，世界大勢是戰久思和，所以中央軍委決定暫緩進攻金門的大規模登陸作戰，而首先從浙江沿海島嶼的小規模登陸戰開始。根據這一指示，華東軍區加強了在浙江沿海的軍事行動，先後攻佔積穀山、東磯列島等島嶼。

1954年7月起中共中央明確決定將東南沿海作為軍事工作的首要重點，並開始在外交、輿論等諸方面採取各項措施。7月23日《人民日報》發表了題為《我們一定要解放臺灣》的社論，其戰略意圖已經非常明確地彰顯給了世人。8月中央軍委命令華東軍區加緊進攻大陳的作戰準備，並準備通過砲擊金門來顯示解放臺灣的決心。

9月2日，美國國務卿杜勒斯（John Dulles）抵達菲律賓馬尼拉，開始與英、法、澳、紐等國討論簽署《東南亞集體防務條約》。9月3日，中國人民解放軍（以下簡稱解放軍）猛烈砲擊金門，中共史稱「九·三砲戰」。第一次台海危機就此爆發。9月4日，美國中央情報局立即向國會提交了一份關於中國沿海島嶼形勢的報告，報告分析了國共雙方在台海的力量對比，認為中共砲擊金門，主要是一次試探美國意圖的行動，如果美國沒有有力的反擊，很可能將擴大軍事行動的規模，甚至攻擊國軍佔領的一些沿海島嶼。如果美國武力介入，那麼中共就有了攻擊美國的口實，從而在美國與亞洲盟國中製造裂痕，削弱亞洲反共聯盟的前景，損害美國在亞洲的地位。

9月9日，杜勒斯訪問臺灣，但是受台海緊張局勢的影響，其訪問時間縮短為5小時。同時美國政府接連舉行國家安全委員會會議，討論台海局勢，最終決定美國不能為中國東南沿海島嶼而捲入一場戰爭，但是也不能公開表態放棄這些島嶼。不過進不能軍事介入，退又不能公開表態放棄，確實是進退兩難。如何走出這一困局，杜勒斯想出了打聯合國牌——就是將沿海島嶼問題提交安

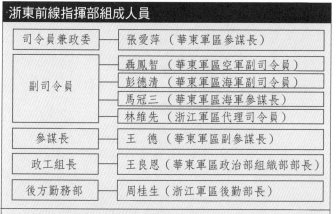

浙東前線指揮部組成人員

司令員兼政委	張愛萍（華東軍區參謀長）
副司令員	聶鳳智（華東軍區空軍副司令員） 彭德清（華東軍區海軍副司令員） 馬冠三（華東軍區海軍參謀長） 林維先（浙江軍區代理司令員）
參謀長	王 德（華東軍區副參謀長）
政工組長	王良恩（華東軍區政治部組織部部長）
後方勤務部	周桂生（浙江軍區後勤部長）

浙東前線指揮部（代號東海部隊）下轄：空軍指揮所（代號南海部隊）、海軍指揮所（代號黃海部隊）、登陸指揮所（代號渤海部隊）和後方聯合勤務指揮部。

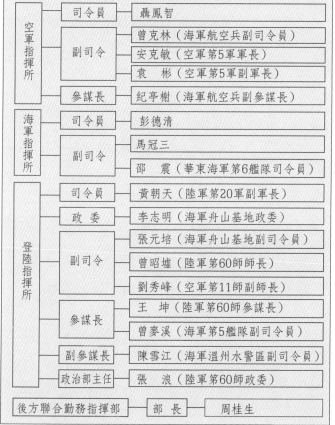

空軍指揮所	司令員		聶鳳智
	副司令		曾克林（海軍航空兵副司令員）
			安克敏（空軍第5軍軍長）
			袁 彬（空軍第5軍副軍長）
	參謀長		紀亭樹（海軍航空兵副參謀長）
海軍指揮所	司令員		彭德清
	副司令		馬冠三
			邵 震（華東海軍第6艦隊司令員）
登陸指揮所	司令員		黃朝天（陸軍第20軍副軍長）
	政 委		李志明（海軍舟山基地政委）
	副司令		張元培（海軍舟山基地副司令員）
			曾昭墟（陸軍第60師師長）
			劉秀峰（空軍第11師副師長）
	參謀長		王 坤（陸軍第60師參謀長）
			曾麥溪（海軍第5艦隊副司令員）
	副參謀長		陳雪江（海軍溫州水警區副司令員）
	政治部主任		張 浪（陸軍第60師政委）
後方聯合勤務指揮部		部 長	周桂生

理會，以安理會停火決議的形式使之維持現狀。英國也不希望美國為沿海島嶼而捲入戰爭，所以非常贊同杜勒斯的提議，並建議此提案最好由沒有直接利害關係又是亞太國家的紐西蘭提出，而且在安理會討論時必須邀請中共代表參加。經過一番協調，美、英、紐三國為此停火方案所取的代號「神諭計劃」新鮮出爐。

10月13日，美國助理國務卿羅伯遜（Walter Robertson）和國務院中國處處長馬康衛（Walter MacConaughy）沒有事先通知而突訪臺灣，準備說服蔣介石接受「神諭計劃」，但卻遭到了非常強硬的拒絕——除非在停火提案之前，美台就共同防禦條約開始談判或在安理會表決前簽訂共同防禦條約。鑒於臺灣的強硬立場，美國只得採取安理會停火案和美台共同防禦條約雙管齊下的方針，11月2日美台共同防禦條約談判在華盛頓正式開始。11月4日條約文稿達成一致，但是有關條約附件內容的談判卻進行了近20天。12月2日，美台《共同防禦條約》在華盛頓簽署，12月10日，雙方簽署換文。這個條約的簽署，等於是意味著臺灣被正式納入了美國在西太平洋的安全保護體系，自然引起了大陸的強烈反對，就在美台談判期間，大陸於11月

浙東前線指揮部所轄部隊序列

陸軍：

步兵：4個加強營3600人

　　陸軍第20軍60師178團（3個營）：團長戚慶連，政委楊明德，副團長毛張苗，參謀長唐英普。

　　第1營營長許國光，教導員張天申

　　第2營營長孫湧，教導員平濤

　　第3營營長姚根林，教導員朱波

　　陸軍第20軍60師180團2營：團長吳國祥，政委馬丁，副團長李彭，副政委金乃堅；第2營營長李士武，教導員胡衡。

砲兵：7個營又8個連，139門

　　岸上支援群，59門：群長60師砲兵副師長張錫祚，副群長砲兵第340團團長趙舟。

　　陸軍第12師榴彈砲營（12門122mm榴彈砲）

　　陸軍第20師榴彈砲營（12門122mm榴彈砲）

　　陸軍砲兵第340團榴彈砲營（12門122mm榴彈砲）

　　陸軍砲兵第340團野砲營（12門76.2mm野砲）

　　陸軍砲兵第340團1營1個連（4門120mm迫擊砲）

　　海軍海岸砲第39營2個連（7門130mm海岸砲）：副營長邵啟良，副教導員張士毅。

　　隨伴支援群，80門：群長砲兵第340團副團長仲琦，副群長180團砲兵營副營長吳沛和。

　　陸軍火箭砲兵第205團1營（12門M-13火箭砲）

　　陸軍砲兵第340團3營2個連（8門120mm迫擊砲）

　　陸軍砲兵第338團1個連（4門76.2mm野砲）

　　陸軍第60師戰防砲營（12門57mm戰防砲）

　　陸軍第178團砲兵營戰防砲連（4門57mm戰防砲）

　　陸軍第180團砲兵營戰防砲連（4門57mm戰防砲）

　　步兵團屬迫擊砲營（36門82mm迫擊砲）

　　第60軍火焰噴射器連（火焰噴射器121具）：連長顏初和，指導員文玉祥

高射砲：4個營又2個連，56門

　　步兵第31師高砲營（12門37mm高砲）

　　步兵第59師高砲營（12門37mm高砲）

　　步兵第60師高砲營（12門37mm高砲）

　　步兵第77師高砲營（12門37mm高砲）

　　高砲第526團2個連（8門37mm高砲）

　　探照燈第411團1個排

海軍：各型艦艇186艘

　第6艦隊：司令員邵震，政治部主任韓玉樽

　　第1大隊「南昌」、「濟南」號護衛艦：大隊長李辛，副政委劉石山

　　「南昌」號艦長李辛（兼）

　　「濟南」號艦長張成友

　　第3大隊「瀋陽」、「武昌」號護衛艦：大隊長徐世平，政委李潤津

　　「瀋陽」號艦長費慶齡

　　「武昌」號艦長習紹榮

　　舟山基地戰艦大隊「遵義」、「興國」號砲艦：副大隊長畢昆山、政委許良君

　　「遵義」號艦長張韻

　　「興國」號艦長鞠慶珍

　　魚雷艇第1、31大隊：10艘魚雷艇

　　第1大隊：大隊長張朝忠，政委郝振林

　　第31大隊：大隊長兼政委陳紹海，副大隊長紀智良

　　砲艇3個大隊：24艘砲艇

　　石浦巡邏艇大隊

　　溫州巡邏艇大隊第3中隊4艘：中隊長阮國權

　　台州巡邏艇大隊第2中隊4艘：中隊長陳立富

　　台州巡邏艇大隊第3中隊4艘：中隊長單桂芳

　　火箭砲船大隊6艘火箭砲船：大隊長王耀月

　　登陸艇、運輸船5個大隊：140餘艘

　　第1大隊：大隊長王維綱

　　第2大隊：大隊長張友文

　　第3大隊：大隊長陳伯鈞，政委梁培英

　　第4大隊：大隊長陸憲章，政委孫開蘭

　　第5大隊：大隊長盧輝，政委唐玉懷

空軍：各型飛機165架

　轟炸機：45架圖-2轟炸機

　　空軍轟炸航空兵第20師36架：20師師長馬寧，副師長張偉良

　　海軍航空兵第1師1團1個大隊9架：海航1師長夏雲飛，副師長張沖凌

　戰鬥機：72架米格-15、24架拉-11戰鬥機

　　空軍殲擊航空兵第12師1個團16架米格-15：副師長鄭長華

　　空軍殲擊航空兵獨立第1團16架米格-15

　　空軍殲擊航空兵第85師1個大隊8架拉-11

　　空軍殲擊航空兵第86師1個大隊8架拉-11

　　海軍航空兵第2師第6團16架米格-15：師長萊金華，副師長石瑛

　　海軍航空兵第4師第10團16架米格-15

　　海軍航空兵第4師第12團8架米格-15

　　海軍航空兵第2師1個大隊8架拉-11

　強擊機：24架伊爾-10強擊機

　　空軍強擊航空兵第11師31團：11師副師長劉秀峰

23日宣布對13名韓戰期間在中國上空遭擊落而被俘的美國飛行員的審判結果，這些美國政府的出氣筒以間諜罪分別被判處四年到無期徒刑不等的刑罰。12月8日，中共總理周恩來發表聲明，指出這一條約是「露骨的侵略條約，是非法的、無效的。」12月15日《人民日報》發表題為《中國人民不解放臺灣決不罷休》的社論大肆抨擊了這個條約。

1955年1月的一江山島登陸戰說到底就是大陸對墨跡未乾的美台條約的強力試探，亦即摸摸美國底線。

金湯一江山

當時華東軍區對於沿海作戰有三套方案，一是由北向南，先大陳，再馬祖，最後金門；二是中間突破，先馬祖，再視情況或北攻大陳或南取金門；三是由南向北，先金門，再馬祖，最後大陳。鑒於此時福建地區鐵路和機場建設均未完成，難以保障海空軍作戰，而沒有海空軍掩護，登陸作戰勢必重蹈金門失利（1949年國軍古寧頭大捷）的覆轍，因此最後決定採取第一套方案，由北向南先打大陳。

而浙江東南沿海包括大陳、一江山、南麂山、披山、魚山等眾多島嶼，這其中又先打哪個呢？當時在解放軍內部曾有過相當激烈的爭論，最後還是前敵主帥時任浙東前線指揮部（簡稱浙東前指，下同）司令兼政委的張愛萍一錘定音：先打一江山！因為其一，一江山位於大陸與大陳之間，要打大陳，一江山是必經之地，如先打大陳，那登

陸部隊在航渡時要麼受一江山火力威脅，要麼大兜圈子繞過一江山；其二，一江山守軍僅1000人，大陳守軍近萬，先打一江山符合先易後難的原則；其三，一江山距離解放軍佔領的大茶花、小茶花和頭門山都很近，這些島嶼上均可建立砲兵陣地為登陸時提供砲火支援；其四，佔領一江山，將使大陳陷於孤立，不僅解除了進攻大陳時的後顧之憂，而且還可在一江山上設立砲兵陣地直接掩護對大陳的登陸，成為進攻大陳可靠的前進基地。還有解放軍105師314團在1951年12月曾一度攻佔過一江山，因此對一江山的地形有所瞭解。

國軍自然也同樣深知小小一江山的重要價值，國防部長俞大維、蔣經國都親自過問一江山的防禦部署，俞大維還強調：「一江山是大陳的門戶，大陳則是臺灣的屏障。一江不保，大陳難守，臺灣垂危！」國軍根據這話，專門提出了「保衛臺灣，必先固守大陳；固守大陳，必先確保一江山」的口號。而最早認識到解放軍必先攻一江山的，則是昔日顯赫一時的西北王胡宗南，不過50年代的胡宗南主動請纓到大陳出任反共救國軍總指揮兼浙江省主席，這在當時到台的黃埔嫡系將領中是極為罕見的，退守臺灣後，昔日天子門生的黃埔宿將，或是削去兵權掛個閒職，或是乾脆遠赴海外做個寓公，還有雄心壯志的已是屈指可數，而像胡宗南這樣屈尊從西北王到小島主的更是絕無僅有。胡宗南到大陳後將散落在浙東的散兵游勇組織起來，加以整頓訓練。胡宗南在大陳化名秦東昌就再明白不過地表露了他的心跡。秦者，陝隴之地也，當年西北王稱雄之所；東昌

張愛萍

■「儒將」、「智多星」張愛萍。

原名張端緒，因酷愛寶劍而改名愛萍，愛萍者，即愛名劍青萍（傳說為干將所鑄）。1910年1月9日出生於四川省達縣羅江口鎮張家溝，早年在家鄉參加學生運動和農民運動。1928年入中國共產黨，1929年在上海從事秘密工作，曾任中共上海法租界地下區委委員，同年底到蘇北參加紅軍，先後任紅14軍第1師第2支隊中隊指導員、中隊長、副大隊長和大隊政治委員等職。1930年冬赴閩西革命根據地，先後任共青團閩西特委常委、宣傳部部長，中央局秘書長，共青團萬(安)太(和)特委書記、江西省委常委、宣傳部部長，少年先鋒隊中央總隊訓練部部長、參謀長、總隊長等職。1934年初入紅軍大學學習，同年秋起任紅三軍團第4師12政治委員、第4師政治部主任等職。長征中先後任紅三軍團第11團、第13團政治委員等職，到陝北後任軍委騎兵團政治委員。1936年6月入抗日紅軍大學學習，畢業後留校任教員。抗戰中歷任江浙省軍委書記、豫皖蘇省委書記、八路軍第五縱隊第三支隊司令員、新四軍第3師第9旅旅長、第3師副師長兼蘇北軍區副司令員、第4師師長兼淮北軍區司令員。國共內戰之初任華中軍區副司令，不久因車禍頭部重傷赴蘇聯治療。1948年底傷癒回國，任第三野戰軍前線委員會委員。1949年4月受命組建解放軍海軍，任華東海軍司令員兼政委。

中共建政後歷任第7兵團兼浙江軍區司令員、華東軍區暨第三野戰軍參謀長等職，1955年被授予上將軍銜，1955年10月任中國人民解放軍副總參謀長、總參黨委副書記、中央軍委辦公會議成員。1960年兼國防科委副主任、中央軍委委員。1962年兼任國防工業辦公室副主任、軍委科技裝備委員會主任，領導戰略武器和常規武器的研究、試驗與生產，組織了第一顆原子彈的試驗。文革中從1969年至1975年被批鬥、囚禁達6年之久，左腿致殘。1975年3月復出後任國防科委主任，1977年任中國人民解放軍副總參謀長兼國防科委主任、國家科委第一副主任。1980年任國務院副總理，中共中央軍委副秘書長。1982年11月任國務委員兼國防部長。1987年11月退休。2003年7月5日在北京逝世。著有《神劍之歌》、《張愛萍軍事文選》等。

張愛萍有「儒將」之稱，更以「軍中才子」、「馬上詩人」聞名，軍中人送綽號「智多星」，才思敏捷，凡來往公函，隨閱隨改，添改刪節，無不頃刻而盡。有時一邊批閱文件，一邊接電話，一邊聽匯報，三者均不誤，素以當日事當日畢而著稱軍中。

張愛萍愛寶劍，不但改名以明志，而且「不惜千金買寶刀，貂裘換酒也堪豪」。也喜攝影，戰爭年代曾拍攝照片上千張，晚年仍樂此不疲，凡外出活動，必攜相機，稱為「將軍攝影家」。善書法，尤精行草，深得米芾、張旭神韻，酣暢淋漓，態勢靈動，山呼海嘯而連綿不斷，纏繞游絲而收放自如。

張愛萍座右銘曰：「將有三忘：出家忘妻，出門忘鄉，出陣忘身。」

張愛萍治軍賞罰分明，嚴於律己。抗戰時任新四軍第3師副師長，某日全師會操，恰師長黃克誠找其談話，故遲到4分鐘。操畢張愛萍當眾宣布：「副師長張愛萍同志遲到4分鐘，罰站10分鐘。各單位自行帶回，張愛萍原地罰站。」全場聞之蕭然。

張愛萍講求原則，風骨卓然，文革中萬人大會批鬥，張愛萍泰然赴會，登臺檢討曰：「去年3月我重新工作以來，接觸了一些單位，接觸了一部分幹部群眾，講了一些話，也做了一些決定。假如我犯了路線錯誤，將由我個人承擔全部責任。與其他同志沒有任何關係。」寥寥數語，不卑不亢，言畢即拄杖離席。時人云：「作檢討仍不失大將風度，乃高士之風！」

1980年起即提出退休，但年年打報告，年年無回覆，直到1987年才獲批准，是日與家人歡廣至深夜。張愛萍退休後公開聲明：「我是老百姓了，百姓百姓，百事不管。」故凡官方會議和活動，皆堅拒不出。1989年六四學潮，將軍邀數位老將軍聯名上書反對，並堅辭不受紅星勳章以示抗議。

2003年7月5日在北京逝世，享年93歲。

■ 1944年張愛萍在新四軍第4師騎兵團。

者,當年胡宗南在西安的官邸就是東昌路1號!正是抱著念念不忘反攻大陸的決心,胡宗南確實很快調教出了一支相當強悍的部隊,並多次主動襲擾大陸沿海,令解放軍相當頭痛。1953年7月,由於積穀山被解放軍佔領後胡宗南與美國派駐大陳的代表意見分歧,加之游擊體制也已不符合當時的形勢,蔣介石遂以67軍軍長劉廉一接替胡宗南出任大陳防衛司令。胡宗南在回臺灣前給部屬的臨別贈言就說:「積穀山是大陳的南大門,一江山是大陳的北大門。丟了這兩扇大門,大陳就不保了。接下來共軍一定會打一江山!」

那就讓我們來看看如此為眾多高官大將所牽腸掛肚的一江山到底是個什麼情況:一江山位於浙江台州灣椒江口東南,距離大陸約30公里,北距頭門山島9公里,南距大陳17公里,距黃岩海門鎮(現為台州市椒江區)33公里。與臨近島嶼百夾山距離約3公里,大、小茶花島約4公里,頭門山約8.3公里,東西廊山、琅磯山約13公里。一江山島分為北江、南江兩個小島,北江稍大,東西寬約1900公尺,南北長約100至700公尺不等,面積約1平方公里;南江更小,東西寬約1000公尺,南北長約300公尺,面積約0.75平方公里。南北兩島隔著一道寬約100至200公尺不等的水道,如同一江分隔南北,故此得名一江山島。整個一江山島總面積約1.75平方公里,島上無居民,無淡水,多為光山禿嶺,地質堅硬,地形狹窄。島岸四周都是陡峭岩礁,岸高10至14公尺,北江東北部和南江南部島岸較陡,坡度均在40至70度,北江西部、西北部和南江西部島岸稍為

平緩,坡度在35度左右。近岸水深7至8公尺,流速每小時約3700公尺,潮汐落差2.1公尺,多旋渦和岩頭浪,全島適宜登陸地段不超過1000公尺。

國軍在一江山全島構築了以永久性和半永久性工事為骨幹的完備防禦體系,陣地分為三線,第一線為前沿支撐點,包括北江的西山咀、海門礁、樂清礁、三三礁、向陽礁、守固村和南江的鞏固坡、田嶴灣;第二線為「閉鎖工事」,依地形築有塹壕、地堡,並以交通壕與前沿支撐點、核心陣地相連接;第三線為核心陣地,包括北江的190高地、203高地和南江的160高地、180高地(均為制高點),築有永久性地堡、環形塹壕和胸牆。所有工事均非常隱蔽,地堡上覆偽裝網,並加以嚴密偽裝,射擊孔外設有鐵絲網以防手榴彈投入。永久性地堡為鋼筋水泥結構,寬2公尺,高1.7公尺,頂蓋0.5公尺,上覆積土1公尺,可容納5至6人;半永久性地堡用石塊砌成,水際單人堡以石塊砌成並以水泥澆灌加固。還設有以泥土砌成的假地堡,內有假人,附近則有隱蔽地堡專門射擊攻擊假地堡之敵。全島共有154個地堡,每個地堡既能向正面側面射擊,還能向背後射擊,所有火力點既能獨立固守,又能相互支援,幾乎沒有火力死角。塹壕依地勢呈蛇形,深0.8至1.5公尺,寬0.8公尺,每隔3公尺左右便有散兵坑可供戰鬥。塹壕、交通壕及前沿反斜面均設有防砲防空的隱蔽部。在各前沿支撐點均設有鐵絲網、地雷等障礙物。兩島獨立守備,互為依託,北江為重點防禦。

全島配備榴彈砲、山砲13門、迫擊砲

38門、戰防砲62門、輕重機槍96挺，轟擊4000公尺距離目標；第二層為前沿火力點內的戰防砲和機關砲，打擊2000公尺距離目標；第三層為火箭筒和機槍，打擊1000公尺距離目標；第四層為衝鋒槍、卡賓槍和手榴彈，打擊150公尺距離目標。

將是軍之膽

守軍為反共救國軍所轄的突擊第4大隊、突擊第2大隊第4中隊及砲兵第1中隊，約1100人。其中突擊第4大隊和砲兵第1中隊約800人在北江，具體部署為：一江山地區司令部位於東昌村，突擊第4大隊部在190高地東側，第1中隊位於樂清礁、瞭望村、三三礁，第2中隊位於傅家村為預備隊，第3中隊位於守固村、東山頭、東山村，第4中隊位於山咀村、黃岩礁、中心村，砲兵第1中隊位於重要村。突擊第2大隊第4中隊約300人守南江。守軍雖然不是正規軍，且戰術素養不怎麼高，但對共產黨充滿仇恨、戰鬥作風頑強卻是事實。解放軍對於這支反共救國軍的評價是「多係逃亡地主、兵痞海匪、土豪惡霸組成，政治上極為反動，兇殘頑強。」

指揮這支「置之死地絕處的哀兵」的是一江山防衛司令王生明上校（臺灣之前從南到北眾多城鎮裏「王生明路」、「至誠路」就是為紀念此人）。王生明字至誠，湖南祁陽人，湘軍世家，1910年生，時年44歲，在國軍中素以勇悍著稱。17歲時任北伐軍學生隊班長，在攻克南京之戰中，孫傳芳的白俄雇傭軍和北伐軍在雨花臺鏖戰，北伐軍主攻部隊傷亡慘重，作為預備隊的學兵隊投入戰鬥，年僅17歲的王生明敢戰先登，最先衝上雨花臺並生俘白俄雇傭軍2人，戰後即升任少尉排長，不久在中原大戰中再立戰功而晉升中尉。1937年淞滬戰役中，任第8軍連長的王生明率部死守蘊藻濱，與日軍血戰數日，最後所部只剩9人生還，由此得到胡宗南的賞識，屢為提拔，至抗戰結束時已升至中校。1949年胡宗南敗退西康，時任198師上校副師長駐防臺灣的王生明，為了報答胡的知遇之恩主動要求到西康任135師副師長，胡宗南撤臺後依然和羅列在西康率部打游擊，最後化粧撤回臺灣。

更為難得的是，王生明不但勇冠三軍，而且廉潔奉公，他曾公開對部下說：「如果發現我貪污，你們隨時可以把我扔下海！」這樣一位悍將是蔣經國親自點將從南麂山防衛司令調任一江山防衛司令的，據說調令傳到一江山時，全島守軍歡聲雷動。

1954年11月2日，「永定」號掃雷艦送王生明去一江山赴任，送行的劉廉一臨分手時說：「只要至誠兄能守到天亮，我就去和你同死！」——解放軍此前歷次登陸戰，都是夜間偷襲，如果解放軍夜間進攻一江山，王生明守不到天亮，那麼大陳的國軍就根本來不及增援，因此才有守到天亮之說。不過劉廉一不說解圍，卻說同死，真切反映了這位大陳守將內心深處對此戰不祥結果的預感。

王生明答曰：「守一天，我叫臺灣振作；守兩天，我讓共匪喪膽；守三天，我讓白宮翻過來！」——實際一江山登陸戰，卻是解放軍在奪取制空制海權後公然白天強

■ 接運王生明的「永定」號掃雷艦。

攻！而王生明率守軍確實苦苦堅持了兩天，從18日14時30分登陸戰開始，據解放軍戰報19日2時基本結束戰鬥，但零星槍聲一直到20日才徹底平息。然而大陳的劉廉一卻因喪失了制海制空權而無法馳援，眼睜睜地看著一江山為解放軍所佔。

「永定」號於當晚（11月2日）到達一江山，因為一江山在大陸解放軍砲火射程內，「永定」號不敢開燈，岸上也不敢發信號，全靠艦長鍾漢波操艦技術高超，滅燈行駛靠近島後，再用舢板將王生明送上岸。王生明順利上島後派人送來一隻母雞，以示感謝。——可別小看了一隻母雞，在那個年代尤其是在戰火紛飛的一線，一隻母雞絕對是份重禮，鍾漢波艦長沒有捨得自己獨享，命熬成雞粥和全艦官兵共享。

蔣經國欽點這位胡宗南愛將擔任一江山防衛司令，就知道他確有「死守」之能，也有「守死」之心。如果王生明都守不住，那麼國軍中，就再沒有人能夠守住了。而王生明去一江山時，絕對是以慨然必死之心去的，因為他知道一江山的守軍因為島上沒有淡水是不可能再增加的，且又完全暴露在解放軍砲火之下，兵力火力均處劣勢，更重要的是此時的解放軍，早已不是小米加步槍，國軍曾經稱雄一時的空軍和海軍，已經時過境遷了。

這些情況久歷戰陣的王生明怎麼會不明白？因此他一到任後即命令部隊中凡是獨生子一律撤回大陳，兄弟父子同在一江山的，兄留弟撤父留子撤，甚至在臨戰前一晚撤離了部分眷屬。完全可以這麼說，王生明就是抱著必死之心到一江山的，這才有了慘烈的一江山之戰。

而張愛萍也沒有小看王生明和他的部下，開戰之前他就很認真地提醒參戰部隊：

打一江山要準備付出沉重的代價。這句話一點都沒錯，一江山之戰，國軍陣亡519人，被俘567人（含傷員），如果考慮到守軍中的一些非戰鬥人員，可以說守軍基本上非死即傷。而解放軍傷亡高達1417人，甚至超過了守軍。從這點來看，王生明和一江山守軍能在數百萬國軍在大陸接連潰退的大背景下，而且兵力火力均為劣勢的不利情況下打出類似日軍在琉璜島、沖繩島這樣的戰績，確實不容易。

智多星決策

在解放軍裏素有「智多星」之稱的儒將張愛萍1951年2月從華東海軍（今東海艦隊的前身）司令員調任浙江軍區兼第7兵團司令員，就開始考慮如何解決浙東沿海島嶼了。1952年3月張愛萍升任華東軍區參謀長，7月華東軍區司令員陳毅就讓他負責研究浙、閩沿海島嶼登陸作戰。當時張愛萍就提出了以第21軍的2個師在海空軍配合下進攻大陳、一江山的計劃。但毛澤東在作戰計劃上批示：「朝鮮停戰前不要進行，停戰後再說。」1953年7月，韓戰一停，這項計劃就提上了日程。7月中旬中央軍委電令：「華東軍區應於9、10月間，以空、海軍襲擊大陳之敵，並以一部陸軍部隊攻佔一江山島，以打擊美蔣協防陰謀，察明美帝企圖，為爾後解放各敵佔島嶼創造有利條件。」

8月10日，張愛萍在南京主持召開作戰會議，研究有關作戰計劃，決定以第20軍60師在海、空軍協同下，經過充分準備，選擇有利時機，發起一江山島登陸作戰。預先號令是以空軍為主協同海軍襲擊大陳，再以60師在海空軍協同下攻佔一江山。8月20日，華東軍區向中央軍委報告：8月30日前完成一切作戰準備，擬於9月1日至5日內，根據氣象條件擇日實施。同時華東軍區作戰處長石一宸攜帶詳細作戰方案去北京向中央軍委直接匯報，這一作戰方案隨即獲得批准。華東軍區於8月25日提議為加強一江山島登陸作戰的統一指揮，成立浙東前線指揮部，代號東海部隊，這是解放軍歷史上第一個三軍聯合指揮機構，由張愛萍任司令員兼政委。中央軍委、總參謀部於8月27日批准，8月30日浙東前線指揮部就在浙江黃岩縣城正式開始工作。

9月2日，因為印度總理尼赫魯訪華途經上海，中央軍委下令暫緩轟炸大陳。9月10日浙東前指向中央軍委報告了作戰準備情況，提出由於海空軍訓練水平較低，要想實現登陸作戰的具體戰術要求，必須延長訓練時間，因此將作戰準備完成時間延至10月30日。9月22日浙東前指向總參謀部上報了作戰預案，預定在11月間發起作戰。

11月下旬，華東軍區空軍召開作戰會議，討論制訂了轟炸大陳的3個基本計劃，並於12月2日獲得批准。同時華東軍區海軍也提出了配合登陸的作戰計劃。12月8日華東軍區召開三軍聯席作戰會議，討論一江山登陸作戰，會上提出了在戰備中暴露的問題，特別是12月海上風浪較大，不利於發起登陸作戰。12月9日，華東軍區確定戰役決心，由副司令員許世友宣布浙東前指成員、作戰序列及各軍兵種、省軍區擔負任務，最後進攻準備完成時限為12月20日。

解放軍第20軍60師

60師是標準的浙東子弟兵，其最早的前身是1938年2月、8月，由共產黨員吳建功、連柏生等人在上海浦東組建的南匯抗日自衛團第2、第4中隊。1939年6月擴編為南匯縣抗日自衛總團第2大隊。1940年5月改編為淞滬游擊隊。1941年5月南渡杭州灣，開闢浙東三北（餘姚、慈溪、鎮海三縣北部）抗日根據地。1942年8月改編為三北司令部。1944年1月才正式公開為共產黨武裝，改番號為新四軍浙東游擊隊。1945年2月，擴編為新四軍蘇浙軍區第2縱隊。1945年11月整編為新四軍第1縱隊第3旅，北上山東。

國共內戰期間，1946年1月改稱山東野戰軍第1縱隊第3旅，參加宿北、魯南戰役。1947年2月改編為華東野戰軍第1縱隊第3師，參加萊蕪、孟良崮、出擊魯南、進軍豫皖蘇、豫東、淮海諸戰役。1949年2月改稱解放軍第9兵團第20軍60師，下轄第178團、179團、180團，參加渡江、郎廣、上海戰役。

1950年10月改稱中國人民志願軍第20軍60師，並組建師砲兵團，入朝參戰，參加過第二、第五次戰役，尤其是在第二次戰役的長津湖之戰（請參閱「突擊」第2、3、4、5期）中，浴血苦戰被美軍譽為「忠實地執行了自己的使命」。1952年10月回國駐防上海羅店，12月移防浙江黃岩。1953年3月，師砲兵團改稱砲兵第340團。1953年5月參加大、小鹿山島登陸戰，8月參加積穀山島登陸戰。1954年5月參加東磯列島登陸戰。

王德

1912年生於天津薊縣，1932年加入共青團，1937年加入中國共產黨。抗戰期間歷任中國人民抗日軍政大學教員、第一分校教育處處長、山東軍區司令部參謀、作戰科科長。國共內戰期間歷任山東野戰軍司令部參謀主任、華東軍區野戰軍參謀處副處長、第三野戰軍司令部參謀處長。中共建政後歷任華東軍區司令部作戰處長兼辦公廳主任、華東軍區副參謀長、南京軍區副參謀長、山東省計劃委員會副主任、軍事科學院戰理部副部長、總參謀部作戰部副部長、四川省軍區副司令員、蘭州軍區副參謀長、參謀長。1955年被授予大校軍銜，1964年晉升少將。

12月11日浙東前指通信部門開始與各參戰軍兵種溝通聯繫，至14日已全部開通，除了電話線路外，總共開通500部電臺，通信人員總數高達1300人。12月15日，浙東前指轉至寧波天主教堂，開始進入登陸作戰倒數計時。根據計劃，12月18日至30日是戰役準備第一階段，29日浙東前指開始檢查部隊戰備情況。鑒於氣象條件不利和作戰準備尚不充分，浙東前指請求推遲一江山登陸作戰。

12月16日，浙東前指召集第二次三軍聯席作戰會議，決定自12月18日至次年1月10日為戰役組織準備時期，加緊訓練，籌集登陸器材，組織海空軍和砲兵對大陳、一江山實施預先火力準備，爾後視情況於1月中下旬發起登陸作戰。12月21日，中央軍委批示：「關於發起攻擊一江山島登陸作戰的時間問題應積極抓緊準備，只要準備好了，確有把握就發起攻擊。」

1954年1月2日，浙東前指召開第三次三軍聯席作戰會議，統一思想，解決協同作戰存在的問題。1月3日，召開參戰部隊連以上主官會議，張愛萍介紹了國際形勢、大陳敵情、一江山登陸戰的必要性，並詳細說明了砲兵射擊、空軍轟炸壓制和對地攻擊、海軍艦砲火力支援、登陸艇搶灘、登陸部隊突擊上陸及向縱深發展的戰術協同方案。1月12日，浙東前指召開參戰部隊軍以上幹部會議，確定從1月13日至19日，為戰役準備最後階段。1月13日，浙東前指參謀長王德召集三軍指揮所作戰處長、情報處長、通信處長及參謀人員制訂一江山島登陸作戰計劃表。

在戰役計劃制訂時，對於登陸發起時間的爭議最大，很多人都認為應在夜間實施，華東軍區海軍溫州水警區副司令陳雪江主張白天登陸，張愛萍仔細分析了情況，認為雖然解放軍擅長夜間作戰，而且之前歷次登陸戰都是在夜間進行，但是一江山登陸是首次三軍協同，對部隊協同要求很高，夜間不利於組織協調；且一江山島岸多懸崖峭壁，如在夜間登陸視線不良攀爬非常困難；更重要的是由於海空軍已經掌握了戰區的制海制空權，完全可以為白天發起登陸提供保障，所以果斷拍板白天登陸。——當時不僅解放軍內部，甚至國軍都認為按照慣例，登陸肯定是在夜間，張愛萍此舉完全出乎意料，但卻是非常明智。

而蘇聯軍事顧問則主張夜間航渡拂曉登陸，海軍提出登陸部隊渡海船只是拼湊而來，性能各異，如果夜間航渡難以協調，而且夜間又不是高潮，無法直接搶灘，因此提

出上午航渡下午高潮時登陸。雙方爭執不下，最後蘇聯顧問點名要張愛萍表態，張愛萍早已確定白天登陸，所以斷然拒絕蘇聯顧問的意見，使其臉上無光，只好以退場為抗議。面對愕然的部屬，張愛萍笑道：「走了也好，自己的事還是自己來決定吧。」——果然是一派大將氣度。

一江山島登陸戰，地點、時間都是由張愛萍最後決策，以實戰情況來看，登陸地點和時間的選擇都是非常高明的，選擇一江山，在戰略上不僅破了大陳之門，而且頗有敲山震虎之效；選擇白天登陸，在戰術不僅出其不意，而且對於第一次進行陸海空三軍協同作戰的解放軍來說，確實是極大減少了夜間登陸種種不便。由此兩點，可見張愛萍之智。

徵集登陸船

在所有登陸戰必須的物資中，登陸艦艇是最重要的，當年諾曼第登陸時，就是因為登陸艇的問題，一度急煞盟軍最高司令艾森豪威爾。而解放軍此前登陸作戰主要是使用機帆船，但這次就不同了，登陸部隊主要使用登陸艇，而且是美國製造的登陸艇，數量足有80艘！不過這些都是華東軍區千方百計搜集而來的。

當時華東軍區海軍共擁有38艘LCM登陸艇和2艘LCT登陸艇，遠遠不能滿足同時運送4個加強營的要求。於是張愛萍在全國範圍內開始了大規模的「化緣」：從青島海軍基地徵調2艘LCM登陸艇、從華東軍區公安司令部徵調3艘LCM登陸艇、從福建軍

1954年3月浙東沿海國共雙方態勢圖

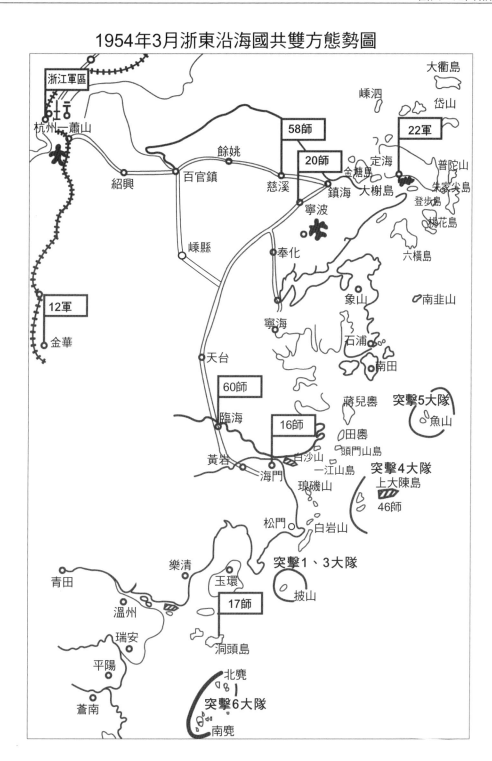

區徵調9艘LCM登陸艇、從浙江軍區及第22軍徵調22艘木殼登陸艇。最後張愛萍親自來到上海，從江南造船廠、上海造船廠、求新造船廠、中國石油公司、上海打撈公司、上海港務局、海運局等單位徵調了17艘登陸艇。這樣使張愛萍手裏總共擁有74艘LCM登陸艇、4艘LCT登陸艇、2艘LCI登陸艇、22艘木殼登陸艇、19艘漁輪和23艘機帆船，光看數量還是很可觀的，但是這些艦艇新舊不一，性能各異，有的少導航設備，有的缺通信設施，還有的則沒有任何武裝。造船廠夜以繼日修理改裝21天，累計投入24700人工，基本使這些艦艇達到實戰狀態，為確保萬無一失，還動員110名船廠工人隨艇參戰。

但是這些四處拼湊而來的登陸艇性能不一，人員不齊。於是一方面從海軍艦艇部隊抽調人員，一方面根據各艇性能、現狀和艇員情況，按照實戰需要進行戰鬥編組，以小型登陸艇運送第一梯隊，中型登陸艇運送第二梯隊，木殼登陸艇和機帆船主要作為砲船或運輸船。

登陸艇總算勉強解決了，但是火力支援艦艇也是相當棘手的問題，當時解放軍海軍能為登陸部隊提供砲火支援的僅有8艘砲艇，且這些小砲艇的主砲只有37mm，射程近威力小。而根據二戰中的經驗，隨伴登陸船隊的艦砲火力支援是登陸勝利的決定性因素之一。在短時間裏不可能有現成艦艇的無奈情況下，解放軍居然想出了火砲上船的奇思，使普通的漁輪搖身一變為砲輪！當時火砲上船共有兩種，一是「火箭砲船」，是將喀秋莎火箭砲吊上漁輪，再用電焊固定在甲板的砲座底盤上，每艘漁輪可以安裝2門，總共改裝了6艘火箭砲船，組成了一個火箭砲船隊。二是戰防砲、迫擊砲、野砲上船，那是吸取了海南島登陸時山砲上船的經驗，總共有16門57mm戰防砲、5門120mm迫擊砲、36門82mm迫擊砲、4門76.2mm野砲和4門75mm無後坐力砲分別裝在30艘登陸艇和機帆船上，組成隨伴砲群，由砲兵第340團副團長仲琦任群長，步兵第180團砲兵營副營長吳沛和任副群長，分成3個砲火支援船隊，分別支援第一梯隊的3個營。

但是光把大砲放到船上還是遠遠不夠的，因為船隻在航行中隨風浪顛簸，根本不

解放軍華東軍區第六艦隊

其前身是1949年11月8日組建的華東海軍第一艦大隊，1950年4月24日以三野第30軍部及直屬山砲團、教導團等部擴建為第六艦隊，首任司令員兼政委饒子健（原三野第30軍軍長）、副司令員方瑩（原國軍海軍第一艦隊司令）、副政委劉中華（原第30軍政治部主任）。

1954年一江山島登陸戰時司令員邵震（原四野第44軍131師師長）、政委高立忠（原華東海軍淞滬基地政委）、副司令員馮尚賢（原三野第25軍73師參謀長）、參謀長李力群（原步兵學校教育長）、政治部副主任韓玉樽（原三野第35軍教導團政委）。

第六艦隊是華東軍區海軍的主力艦隊，下轄10艘護衛艦：「南昌」號、「廣州」號、「開封」號、「濟南」號、「長沙」號、「臨沂」號、「瀋陽」號、「武昌」號、「西安」號、「洛陽」號。這10艘軍艦都是日本或英國30年代老式軍艦或商船改裝的，武器裝備則是蘇聯、美國、日本、英國等多國混雜，戰鬥力其實非常有限，但在當時的解放軍海軍中已經算是頭等主力艦隊了。

M-13火箭砲

　　二戰期間蘇軍士兵都把火箭砲稱為「喀秋莎」，那是因為火箭砲是由沃羅涅日州共產國際兵工廠生產，所以砲車上刻有「共產國際」一詞的俄文第一個字母「K」作為工廠代號，蘇軍士兵看到「K」標記，自然就用當時最著名的歌曲「喀秋莎」（當然也是蘇聯姑娘常起的名字）來稱呼。

　　M-13系列132mm火箭砲是二戰中最負盛名的火箭砲，基本性能為：

　　　發射架重42公斤

　　　發射架長1.90公尺

　　　最大射程8470公尺

　　　發射管數10管

　　　戰鬥全重6200公斤

　　　發射準備時間5～10分鐘

　　　一次發射時間7～10秒

　　　發射管俯仰角-7度～+40度

　　　發射管方向射界左右42度

　　　火箭彈飛行速度70～355公尺/秒

可以搭載在嘎斯GAZ-63卡車、嘎斯Zis-6卡車或T-60、T-70坦克上。

■ 機帆船裝載直接瞄準火砲。

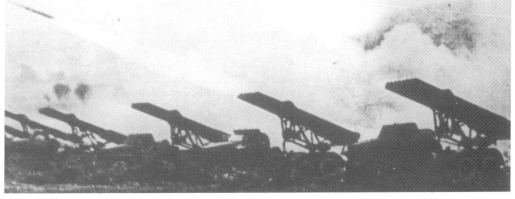

■ 火箭砲發射。

可能像在陸地上那樣進行瞄準射擊,所以隨伴砲兵進行了艱苦的訓練,甚至還自製了簡易的瞄準儀,使海上射擊精度達到了相當高的水準。在戰前的實彈射擊中,曾達到1500公尺距離80%靠近或命中,這對於陸軍砲兵來說已經是非常難能可貴的成績了。

厲兵秣馬忙

擔負登陸作戰的第60師從1954年8月就在樂清灣開始進行兩棲戰訓練,12月轉至柴橋繼續訓練,主要是登陸艇裝載和上下艇、海上航渡、搶灘突擊、突破灘頭、縱深(山地)攻擊等。

根據華東軍區的預先號令,參戰部隊從12月開始臨戰訓練,分為兩個階段,12月為各軍兵種的單一訓練,主要提高各軍兵種與登陸戰相關的作戰技術和戰術,12月31日至1月10日為三軍協同訓練,主要是以近似實戰的演練解決各軍兵種協同之間的問題,為此12月18日,工兵部隊專門在大樹島和大、小貓山修建了與一江山防禦體系相似的演習場,以供部隊演習之用。

陸軍主要是在登陸艇配合下進行步兵排、步兵連的裝載、航渡、登陸突擊、縱深戰鬥等訓練。砲兵主要進行海上射擊訓練和隔海射擊。

訓練中張愛萍多次直接到步兵連,視察部隊訓練,有一次居然跟隨步兵連全程視察部隊上艇、裝載、武器放置、航渡隊形直至搶灘上陸,仔細觀察登陸艇在什麼位置放下艇首門、重機槍放置位置,甚至跟在連長身後涉水搶灘上陸,觀察整個步兵連登陸、突破的戰術動作,當發現士兵的鞋子質量差容易被水打濕,鞋幫太低在搶灘上陸時泥沙容易進鞋,就立即安排趕製連襪的防水鞋。當聽到部隊反映單兵負荷太重,攀登時爬不動,臥倒後爬不起,居然親自披掛了單兵全部裝備、彈藥,試驗臥倒爬起,感到確實負荷太重,要求改進。

海軍登陸艇主要進行單艇以及分隊、大隊的編隊航行、輸送和掩護登陸部隊搶灘。火力支援艦艇主要進行單艇和分隊的直接瞄準射擊訓練。艦砲支援訓練也是很認真,最後確定在距離20鏈(約3700公尺)射擊效果最好,命中率一般可達16%,且砲彈可侵徹混凝土工事2公尺才爆炸。對岸轟擊時艦艇編隊應採取交替轉向,先以單砲或雙砲進行試射,一旦修正命中,立即進行三發急促射。

空軍轟炸機從1954年8月開始訓練,主要是進行對海上固定目標或錨泊艦艇的轟炸,最後在1500公尺高度命中率達到13%。強擊機主要進行以中隊為單位編隊出航,以單機為單位對地攻擊。殲擊機主要進行空戰格鬥訓練。最後各機種進行混合編隊協同訓練。

1955年1月1日至13日,在大、小貓山演習場進行了三次營規模的三軍聯合登陸演習作為最後的訓練總結。

張愛萍最擔心的是三軍協同,畢竟是解放軍歷史上第一次,毫無經驗可以借鑒。最初三軍之間都有顧慮,如強擊機與步兵協同,在超低空對地攻擊時是否會遭到地面砲火誤擊?經過仔細計算,最後確定當強擊機距離目標2000公尺時,迫擊砲停止射擊,

以免誤擊又不至火力中斷。為解決海空協同，向護衛艦編隊和登陸艇船隊派出航空兵目標引導組，引導飛機進行轟炸和攻擊，轟炸機和強擊機進入攻擊航向後就由地面引導組以報話機直接聯繫空中指揮，修正航向指示目標。張愛萍還別出心裁組織三軍互訪互學，三軍人員相互串門，相互參觀瞭解，對彼此的特點和要求都有了最直觀的瞭解，為做好協同作戰創造了很好的條件。

為了確保協同作戰順利實施，張愛萍指示浙東前指參謀長王德、華東軍區作戰處副處長蔡群帆、海軍指揮所作戰處長王英傑、空軍指揮所作戰處長曾幼成、陸軍參謀方中岳、海軍參謀鄭武、空軍參謀袁仲仁等根據各部隊任務、技術性能和戰鬥特長，以及戰區氣象、潮汐、海水及登陸點地形情況，對每個戰術協同動作的步驟、時間進行精確計算，按照集結、航渡、登陸突擊和縱深戰鬥四個階段，制訂出《一江山登陸作戰協同計劃表》。此外根據三軍協同演練的經驗，明確了陸、海軍在登陸過程中的指揮關係：航渡階段由海軍負責指揮，搶攤突擊開始後由陸軍負責指揮。

惟欠東風起

登陸艇的籌備基本就緒，但所有作戰模式中最為複雜的登陸戰，需要準備的事情還是太多太多。

首先是確定穿山港為上船地域，穿山港位於穿山半島北岸大陸與大榭島之間，距離定海港和鎮海港各約27公里，港灣狹長，岸灘平坦無岩礁，交通便利，有公路直通柴橋

鎮、郭巨鎮。同時地形隱蔽，能得到駐寧波的空軍掩護，高射砲部署也比較嚴密，外圍島嶼則有海岸砲、雷達站，登陸部隊的裝備、火砲、彈藥、物資均可在穿山港進行裝載，綜合條件非常優越。為此浙東前指在穿山港設立了登陸部隊上船指揮所，專門負責指揮上船和裝載。上船時間定在黃昏，以便保密，上船時由陸軍負責陸上警戒，海軍負責海上巡邏，登陸部隊上船後就由海軍指揮。

其次是待機地域，也就集結的起渡場，考慮到登陸作戰時正值冬季，適於海空軍作戰的氣象條件很難掌握，為了當有利氣象到來時不失去戰機，同時避免登陸部隊在進攻出發陣地停留過久而暴露，因此在石浦設立待機地域。從穿山港到石浦，海上航行距離約130公里。石浦位於穿山港到台州灣之間，象山浦以南，四面環水，港內航道長約17000公尺，寬約2700公尺，有5個航道出入口，其中的銅瓦門、下灣門可進出3000噸艦艇。港內有碼頭，也有大片平坦岸灘可供登陸艇抵灘，所以是登陸船隊的理想待機地，惟一的不足就是陸上沒有公路交通不便。登陸船隊到達後由駐石浦的公安第46團負責陸上警戒，海軍石浦巡邏艇大隊負責海上警戒。

海門港位於椒江下游，北距石浦港約120公里，東距大陳島約50公里，有公路連接黃岩、寧波，陸上交通便利，但水上交通受潮汐影響很大，不夠理想，且距離頭門山較近，難以隱蔽。因此浙東前指將海門作為後勤中心，設立後勤聯合指揮所，登陸戰開始後，所有作戰物資、彈藥、傷員和俘虜均

■ 解放軍在穿山半島進行戰前合練。

場進行了擴建，以保證航空兵第11師（強擊機）的使用。

海軍在高島、白岩山建立魚雷快艇臨時錨泊待機

在海門進行轉運。

最後確定頭門山北礐、高島（田礐島）和金門島（蔣兒礐島）為進攻出發地，因為這些島嶼距離一江山僅7000公尺至10000公尺，登陸部隊可以不需換乘，直接乘登陸艇開赴一江山，且島上基本無居民，可以保密。尤其是在頭門山經過仔細勘察，將整個停泊區域按照各登陸艇大隊、中隊具體劃分，並準備了多種標誌。這是登陸部隊最重要的戰場準備地點，原先島上只有幾間草屋和平房，經過工兵連日勞動，徹底成為一個設防的前沿島嶼。這些島嶼距離一江山較近，便於出航後直抵戰區，也便於隨時觀察監視一江山，而且灘礐多，可以容納全部參加登陸作戰的艦船，又能得到海空軍的有效掩護，無遭襲之虞。

其他戰場準備還包括：空軍在琅磯山、松門、高島設立了目標引導組，在頭門山設立強擊機輔助指揮所，在南田島、松門雷達站設立殲擊機輔助指揮所，並對寧波櫟社機

點，搶修白岩山海岸砲連陣地，使之迅速部署3門130mm海岸砲，有效封鎖大陳島以西海域。在石浦港修建簡易船排滑道，以保障魚雷快艇的維護和魚雷裝填。在寧波、穿山、石浦、海門、溫州等地儲備了大量艦艇油料。在黃岩修建路橋機場，以保障海軍航空兵殲擊機部隊進駐。

海軍舟山基地專門抽調16艘砲艇和5艘漁輪執行海上救護任務，浙江軍區在海門、臨海、寧波、嵊縣等地派出陸上救護組，專門準備救護失事飛機的飛行員。此外，浙江軍區還協同地方政府組織了大量海上救護。

12月在頭門山修建了砲兵陣地，共有5個砲兵營發射陣地、各種掩體、彈藥所438處，交通壕380公尺，簡易公路3200公尺。至1月17日，在頭門山上展開了4個砲兵營，並開設13個砲兵觀察所。除了砲兵陣地所需的彈藥物資外，還囤積了大量其他作戰物資，總共超過了1200噸。

三軍協同對於通信保障的要求很高，而

作戰發起前,又必須嚴加保密,所以浙東前指要求儘量使用有線電,空軍對各機場、海軍對各基地以及對各前沿觀察哨均以有線聯絡來溝通,浙東前指對海軍指揮所、空軍指揮所則採用直達電話線。同時嚴格限制部隊無線電通信,實行無線電靜默。

鑒於陸海軍合練中出現通信器材相互干擾的問題,經過調查研究最後確定,從陸軍上船開始,一直到突擊上陸,都使用海軍的通信器材實施通信與指揮,只有在海軍通信器材受損或故障時才使用陸軍的。

負責登陸戰後勤保障的是浙江軍區後勤部長周桂生,原來是從浙江軍區後勤系統中抽調三分之一的人員統一計劃、統一組織、分頭供應,但在部隊訓練中發現這樣的形式並不適應三軍聯合登陸作戰,因此浙東前指專門成立了三軍聯合登陸作戰後方勤務部(簡稱聯勤),除了周桂生負責外,華東軍區海軍後勤部長申元軍、空軍後勤部長盧洪海都參加領導,由浙江軍區後勤部100餘人和海、空軍後勤部門54名業務骨幹共同組成。具體分工是浙江軍區後勤負責通用物資供應、衛生救護、傷員後送、俘虜管押、交通指揮調度、後方警衛等,海空軍後勤負責專用物資供應和技術保障。地方支前委員會負責主副食品供應,徵集民工、船隻、擔架、車輛及道路橋樑維護。

由於登陸作戰是背水攻堅,航渡、搶攤突擊、縱深戰鬥都會有傷亡,傷員搶救後送遠比陸地作戰要困難,所以聯勤對三軍醫療救護力量進行了統一組織,明確分工。海上救護由海軍負責,以登陸艇組成海上救護隊,每艘救護艇上都配有軍醫1名、護士2名

浙江省支前情況

浙江省成立由副省長楊思一領導的支前委員會,從省到各縣都成立支前委員會和辦事處,總共動員3.36萬名民工、搶修和改裝船隻77艘、儲備各種物資約3500噸、運送各種油料5萬噸,出動汽車150餘輛,擔架5900副。

和打撈救助人員4名,並準備100人份戰地急救器材、食品飲水,主要負責航渡階段可能出現的傷亡和登陸後傷員後送。登陸作戰部隊每營均設有救護所,連設救護組,負責急救。在海門以陸軍第12預備醫院外科分院為主,加強華東軍區和海軍各1個手術隊共105名醫護人員成立轉運站。後送醫院為海軍舟山413醫院、寧波412醫院、臨海、黃岩、路橋預備醫院。

此外為適應三軍聯合登陸作戰的需要,還以陸軍第60師、海軍舟山基地和空軍航空兵第11師的後勤人員組成登陸後勤部,簡稱「登勤」,由第60師統一負責。同時所有參戰部隊團、營、連都組織了戰勤組。如此嚴密周到的後勤保障體系,在解放軍歷史也是前所未有的。

知彼方能戰

所謂知己知彼百戰百勝,為此解放軍廣泛開展了對戰區地形、敵情的偵察,所有這些偵察均由浙東前指統一安排指揮。

8月11日,60師師長曾昭墟、政委張浪、參謀長王坤、作戰科長楊石毅、偵察科長潘天壽等到達頭門山,對一江山進行隔海觀察。

8月24日,第20軍副軍長黃朝天、第60

■ 解放軍指揮官在頭門山偵察一江山島國軍陣地。

師參謀長王坤親率師、團參謀乘機帆船到頭門山、百夾山對一江山進行隔海觀察。

9月浙東前指確定陸軍偵察行動由華東軍區情報處副處長彭誠為總指揮，浙江軍區偵察處長楊忠民、60師偵察科長潘天壽、公安第16師偵察科長林有用共同參與指揮，由60師和公安16師偵察連組織越海捕俘，公安16師為此以1個偵察班為骨幹，抽調富有戰鬥經驗的班、排長組成了40餘人的偵察分隊。60師偵察連三次利用落潮游泳前往一江山捕俘，其中一次因風大浪急未能按計劃登上一江山，只能折回游至距離一江山2000餘公尺的百夾山潛伏，後由海防大隊派機帆船接回。

10月2日，浙東前指正式下令越海偵察及捕俘，當晚公安16師偵察隊7人乘船到達茶花島後泅渡登島偵察，但因潮汐風浪影響，無法登島只好撤回。11月1日，偵察隊14人分為兩組分別登上一江山海門礁和擂鼓礁偵察地形及捕俘，海門礁小組登島時遇到旋渦大浪，2人失蹤，另5人也無法按計劃登上預定地點海門礁，最後是在北江東南上島，在島上潛伏偵察2天後乘夜色游回大茶花島，再由海防大隊派機帆船接回。擂鼓礁小組登島比較順利，但卻一無所獲，只好撤回。

海軍指揮所組織溫台巡防大隊8艘砲艇對一江山進行砲擊，引誘守軍還擊，以確定守軍火力點。另外還派出偵察、測繪人員乘小舟先後7次抵近一江山對登陸地點的岸灘、水深、流速流向以及水下障礙物進行了全面偵察。

現代化戰爭空中偵察作用越來越大，在所有偵察中自然最重要。因此空軍指揮所曾先後組織了8次17批60架次對一江山和大陳進行了航空偵察。

8月下旬，海軍航空兵第2師4團出動4架拉-11對大陳進行兩次航空偵察。9月15日，海軍航空兵獨立第1團出動4架拉-11對一江山進行航空偵察，結果由於帶隊長機未打開照相機，3號機則因為看錯目標而沒有及時打開，只拍攝下了80%，而且還不清晰。10月再次出動第2中隊4架拉-11分別由唐振福、趙振華、孫希明、李秀學駕駛，進行成功的航空偵察，經過判讀發現地堡94個、火砲19門。

所有偵察中最重要的是通過潛伏關係取

得了「一江山兵要地志」，也就是佈防圖。——當時國共雙方特工戰是針鋒相對、各有聲色，到解放軍攻佔一江山後就曾發現國軍手上居然有份解放軍參戰部隊的詳細序列表。不過其中的內情直到今日依舊是如暗戰一般撲朔迷離。

陸海空三軍的大量戰前偵察，比較詳細地察清了一江山的地形、敵情及火力配系，掌握了氣象、潮汐和灘頭地質情況，為浙東前指確定戰役決心提供了可靠的依據。

爭奪海空權

要實施跨海登陸戰，制海權、制空權是必不可少的決定的因素。因此從1954年9月起，浙東前指令令所屬海空軍全力出動，奪取大陳、一江山地區制海制空權，並掩護參戰部隊的臨戰訓練。這實際應該算是揭開了一江山登陸戰的序幕。

11月1日，天氣晴朗藍天如洗萬里無雲，解放軍 空軍第一次大舉出動，在28架殲擊機掩護下，首先是空軍第11師4架伊爾-10強擊機壓制大陳島的高射砲陣地，隨後空軍第20師9架圖-2轟炸機對錨泊大陳的國軍艦船實施轟炸，但畢竟經驗不足，未取得任何戰果。

11月2日，空軍出動4架強擊機、 6架殲擊機對一江山島

進行轟炸，這是解放軍第一次空襲一江山。

11月4日，解放軍海軍航空兵第1師1團9架圖-2轟炸機在空軍獨立第1團9架拉-11殲擊機和海軍航空兵第4師10團9架米格-15殲擊機掩護下對一江山進行了轟炸，摧毀地堡4個、迫擊砲1門。

11月5日，國軍在一江山海域巡邏的「永春」號和「永定」號掃雷艦，突然遭到已秘密進入頭門山的解放軍海岸砲連4門130mm海岸砲轟擊，解放軍海岸砲從14500公尺至22000公尺距離先後射擊152發，措手不及毫無防備的「永春」號連中3彈，但「永春」號的主砲只有76mm，和海岸砲對抗毫無優勢可言，只好在「永定」號掩護下帶傷調頭返航。

■ 轟炸機群飛向一江山。

■ 解放軍空軍飛臨一江山上空進行轟炸。

同日，解放軍空軍出動9架圖-2轟炸機轟炸一江山。從11月2日至5日，解放軍共出動飛機112架次，投彈1154枚，其中對一江山63架次，投彈433枚。

11月14日凌晨，解放軍高島雷達站發現147度方向距離15海里一個目標，根據其雷達回波及國軍活動規律判斷是1艘「太」字級護衛艦，海軍指揮所立即命令已經在高

「永春」號掃雷艦

「永春」號掃雷艦原為美國Admira-ble級艦隊掃雷艦（AM），原名Gavia，1943年9月建成，1948年2月從菲律賓接收，1962年7月退役。艦長56公尺，寬10公尺，吃水2.89公尺，排水量640噸，動力系統為2台柴油主機1800馬力，最高航速13節。武備為2門76.2mm主砲，2門雙聯40mm機關砲，3門20mm機關砲，艦員114人。

「太平」號護衛艦

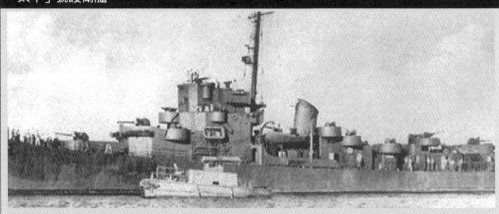

國軍第七大艦「太平」號，原為美國海軍埃瓦茨（Evarts）級護衛艦（也有譯作護航驅逐艦），原名「德克爾」（DE-47，Decker）號，為1946年1月接受的第一批美援軍艦之一，加入國軍海軍後舷號為22，艦長88公尺，寬10.8公尺，吃水3公尺，標準排水量1150噸，動力系統為4組柴油-電力發動機，總功率6000馬力，雙軸推進，最高航速19節。武備為3門76.2mm主砲，4門40mm機關砲，10門20mm機關砲，4門六聯反潛火箭砲。艦員220人。

1946年12月，「太平」號與「永興」號、「中基」號、「中業」號組成編隊接收南沙群島，如今南沙主島太平島就是以該艦命名。

■1949年的「太平」已有國軍舷號，但仍是美軍二戰塗裝。

島臨時錨地秘密待機了13天之久的第31快艇大隊第1中隊4艘魚雷艇進入一級戰備！——該中隊6艘魚雷艇原駐青島，是1954年5月南下定海參加浙東海戰的，10月31日由護衛艇拖帶從定海經穿山港先到石浦港裝填魚雷補充燃料，然後於夜間利用夜色秘密進入高島臨時錨地，停靠在登陸艇內側並用帆布遮蓋，至此時已隱蔽待機了足足13天。

00時23分高島指揮所第31大隊副大隊長紀智良命令4艇進至五棚嶼以東1海里處待機，由第1中隊副中隊長鐵江海和指導員朱洪禧負責海上指揮。00時50分4艇到達待機海域並在雷達指引下開始向目標接近。01時28分魚雷艇發現約4000公尺外的目標，鐵江海隨即命令155號、156號主攻，157號、158號助攻。155號向右轉向，準備搶佔有

■ 解放軍海軍第31快艇副大隊長紀智良。

利的發射陣位，但156號認為攻擊角度已經合適因而沒有轉向直接衝向目標，這樣一來155號和156號之間的距離逐漸拉大，而157號、158號則在155號、156號之間，如此一來，已經沒有可能實施4艇齊射了。01時33分，155號在約2000公尺距離首先發射2枚魚雷，然後打開消聲器施放煙霧轉向撤出，157號、156號緊接著在約900公尺距離相繼各發射2枚魚雷後轉向撤出。此時遭到攻擊的國軍軍艦還以為是遭到空襲，因此開始對空射擊，曳光彈劃破了漆黑的夜空。最後攻擊的是158號，以35節高速衝向目標，在約900公尺距離發射2枚魚雷然後撤出戰鬥，直到這時目標軍艦才發現是魚雷艇攻擊，主砲轉向海面猛轟，158號轉向後就聽到一聲巨響，看到了海面上冒起了巨大的水柱和濃煙——魚雷命中了！

3時許，大陳國軍派出掃雷艦、護衛艦各1艘趕來救援，拖帶著受傷艦返航，但終因傷勢過重於07時24分沉沒於高島140度距離18海里處。這艘被擊沉的軍艦就是「太平」號護衛艦。

解放軍此戰僅消耗魚雷8枚，無一傷亡，可以說是一擊而中全身而退。158號艇長郭繼祥獲二等功，快艇第31大隊獲集體二等功。此戰對爭奪浙東海區制海權有著非常重要的作用，國軍海軍懾於解放軍海軍魚雷艇快而狠的攻擊，再不敢輕易出動。

11月18日、20日，解放軍空軍再次出動分別對魚山、披山進行空襲。

1955年1月10日，解放軍空軍第20師由副師長張偉良率28架圖-2轟炸機在8架拉-11殲擊機護航下轟炸大陳，主要攻擊錨泊艦

「中權」號坦克登陸艦

　　原為美國海軍二戰期間大量建造的「郡」（County）級坦克登陸艦（Tank Landing Ship，簡稱LST），二戰結束後國軍海軍與招商局輪船公司共接收近30艘（其中留在大陸17艘），來臺灣後又接收了16艘。

　　動力系統為兩台柴油主機，1700馬力，最高航速11節，艦長100公尺，寬15公尺，吃水4.2公尺，標準排水量1653噸，滿載排水量4080噸，船艙內可運載17輛坦克或LVT兩棲登陸車（Landing Vehicle Tracked），甲板上可載4艘LCVP車輛人員登陸艇（Landing Craft Vehicle Personnel）。武備為2座雙聯40mm機關砲，6座單管40mm機關砲，8座單管20mm機關砲。艦員144人。

　　1946年於青島首批接收美國第七艦隊移交共10艘，艦名均以「中」字起頭，這與「美」字號的LSM中型登陸艦（Landing Ship Medium）、「聯」字號的LCI步兵登陸艇（Landing Craft Infantry）、「合」字號的LCU通用登陸艇（Landing Craft Utility），組成「中美聯合」之寓意。而第一批接收的LST前四艘分別是「中海」、「中權」、「中鼎」、「中興」，寓意「海權鼎興」。

　　國軍前後有2艘「中權」號，第一艘是1946年在青島接收的，原為美國海軍LST-1030號，但當時國軍海軍還沒有編列舷號的規定，因此沒有舷號。1952年浙東海戰頻繁，國軍受損艦艇如回臺灣修理既危險又不便，但大陳沒有船廠難以進行維修，便將「中權」號改裝為修理船，更名「衡山」號，舷號ARL-335。1958年「衡山」號再度改回「中權」號，舷號卻沒有沿用202（因為國軍海軍被解放軍擊沉的艦艇舷號相加均為4，如「太平」號為22，「中權」號為202，「洞庭」號為103，所以上述不吉舷號均已不用），而改用最新的舷號221。

　　第二艘「中權」號是1954年9月從法國手裏接收的，原為美國海軍LST-640號，就頂了改裝「衡山」號的老「中權」號的位置，舷號202，1955年1月10日在大陳遭空襲沉沒。

艇，2枚炸彈命中國軍「中權」號坦克登陸艦，該艦滿載的彈藥和汽油迅即被引爆，在一連串的劇烈爆炸後沉沒。另有「太」字號護衛艦、「中」字號登陸艦和「永」字號掃雷艦各1艘被擊傷，解放軍有3架圖-2被高射砲火擊傷，但均安全返回。

　　在轟炸機之後解放軍空軍第11師由副師長劉秀峰率40架伊爾-10也飛抵大陳，低空攻擊錨泊艦艇，國軍「衡山」號修理艦被3枚炸彈直接命中。這天，解放軍空軍和海軍航空兵總共起飛各型飛機297架次，擊沉擊傷國軍5艘艦艇，第一次顯示出解放軍空中力量的威力。

　　為了進一步打擊大陳海域的國軍艦艇，魚雷艇第1大隊的6艘魚雷艇在溫州巡邏艇大

隊拖帶掩護下秘密進入大陳島以西的白岩山隱蔽待機。1月10日晚19時雷達站發現了國軍1艘「太」字級護衛艦正從外海駛往大陳，待命的4艘魚雷艇立即出動，由於當晚能見度很低，105號和106號掉隊未能及時趕到集結海域，海上指揮第1中隊副中隊長王政祥還是只率領2艘魚雷艇發起了攻擊，因為準備戰鬥的命令下達時間早了些，海上風浪又大，海水大量灌入魚雷發射管，導致發射藥盒受潮，結果102號艇右雷沒能發射。2艇發射3枚魚雷全未命中，而遭到攻擊的「太」字級護衛艦也未發現魚雷艇，雙方也就各自返航。

　　22時許，雷達站又發現海上出現1艘國軍艦艇，105號、106號再次出動，僅剩1枚

G-123級魚雷艇

又稱P-4級魚雷艇，50年代中國從蘇聯進口了36艘，組成了第一批魚雷艇部隊。艇長19.3公尺，寬3.7公尺，吃水1公尺，標準排水量19.3噸，滿載排水量22.4噸，動力系統為2台柴油發動機，2400馬力，最高航速46節，最大航程380海里。武備為2具450mm魚雷發射管，2挺雙聯14.5mm機槍。艇員12人。

該型魚雷艇尺寸小，速度快，所攜魚雷威力大，在50年代的海戰中曾擊沉過多艘國軍艦艇。但由於沒有配備雷達，必須由岸上雷達進行指引，因此多次發生未能發現目標的情況。

魚雷的102號也緊跟在後啟航。由於102號只有右舷有魚雷，右傾很大，如果在大風浪中以高速航行，很容易側翻，於是102號艇長張逸民一面命令艙面人員全部到左舷，一面減速航行。因此和105、106號逐漸拉開了距離，失去了聯繫。23時許，105、106未能發現目標便奉命返航，但102號沒有收到返航命令，仍繼續在海上搜索目標，最後在大陳西南、積穀山以東發現了目標，兩艇之間距離2800公尺，由於102號艇打開了消音器，目標艇沒有發現正在逼近的魚雷艇。23時19分，一直到距離縮至300公尺，張逸民才下令發射！由於巨大慣性，魚雷艇在發射魚雷後仍向前衝了幾十公尺，已經無法轉舵脫離，張逸民只好趕緊來個原地倒車然後才轉舵，剛剛轉過彎，魚雷就在目標艇中部爆炸，巨大水柱轟然而起，黑色煙霧也騰空而起，猛烈的衝擊波使102號艇劇烈搖晃，艇上所有的玻璃製品全部被震碎，在駕駛臺上的張逸民雙耳失聰數日後才恢復。——戰後有魚雷專家說，如果102號再近30公尺，就很可能和目標艇同歸於盡。目標艇中雷後當即喪失機動能力，鑒於102號已經沒有魚雷，華東海軍又立即派出4艘砲艇前來，11日0時許4艘砲艇趕到，隨即向目標開火，目標艇最初還進行還擊，但由於傷勢太重，火力逐漸減弱，最後於02時27分沉沒於格嶼東南4海里處。被擊沉的是國軍「洞庭」號砲艦，此次海戰102號單艇獨雷攻擊是海戰史上前所未有的。

「洞庭」號（「靈江」號）與「寶應」號

原為美國海軍二戰期間建造的巡邏砲艦（PGM），國軍接收了6艘，最初均以湖泊名來命名，最後只有3艘艦況比較好的進入國軍海軍服役，分別是「寶應」號、「洪澤」號和「洞庭」號。

1954年4月巡邏砲艦統一改為「江」字號命名，因此「寶應」號改稱「鄞江」號，「洪澤」號改稱「甌江」號，「洞庭」號改稱「靈江」號。

艦長53公尺，寬7.16公尺，吃水2.34公尺，標準排水量280噸，動力系統為2台柴油主機，2880馬力，最高航速18節。武備為1門76.2mm主砲，1門單管40mm機關砲，6門單管20mm機關砲，2挺12.7mm機槍，反潛火箭及深水炸彈發射器。艦員81人。

「寶應」號（「鄞江」號），舷號101，原為美國海軍PGM-20號，1955年1月24日遭解放軍擊傷後傷重退役。

「洞庭」號（「靈江」號），舷號103，原為美國海軍PGM-13號，1955年1月10日被解放軍擊沉。

■擊沉「洞庭」號的解放軍海軍102號魚雷艇艇長張逸民。

從1954年11月1日至1955年1月10日，解放軍空軍及海軍航空兵先後對大陳、一江山等島嶼進行了7次轟炸，投彈共約80餘噸，炸沉「中權」號坦克登陸艦，炸傷4艘艦船；海軍魚雷艇及海岸砲擊沉「太平」號護衛艦，擊傷2艘艦船。在如此巨大的壓力面前，迫使國軍艦艇夜間只能集中在嚴密防護的錨地，白天則在遠海活動，飛機一般不輕易越過大陳以北，也就是說，大陳戰區的制海制空權都易手解放軍，這也是張愛萍之所以敢於主張白天登陸的決定性因素。

臨戰起波折

1月3日，浙東前指向華東軍區、總參謀部報告：「進攻一江山的各項準備工作已接近完成，徵集船隻大部到齊，礫社機場擴建工程已告竣工，戰勤物資均已齊備，登陸大隊的組織調整、編隊飛行和步兵的登陸突破、縱深戰鬥及海、空、砲間的協同動作，經連日多次演習均有顯著進步，部隊政治情緒波動已消除，鬥志昂揚。戰前準備工作雖尚有某些個別缺點，但已達到能夠實施登陸作戰的程度」。同日，浙東前指向參戰部隊下達了預先號令。

1月16日上午，張愛萍在聽取了有關敵情、氣象等情況的匯報後，決定1月18日發起一江山登陸作戰，並親自向團以上幹部進行了傳達和動員。中午，張愛萍、王德向華東軍區、總參謀部報告：「依據我們作戰準備工作，可於17日完成，今天氣象測量：17、18、19等日雲量、風浪、潮汐等天候適宜海空作戰（18日最好，19日後可能開始變壞），故我們對一江山登陸作戰，內定於18日實施。登陸部隊於17日拂曉前到達石浦港待機，18日拂曉到達頭門山、高島進攻出發地，如18日天氣變壞則在石浦待機。我們於17日晨自現地出發，當日晚間到達頭門山登指（登陸指揮所），海前指馬（註：指海軍指揮所副司令馬冠三）已提前到達頭門山，浙東前指和空軍前指仍位於現地。」同時電告華東軍區加強上海、杭州等地的防空戰備。黃昏，登陸部隊60師178團、180團2營在穿山港登上5艘登陸艦，夜間隱蔽南下，於17日拂曉以與公安16師46團換防的名義進入石浦港。就在登陸部隊到達石浦港的同時，登陸指揮所司令員20軍副軍長黃朝天也率指揮所人員到達石浦港。17日天亮後，登陸部隊向營以下單位明確具體作戰任務，下午各部隊進行戰鬥動員和授旗宣誓。

17日6時，張愛萍和王德乘車從寧波出

■ 解放軍登陸部隊在石浦港舉行戰鬥動員和授旗。

發，經奉化、臨海、海門趕往頭門山。就在他們前腳剛走，在寧波的華東軍區作戰處長石一宸就收到了總參謀部的回電：「張愛萍、王德二同志並華東軍區：1月16日電悉。我們認為1月18日攻擊一江山為時過早，必須繼續充分準備，在氣象良好情況下，確有把握時實施。過急發起進攻受挫後將會造成不良影響，於我不利。總之，應以準備充分、氣象良好為好，攻擊時間可自由選擇，甚至推至2、3月亦可。望照此執行。」石一宸知道此時部隊已到達石浦，張愛萍及浙東前指人員已在前往頭門山途中，登陸作戰已是迫在眉睫，因此必須儘快將總參的回電交給張愛萍，於是一面向華東軍區報告，一面急電台州軍分區迅速派人到靈江（椒江）渡口等待張愛萍，請他儘快給總參謀部通電話。

當張愛萍一行到達靈江渡口時遇到了台州軍分區派出的人員，立即趕到台州軍分區與北京的總參謀部通電話。和張愛萍直接通話的是主管作戰的副總參謀長陳賡，最初陳賡試圖說服張愛萍按照總參電報暫緩發動一江山登陸作戰，但張愛萍認為部隊各項作戰準備均已完成，且已進抵待機地域，18日氣象情況也好。如果推遲登陸作戰，不僅作戰意圖再也無法保密，而且老兵將按計劃退役，那麼部隊又需要重新訓練，負面影響太大。

陳賡最後被張愛萍說服了，於是問到：「有絕對把握嗎？」張答曰：「只要美軍不介入，把握肯定有，但絕對二字不好說。」陳賡隨即向總參謀長粟裕報告，粟裕同意張愛萍的意見，但推遲發起登陸作戰並不是總參謀部的意思，而是中央軍委通過總參謀部下達的，於是粟裕讓陳賡向中央軍委報告，毛澤東、劉少奇、周恩來、彭德懷經過研究，最後決定同意張愛萍的意見，按原計劃發起登陸作戰。

林維先

1912年生於安徽金寨，1929年參加紅軍，歷任班長、連指導員、營政委、團政委、師長。抗戰期間歷任新四軍第四支隊參謀長、副司令，新四軍教導總隊第九隊隊長、軍部特務營營長、第三支隊參謀長兼挺進團團長、第7師副參謀長、第7師第19旅旅長。國共內戰期間任華東野戰軍第七縱隊副司令、華東軍區後備兵團司令員、淞滬警備區副司令員。中共建政後任華東軍區公安部隊副司令員、浙江軍區司令員、南京軍區副司令員兼參謀長、武漢軍區副司令員。1955年被授予中將軍銜。1985年去世。

聶鳳智

1914年生於湖北禮山（今大悟），1929年參加紅軍，歷任班長、排長、連長、連指導員、副營長、營長、副團長、團長、團政委，參加了長征。抗戰期間歷任中國人民抗日軍政大學（就是著名的抗大）教員、隊長、副團長，抗大第一分校膠東支校校長、膠東軍區第5旅13團團長、5旅旅長、中海軍分區司令員。國共內戰期間歷任山東軍區第6師師長、第5師師長、華東野戰軍第25師師長、第九縱隊參謀長、副司令員兼參謀長、司令員，第三野戰軍第27軍軍長。中共建政後任華東軍政大學教育長、華東軍區空軍司令員、中朝聯合空軍司令員（韓戰期間）、南京軍區空軍司令員、福州軍區副司令員兼空軍司令員、南京軍區副司令員兼空軍司令員、南京軍區司令員。1955年被授予中將軍銜。1992年去世。

張愛萍放下電話後繼續前往頭門山，半路上一波未平又起一波，華東軍區副司令許世友下令根據總參電報精神，部隊全部撤回，停止一江山登陸作戰。張愛萍以將在外君命有所不授的大將之風，果斷命令仍按原計劃進行。

17時，張愛萍一行到達海門的後方聯合勤務司令部，負責後勤的林維先報告戰勤工作一切均已準備就緒。但此刻張愛萍最擔心的是氣象，因為一路上風力正在逐漸增強，如果氣象轉壞，剛才向總參謀部要求按計劃進行也就無從談起了。於是張愛萍立即打電話給頭門

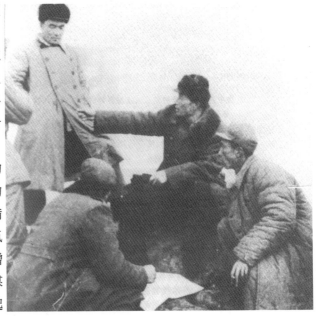

■ 張愛萍(右2)正在與毛張苗(右1)王德(左站者)商討作戰方案。

■ 張愛萍在頭門山指揮所觀察一江山。

日對一江山發起進攻。」不過嚴峻的氣象情況使張愛萍心情一點也輕鬆不了，他又打電話給負責氣象保障的空軍指揮所司令聶鳳智，聶立即召來華東軍區空軍氣象處氣象科副科長徐傑——正是以徐傑為首的氣象人員經過對12年來氣象資料的分析研究以及天氣實況

山登陸指揮所詢問氣象情況，接電話的60師參謀長王坤報告海上風力已達6～7級，正在頭門山灘頭休息的登陸部隊帳篷也有多個被大風吹倒。聽到這樣的消息，張愛萍更是心焦如焚。這時中央軍委回電來了：「同意18

的觀測，作出了18日少雲小風晴朗的預報——徐傑向張愛萍說明目前的大風是由海上氣流形成的陣風，到晚上一定會轉小，到18日拂曉天氣就會轉好，結論非常肯定，並表示甘立軍令狀——這似乎與1944年諾曼

■ 戰鬥發起前，張愛萍檢查戰士手中武器。

華東軍區20軍第60師一江山島登陸戰鬥經過要圖之一
（1955年1月18日—19日）

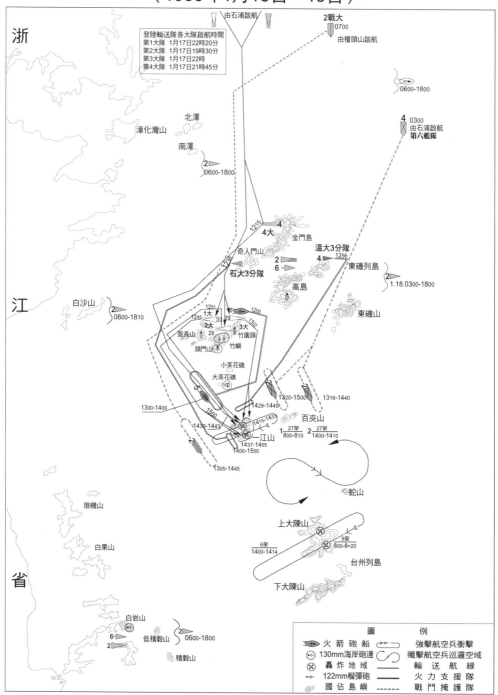

第登陸前夜艾森豪威爾在惡劣天氣情況下決斷如出一轍，歷史是這樣驚人的相似，實在令人感歎。在戰後的慶功宴上，張愛萍親自向徐傑敬酒，稱其立了頭功。

放下電話，張愛萍連晚飯都沒吃，就搭乘台州大隊第3中隊520號砲艇連夜駛往頭門山，18日凌晨520號砲艇到達頭門山，不過因風浪太大無法靠岸，登陸指揮所只好派出小舢板將張愛萍接上頭門山，當張愛萍走進登陸指揮所時，已是18日3時了，顧不得休息就聽取登陸指揮所匯報登陸作戰準備工作，並與海軍指揮所、空軍指揮所聯繫，瞭解海空軍戰備情況。在作戰指揮室的大黑板上，貼滿了朱家尖、南韭山、南田島、白岩山、高島、洞頭山等地每2小時更新一次的氣象實況。儘管一路辛苦，但大戰在即的緊張心情使張愛萍根本無法安心休息，與參謀人員一起研究作戰計劃與協同計劃，直到天明。

18日一早，果然如氣象預報那樣，大風平息，海上風平浪靜，張愛萍簡單地用過早餐隨即趕到部隊集結地點，檢查部隊最後的戰備。7時在頭門山觀察所與登陸指揮所司令黃朝天、登陸部隊第一梯隊指揮員178團副團長毛張苗再次明確戰鬥任務。

就在浙東前指所屬各部進入臨戰狀態時，華東軍區海軍、空軍、

防空軍、浙江軍區、福建軍區、江蘇軍區、上海警備區及負有戰備任務的部隊均進入一級戰備。浙江軍區沿海各部第22軍（舟山）、第20軍（杭州）、第12軍（金華）、公安第16師（海門）、公安第17師（洞頭島）一面加強海防一面隨時準備支援一線，第20軍58師、59師為戰役預備隊。

風捲戰旗急

1月14日，華東軍區海軍第五艦隊第1大隊（登陸作戰序列為第4大隊）5艘登陸艦和華東軍區海軍第五艦隊第4大隊（登陸作戰序列為第5大隊）到達穿山港。

1月16日黃昏在由海軍第五艦隊副司令曾麥溪和步兵第60師參謀長王坤負責的登船指揮所統一指揮下，登陸部隊按預定計劃登船，至17時登船完畢，21時從穿山啟航，以單縱隊沿近岸航道南下石浦，航行中實行嚴格燈火管制和無線電靜默。在登陸艦艇航

■ 解放軍登陸部隊戰前舉行誓師大會。

登陸艦艇搭載登陸部隊方案（從穿山港至石浦）

華東軍區海軍第五艦隊第1大隊（登陸作戰序列為第4大隊），大隊長陸憲章，政委孫開蘭：

「黃河」號登陸艦（艦長徐凱），大隊旗艦，上船地點為臨龍港岸灘，搭載178團1營3個步兵連和1個重機槍連，共668人；

「淮河」號登陸艦（艦長李濟世），上船地點為後山岸灘，搭載178團1營1個步兵連、2營1個步兵連、機槍連、砲兵連，共562人；

「灤河」號登陸艦（代艦長曹桂林），上船地點為瓦廠岸灘，搭載178團2營3個步兵連和砲兵連，共661人；

「運河」號登陸艦（艦長畢春花），上船地點為六村岸灘，搭載180團2營3個步兵連和砲兵連，共664人；

「遼河」號登陸艦（代艦長王培智），上船地點為百丈塘岸灘，搭載180團2營1個步兵連、機槍連、無後坐力砲連、砲兵連和178團無後坐力砲連，共555人。

華東軍區海軍第五艦隊第4大隊（登陸作戰序列為第5大隊），大隊長盧輝，政委唐玉懷：

「利東」號登陸艇（艇長錢剛）、「益昌」號登陸艇（艇長徐東升）、「紅星」1號登陸艇（艇長王維榮）、「長江」2號登陸艇（艇長劉閎），搭載178團3營4個步兵連和178團團部，共897人。

行時，溫州巡邏艇大隊第3中隊4艘砲艇和台州巡邏艇大隊第2中隊4艘砲艇，在南韭山至檀頭山一線展開，進行海上警戒。

18時前，參戰航空兵部隊全部展開，具體部署如下：杭州筧橋機場3個轟炸機大隊、3個殲擊機大隊；上海大場機場1個轟炸機大隊、1個殲擊機大隊；寧波機場9個殲擊機大隊、1個夜航殲擊機中隊；櫟社機場3個強擊機大隊；嘉興機場1個殲擊機大隊。同時空軍指揮所在浙東前指所在地寧波天主教堂和寧波機場開通對各航空兵師、輔助指揮所、目標引導組的通信網路。

1月17日拂曉，登陸艦艇編隊進入石浦，部隊下船以與公安第16師46團換防的名義上岸集結。17時，作戰命令下達到各連，並召開戰前誓師大會，會後部隊隨即開始換乘登陸艇。

上午海軍指揮所副司令馬冠三乘546號砲艇到達石浦，檢查到港艦艇停泊與戰備情況，要求石浦巡邏艇大隊協助登陸指揮所整頓港灣及錨地秩序，保障航道通暢，黃昏後再從石浦前往頭門山。

從19時30分到22時20分，4個登陸艇大隊依次從石浦啟航，以單縱隊並實行嚴格燈火管制和無線電靜默，駛向進攻出發地頭門山。從石浦到頭門山這段航程由於風浪較大，乘坐的又是噸位小適航性差的登陸艇，暈船者幾乎達到50%。拂曉陸續到達頭門山，但由於風浪較大，無法靠岸，只好在港內分散錨泊，登陸部隊也就無法下船休息，只能在登陸艇上隨風浪顛簸，到此時登陸部隊已在海上航行26小時（穿山到石浦16小時，石浦到頭門山10小時）之久，飽受暈船之苦的官兵體力消耗很大。登陸指揮所在頭門山岸灘上豎起了紅色、黃色、藍色聯絡燈，以區分各登陸艇大隊錨泊位置，避免混亂擁擠所可能引起的登陸艇相互碰撞。

10時30分，登陸部隊補充彈藥完畢。11

馬冠三

　　1913年生於山東壽光，1938年參加魯東抗日游擊隊，後歷任魯東游擊隊第八支隊副區隊長、八路軍山東縱隊第一支隊第1團副團長兼參謀長、八路軍115師教導第1旅作戰科長、魯南軍區司令部作戰科長。國共內戰期間歷任山東野戰軍第8師參謀主任、華東軍區第三縱隊參謀處長、縱隊副參謀長、第三野戰軍第22軍64師師長。中共建政後任22軍參謀長、華東海軍參謀長、海軍軍訓部部長、海軍副參謀長、代理參謀長、第二海軍副校長。1955年被授予大校軍銜，1961年晉升少將。

登陸輸送大隊搭載方案（從石浦到頭門山）

　　第1大隊，大隊長王維綱，各類登陸艦艇33艘，搭載180團2營，指揮艇上有180團副團長李鵬、副政委金乃堅；

　　第2大隊，大隊長張友文，各類登陸艦艇28艘，搭載178團1營，指揮艇上有180團參謀長唐英普、1營長許國光、教導員張天申；

　　第3大隊，大隊長陳伯鈞，各類登陸艦艇27艘，搭載178團2營，指揮艇上有178團副團長毛張苗、2營長孫湧、教導員平濤；

　　第4大隊，大隊長陸憲章，登陸艦5艘，負責運送178團1營、2營和180團2營從穿山港到石浦；

　　第5大隊，大隊長盧輝，各類登陸艦艇20艘，搭載178團團部和3營，指揮艇上有178團團長戚慶連、政委楊明德、3營長姚根林、教導員朱波。

■ 解放軍登陸部隊登上艦艇，待命向一江山島進發。

時，登陸部隊完成最後戰鬥準備。

17日黃昏，位於穿山港的火箭砲船大隊南下石浦港，結果被正在出港的「黃河」號登陸艦撞沉1艘，只剩下5艘。

當晚，浙東前指接到中央軍委同意18日發起登陸作戰的電報，隨即下令各登陸艇輪送大隊於18日拂曉前到達進攻出發地頭門山、高島；在定海的護衛艦大隊也同時啟航南下參戰；120mm迫擊砲連夜搭乘機帆船秘密進至大茶花礁，進入發射陣地；偵察分隊登上百夾山對一江山實施抵近偵察監視。

17日下午，4架圖-2轟炸機在殲擊機掩護下對披山島實施了轟炸，夜間浙江軍區派出十餘艘機帆船對披山島實施砲擊，造成佯攻披山島的假像。

18日3時，華東軍區第六艦隊4艘護衛艦從定海啟航，經牛鼻子水道-檀頭山-東磯山，實行嚴格燈火管制和無線電靜默，以二級戰備狀態在檀頭山以南海域展開，以掩護登陸艦艇航渡。

拂曉，位於檀頭山錨地的華東軍區海軍舟山基地戰艦大隊「興國」號、「遵義」號砲艦南下頭門山，進入頭門山北錨地待命。

04時10分，寧波機場的殲擊航空兵第29師86團起飛2架夜航殲擊機至頭門山空域巡邏，掩護登陸部隊集結。

07時30分，殲擊航空兵出動27架殲擊機，嚴密警戒頭門山空域，確保戰區制空權。

血火一江山

1月18日，浙東海面正如氣象預報那樣，風平浪靜：晴朗少雲，雲高5000公尺以上，

海上能見度10公里以上，風速3～4公尺/秒。

天剛放亮，解放軍空軍第12師由副師長鄭長華率領16架米格-15殲擊機到達一江山上空，擔負戰區空中掩護，最先揭開了一江山登陸戰的序幕。

06時58分駐上海大場機場的海軍航空兵第1師起飛9架圖-2轟炸機，空中指揮為師技術檢查主任馬連成，在空軍第85團8架拉-11殲擊機護航下飛往一江山。

07時10分駐杭州筧橋機場的空軍第20師起飛27架圖-2轟炸機，空中指揮為副師長張偉良，由空軍獨立第1團16架拉-11殲擊機全程護航。

07時15分空軍第11師起飛16架伊爾-10強擊機，空中指揮為副師長劉秀峰。

8時，轟炸機飛抵一江山上空，開始進行預先航空火力準備，海航1師主要轟炸東昌村和190高地東側的國軍指揮所，空軍20師則主要轟炸一江山的核心陣地——北江的190高地、203高地和南江的160高地、180高地，強擊機主要對二線工事進行俯衝掃射。08時10分，轟炸機、強擊機結束投彈掃射返航。同時迷惑國軍判斷，以轟炸機、強擊機各9架攻擊大陳作為航空火力佯動。第一輪航空火力準備，包括對大陳的佯動，總共投彈127噸。

9時，頭門山支援砲群開始進行試射，這是因為隔海砲擊完全不同於陸地砲擊，海風、氣流都會對砲擊產生很大影響，所以通過試射來糾正射擊諸元是必不可少的步驟。

09時50分，砲擊平靜下來，空中也沒有轟炸機的轟鳴，一江山恢復了寧靜，但是誰

■ 解放軍空軍20師師長馬寧(中)和副師長張偉良(右一)研究轟炸一江山島作戰方案。

砲火準備時間長達127分鐘包括7次火力急襲和6次監視射擊。

12時15分，登陸輸送第5大隊最先啟航（該大隊所轄船隻性能最差，航速最低，所以第一個啟航），舟山基地戰艦大隊的「遵義」、「興國」號砲艦也同時從頭門山啟航，負責直接護航。

12時20分至12時50分，3個隨伴 支援砲火船隊依次啟航。

12時30分，石浦巡邏艇大隊的4艘砲艇從頭門山啟航，負責為登陸輸送船隊護航。

12時43分至13時22分，登陸輸送 各大

都知道，這是大戰前的寂靜。從此刻一直到中午的近3小時裏，國共雙方都沒有任何動作，時間彷彿在沉靜中凝固。

12時整，登陸指揮所下令「各登陸輸送大隊準備啟航」，各大隊、分隊長及登陸艇長對錶。

12時05分，為充分發揮130mm海岸砲大威力遠射程的特點，海岸砲兵首先打響砲火準備的第一砲。按原計劃，頭門山支援砲群也將於12時10分開始砲擊，但由於此時陽光直射頭門山，不利於觀察彈著，所以延遲至12時20分才全面開始砲火準備。隨著3發紅色信號彈騰空而起，電話暗語「起床！」，無線電密語「101！」頭門山陸軍122mm榴彈砲、76.2mm野砲以及大茶花島上的120mm迫擊砲同時開砲，整個

■ 解放軍130mm海岸砲。

■ 解放軍頭門山砲兵向一江山射擊。

■ 解放軍砲兵正在射擊。

隊依次啟航。

12時56分，溫州巡邏艇大隊的4艘砲艇從頭門山啟航，負責為登陸輸送船隊護航。

登陸輸送大隊啟航後以雙縱隊（即兩路縱隊）隊列，艇與艇之間間隔60公尺，各分隊之間距離約150公尺，間隔160公尺。隨伴支援砲火船隊與第一梯隊登陸艇距離約3000公尺，第一梯隊與第二梯隊登陸艇距離約1000公尺。這樣的航行隊形由於多次訓練，已經保持得比較嚴整。此時，凌晨從定海啟航的4艘護衛艦也按時到達，在一江山東北

海面以單縱隊編隊航行，進行海上掩護。

在登陸輸送船隊航渡時，整個一江山已經完全被砲火硝煙所籠罩，但這還只是剛剛開始。

12時58分，5艘火箭砲船駛近北江，由單橫隊左轉90度轉為單縱隊，然後在2500公尺距離向一江山進行齊射，不過第一輪由於距離判斷錯誤全部落在島邊的海面上，激起一排密集的水柱。一直在觀察戰況的張愛萍立即用超短波報話機命令火箭砲船隊王耀月大隊長靠近一江山，重新裝彈進行第二次

解放軍登陸部隊裝載安排

原則上每艘登陸艇裝載1個步兵排及加強重武器，計有3個步兵班、連級幹部1人、加強重武器的連排幹部1人、火焰噴射器3～4具、直射火砲（無後坐力砲或火箭筒）1門、重機槍2挺、步話機1部、工兵3～4人、通信員1人、衛生員1人，共約55人。步兵班成兩路縱隊位於前艙，重機槍位於甲板前端（艙蓋上），如無甲板的話則位於駕駛台前兩側。

每個步兵連乘坐4艘登陸艇，每個步兵營乘坐18艘登陸艇、1艘漁輪、2艘機帆船。

航渡時登陸艇分隊（即運送步兵連）採取一路縱隊，登陸艇大隊（即運送步兵營）採取二路縱隊，艇與艇之間的距離為60公尺。隨伴火砲船隊與第一梯隊登陸輸送分隊距離為3000公尺，各分隊之間距離150公尺。

登陸艇距島2000公尺時展開為衝擊隊形，各艇以最高航速前進，距島500公尺時減速，距島50公尺處放下登陸艇大門，登陸艇上重機槍開火，掩護步兵下艇搶灘登陸。

■ 解放軍海軍第6艦隊第1大隊長李辛。

■ 解放軍海軍第6艦隊第3大隊長徐世平。

齊射。於是火箭砲船隊裝填砲彈，接近到1800公尺距離，於14時進行了第二次齊射，這回全部命中！北江島上頓時化為一片火海。火箭砲船隊射擊後遂轉向撤出，直接向石浦返航。

13時05分，「興國」號和「遵義」號砲艦在南江以西約3700公尺佔領射擊陣位，向南江猛烈砲擊。

13時16分，「南昌」號和「濟南」號護衛艦在大隊

解放軍艦砲支援

18日13時16分，第六艦隊第1分隊「南昌」號和「濟南」號以單縱隊編隊航速6節進入北江東北6500公尺預定射擊陣位，13時18分「南昌」號開始向陽礁、守固村守軍戰防砲陣地砲擊，邊打邊行，抵近至4800公尺處觀察修正彈著，然後以2門主砲進行精確射擊。13時40分停止射擊，總共消耗砲彈110發。

13時18分，「濟南」號向樂清礁戰防砲陣地射擊，13時30分為掩護第2分隊佔領射擊陣位，向重要村轉移砲火；13時40分向向陽礁西側及南江東側火力點進行機動射擊，14時40分停止射擊，總共消耗砲彈212發。

13時25分，「瀋陽」號在3700公尺距離向樂清礁守軍砲兵陣地射擊。

13時28分，「武昌」號在3500公尺距離向樂清礁地堡射擊，13時40分抵近至3000公尺距離將地堡擊毀。

13時46分，再次發現向陽礁守軍火力點，「南昌」號再次開砲，至13時55分停止，共消耗砲彈160發。14時05分，以全部火砲每門對向陽礁東側陣地射擊5發，14時26分再以每門砲向重要村陣地射擊5發，總共消耗砲彈180發。

13時51分，大陳國軍遠射程砲火向「武昌」號轟擊，2分鐘後「武昌」號即轉移砲火向大陳射擊，壓制國軍砲火，總共消耗117發。

14時03分，「瀋陽」號向北江實施機動射擊，砲擊距離從3000公尺一直縮短到1850公尺，幾乎是以徐進砲火掩護步兵衝鋒，總共消耗砲彈200發。其間南江國軍戰防砲擊中「瀋陽」號甲板中部的雷達室，1名艦員陣亡。

14時19分，「武昌」號向北江實施機動射擊，後改以單砲精確射擊，至14時55分停止砲擊，總共消耗砲彈220發。

14時52分，登陸部隊佔領北江203高地後，「瀋陽」號轉移火力射擊東山村。

15時，「瀋陽」號、「武昌」號停止艦砲支援任務，趕去支援舟山戰艦大隊攔截從大陳出動的國軍艦艇編隊。15時45分到達積穀山海域，未遭遇國軍艦艇遂奉命返回頭門山與高島之間海域。

16時08分，第六艦隊奉命撤離戰區，以12節航速返航，分別於18日23時、19日凌晨2時陸續抵達定海。

長李辛指揮下，在北江東北約4800公尺佔領射擊陣位，向一江山樂清礁猛烈砲擊；13時20分，「瀋陽」號和「武昌」號護衛艦在大隊長徐世平指揮下，在北江以北約4000公尺佔領射擊陣位，向一江山黃岩礁猛烈砲擊——樂清礁和黃岩礁正是登陸部隊預計登陸的地點！

13時40分，隨伴支援砲火船隊到達距離一江山約4000公尺，由單橫隊轉為單縱隊，對一江山前沿火力點進行壓制射擊。

13時50分，大陳國軍砲火向正在航渡的登陸輸送船隊進行攔阻射擊，海指副司令馬冠三立即命令白岩山海岸砲對大陳砲兵陣地進行壓制射擊，以保證登陸艇航渡安全。同時從原定轟炸一江山的27架轟炸機中抽調9架改為轟炸大陳榴彈砲陣地，壓制其砲兵。

14時正，18架圖-2轟炸機、24架伊爾-10強擊機在16架拉-11殲擊機掩護下飛抵一江山上空，開始進行第二次航空火力準備。當機群到達一江山時，頭門山、大茶花島上的地面砲火暫停射擊，以免誤傷飛機。先由轟炸機主要轟炸中心村、重要村、瞭望村、東昌村和傅家村，轟炸機退出後再由強擊機實施攻擊，強擊機主要目標是山咀村、海門礁、黃岩礁和樂清礁，14時15分轟炸機強擊機完成攻擊返航。

就在飛機進行航空火力準備的同時，石浦巡邏艇大隊的4艘砲艇抵近一江山400公尺距離，進行直接艦砲火力支援。

14時22分，待飛機退出攻擊後，頭門山、大茶花島的地面砲火恢復射擊，這是計劃中的第七次火力急襲，是以最大射速進行連續砲擊，這預示著登陸作戰中最為緊張激烈的搶灘突擊即將開始！

14時29分，登陸部隊一部距島還有200～300公尺距離，遭到守軍猛烈射擊，遂請求強擊機攻擊，於是強擊機即根據地面部隊要求和指引實施了攻擊，於14時35分返航。

整個登陸灘頭正面約900公尺，第一波登陸部隊為7個連約1550人，平均每公尺正面約1.7人；火力密度在25.8公頃，投彈98噸、發射砲彈3萬發，共約474噸；平均每公頃投彈3.79噸、發射砲彈1162發（14.6噸），合計約18.39噸。

■ 解放軍海軍登陸艇輸送登陸部隊。

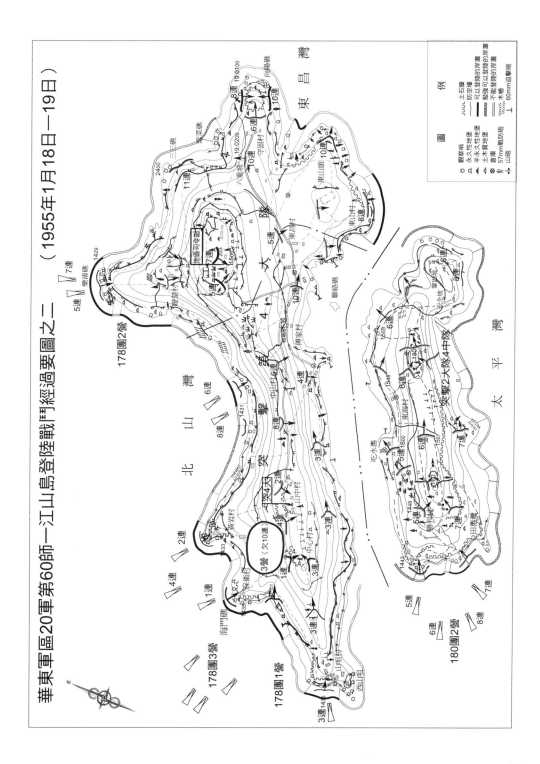

華東軍區20軍第60師一江山島登陸戰鬥經過要圖之二 （1955年1月18日—19日）

突擊猛搶攤

14時10分，登陸輸送大隊距離一江山約2000公尺，指揮艇發出「戰術展開」信號，選擇這一距離進行戰術展開是經過仔細考慮的，太遠展開後航行距離過長隊形容易混亂，太近則就進入守軍小口徑機關砲和重機槍的射程，受火力威脅較大。根據這一信號，登陸輸送船隊立即由雙縱隊的航渡隊形改為橫隊的登陸隊形，並按事先計劃分為兩個梯隊，第一梯隊連為突擊連，第二梯隊連為預備隊。各登陸艇之間間隔為50～80公尺，第一梯隊各連之間距離約1500公尺，第一梯隊與第二梯隊之間距離約3700公尺。

■ 解放軍登陸艇輸送登陸部隊抵近灘頭。

■ 解放軍登陸部隊準備搶灘。

隨著與一江山的距離越來越近，登陸艇桅杆上升起了「登陸突擊」信號旗，登陸艇上的高射機槍轉為平射狀態，步兵安置在登陸艇上的重機槍也作好了射擊準備，登陸兵開始檢查彈藥和裝具，並由航渡時的坐姿改為隨時準備衝擊的半跪姿態。

登陸艇輸送第1大隊第一梯隊8艘登陸艇運載180團2營5連、7連向南江勝利村、田嶴灣衝擊；第二梯隊8艘登陸艇運載180團2營6連、8連在一梯隊後面，營指揮艇在二個梯隊之間。

登陸艇輸送第2大隊第一梯隊12艘登陸艇運載178團1營1連、2連、3連向北江黃岩礁、海門礁、山咀村衝擊；第二梯隊4艘登陸艇運載178團1營4連在一梯隊後面，營指揮艇在二個梯隊之間。

登陸艇輸送第3大隊第一梯隊8艘登陸艇運載178團2營5連、6連向北江樂清礁、北山灣衝擊；第二梯隊8艘登陸艇運載178團2營7連、8連在一梯隊後面，營指揮艇在二個梯隊之間。

14時16分，登陸艇完成戰術展開，開始向一江山衝擊，此時高空有12架米格-15，中空有16架

■ 解放軍178團1營營長許國光和海軍艇長王恩。

拉-11殲擊機直接掩護海面上48艘登陸艇，場面蔚為壯觀。

14時25分，地面砲火支援最後一次火力急襲已經達到了最高潮，而海面上衝在最前面的登陸艇距離一江山只有100公尺了！大隊長下令「減速！準備放大門！砲火轉移射擊！」一江山守軍開始還擊，砲彈落在海面上，激起一個個水柱，而機槍子彈打在登陸艇上，錚錚作響。

14時28分，登陸艇距離一江山30公尺，大門徐徐放下，在登陸艇上的火力掩護下，登陸兵躍下登陸艇向島上衝擊。

14時29分30秒，登陸艇輸送第3大隊的216號登陸艇最先靠上樂清礁，艇上搭

載的178團2營5連最先衝上島，在砲火和強擊機的直接掩護下，登陸非常順利，僅1人負傷就奪取了灘頭，連長毛坤浩一面下令發射3發表示登陸成功的信號彈，一面通過報話機報告：「5連登陸成功，佔領灘頭陣地！」——這比預定的登陸時間　時（當時解放軍裝備、作戰體制、條例條令等都學習蘇聯，所以在登陸作戰計劃中也是以俄文字母　和　來作為登陸日和登陸時間的代號，而非世界各國所通用的D日和T時）14時30分提早了30秒。

樂清礁是解放軍登陸的主攻點，所以在這裏登陸的178團2營5連就是178團的尖刀連，現任的副團長毛張苗就曾當過5連連長，他歷來把最艱鉅的任務交給5連，這次5連也果然不負厚望。樂清礁就在一江山主

■ 解放軍強擊機掩護登陸部隊搶灘登陸。

峰203高地的下方，直線距離還不足200公尺，在面積狹小的島嶼登陸戰來說，拿下了樂清礁，就等與拿到了打開203高地的鑰匙。

14時31分，登陸輸送第3大隊所搭載的另一個一梯隊連178團2營6連在北山灣登陸，但2艘登陸艇都被守軍的火箭筒擊中，還未離艇衝擊就傷亡了20餘人，209號登陸艇艇長駱福榮身負重傷，但仍躺在甲板上為重機槍壓子彈，操舵班長柏文昌主動代理艇長指揮作戰。另2艘登陸艇靠上了岸，但6連連長見預定登陸地點坡度很大，難以攀登就未經請示擅自改變登陸地點，結果部隊剛一衝擊上岸就陷入守軍三面火力夾擊中，尤其是守軍投下的集束手榴彈在短短一分鐘裏就造成了10餘人傷亡，在此緊急時刻，6連連長還算清醒，大聲高呼：「不能猶豫，跟我衝！」率部奮勇衝鋒，終於衝過了最危險的灘頭，衝入了守軍的第一道塹壕。

14時33分，登陸輸送第2大隊的210號登陸艇最先靠岸，接著其他7艘登陸艇也依次靠上了黃岩礁、山咀村灘頭，178團1營1連、2連、3連衝上了灘頭，並發出了登陸成功的信號。雖然比預定時間延遲了3分鐘，但是畢竟也是搶攤成功，看到兩處都已發出了登陸成功的信號，在頭門山觀察所密切關注著一江山戰況的張愛萍高興地對登陸指揮所司令20軍副軍長黃朝天說：「2個營在北江登陸成功，我心中踏實了一大半了。」

在黃岩礁登陸的2連充分利用強擊機

■ 解放軍178團2營搶灘登陸後，高舉紅旗向縱深衝擊。

■ 解放軍178團2營登陸成功，正向縱深推進。

和支援砲火的威力，迅速突破，僅以10人傷亡的代價便攻佔了第一道塹壕，這是1營進展最順利的1個連。在山咀村登陸的3連，指揮3排的副指導員隻身用手槍和手榴彈攻下了2個地堡，其他步兵掩護噴火兵嚴恩光將另1個地堡摧毀，為部隊打開了進攻道路。1排見預定登陸點地勢太過陡峭無法登陸，遂主動改在西山咀登陸，未遇抵抗便順利上岸。4排衝上岸灘後利用砲火開闢的道路迅速衝入第一道塹壕。

而在海門礁登陸的1連最為艱苦，因為海門礁伸入海中，國軍在礁石上佈設了3道鐵絲網，還埋有地雷，正對海面的地堡部署有戰防砲，戰防砲周圍則是水泥碉堡，可以形成交叉火力嚴密封鎖灘頭。海門礁岸邊只有寬不過5、6公尺的一片沙灘，根本沒有展開大部隊的可能，而且位於一江山南側，是大陸無法觀察的死角，加上全是懸崖峭壁，幾乎沒人會選擇在此登陸。解放軍之所以選擇這裏，一是想出其不意，二是認為岸邊就是懸崖根本無法部署砲火。但是國軍在一江山的防禦確實做到了沒有死角，即使在海門礁也進行了精心部署，甚至為了解決無法部署砲火的缺陷，國軍居然在地堡裏架上了可以直接瞄準海上射擊的戰防砲，正是戰防砲給解放軍造成了重大傷亡。212號登陸艇連中數彈，駕駛台被擊中，砲彈擊穿艇長于延增面前的鋼製防盾，將其雙腿打斷，全身7處負傷，仍躺在駕駛台前的甲板上指揮登陸艇放下大門。214號登陸艇則被戰防砲貫穿，從艇首穿到艇尾，全艇55人還沒有登陸就傷亡了50人！由於遭到地堡的火力攔阻，剛衝上灘頭的部隊就遭到了很大傷亡，連長、副連

長相繼負傷，指導員陣亡，使部隊失去了指揮，連主力1排、2排因此在灘頭停留了4分鐘，難以進展，1連官兵接連投出15枚手榴彈都被地堡上的鐵絲網彈回，最後才想起噴火兵，以步兵掩護噴火兵接近地堡，一舉奏效。4排則在衝擊時沒能有效利用砲火開闢的道路，反而機械地組織爆破，延誤了戰機。2排冒著猛烈火力組織爆破，炸開鐵絲網，然後拼死衝擊，才拿下水泥碉堡，但仍無法突破被戰防砲封鎖的灘頭，好在3排從左側峭壁攀登而上，迂迴衝入塹壕。看到登陸部隊攻擊如此困難，在灘頭進行對地攻擊的強擊機主動延長了攻擊時間，甚至劉棟、倪金升駕駛的2架強擊機彈藥已經全部打光，仍進行了對地俯衝作出了掃射的假動作，有力支援了地面部隊，這2架強擊機也因為延長了攻擊時間而耗盡了燃料，回到機場時只能以滑翔著陸。

1營佔領190高地和中心村後，除以4連向傅家村發展進攻策應2營

■ 解放軍登陸後攀登懸崖向縱深進擊。

一江山之戰中的解放軍噴火兵

■ 解放軍噴火兵向守軍碉堡噴射。

1954年9月步兵60師受領登陸作戰任務後，為有效對付守軍堅固設防的洞穴工事，60師向華東軍區請求配置噴火器材，由於當時蘇式噴火器還未到達，而部隊作戰已經迫在眉睫，因此華東軍區只能將庫存繳獲的日式美式噴火器中性能尚好的121具發給60師。10月16日華東軍區正式命令60師以原師屬防化分隊為基礎成立噴火連，由60師防化主任李立根具體負責，首任連長顏初和，指導員文玉祥，轄3個排160人。

外，營主力遂在中心村、雲橋地區轉入防禦。

14時37分，登陸輸送第1大隊運送的180團2營5連、7連在南江勝利村、田嶴灣登陸。在勝利村登陸的5連2排所乘坐的200號登陸艇被守軍火箭筒命中，指揮戰鬥的副連長張樹明被擊傷落海，全排能戰鬥的僅剩5人（其中還有3名輕傷員）。1排乘座的199號登陸艇正對著國軍的地堡，地堡射出的子彈打在艇門上叮噹直響，如果放艇門必然正撞在地堡的槍口上，這時架在登陸艇頂上的重機槍開火，在對射中射手重機槍班長呂

有庫先被子彈擊中肩膀，後被擊中腹部，但他左手按住腹部傷口，右手仍緊扣扳機，整整堅持射擊6分鐘，將地堡火力壓制下去，掩護步兵搶灘才傷重而亡——戰後被追記一等功。1排登陸比較順利，噴火兵王壽林首先用火焰噴射器攻擊水際灘頭碉堡，為步兵打開了通路，5連很快便衝入第一道塹壕，在噴火小組人員全部傷亡後，方根木背起火

■ 解放軍無線電員緊張聯絡，保證通信準確暢通。

260

焰噴射器爬上斜坡，在距離地堡30公尺處扣動扳機噴出火焰將地堡摧毀，使5連得以迅速佔領第一道塹壕，隨後5連連續擊退守軍的兩次反衝擊，鞏固了灘頭，但該連傷亡頗大，連長馮汝奎也受了傷。在田嶴灣登陸的7連，1排迅速衝上灘頭，解決了岸邊的水際地堡，並配合5連擊退了守軍的反衝擊。2排登陸時傷亡了12人，3排下艇後由於排長指揮不力，全排在岸邊的鐵絲網前滯留了5分鐘，遭到了守軍火力的猛烈射擊，傷亡慘重，只剩下16人，通訊員劉利臣主動接替陣亡排長指揮戰鬥，與2排合力衝擊。在南江近岸的「興國」號和「遵義」號砲艦見登陸部隊為守軍火力壓制，主動抵近岸邊以艦砲對守軍火力點進行轟擊，有力掩護了登陸部隊突破守軍防禦。

14時53分，二梯隊180團2營6連、8連登陸，迅速投入戰鬥。見到180團2營在南江登陸成功，登陸指揮所司令黃朝天向張愛萍報告：「4個加強營全部登陸完畢，感謝海軍空軍的密切支援！」——這句話可不是客套話，陸軍能如此順利地搶灘突破，海軍艦砲和空軍轟炸掃射功不可沒！60師參謀長王坤主動提出馬上到北江指揮縱深戰鬥，張

愛萍便指示王坤到北江後要指揮部隊儘快控制制高點，並要迅速解決戰鬥，力爭在17時30分前結束戰鬥，迅速轉入防禦，以防大陳國軍反登陸。至此，60師已經完成了應該是由海軍陸戰隊擔負的搶灘突擊、佔領灘頭的任務，即將轉入傳統步兵角色的縱深戰鬥。

國軍以為解放軍發起登陸作戰，最多是以木質機帆船搭載步兵，在少數小砲艇掩護下，利用夜色掩護憑藉人海戰術實施登陸。根本沒想到解放軍是以美制登陸艇搭載部隊，在強大海空火力掩護下實施白晝登陸，因此部署在縱深的火力完全被壓制，岸灘火力不足難以頂住解放軍的突擊，只有海門礁的戰防砲在搶灘登陸階段給予解放軍很大殺傷。

15時，178團指揮所率第二梯隊3營在黃岩礁登陸。

15時45分，60師政委張浪、參謀長王坤、作訓科長楊石毅、偵察科長潘天壽乘指揮艇抵達黃岩礁。

■ 解放軍機槍掩護衝鋒。

縱深戰鬥烈

當第一梯隊突擊上島後，解放軍立即按計劃向縱深發展。

在黃岩礁登陸的178團1營2連直取190高地，國軍隱蔽在第二道防線的塹壕裏，不斷地向外猛投手榴彈，解放軍掩護步兵衝鋒的重機槍、無後坐力砲以及海軍砲艇艦砲火力都打在塹壕的胸牆上，無法有效壓制隱蔽在塹壕裏的守軍，守軍如雨點般密集的手榴彈卻不斷在解放軍衝擊的路線上爆炸，給解放軍造成了很大傷亡。但解放軍仍冒著如雨的手榴彈，一手握武器，一手攀山崖，接近塹壕後便向壕內猛投手榴彈，在掩護火力的支援下，藉著手榴彈爆炸的硝煙，約有1個排的解放軍衝進了塹壕，迅速肅清塹壕內的守軍然後繼續向縱深推進。但沒衝出多遠就被1個隱蔽地堡的火力壓制，這個地堡位於通往190高地必經之地的山坡上，高出地面僅有30公分，投過去的手榴彈都被地堡上的鐵絲網彈了回來。此時2連連長負重傷，副連長陣亡，由指導員指揮戰鬥，指導員組織重機槍掩護實施爆破，但幾次爆破均未成功，爆破手非死即傷。就在苦無良策之時，配屬2連的57mm無後坐力砲班也攀上山來，但是地形狹窄，無法架砲。最後一號砲手將砲前

腳架插在塹壕邊沿，後腳架則架在三號砲手肩膀上，二號砲手將砲身架在肩上，這才得以開砲，由於距離太近，一砲就把地堡炸掉了。清除了這個障礙，2連才繼續向前推進。這個砲班在戰鬥中總共炸毀6個地堡，戰後榮獲集體一等功。

同時1營1連、3連經過激戰攻佔了中心村，進而切實保障了主攻190高地的2連側翼安全，使2連衝上了190高地，如同美國海軍陸戰隊在琉璜島折缽山插旗那樣，解放軍在戰鬥前就將紅旗授給了主攻的各連，2連於14時55分佔領190高地後插起了第一面紅旗。正在頭門山觀察所密切關注戰況的張愛萍看到了190高地的紅旗長舒一口氣，但是他清楚地知道登陸作戰背水攻堅，部隊傷亡很大，彈藥消耗也大，一梯隊營的戰鬥力已經有所折損，若要儘快解決戰鬥，必須要二梯隊營迅速投入戰鬥，因此督促二梯隊儘快上島。15時，二梯隊營按照預定計劃在一梯隊營登陸30分鐘後準時登陸，178團團部也隨同上島，隨即命令3營先頭連10連投入

■ 解放軍搶灘登陸後，在機槍掩護下向203高地衝擊。

戰鬥，向190高地以東猛攻。

北江的203高地是一江山的最高點，其西南就是一江山防務司令部所在，是國軍防禦的絕對核心。負責攻佔203高地的是178團2營5連，5連歷來是178團的尖刀連，在突擊上陸時就是全團一梯隊連中第一個上島的連隊。2營上島後立即集中重機槍、火焰噴射器、無後坐力砲全力掩護5連經瞭望村向203高地衝擊，178團副團長毛張苗親臨一線指揮，2營營長孫湧直接指揮5連，全然是志在必得！從5連登陸的樂清礁到203高地直線距離還不到200公尺，但國軍防禦嚴密，所有道路都密佈地雷，險要之處還有地堡，因此解放軍選擇的攻擊路線卻完全出人意料——沿著連接203高地的山脊攻擊，因為一江山全是石頭山，山脊自然無法佈雷，也無法修建碉堡，而且國軍如果要進行攔阻，就必須要從山脊兩側的陣地上衝出來仰射，那麼自然也就失去了地利。不過山脊上毫無遮掩，5連可就是從守軍的槍林彈雨中殺開一條血路！距離203高地越近，國軍的火力就越猛，接連有三名擎旗的旗手倒下，但後續士兵接過旗幟沒有半點躊躇繼續猛衝！5連傷亡很大，連長毛坤浩重傷，通信員陳壽南接過紅旗，忽而臥倒，忽而躍起，忽而滾爬，終於在15時05分將紅旗插上203高地！

國軍見解放軍衝到203高地，迅即組織預備隊進行逆襲。考慮到5連已經傷亡很大，很難頂住國軍的反擊，於是2營營長孫湧急令7連從瞭望村向東迂迴203高地東側，6連向中山村、傅家村攻擊，截斷190高地與203高地聯繫，掩護203高地西翼。

7連的攻擊路線也是光禿禿的山坡，完全暴露在國軍的火力之下，遭到了很大傷亡，連長李志明陣亡，2營教導員平濤趕緊調集2挺重機槍壓制國軍火力掩護7連攻擊，才得以佔領203高地東側陣地。6連沿途也

■ 解放軍突擊連衝上203高地。

■ 解放軍178團2營長孫湧。

是一路苦戰,以傷亡近半的代價攻佔了中山村,推進到傅家村附近,切斷了190高地與203高地的聯繫,掩護了5連的西翼安全。

有人說,國軍出動預備隊對203高地進行逆襲是很不明智的,因為在解放軍衝上一江山後,面對解放軍人力、火力均佔優勢的情況下,以小部隊利用地形和既設工事分散堅守,才是上策。以預備隊和解放軍對決,即使是以一換二也是失策。但是王生明的這一決定確實有苦衷,是不得以而為之,在203高地升起的紅旗就像折缽山上升起的星條旗,儘管島上戰鬥還在激烈進行,但是這面旗幟已經使解放軍士氣大振,勝利的天平就此倒向了解放軍。更重要的是遠在大陳的國軍看到203高地升起的紅旗,第一反應就是守軍完了,已經沒有增援的必要了,甚至已經上了船的部隊都下船了!指揮預備隊反擊203高地的是第4大隊大隊長王輔弼,王輔弼也是一員悍將,帶著自己的衛士衝在最前面,大股守軍主動出擊,自然給了解放軍砲火打擊的最好機會,據曾參加過反擊的國軍士兵回憶:「解放軍的砲火不是打進國軍隊伍,而是如一把無形的大刀『砍』進了隊伍!」雖然解放軍砲火猛烈,但是國軍反擊的距離較短,一個衝鋒還是衝上了203高地,此時高地上的解放軍已經傷亡殆盡,還能戰鬥的人員不超過10人!眼看就要被國軍趕下高地,而二梯隊後續部隊還未趕到,情況危急之時,一小隊海軍正好趕到,他們有的是幫助5連搬運彈藥的,當回到灘頭時,登陸艇已經返航了;有的則是所在登陸艇損壞無法返航,只好跟在5連後面,正好在此時投入了戰鬥。看到這些穿著海軍服的解放軍,王輔弼揮軍就掩殺過去,一方面是戰鬥緊急已經無暇多想,一方面是最簡單的反應——海軍陸戰畢竟要比陸軍差,可是他忘記了解放軍的海軍剛剛草創,除了極少數海軍專業人員外,絕大多數都是從陸軍轉行的,而

■ 解放軍帶傷射擊的重機槍手。

且還都是陸軍的戰鬥骨幹，不少人都曾是班長或排長！因此無論近戰還是白刃，都不是這些海軍的對手。這也是國軍後來所謂解放軍有海軍陸戰隊參戰的來源，不過當時解放軍還沒組建海軍陸戰隊呢。

就這麼緩了一緩，後續的二梯隊3營10連就趕來了，203高地遂得以鞏固。5連從14時29分登陸，到15時05分佔領203高地，僅僅用了36分鐘，斃、傷國軍78人，俘虜43人，繳獲火砲11門、各種槍枝40枝，自身陣亡19人，傷45人。

看到203高地的紅旗，頭門山觀察所不禁一片歡騰，190高地、203高地兩面紅旗意味著北江已經在手了！張愛萍立即命令調登陸艇，親自去北江巡視戰場。

雖然南江面積比北江小，守備兵力也比北江少，但是由於受北江的阻隔，解放軍對南江無論是岸砲轟擊還是飛機轟炸都比北江要少，因此其火力點大多未被解放軍砲火摧毀，這就使解放軍在縱深戰鬥中遇到了相當大的困難。180團2營5連、7連在舟山戰艦大隊的艦砲火力掩護下，向勝利坡攻擊。山坡陡滑，解放軍既難以攀登又無法射擊，被守軍的地堡火力完全壓制。5連2排排長何才林急中生智鑽進了石頭縫，繞到地堡側面，順著交通壕接近地堡，從射擊孔中塞進手榴彈，這才炸掉了地堡。當時1排、3排的攻擊路線還受到守軍一處碉堡的阻擊，不過這裏地形已經沒有剛才那麼險要了，在步兵火力掩護下，噴火兵沈健泉接近碉堡對準射擊孔噴射火焰將其消滅。清除了地堡和碉堡後，解放軍遂攻佔了勝利坡。

見解放軍佔領了勝利坡，160高地的國軍隨即組織反擊，但野戰可是解放軍之所長，因此很快就被1排擊退，國軍反而損失了有生力量，使160高地的防禦也就單薄了，解放軍5連乘勢衝向了160高地，連指導員徐文學就在山腳下中彈陣亡，但3排排長萬子揚身先士卒第一個衝上高地，手持衝鋒槍一陣猛掃，3排緊跟著衝上高地，就這樣5連於15時07分攻佔了160高地。但是由於5連、7連在登陸以及縱深戰鬥中傷亡較大，因此二梯隊6連、8連於14時53分登陸後，就立即投入戰鬥，向180高地呈鉗形攻擊前進，於15時48分衝上180高地，也和北江制高點戰鬥一樣，將紅旗插上山頂。直到180團2營佔領180高地後，舟山戰艦大隊才撤出戰鬥返航。隨後5連1排排長邵洪發見南江吃水礐的迫擊砲陣地威脅很大，而且這個陣地在南江西北側，正在解放軍岸砲火力的死角，強擊機也很難準確攻擊，他認為砲兵戰鬥力肯定不高，於是便組織了1個精幹分隊實施穿插突擊，一舉衝入迫擊砲陣地，國軍砲兵措手不及來不及組織有效抵抗，幾乎就在轉瞬之間就被打懵了，非死即俘，戰後邵洪發因此榮獲二等功。

16時，根據預定計劃，第5登陸輸送大隊率40餘艘艦艇滿載彈藥、糧食、副食品從海門啟航，駛往一江山對登陸部隊進行補給。17時許，船隊在台州灣遭到國軍2架F-47戰鬥機的攻擊，36號登陸艇被擊沉。

慘烈反斜面

從14時29分登陸，到15時05分攻佔北江203高地，15時48分攻佔南江180高地，

僅78分鐘就基本控制了一江山。由於解放軍在北江的登陸地點是在西部、西北部，因此登陸部隊都是從190高地、203高地的北面山坡攻擊，而守軍在190高地、203高地山頂棱線南面山坡（也就是反斜面）還有很多分散在孤立的暗堡、洞穴工事中，仍在繼續抵抗。隨著178團團部及二梯隊3營到達後，178團在203高地西側山凹開設指揮所，開始全面指揮縱深戰鬥，由於7連打到傅家村後只剩下3人，於是命5連迅速向傅家村攻擊，6連、8連向東山村、守固村攻擊。2營8連從203高地出發認為已經控制了制高點，比較輕敵大意，在向南推進時不注意警戒，因此突然遭到反斜面火力的射擊，很多人背後中彈而傷亡，連長趕緊大叫：「停止前進，原地隱蔽！」

部隊立即就近利用地形隱蔽，然後仔細觀察搜索，這才發現了反斜面的火力點，8連隨即以輕機槍和衝鋒槍嚴密封鎖壓制反斜面火力點，再以爆破手對這些火力點進行爆破，但這些暗堡都與洞穴相連，見解放軍爆破手逼近，守軍便躲進洞穴，等手榴彈爆炸後再進入暗堡。而解放軍以為爆破成功，部隊再

■解放軍將火砲拉上陣地。

次向南推進，結果暗堡再次開火，又倒下了一片。這回解放軍學乖了，仔細觀察，終於發現了玄機，遂組織爆破手以炸藥包炸塌了洞穴，將守軍全部埋在洞穴裏。

從190高地出發的10連和8連一樣，也遭到了反斜面火力點的攻擊，被壓制在斜坡上。10連發現守軍最大的一處暗堡是上下兩層的，當解放軍攻擊上層時守軍就退到下層，攻擊下層就退到上層。最後10連連長親自指揮兩名火箭筒手同時攻擊，才將其摧毀。但守軍退入洞穴仍繼續射擊，而且洞穴內有胸牆，手榴彈無法投入，只好調噴火兵用火焰噴射器來進行最後解決。

16時30分，張愛萍及浙東前指部分參謀乘砲艇從頭門山啟航，17時許在黃岩礁登上一江山。此時一江山上後勤人員正在運送彈藥、給養，轉運傷員和戰俘。張愛萍慰問了正在後送的傷員，然後登上190高地，高地上幾乎遍地都是彈坑，隨行的砲兵參謀根據彈坑的半徑和侵徹力向張愛萍指認分別是海岸砲、榴彈砲還是迫擊砲的彈坑。先到一步的王坤向張愛萍報告：「現在一梯隊營已轉入防禦，正在修復陣地，將射向改為南方，塹壕、交通溝、地堡以東、南為主要防禦方向，並組織環島防禦。第二梯隊營正在進行反斜面戰鬥，肅清殘敵，但縱深戰鬥中部隊傷亡已經超過了登陸和攻佔190高地、203高地的傷亡總和。」這時，在北江的東南方向，仍有斷續的槍聲和手榴彈爆炸聲，顯然戰鬥還在進行。張愛萍隨即指示：「要以噴火結合喊話瓦解，儘快肅清殘敵，要邊打邊搜索，不要急躁冒進，要注意減少傷亡。」視察北江戰場後，張愛萍隨即乘砲艇

返回海門，連夜返回寧波向南京、北京匯報戰況。

隨著太陽西沉，夜幕逐漸籠罩海空，但戰鬥還在繼續。在北江，解放軍10連在8連協同下解決反斜面火力點後向東南攻擊前進，17時30分8連攻佔東山村，10連攻佔東山頭，隨即轉兵向北於18時10分南北夾擊佔領守固村，隨後向六重坡、三三礁、向陽礁推進。

至19日凌晨1時許，六重坡、三三礁、向陽礁均被攻佔，完全佔領北江。解放軍隨即轉入防禦，但是戰鬥還沒有完全結束，凌晨2時許，北江最東側的向陽礁又響起了槍聲，這是在礁石下的近水暗堡，一直未被發現。直到解放軍開始修築工事，滾下的石塊使守軍以為被發現了，這才開了槍。槍聲一響，解放軍才發現在腳底下還有沒肅清的暗堡，不過這暗堡上面是陡峭的懸崖，下面是大海，根本沒有道路可以接近，於是解放軍觀察地形後，有的從海面泅水接近，有的躍下懸崖，然後將手榴彈塞進射擊孔，才最終結束了北江上的戰鬥。

南江的180團2營6連、8連在攻佔180高地後分別向安全坡、鞏固坡攻擊，由於認為已經佔領了制高點，主要戰鬥已經結束，接下去不過只是掃尾的零星戰鬥，所以比較輕敵麻痹，甚至連部隊推進時連必要的火力掩護都未組織，因此遭到國軍縱深火力攔截，傷亡很大。這才趕緊重新組織火力，集中全營的無後坐力砲和火箭筒對發現的守軍火力點進行轟擊，對難以直接砲擊的火力點則以重機槍進行壓制封鎖，再以火焰噴射器或炸藥包解決。經過這些措施，6連、8連才得以

繼續攻擊，於17時33分攻佔安全坡和鞏固坡，完全佔領南江。

　　儘管事先準備已經相當充分，但還是出了紕漏——一江山島上是沒有淡水的，負責為一江山登陸部隊運送淡水的「浦江」號運水船卻因為機械故障無法從上海啟航，直到18日晚飯時分，還沒有一桶一壺淡水送到一江山，士兵隨身攜帶的水壺早就見底了，萬般無奈之下很多部隊的晚飯都只能用海水來做，這頓腥澀的晚飯可能是參戰部隊官兵最難忘的勝利之餐了。

　　19日後勤部門才緊急調派船隻從海門運來淡水，總算解了口渴之急。而「浦江」號運水船則遲到21日才到達。

尾聲起夜戰

　　18日夜，浙東前指命令：步兵第178團（欠1個營），加強76.2mm野砲4個連、57mm戰防砲2個連、37mm高砲4個連、工兵1個連，在北江、南江組織環島防禦。作戰指導原則是殲敵於近岸灘頭……摧毀敵登陸突擊並堅決實施反衝擊，消滅突入陣地縱深之敵，固守一江山島。

　　當晚，解放軍空軍起飛8架夜航戰鬥機，掩護一江山上空，結果由於頭門山高砲營和探照燈排沒有接到夜航機飛行通報，對夜航機開火，幸未命中。就在高砲大水沖了龍王廟誤擊夜航飛機時，國軍飛機進入一江山，攻擊了錨泊在北江錨地的船隊，擊沉1艘機帆船。

　　19日8時，浙東前指報告中央軍委、總參謀部及華東軍區：「我部於18日14時30分至17時35分佔領全島……目前部隊正轉入防禦和繼續肅清潛入洞穴之殘敵……」

　　考慮到大陳守將劉廉一是反登陸的高手，解放軍在登步島登陸的失利就是由劉廉一組織的反登陸，所以19日解放軍在一江山嚴陣以待，準備迎戰國軍的反登陸，張愛萍制海權制空權在握，自然不會坐等國軍反擊，而是以優勢的海空力量以攻為守，先是19日起飛殲擊機74架次掩護轟炸機27架次轟炸大陳指揮所、雷達站、彈藥庫，投彈41噸。

　　20日凌晨1時許，國軍「寶應」號砲艦從大陳出航，在大陳與魚山島之間巡邏。解放軍高島雷達站發現後，海軍指揮部立即命令魚雷艇出擊，正在五棚嶼秘密待命的第31魚雷艇大隊隨即以第3分隊159號、160號艇緊急出動，在高島雷達站的引導下以24節航速高速追擊，距離逐漸縮小後，魚雷艇發現其實有一大一小2艘軍艦，而且國軍艦艇也發現了魚雷艇，一邊砲擊一邊全速向外海撤退，魚雷艇立即加速到30節全力追擊，一直追到大陳東南外海，超出了高島雷達站的監測範圍，全靠魚雷艇目視追蹤，第3分隊長李寶清果斷指揮2艘魚雷艇高速接近目標，佔據有利攻擊陣位，隨後發射了魚雷，其中1枚命中「寶應」號，將其重創。「寶應」號後被拖帶回臺灣，但因傷勢太重而報廢。

　　19日的空襲與20日的海戰，造成了解放軍將挾一江山勝利餘威再取大陳之勢，兼之解放軍又有制海權制空權，要對一江山實施反登陸已是很不現實，因此國軍只好退而保守大陳。

　　20日，一江山之戰完全結束，解放軍總

■ 1955年1月20日《人民日報》有關一江山之戰的報導。

部電賀浙東前指：「這次我軍陸、海、空諸軍兵種密切配合，以勇猛迅速動作，在兩小時內全殲守敵，佔領該島，特電祝賀並致以慰問。」中央軍委同時指示：「一江山戰鬥對我軍海陸空軍聯合登陸作戰取得了初步經驗，為了有助於今後作戰，我們必須重視這一經驗，故應將這次兩棲作戰海陸空的協同動作、火力組織及戰前準備工作等，作一全面的總結，對國民黨軍隊的防禦配系、工事構築特點，也須加以很好的研究，並找出國民黨軍守不住的原因，以作為我軍今後作戰的借鑒。」浙東前指隨即指示各部認真總結一江山作戰經驗教訓。1955年3月6日，華東軍區在上海召開一江山島參戰部隊團以上幹部及福建軍區軍以上幹部經驗交流會議——之所以福建軍區軍以上幹部到會，是因為浙江沿海島嶼戰事結束後，解放軍的主攻方向已經轉移到了福建沿海——這個會議整整開了11天，會上總結的經驗和不足主要有：

1.在登陸戰役發起前爭奪制海權制空權戰鬥中，未能以航空兵和魚雷艇進行協同作戰；

2.在兵力配置上，既要注意疏散隱蔽，又要便於迅速集中；

3.要加強海空協同，必須允許艦艇編隊甚至是單獨行動的艦艇都能直接呼叫航空兵；

4.必須加強組織可靠的後勤保障，特別是做好補給的戰地儲備（一江山之戰中就出現戰鬥艦艇返港補給彈藥）；

5.對傷員後送及處理準備不足，戰地手術僅佔70%，而且傷員後送時安排不周，出現食品、飲水短缺；轉運站房屋過少，以致使很多傷員在寒冬時節露宿野外，加劇了傷痛；後送車船晚到5小時，後由華東軍區緊

彭德清

1911年生於福建同樂，1926年參加農會，歷任泉州特委書記、晉（江）南（安）中心縣委書記、同安縣委書記、閩南第二游擊支隊政委。抗戰期間歷任閩南抗日義勇軍獨立大隊大隊長、新四軍第二支隊連指導員、教導總隊第二大隊指導員、第4團政治部主任、第5團副政委、第三縱隊副政委、第7團團長兼政委、蘇中軍區第三縱隊副司令員。國共內戰期間歷任蘇中軍區第3旅旅長、華東野戰軍第12師師長、第三野戰軍第22軍副軍長、第23軍副軍長。中共建政後任第27軍軍長、華東軍區海軍副司令員、東海艦隊副司令員兼福建基地司令員和政委、交通部副部長、部長。1955年被授予少將軍銜。

急調來客輪才將600名重傷員運至南京。安葬陣亡官兵的棺木事先僅準備了50具，遠遠低於計劃準備的320具，一度影響了安葬，後經地方政府幾經周折才解決了問題；

6.要切實加強海空砲火準備，多摧毀1個地堡就可能換回很多登陸兵的生命——在一江山之戰中，艦砲支援還存在不少問題，如「武昌」號因迴旋半徑和航速不準確，影響了編隊佔領射擊陣位、「濟南」號主砲400發砲彈中卻只有194發爆破、「南昌」號提前1分鐘射擊，以致在登陸艇靠岸最需要砲火支援時卻因彈藥過早消耗而減低了火力密度。

5月，華東軍區成立福建前線指揮所，下設空軍前線指揮所、海軍前線指揮所和登陸指揮所，作為統治組織準備與戰役指揮機構。這就是吸取了浙江沿海作戰成立浙東前指的經驗，而且在福建前指的人選上，副司令聶鳳智、彭德清，參謀長王德都是原浙東前指成員。張愛萍早在1954年10月就已接到了升任副總參謀長的調令，但張愛萍是到戰役結束才赴北京就任，而他作為副總參謀長主管的就是東南沿海島嶼作戰。

經驗與教訓

解放軍方面認為能迅速攻佔一江山，主要是因為戰前準備充分，針對渡海作戰的特點進行了長期周密細緻的準備，以先簡後繁、先技術後戰術、先單兵種後多兵種聯合等原則，在酷似一江山地形、防禦體系的情況下進行了近乎實戰條件下的演練。注重戰鬥保障，嚴密組織實施了偵察、通信、氣象、地形、潮汐、防空、海上陸上救護等各方面的保障。對登陸器材裝備的籌備也是非常充分的，解放軍不再是以小木船夜間偷渡，而是在海空掩護下登陸艇編隊突擊，雖然規模不大，但是部署周密，已初現現代化三軍協同登陸戰的雛形。而且在當時的情況下，要籌集到這些登陸艦艇，再將這些類型、性能、質量不一的登陸艦艇進行搶修改裝編組，殊為不易。

其次是嚴密隱蔽戰役企圖。三軍協同登陸戰，準備時間長，牽涉事情多，很多環節都會有暴露戰役企圖的可能，因此從一開始就採取了各種措施隱蔽戰役企圖，長期對大陳列島各島嶼都進行不規則的砲擊和轟炸，既削弱國軍力量又迷惑主攻方向。參戰部隊訓練地區選在遠離戰區的穿山半島，開赴戰區是以換防的名義，先在石浦隱蔽待機，再趁夜前出到頭門山等進攻出發地。同時對各部隊均嚴格限制無線電通信，並非常重視保密措施。在戰前準備緊鑼密鼓之時，組織浙江軍區部隊對披山島進行佯動。這些措施確實非常有效地隱蔽了對一江山的戰役企圖，直到解放軍艦艇從頭門山啟航直撲一江山時，國軍才判明解放軍主攻方向是一江山，但已經晚了。

對於首次三軍協同登陸戰，此戰共有3個軍種、17個兵種、28個戰術群參與，解放軍在「以步兵為主」中心的原則下極其重視協同，在戰前訓練中就反覆進行了加強全局觀念和協同作戰的思想教育，從而嚴密組織了步兵與航空兵、步兵與海軍、步兵與掩護砲兵、砲兵與航空兵、海軍艦砲與地面砲兵等各軍兵種協同，並制訂出了切實可行的

■ 解放軍60師政治部幹事楊元林在審訊被俘的國軍第4大隊長王輔弼。

協同作戰計劃，根據協同作戰計劃進行了反覆訓練，最終保證了順利實施登陸。如何解決三軍協同登陸戰，不僅是一江山登陸，而且是解放軍一直在摸索解決的重大課題，從這點上來說，一江山登陸戰絕對是解放軍三軍協同作戰的處女戰。

被俘的國軍第4大隊大隊長王輔弼認為一江山如此之快失守，主要是解放軍兵力過於雄厚，實力相差太過懸殊；解放軍三軍協同，火力太強；沒有及時有效的增援。

一江山之戰，解放軍陣亡393人（另有資料稱陣亡423人，其中最高級軍官為180團砲兵營副營長吳沛和），傷1024人（另有資料稱1245人），合計1417人。其中步兵傷亡1084人、砲兵傷亡89人、工兵傷亡42人、噴火兵46人（陣亡11人，傷35

人），共1261人，海軍陣亡13人，傷131人，共144人。

登陸部隊海上航渡時傷亡127人，搶攤登陸時傷亡337人，縱深戰鬥時傷亡788人。在這些傷亡中，遭輕武器傷亡390人，遭手榴彈傷亡360人，遭砲火傷亡95人，遭地雷傷亡13人，其他傷亡10人。

陸軍消耗各種口徑子彈86.98萬發，手榴彈1.55萬枚，火箭彈436發，砲彈25752發。損失各種槍枝137枝、輕重機槍10挺、57mm戰防砲1門、82mm迫擊砲2門、火箭筒2具、火箭砲2門。

海軍消耗機槍子彈3.57萬發、25mm砲彈1545發、37mm砲彈4394發、57mm砲彈4986發、76.2mm砲彈842發、100mm砲彈604發、130mm砲彈844發。被擊沉登陸

艇、機帆船各1艘,被擊傷護衛艦1艘、登陸艇12艘、機帆船7艘。

空軍在登陸日當天共出動飛機288架次,其中殲擊機168架次、轟炸機72架次、強擊機48架次,投擲炸彈851枚計127噸,發射槍砲彈3741發,其中向一江山投彈約94噸,100公斤炸彈32枚命中10枚,15公斤炸彈224枚命中102枚。被擊傷轟炸機2架,強擊機6架。空軍含海軍航空兵從1954年11月開始爭奪制空權到1955年1月登陸,總共出動各型飛機755架次,被擊傷19架。

噴火兵作用相當之大,總共燒毀地堡45個、洞穴16個、防空洞2個、營房3處,殲敵約200人,全連榮獲一等功1人、二等功15人,三等功32人,其中噴火班班長成建軍消滅地堡、洞穴5個,俘虜2人,獲一等功。登陸指揮所司令員第20軍副軍長黃朝天評價說,噴火兵的作用之大出乎意料。張愛萍在參戰的所有軍兵種裡惟獨對噴火兵大加

讚賞:「噴火兵打得好!」——正是看到了噴火兵在登陸作戰尤其是對砲火準備難以清除的火力點有著獨到之處,因此戰後華東軍區就以該噴火連為骨幹,又組建了6個噴火連。而其他軍區也紛紛組建噴火連。

砲兵作用也不可忽視,僅登陸前的砲火準備就長達127分鐘,發射砲彈12621發

■ 被俘的一江山島守軍。

（約４００
噸），平均
每門砲發射
２８０發，而
且命中率也
相當高，在
北江的40個
地堡中被砲
火摧毀的就
達24個。

　　據解放
軍資料，國
軍陣亡一江
山防務司令

■ 一江山之戰中被解放軍繳獲的部分武器彈藥。

王生明以下519人，被俘第4大隊大隊長王
輔弼以下567人，被解放軍繳獲各種火砲27
門、輕重機槍87挺、火箭筒27具、各種槍
枝334枝，各種彈藥約20萬發。

　　這些數字似乎太過枯燥，很難看得出這些
數字背後當年戰鬥的慘烈，這是攻方傷亡超過
守方的戰鬥，而且攻方的砲火遠遠超過守方的
情況下，在當年太平洋戰爭登陸戰中只有琉璜
島之戰才達到這個標準，琉璜島之戰可以說是
太平洋戰爭中最慘烈之役，那麼一江山的慘烈
就有了參照物，可以毫不誇張地說絕不在琉璜
島之下。幾十年後，王生明之子王應雲登上了
一江山，當他攀上令人頭暈目眩的絕壁（海門
礁的坡度為70度，即使空手攀登也很不容易，
更別說背負數十公斤裝備彈藥，還要迎著如雨
的 看過昔日的鏖戰遺跡後，不由感慨地說：
「兩邊都有種！」當日，一江山岸邊的海水
都為鮮血染紅，然而如此奮身以搏的鏖戰，
卻是同宗同種的中國人之間的自相殘殺，而

且守軍中不乏浙東人士，攻方的解放軍60師
本來就是浙東子弟，更是使人感歎。

解放軍對戰俘的處理

　　華東軍區政治部俘虜管理處是為看管處
理一江山之戰中的國軍戰俘而於1954年9月在
浙江嘉興專門成立的，主要管理人員是東北
軍區歸來人員管理處1團（其前身是志願軍政
治部戰俘營1團），張芝遜（原歸來人員管理
處1團團長）任處長、陳慶先（原歸來人員管
理處1團政委）任政委、王奈慶（原歸來人員
管理處1團副團長）任副處長，另從華東軍區
抽調1個步兵連作為警衛部隊。

　　1955年1月戰俘管理處開赴浙江黃岩，並
在葭芷鎮設立戰俘營接受從一江山押回的戰
俘。1月21日，將全部戰俘押解到嘉興進行管
訓、審查，其間第4大隊長王輔弼、參戰參
謀、砲兵連長、政工指導員等5人還被押赴北
京由總政治部敵工部進行審查。經過4個月審
查後，除王輔弼送交原籍安徽軍區處理，戰
俘中凡在原籍有血債（即殺過人的）交原籍
政府處理，一般戰俘發給服裝、路費遣返原
籍。

■一江山戰役勝利後，被俘國軍官兵在椒江下船。

餘波定大陳

一江山之戰雖然規模不大，但卻是解放軍第一次三軍協同登陸作戰，又是在《美台共同防禦條約》簽署一月之後，無論是對登陸戰術，還是對台海局勢，都是具有極大的衝擊和震撼。

就在登陸戰開始的18日，美駐台大使藍金就說，共產黨對主要島群以北幾海里的小島一江山發動了強大的水陸兩棲襲擊這是有限戰爭的一個典型例子，意在考驗美國和自由中國的意向……

合眾社18日臺北電，軍事觀察家認為中國人的行動是想要試探一下在這個地區美國第七艦隊的意圖，共產黨進入一江山不過是爭奪大陳列島的「試管戰鬥」中的第一回合。——合眾社發明了一個非常貼切的形容詞「試管戰鬥」，來比喻一江山登陸戰在整個台海政治爭奪格局中的地位，實在是再恰當不過了。而合眾社19日的報導更是尖銳，「共產黨進攻一江山使用的兵力，使這裏大

為震驚。這裏的軍事當局不得不承認共產黨第一次陸、海、空聯合作戰是經過周密策劃而且執行得很好，據悉，美國參謀長聯席會議主席雷德福海軍上將（Arthur Radford，此前曾任太平洋艦隊司令）和遠東軍事長官認為，共產黨的首要目標似乎是想試驗一下美國是否願意參加一個爭奪澎湖列島以外島嶼的戰爭，並想在爭奪其在亞洲威信的複雜政治鬥爭中贏得第一回合。」而對臺灣的反應，更是直白，「悶悶不樂的國民黨預言，共產黨的行動將發展到最高點，那就是不久將全面進攻大陳。援引一位國民黨官員的話‘共產黨將一個接一個佔領我們的島嶼，美國第七艦隊在這方面將屁事不做’。」

路透社18日香港電，香港的觀察家認為，如果大陳失守，對蔣介石是一個政治上和精神上的嚴重打擊。

19日美國總統艾森豪威爾和國務卿杜勒斯召開記者招待會，對於美國來說，一江山之戰真是駁面子，一面只能稱「並不知道任何軍事權威會認為現在遭到共產黨進攻的小島是保衛臺灣所必需的。這些小島充其量不過只是觀察哨的價值。共產黨進攻大陳的行動將不會把承擔保衛臺灣壁壘義務的美國牽連在內。」另一面還得安慰臺灣「願意看到聯合國進行斡旋，來停止中國沿海的戰鬥，共產黨進攻臺灣將牽連美國，所以將是個國

際衝突。」當然口頭上的東西是算不得數的，24日艾森豪威爾向國會提出了特別咨文，要求國會授權在「認為必要時候，使用武裝部隊來保障安全和保衛臺灣。」28日，美國國會通過了根據這個特別咨文而提出的參眾兩院聯合提案，29日艾森豪威爾在這個決議上簽名，使其具備了法律效力。

雖然美國通過可以為保衛臺灣而使用武力的決議，但是這個決議的通過更多地只是在政治上對中共實施威懾而非真要全面介入，特別是在外島爭奪上，更是不願意。在美國的壓力下，最終使國軍決定放棄大陳。

1月26日國府浙江行政督察專員沈之岳發布公告，要求大陳民眾疏散，以策安全。從2月2日起，登記、準備交通工具，動員民眾撤至臺灣。

2月5日，美國國務卿杜勒斯宣布已下令美國第七艦隊將協助國軍從大陳撤回臺灣。同時美國海軍宣稱，目前針對大陳的任何行動都將被美國解釋為干涉第七艦隊的任務，這種干涉將可能遭到美國方面的報復。公開場合是如此強硬，而私下美國則向蘇聯外長莫洛托夫探底，如果美軍協助大陳國軍撤退，中共軍隊是否會阻撓？莫洛托夫回以最典型的外交辭令：這是中國政府的事情，你最好去問周恩來。但同時也暗示，只要美軍純粹是協助大陳撤軍的話，中共是不會阻撓的。這個回覆給了美國一顆定心丸。

2月7日，國軍制訂了代號「金剛計劃」的大陳撤軍計劃，計劃在8天內撤走大陳全部軍民，所需運載船隻全部由美國提供。

2月8日，蔣經國抵達大陳，指導大陳撤軍。同日國防部長俞大維、海軍總司令梁序昭、國防部第三廳廳長蔣緯國乘「太和」號

■ 蔣經國（前）對大陳國軍官兵講話。

護衛艦巡視魚山、披山和大陳，以穩定民心士氣。

美軍第七艦隊航母編隊也於當日進入大陳以東海域，解放軍空軍隨即加強了近岸空域的巡邏警戒，美軍起飛多少架次，解放軍也起飛多少架次，針鋒相對，但卻不主動刺激，雙方表面上看是劍拔弩張，實際上都恪守著互不相擾的底線。

2月9日，美軍2架AD-4艦載機進入大陸領空，被解放軍高射砲兵擊落1架。美國政府隨即聲明是飛行員迷航誤入而被擊落的。

2月8日至12日，美國海空軍出動各型艦艇83艘、飛機738架次，將大陳國軍1.8萬人，居民14416人全部撤至臺灣。其間浙東前指曾計劃對撤退國軍實施攻擊，但請示中央軍委後未獲批准，因此整個大陳撤退一槍未發，雙方互有默契地共同完成了「金剛計劃」。

鑒於國軍主動放棄大陳，原定進攻大陳的計劃自然也就無從談起了，浙東前指隨即下令：1.解除第60師進攻大陳之任務，以公安第16師率第47團、48團、高砲第526團之2個連、探照燈第411團之1個排進佔大陳。原定配屬作戰之工兵分隊、防化兵分隊、後勤防疫分隊仍配屬第16師執行既定任務，完成任務後歸建。第16師進佔大陳後由浙江軍區直接指揮；2.公安第17師第51團（欠1個營）進佔北麂島，陸軍第58師高砲營先調海門續調北麂島，進行對空防禦；3.進佔大陳時，海空軍按原定任務不變。完成進佔大陳之後，陸軍60師及58師174團南下樂清灣，準備進佔南麂島。

2月13日凌晨2時，一江山登陸戰時的登陸輸送第5大隊20艘機帆船搭載第一梯隊公安第16師48團，由台州巡邏艇大隊護航，從海門啟航，至大陳刀背礁登陸，天亮後順利登陸。

2月22日，解放軍空軍轟炸南麂島，守軍見解放軍已呈三面合圍態勢，乃於25日與島上2000多民眾一起撤回臺灣，解放軍公安第17師51團2個營遂於26日進佔南麂島。至此，浙江沿海諸島全部為解放軍佔領。

參考書目：

中外海戰大全——海潮出版社

海軍史——解放軍出版社

三軍首戰一江山——解放軍出版社

戰爭親歷者說一江山島之戰——上海文藝出版社

一江山島登陸戰——上海社會科學院出版社

強攻一江山島之戰——學林出版社

華東軍區、第三野戰軍簡史——中共黨史出版社

中國人民解放軍歷史上的70個軍——天津人民出版社

世界空中作戰八十年——上海科學普及出版社

保衛祖國領空的戰鬥——解放軍出版社

世界百年空戰紀實——世界知識出版社

橫槊東海：國共台海戰事紀實——百花洲文藝出版社

蔚藍色的戰場：大陳列島之戰紀實——軍事科學出版社

中美關係史——上海人民出版社

徐蚌會戰
（淮海戰役）60週年

電影《集結號》拍出了徐蚌會戰的慘烈畫面 | **本書真實重現當年戰役完整史實**

徐蚌會戰（解放軍戰史稱為淮海戰役），戰役時間自1948年11月6日始至1949年1月10日結束，歷時66天；戰場範圍是以江蘇徐州為中心，東起海州（今連雲港），南至淮河，西抵商丘，北達臨城（今薛城）的廣闊地區；參戰兵力國軍徐州"剿總"總部7個兵團、2個綏靖區、34個軍共約80萬人，解放軍華東野戰軍16個縱隊又1個軍，中原野戰軍7個縱隊，以及華東、中原兩大軍區地方部隊共約60萬人；解放軍以傷亡13.6萬人的代價，取得了殲滅國軍1個"剿總"前進指揮部、5個兵團、22個軍，共55.5萬人的戰果。

這場戰役無論是持續時間、作戰地域還是參戰兵力和戰果，都是人類戰爭史上空前規模的大戰役。國軍方面的嫡系精銳集團在這一戰役中喪失殆盡，連同遼瀋、平津戰役（即史稱大決戰的三大戰役），國民黨政權的軍事力量幾乎完全崩潰，直接導致了國民黨政權在大陸的徹底失敗，因此是役被稱作是"決定中國命運"之戰。值此徐蚌會戰60周年之際，本社特延請國共戰爭的權威戰史專家來對這場戰役進行全景式的介紹，以饗讀者。

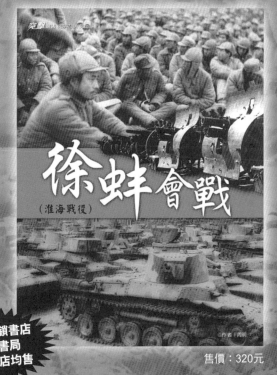

徐蚌會戰
（淮海戰役）

作者／周明

售價：320元

知兵堂

售價：380元

遼西會戰
(遼瀋戰役)

繼 【徐蚌會戰】 後另一鉅作
遼西會戰是國共三大戰役的第一場戰役
國軍近50萬部隊在52天內灰飛煙滅
本書完整介紹此役雙方作戰經過及評析勝負關鍵

特別收錄：
杜聿明、范漢傑、廖耀湘等國軍被俘將領對此戰役回憶

遼瀋戰役是國共內戰大決戰階段的第一場戰役，此役解放軍以傷亡6.9萬人的代價，取得了殲滅國軍正規軍1個剿總總部、1個前進指揮所、4個兵團部、11個軍部、36個師，連同非正規軍總計約47.2萬人的巨大戰果，解放東北全境，從根本上改變了國共雙方總兵力的對比，對加速解放戰爭的進程具有重大意義。本社特延請國共戰爭的權威戰史專家周明先生繼《徐蚌會戰》和《平津戰役》之後來對這場戰役進行全景式的介紹，以饗讀者。

知兵堂叢書
突擊精選系列 國共內戰精選集

作者：光亭、李中凱、張利行等合著

責任編輯：林達

封面設計：王詠堯

出版：知兵堂出版社

　　　　10679 台北市大安區樂利路86巷4號1樓

發行所：通寶文化事業有限公司

電話：(02) 8732-5265

傳真：(02) 8732-5295

劃撥帳號：50131613

劃撥戶名：通寶文化事業有限公司

網址：www.warmg.com

零售經銷：楨彥有限公司

地址：23150 新北市新店區復興路45號3樓

電話：(02) 2219-2839

傳真：(02) 8667-2510

E-mail：jen.der@msa.hinet.net

網址：www.jen-der.com.tw

初　　　版：2006年11月

三版二刷：2012年7月

售價：新台幣280元　（缺頁或破損的書，請寄回更換）

國共內戰精選集：護國與解放 / 光亭，李中凱，
張利行等合著. -台北市 ： 知兵堂，民95
面： 公分. --（突擊精選系列 ； 2）

ISBN 978-986-82475-3-6（平裝）

1. 戰爭 - 中國 - 民國34年-38年（1945-1949）

592.9286   95021184